无效合同
法律实务研究

隋彭生　朱永平　著

中国政法大学出版社

2024·北京

图书在版编目（CIP）数据

无效合同法律实务研究 / 隋彭生，朱永平著.

北京 ：中国政法大学出版社，2024. 9. -- ISBN 978-7
-5764-1580-3

Ⅰ. D923.64

中国国家版本馆CIP数据核字第2024G1L751号

出 版 者	中国政法大学出版社
地　　址	北京市海淀区西土城路 25 号
邮寄地址	北京 100088 信箱 8034 分箱　邮编 100088
网　　址	http://www.cuplpress.com (网络实名：中国政法大学出版社)
电　　话	010-58908441(编辑室)　58908334(邮购部)
承　　印	固安华明印业有限公司
开　　本	720mm×960mm　1/16
印　　张	21.5
字　　数	350 千字
版　　次	2024 年 9 月第 1 版
印　　次	2024 年 9 月第 1 次印刷
定　　价	80.00 元

前　言

2023 年 12 月 5 日，最高人民法院民二庭、研究室负责人就民法典合同编通则司法解释答记者问时指出：认定无效合同"是民商法学界公认的世界性难题"。合同规范及学理基本围绕有效合同展开，无效合同的制度与理论均供应不足，无效合同的认定和后果处理，是实务中纠结的问题，加强对无效合同法律实务的研究，重要性不言而喻。

合同制度是民事法律制度的组成部分。债权合同是民事合同的一种，本书所说的无效合同，是无效债权合同。

合同效力是指合同约束力，包括形式约束力和实质约束力。形式约束力是法锁效力，一般实质约束力是给付效力；部分合同只有形式约束力和期待给付效力。

合意是约束力的源泉，无效合同的本质是无效合意。无效合同没有形式约束力，也没有实质约束力，不能产生意定之债。无效合同并非不发生任何效果，它作为民事法律事实，可以产生法定之债。

导致合同无效的原因是违反强制性规定或违背公序良俗，但违反强制性规定有除外情形，认定违背公序良俗则应定性定量，总体指导思想是要防止无效合同的泛化。

本书以《民法典》及最高人民法院司法解释的有关规定为依据，对无效合同作了简明阐释，并多视角观察、评析无效合同。本书采纳一般理论，同时对有关专门问题进行探讨，提出作者自己的思路和观点，理论体系比较完整。直面实务中常见的疑惑，尽量在理论上给予回应。

尾编是"本书观点综述"，介绍了作者对无效合同的基本观点和阐释思路。

对实务而言，案例为王。本书夹叙夹议，穿插解析了 85 个压缩案例，重在提出解决问题的思路，各章还对人民法院的典型判例（共 13 个）作了点评。

特色之一，是突出了对法条的运用，这对实务很有价值。涉及的法条较多，尽量安排在页下脚注里，以使主文简洁。

本书是一本法律实务书，也是一本专著，适合法律实务工作者阅读，可以供理论研究工作者参考。可以作为在校法学本科、研究生开拓法理思考空间的课外读物。参阅时，要注意审视本书解决问题的思路和角度。

中国政法大学教授、原中国政法大学合同法研究中心主任　隋彭生
广东大同律师事务所主任、律师　朱永平
2024 年 1 月 10 日

本书采用的缩略语和条文引注

（一）缩略语

1.《中华人民共和国民法典》——《民法典》

2.《最高人民法院关于适用〈中华人民共和国民法典〉总则编若干问题的解释》——《总则编解释》

3.《最高人民法院关于适用〈中华人民共和国民法典〉合同编通则若干问题的解释》——《合同编通则解释》

4.《最高人民法院关于适用〈中华人民共和国民法典〉有关担保制度的解释》——《担保制度解释》

5.《最高人民法院关于审理买卖合同纠纷案件适用法律问题的解释》——《买卖合同解释》

6.《最高人民法院关于审理商品房买卖合同纠纷案件适用法律若干问题的解释》——《商品房买卖合同解释》

7.《最高人民法院关于审理民间借贷案件适用法律若干问题的规定》——《民间借贷规定》

8.《最高人民法院关于审理城镇房屋租赁合同纠纷案件具体应用法律若干问题的解释》——《城镇房屋租赁合同解释》

9.《最高人民法院关于审理建设工程施工合同纠纷案件适用法律问题的解释（一）》——《施工合同解释（一）》

10.《最高人民法院关于审理技术合同纠纷案件适用法律若干问题的解释》——《技术合同解释》

11.《最高人民法院关于审理民事案件适用诉讼时效制度若干问题的规定》——《诉讼时效规定》

12.《中华人民共和国民事诉讼法》——《民事诉讼法》

13. 《最高人民法院关于适用〈中华人民共和国民事诉讼法〉的解释》——《民事诉讼法解释》

14. 《中华人民共和国招标投标法》——《招标投标法》

15. 《中华人民共和国专利法》——《专利法》

16. 《中华人民共和国公司法》——《公司法》

17. 《中华人民共和国行政许可法》——《行政许可法》

18. 《中华人民共和国建筑法》——《建筑法》

19. 《中华人民共和国城市房地产管理法》——《城市房地产管理法》

20. 《中华人民共和国著作权法》——《著作权法》

（二）条文引注

引用条文注明引自何部法律或司法解释，条文采用尾注方式未注明来源的，均引自《民法典》，并分为加引号和不加引号两种。例1："合同是民事主体之间设立、变更、终止民事法律关系的协议。婚姻、收养、监护等有关身份关系的协议，适用有关该身份关系的法律规定；没有规定的，可以根据其性质参照适用本编规定"（第464条）。例2：无民事行为能力人订立的合同无效（见第144条）。

目　录

◎ 第六章　缔约责任及无效合同之债

◎ 尾篇　本书观点综述

◎ 附录一　法律（《民法典》除外）、行政法规涉及合同无效的常用规定

◎ 附录二　最高人民法院司法解释涉及合同无效的常用规定

第一章｜合同效力的含义、类型

第一节　合同效力的含义

一、合同的含义与合同发生的环节

（一）合同的含义

《民法典》"合同编"（第三编）第 464 条第 1 款规定："合同是民事主体之间设立、变更、终止民事法律关系的协议。"第 1 款所说的合同，是作为平等民事主体的自然人、法人、非法人组织之间形成（设立、变更、终止）债权债务关系的协议。亦即，"合同编"所规定的合同是债权合同，本书所说的合同效力自是针对债权合同而言。

我们通常所说的合同，有两种含义：第一种指成立合同的民事双方法律行为。第 464 条第 1 款所说的"协议"，是当事人之间的"合意"，当事人意思表示一致为达成（成立）合意，合意实质是双方法律行为。第二种是指由这种法律行为成立的合同债权债务关系（合同法律关系）。第一种是原因法律事实，第二种是结果法律事实。本书所说合同的效力，是指原因法律事实的效力。

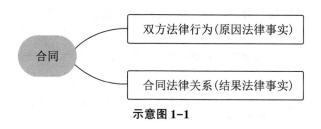

示意图 1-1

立法中的合同，有时是指合同凭证。如《铁路法》第 11 条第 2 款规定：

"旅客车票、行李票、包裹票和货物运单是合同或者合同的组成部分。"该款中的合同，实际是合同凭证。合同凭证并非合同本身，它是证明合同法律关系存在的一种书证。故而，当车票丢失时，合同法律关系并不消灭，不能要求旅客补票。

实务中，合同还常指合同书，如甲对乙说："我们签了这份合同。"合同书也只是合同凭证。

(二) 合同发生的环节

合同作为法律行为发生在三个环节。[1]第一，创立一个合同法律关系，比如订立一个买卖合同；第二，变更一个既有的合同法律关系或其他法律关系；[2]第三，终止一个既有的合同法律关系或者其他法律关系。[3]合同是当事人意思表示一致的产物，当然也可以协商一致变更、解除合同。协商一致变更合同或解除合同，是以第二个合同变更第一个合同或者以第二个合同解除第一个合同。解除，是终止的一种方式。对合同以外的法律关系，当事人也可通过签订合同来消灭这种法律关系。比如，甲、乙之间存在损害赔偿之债，他们可以协商一致，通过签订抵销协议消灭这个法定之债。

对于无效合同来说，不能产生上述发生、变更、终止的结果。无效合同虽然也可存在于上述三个环节，但最常见的在第一个环节（发生环节），因而人们经常说："无效合同不发生意定法律关系"或"无效合同不发生意定之债"。

二、合同效力、合同有效、合同生效、合同失效含义辨析

第一，合同效力或称合同的效力，是指合同的法律上的效力，是合同依法产生的效果。合同效力是指有效合同的效力，如果是指无效合同的效力（无效合同在法律上的效果），合同之前应有"无效"二字，否则会引起误解。

第二，合同有效与合同生效经常被混用，其实它们有区别。合同有效是

---

〔1〕《民法典》第133条规定："民事法律行为是民事主体通过意思表示设立、变更、终止民事法律关系的行为。"

〔2〕《民法典》第543条规定："当事人协商一致，可以变更合同。"变更后的合同与变更前的合同同一性不发生变化。更改与其不同。更改又称为更新，是以新的法律关系取代原法律关系，属于第一个环节，即属于创立法律关系环节。

〔3〕《民法典》第562条规定："当事人协商一致，可以解除合同。当事人可以约定一方解除合同的事由。解除合同的事由发生时，解除权人可以解除合同。"

指合同的法律状态，比如，可撤销的合同在撤销前，可以说"合同有效"。合同生效是指合同发生效力的时间节点，比如依法成立的合同在成立时生效。当事人提起确认之诉，或主张合同有效，或主张合同生效，这是有区别的，前者是主张合同现存的、有效的法律状态，一般是针对合同无效或失去效力的主张；后者是主张合同"已经"生效，生效的时间节点对原告有重要意义，一般是针对合同尚未生效的主张。

第三，合同有效对应合同无效，也对应有效合同失去效力的情形。例如，甲说合同已经解除（失去了效力），乙说合同解除不成立，合同继续有效。

第四，合同失效是指有效合同失去了效力，无效合同不能说是合同失效。合同失效最一般的原因是合同终止，而合同终止最常见的是解除。

第五，如果合同被变更了，不能说合同失效了。因为变更是合同部分权利义务的变化，决定合同类型的给付没有消灭，只是进行了增减等调整。合同原定的部分权利义务在合同变更后消灭了（失效了）。

第六，如果当事人约定以新给付取代原给付，则合同不是变更，而是更改（更新），原合同消灭了（失效了）。例如：甲、乙约定，甲以5000元的价格卖给乙一张纪念邮票（特定物），还约定乙先付款。在乙付款前，甲给乙发微信说"不卖了，邮票送给你"，乙回微信表示感谢并要到甲家中取票。过了一段时间，甲又要乙先付款。乙的抗辩理由是：原买卖合同已经更改为赠与合同，失效了。

三、合同的法律效力是指当事人合意（双方法律行为）的效力

（一）合同是民事双方法律行为，双方法律行为的成立即合同的成立

1. 合同是民事双方法律行为。

民事法律行为有身份法律行为和财产法律行为，本书所说的法律行为都是财产法律行为。

民事法律行为本来分为单方法律行为和多方法律行为，而双方法律行为只是多方法律行为的一种，但《民法典》将双方法律行为和多方法律行为分列，其第134条第1款规定："民事法律行为可以基于双方或者多方的意思表示一致成立，也可以基于单方的意思表示成立。"法律行为以意思表示为要素。单方的意思表示成立的是单方法律行为。单方法律行为只有一个意思表示，不可能成立合同。有些合同行为是单方法律行为，如行使解除权的行为、

免除对方合同债务的行为等。本书研究合意的无效。合同行为中还有很多单方法律行为（解除、抵销、免除等），它们也有无效的情形。

合同是民事双方法律行为，是从民事法律事实角度的界定。我们所说的合同，还经常指合同法律关系。合同法律关系是结果法律事实，双方法律行为是原因法律事实。本书此处讲的是原因法律事实。

2. 双方法律行为的成立即合同的成立，合同成立的要件分为一般要件和特殊要件。

（1）双方意思表示一致成立的是双方法律行为。毫无疑问，双方法律行为是合同法律行为。或者说，合同是双方法律行为。双方法律行为的成立，即合同的成立，是两个对立的意思表示取得一致。"一致"，是指内容上互相结合。比如，甲向乙表示，这本旧书 10 元卖给你，乙表示同意。甲的意思是给我 10 元钱这本书就给你，乙的意思是给我这本书就给你 10 元钱，两个意思表示相反而内容一致。

双方法律行为是双方意思表示的结合，那么，双方各自的意思表示是否为单方法律行为呢？有学者认为，双方各自的意思表示结合在一起时，才上升为双方法律行为。本书认为，双方各自的意思表示结合形成法律关系，因而各自构成法律行为。双方各自的法律行为结合在一起才能构成双方法律行为，即才能构成合同。例如，甲向乙发出要约，要约送达后生效，在甲、乙之间产生意定法律关系，在这个法律关系中乙享有的权利是承诺权，不管乙是否承诺，甲的要约都发生了单方法律行为的效力；乙的承诺送达后，双方之间成立合同法律关系，说明乙的承诺也发生了单方法律行为的效力，而双方的法律行为结合在一起，构成了双方法律行为。

（2）合同成立的要件分为一般要件和特殊要件。法律没有规定特殊要件的，具备一般要件，合同就成立。

当事人就合同的必要内容意思表示一致，是合同成立的一般要件。简洁地说，合意是合同成立的一般要件。

一般意义上的合同成立，是指当事人就合同的必要内容达成合意的法律事实。成立必须有内容，即合意是关于当事人债权债务关系的合意，不是空洞的合意。比如，甲与乙在一张空白的合同书上签了字，但没有合同的必要内容，不能形成权利义务关系，合同不能成立。甲、乙在一张空白的合同书上盖了章，甲授权乙单方填充合同的内容，后来乙填充合同条款，此时合同可以成立。[1]当事人就必要内容（必要条款、必要之点）达成合意即可，不硬性要求面面俱到，欠缺的某些内容还可以由当事人协商一致填补，发生争议时可以由法院、仲裁机关依据法律的规定填补，这种工作称为补充性解释，也称为合同的填补。[2]

有些合同在具备一般要件的基础上，还要具备成立的特殊要件。例如，要式合同（合意+特定的形式、方式），"要"是要件，"式"是形式、方式，当事人成立合同，须采取法律规定的特定形式，比如书面形式。再如，须签订确认书的合同（合意+签订确认书）也是要式合同，签订确认书也是特殊成立要件。

（3）合同成立与合同订立不同。合同订立，指当事人的缔约行为或缔约过程，包括要约邀请、要约、承诺等。订立所追求的目标就是成立合同，合同成立是订立的结果。当然，有订立行为，合同不一定成立。

（二）合同可以是特殊的民事双方法律行为（多方法律行为之一种）

1. 本书对民事法律行为的分类。《民法典》将双方法律行为与多方法律行为并列（见第 134 条）。其实多方法律行为是相对于单方法律行为而言的，双方法律行为也是多方法律行为。《民法典》将双方法律行为与多方法律行为强行区分，忽略了多方法律行为中也存在双方成立合意（对立统一的意思表

---

[1]《民法典》第 490 条第 1 款第 1 句规定："当事人采用合同书形式订立合同的，自当事人均签名、盖章或者按指印时合同成立。"条文中的"签名、盖章"，有人认为是"签名并盖章"，这种理解是不正确的。总的来说，签名与盖章有其一即可，但要看具体情况，比如当事人约定"签名并盖章"，则应从其约定。成立合同的意思表示，除了有意思表示的内容以外，还要表示受意思表示约束，签名、盖章或者按手印，就是表示受约束的方式。

[2]《民法典》第 510 条规定："合同生效后，当事人就质量、价款或者报酬、履行地点等内容没有约定或者约定不明确的，可以协议补充；不能达成补充协议的，按照合同相关条款或者交易习惯确定。"第 511 条规定："当事人就有关合同内容约定不明确，依据前条规定仍不能确定的，适用下列规定：（一）质量要求不明确的，按照强制性国家标准履行；没有强制性国家标准的，按照推荐性国家标准履行；没有推荐性国家标准的，按照行业标准履行；没有国家标准、行业标准的，按照通常标准或者符合合同目的的特定标准履行。（二）价款或者报酬不明确的，按照订立合同时履行地的市场价格履行；依法应当执行政府定价或者政府指导价的，依照规定履行。（三）履行地点不明确，给付货币的，在接受货币一方所在地履行；交付不动产的，在不动产所在地履行；其他标的，在履行义务一方所在地履行。（四）履行期限不明确的，债务人可以随时履行，债权人也可以随时请求履行，但是应当给对方必要的准备时间。（五）履行方式不明确的，按照有利于实现合同目的的方式履行。（六）履行费用的负担不明确的，由履行义务一方负担；因债权人原因增加的履行费用，由债权人负担。"

示）的事实。

多方的意思表示一致，成立的是多方法律行为，问题是多方法律行为是不是合同，或者是否包括合同。本书认为多方法律行为包括决议和双方法律行为。合同是双方法律行为，包括一般双方法律行为和特殊双方法律行为。

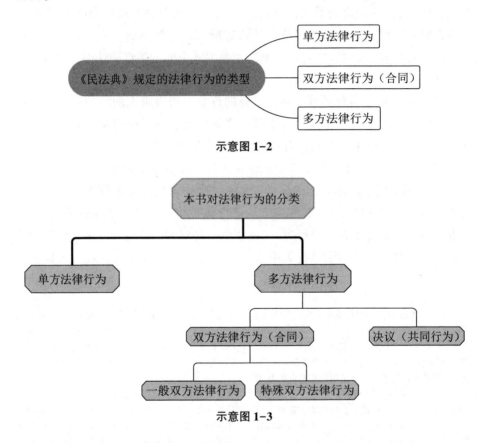

示意图 1-2

示意图 1-3

2. 决议作为多方法律行为不是合同。《民法典》第 134 条第 2 款规定："法人、非法人组织依照法律或者章程规定的议事方式和表决程序作出决议的，该决议行为成立。"本款规定的决议行为是多方法律行为。

决议不能是双方法律行为，因为：①合同是为了自己的利益为意思表示；决议行为不是为了自己为意思表示，而是为法人或者非法人组织的活动为意思表示。例如，股东对公司的对外投资事项进行表决，是为公司的经营活动进行意思表示。②合同是双方对立的意思表示的结合；决议不是双方对立的意思表示的结合。例如，对决议事项表决通过的意思表示是共同的或平行的，即通过的意思表示的相互结合，是方向一致的结合，不是对立统一的结合。通过意见与反对意见水火不容，不是共同或平行的，不存在互相结合的问题。如果待决事项被否决，没有作出决议，虽然当事人有意思表示行为，但不是我们通常所说的"决议"。③合同的成立需有双方的一致同意；决议行为依照法律的规定或当事人的约定，实行多数决（多数决定原则）或者一致决（一致决定原则），对未参加决议的人及投反对票的人也有约束力。

多方法律行为有两个以上的意思表示。作出决议的行为也可能只有两个人，比如某有限责任公司只有两个股东，也可以作出决议。只有两个人的决议，虽然只有两个意思表示，但不是合同。

3. 合同可以是特殊双方法律行为。意思表示是共同的、平行的，是指在多方法律行为中，意思表示有共同的目标，具有一致性，但多方法律行为也可能同时存在对立的双方意思表示。这种多方法律行为也是《民法典》上的合同，本书称其为特殊双方法律行为，其特殊性在于不仅有共同、一致的目标，更存在一个以上（含一个）对立的双方意思表示，以一个或多个对立的双方意思表示的结合为法律行为成立的要件，这就与决议（也是多方法律行为）的成立（一致决、绝对多数决、简单多数决）有明显的区别。

合伙合同为典型的特殊双方法律行为，[1]这里以合伙合同为例作简要说明。

例 1-1：①甲向乙发出订立合伙合同的要约，乙表示承诺。②甲向乙、丙夫妻二人同时发出订立三人合伙合同的要约，乙、丙均表示承诺。③甲、乙成立合伙一年后，二人共同向第三人丙发出要约，请其加入合伙，丙表示承诺。④A、B、C三人坐在一起协商，约定合伙开一家饭店，三人签订了合伙合同。以上四种情况成立双方法律行为（合同）吗？

——其一：合伙合同的当事人有共同的事业目的，有共同的追求，从这个角度来说，上述四种情况中，当事人意思表示的内容有共同的、一致的取

---

〔1〕《民法典》第967条规定："合伙合同是两个以上合伙人为了共同的事业目的，订立的共享利益、共担风险的协议。"

向，但就成立合伙，各当事人是为自己为意思表示，不是决议行为（共同行为），只能是合同。《民法典》将合伙列为典型合同之一，在逻辑上没有问题。

其二：①中，甲与乙有对立统一的意思表示，应当认为成立了特殊双方法律行为。②中有三个意思表示。甲为要约方，乙、丙夫妻为承诺方，合伙合同成立。甲与乙、丙有对立统一的意思表示，应当认为成立了特殊双方法律行为。③中，合伙合同的当事人变成了三个，本质上是成立新合同。就成立新合同而言，甲、乙向丙发出了要约，丙予以承诺，双方成立了特殊双方法律行为。④中，A、B、C签订合伙合同，实际上也成立了特殊双方法律行为，它的特殊性不仅在于三个人有共同的事业目的，而且每一个人都是以其他二人为对立的一方。具体而言，A以B、C，B以C、D，C以A、B为相对方为意思表示，有三个双方法律行为。在程序法上，任一合伙人都可以其他合伙人为被告提起诉讼。

其三，双方法律行为有单务合同和双务合同。合伙合同虽然有共同的目的，但每一合伙人都是以其他合伙人为相对方负担义务并享有权利的，合伙合同都具有双务合同的性质。

综上，本书认为《民法典》第134条第1款将双方法律行为和多方法律行为分列不妥，采用一分为二的分类更好。

（三）合同的法律效力是指当事人合意（双方法律行为）的效力

1. "依法成立的合同，受法律保护"（第465条第1款）。"受法律保护"是法律对社会的宣示，其应有之意是合同发生法律所认可的效力。"受法律保护"也是合同可以强制执行的依据。

2. 本书所说的合同效力，是指作为原因法律事实的双方法律行为的效力，与此相对应，合同无效是指双方法律行为的无效，而不是讲合同法律关系（结果法律事实）的无效，因为所有法律关系都是依法形成的，都是法律调整的结果，都是受保护的，都是有效的，不存在无效的法律关系。[1]合同无效，不产生预定的效果，不产生预定的法律关系。

3. 无效合同（无效法律行为）不能产生意定民事法律关系（合同法律关

---

〔1〕 一般认为，法律关系可以被撤销，撤销以后自始无效。合同之撤销，实质上是撤销法律行为（原因法律事实），使法律关系（结果法律事实）随之消灭。

系），但可以与其他事实结合为一种复杂法律事实，产生法定民事法律关系（非合同法律关系），例如产生损害赔偿法律关系、不当得利法律关系等。法定民事法律关系也当然都是有效的。例如，甲、乙签订了一份合同，按约定甲付给乙2万元，后合同被法院确认无效，乙应当向甲返还2万元的不当得利。这并非两个法律关系的转化，即并非合同法律关系向不当得利法律关系的转化，并非请求权基础发生变更，而是甲、乙的合同自始无效，不当得利的法定之债一开始就是有效的，甲一开始就有返还不当得利的请求权。

4. 合意的效力，是双方法律行为的效力，不包括单方行为（也称为单独行为、单方法律行为）的效力。有些合同行为，比如通知对方解除合同的行为、抵销债务的行为、免除债务的行为等，是单方法律行为。本书研究的主要是合意的效力。

四、合同在当事人之间发生相当于法律的效力

合同是当事人的合意，合意是法律认可的对象，而不是法律，因而本身不能直接发生"法律效力"。合同的效力，是合同成立后，为实现其内容，法律赋予的效果，只发生法律赋予的效力。

人们常说，合同依法成立后，在当事人之间具有相当于法律的效力。[1] 所谓"相当于法律的效力"，是法律认可当事人合意发生的约束力，[2] 以强制力保障这种效力。合同的效力，在当事人之间就是合同的法律约束力。合同当事人是"为自己立法的人"。可以说，合同效力的本源是当事人的合意，合同效力的赋予及其保障是法律调整的结果。合意是当事人效果意思的结合，合同的效力通过效果意思体现了当事人的意志，通过法律认可体现了国家意志。

对依法成立的合同，法律承认当事人追求的效果，即承认意定法律关系的存在；对于违反合同者，追究责任；对于受到损失者，给予救济。

合同有效，则合同为当事人履行义务、主张权利的依据，也是人民法院、

---

〔1〕《法国民法典》第1134条第1项规定："依法订立的契约，对于缔约的当事人双方具有相当于法律的效力。""罗马有句谚语，'契约是当事人之间的法律'。它具体而形象地表明了契约的效力。意思是说，只要契约的成立是可行的，且不违背法律和正义善良习俗，那么，契约成立后即发生所希望的后果，且效力及于当事人双方。"见谢邦宇：《罗马法文稿》，法律出版社2008年版，第147页。

〔2〕《民法典》第119条规定："依法成立的合同，对当事人具有法律约束力。"

仲裁机关解决当事人之间纠纷的依据。这与无效合同不同，无效合同虽然可作为诉因之一，但当事人的权利义务关系直接依法律规定产生。无效合同约定的权利义务不能成立请求权和给付义务，其约定只能作为某种证据，不能作为判决和仲裁裁决的依据。

第二节　合同对当事人的效力及对第三人的消极效力

合同的效力分为对当事人的效力和对第三人的效力。约束力是合同当事人之间的效力，包括形式约束力和实质约束力。

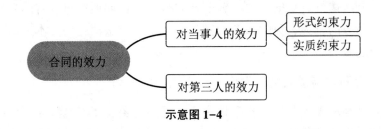

示意图1-4

一、合同对当事人的效力：合同的形式约束力与实质约束力

（一）关于"约束"和"拘束"的用词及约束力的内容

合同对当事人的效力可以区分为形式约束力和实质约束力，这是合同效力最基础的类型。形式约束力和实质约束力是合同效力的"一体两面"，是分析合同效力的理论工具。

理论习惯上不称形式"约束"力和实质"约束"力，而称形式"拘束"力和实质"拘束"力。《民法典》使用"约束"而不使用"拘束"的术语，[1]为与《民法典》取得一致，本书采用形式"约束"力和实质"约束"力的表述方式。

"约束"，是"约而束之"的意思，也有"遵循"之意。约束力是一种法律强制力，要求合同当事人按照约定实施相应的消极行为和积极行为。

约束力的内容是：信守诺言，维持约定的债权债务关系；信守诺言，严格履行约定的义务。前者是对形式约束力的表述，后者是对实质约束力的表

---

〔1〕　见《民法典》第119、155、465、472、542、717、719、925条等。

述。形式约束力是"法锁效力"〔1〕，实质约束力是"履行效力"。履行效力一般与给付效力同义，实际还可以包括期待给付的效力。

实质约束力体现了当事人订立合同的目的；形式约束力的存在是为了维护实质约束力。

（二）合同的形式约束力

1. 合同的形式约束力的意义。

（1）合同的形式约束力，是法锁效力，是合同债权债务关系的维持效力。维持效力也是保护效力，任何一方当事人无约定事由或无法定事由，不得擅自变更或者解除合同。〔2〕所谓"不得擅自"，就是形式约束力的体现。

（2）合同的形式约束力是消极效力，它要求当事人不悔约，尊重合同，是交易保障机制。

（3）合同的形式约束力与实质约束力配合才有意义，合同效力才完整，才能实现合同目的。合同的形式约束力是对实质约束力的维持，是对给付请求权或给付期待权的维持。

2. 当事人有法定随时解除权，不否定合同的形式约束力。合同当事人的解除权分为法定事由解除权和法定随时解除权（法定任意解除权）。法定事由解除权，是法律规定的特定事由出现使当事人享有单方解除权，〔3〕这种解除

---

〔1〕 "罗马法将'法锁'视为债的本质所在。拉丁语'iuris vinculum'如果直译即'法律上的锁链'。仅就'iuris vinculum'讲，意为'绳索'、'锁链'、'连接'等。而一旦这种相互的锁链关系是依国家的法律而发生，自然就是'法律上的锁链'了，这也就是'法锁'概念的由来。《法学阶梯》具体阐述到，人在成立债的关系前可以自由行为，但债成立后好像戴上了锁链，行动因此受到限制，使之感受到他人对自己的管束。事实上，古罗马社会的习惯和罗马市民法，均反映了这种管束的客观性 。当时债权人完全可以根据这种'法锁'的效力而对债务人的人身具有'管束权'，并在债务得不到清偿时实现之。后来，随着社会的发展，'法锁'已渐渐成为抽象的概念，并逐步由财产上的责任取代了人身上的管束。但不管怎样，在债的关系中，或在由'法锁'确定的特定当事人双方相互联接的关系中，'约束'仍是关键因素。根据罗马法理论，这种约束关系的产生是基于当事人双方的自愿，而不是强制的。这种约束所以能够实现，不过是由于国家法律的维护。"见江平、米健：《罗马法基础》（修订本第三版），中国政法大学出版社2004年版，第280页。

〔2〕《民法典》第136条第2款规定："行为人非依法律规定或者未经对方同意，不得擅自变更或者解除民事法律行为。"

〔3〕《民法典》第563条第1款规定："有下列情形之一的，当事人可以解除合同：（一）因不可抗力致使不能实现合同目的；（二）在履行期限届满前，当事人一方明确表示或者以自己的行为表明不履行主要债务；（三）当事人一方迟延履行主要债务，经催告后在合理期限内仍未履行；（四）当事人一方迟延履行债务或者有其他违约行为致使不能实现合同目的；（五）法律规定的其他情形。"

权没有"任意"的特征，是形式约束力的体现。

有极少数合同，当事人享有法定随时解除权。这种合同表面上没有形式约束力，实际不然。法定随时解除权也称为法定任意解除权。所谓"法定"，是指这种权利是法律直接规定的；所谓"任意"，是指解除合同时，不需要特定的理由。法定随时解除权是可以单方行使的权利，是简单形成权。

（1）不定期持续性履行合同的当事人享有法定随时解除权，不否定合同的形式约束力。

法定随时解除权主要存在于不定期持续性履行合同之中。《民法典》第563条第2款规定："以持续履行的债务为内容的不定期合同，当事人可以随时解除合同，但是应当在合理期限之前通知对方。"持续性履行合同，一是财产的用益权能持续地转移，二是持续地提供劳务，前者如租赁合同、[1] 借用合同，后者如保管合同。[2] 合伙合同也是持续性履行合同。[3]

我国《民法典》上的合同解除，就效果来看，分为溯及既往的解除和不溯及既往（面向将来）的解除。溯及既往的解除，适用于一次性给付合同，在解除后合同从订立时起失去效力。不溯及既往的解除，适用于继续性给付合同；合同解除，面向将来发生效力，已经履行的部分仍然有效。对不定期持续性履行合同行使法定随时解除权，已经履行的部分，效力不受影响，这种维持效力是形式约束力，即是说，存在法定随时解除权的合同，也是有形式约束力的。

比较特殊的是肖像许可使用合同。《民法典》1022条第1款规定："当事人对肖像许可使用期限没有约定或者约定不明确的，任何一方当事人可以随时解除肖像许可使用合同，但是应当在合理期限之前通知对方。"肖像权是人格权，但肖像（人格要素）作为人的外在形象，可以有偿或无偿允许他人使用，为他人设立用益债权，肖像许可使用合同是债权合同，也是持续性合同。

---

〔1〕《民法典》第730条规定："当事人对租赁期限没有约定或者约定不明确，依据本法第五百一十条的规定仍不能确定的，视为不定期租赁；当事人可以随时解除合同，但是应当在合理期限之前通知对方。"

〔2〕《民法典》第899条规定："寄存人可以随时领取保管物。当事人对保管期限没有约定或者约定不明确的，保管人可以随时请求寄存人领取保管物；约定保管期限的，保管人无特别事由，不得请求寄存人提前领取保管物。"

〔3〕《民法典》第976条第3款规定："合伙人可以随时解除不定期合伙合同，但是应当在合理期限之前通知其他合伙人。"

不定期的肖像许可使用合同解除，也像其他持续性合同的解除一样，面向将来发生效力，是有形式约束力的。

（2）法定随时解除权的成立有法律规定的前提条件[1]或以损害赔偿为代价的，说明合同有形式约束力。因为设置前提条件说明，发生了新的法律事实才能突破形式约束力。

3. 当事人一方享有单方变更权，不否定合同的形式约束力。

（1）一方享有单方变更权的合同是有形式约束力的。例如，《民法典》第 777 条规定："定作人中途变更承揽工作的要求，造成承揽人损失的，应当赔偿损失。"从承揽合同的性质以及生活、生产的特殊需要来看，应当赋予定作人以单方变更权，比如装修房屋的过程只能够允许定作人修改设计。定作人行使单方变更权给承揽人造成损失的，并不能免责，应当予以赔偿。单方变更权的行使，变更了给付，也是违反了实质约束力的行为，但其赔偿责任是直接违背形式约束力的责任，当然也是违约责任。

（2）法律规定一方当事人的单方变更权，并不改变行使变更权的行为违反约定、违反合同的性质，不妨碍当事人承担违约责任。违约责任是行使法定随时解除权的代价，这种代价说明合同是有形式约束力的。

4. 发生情事变更，并不否认合同的形式约束力。合同成立后发生情事变更，继续履行将造成显失公平的后果，合同的对价实际已经不是当事人订立合同时追求的对价，已经偏离了当事人订立合同时的效果意思，因而受到损害的一方当事人可以请求人民法院或者仲裁机构变更或者解除合同。[2]继续履行是实质约束力的内容，而情事变更时当事人并没有单方变更、解除的形成权，只能请求法院或者仲裁机关救济，这说明合同是有形式约束力的。

5. 当事人"外在要素"的变化，不影响合同的形式约束力。《民法典》第 532 条规定："合同生效后，当事人不得因姓名、名称的变更或者法定代表人、负责人、承办人的变动而不履行合同义务。"姓名、名称、法定代表人、

---

〔1〕 如《民法典》第 731 条规定："租赁物危及承租人的安全或者健康的，即使承租人订立合同时明知该租赁物质量不合格，承租人仍然可以随时解除合同。"

〔2〕《民法典》第 533 条规定："合同成立后，合同的基础条件发生了当事人在订立合同时无法预见的、不属于商业风险的重大变化，继续履行合同对于当事人一方明显不公平的，受不利影响的当事人可以与对方重新协商；在合理期限内协商不成的，当事人可以请求人民法院或者仲裁机构变更或者解除合同。人民法院或者仲裁机构应当结合案件的实际情况，根据公平原则变更或者解除合同。"

负责人、承办人（含代理人）的变化，是当事人外在要素的变化，承担权利义务的主体及权利义务的内容并未发生变化，故合同的约束力不能发生变化。有两点需要说明：其一，第532条指出"外在要素"的变化不影响履行效力，似乎只强调了实质约束力，但因形式约束力是实质约束力的保障，本条实际也是对形式约束力的肯定。其二，本条规定的是"合同生效后"，而不是像第533条（情事变更）规定为"合同成立后"。应当指出，合同依法成立后就发生效力，规定"合同生效后"就可能出现法律调整的空白。例如，甲、乙订立了一份附生效条件的合同，在合同成立后、条件成就前，甲的法定代表人发生了变更，自不能影响合同的效力。第532条的规定是不合理的，希望今后能有机会修正。[1]

（三）合同的实质约束力

1. 合同的实质约束力的意义与类型。"实质"是指当事人订立合同实际要干什么，达到什么目的。实质约束力是合同的积极效力。有了实质约束力，才能保证合同目的的实现。

（1）合同的实质约束力，是合同的履行效力，包括合同的给付效力和期待给付的效力。表现为给付效力的，称为一般实质约束力，这是合同的常态；表现为期待给付效力的，称为特殊实质约束力，这是合同的非常态，比如附生效条件的合同在条件成就前只有期待给付效力，债权人只享有期待权。期待给付效力可以转化为给付效力，也可能不转化，不转化的合同终止。

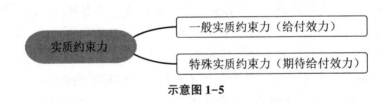

示意图 1-5

（2）合同的实质约束力有两面性：给付效力的表现，一为债权人享有按约请求给付的权利，二为债务人按约负担给付的义务；期待给付效力表现为，债权人享有对给付的期待权，债务人则负担相应的作为或不作为的义务（期

---

[1]　另外，《民法典》第510条规定："合同生效后，当事人就质量、价款或者报酬、履行地点等内容没有约定或者约定不明确的，可以协议补充；不能达成补充协议的，按照合同相关条款或者交易习惯确定。"此条的"合同生效后"，也应改为"合同成立后"。

待给付的类型见本节二）。

单一法律关系是法律关系的最小单位，在单一法律关系中，有一个给付（标的），一个人的请求给付权利就是对方的给付义务。比如，赠与是单一法律关系，赠与人（债务人）的义务就是受赠与人（债权人）的权利。双务合同是有偿合同（如买卖合同），有两个对立的债权请求权，即有两个方向相反的给付，亦即有两个单一法律关系（结合为复合法律关系）。双务合同对双方都有实质约束力。

（3）实质约束力反映了当事人订立合同的目的。比如，甲、乙双方订立了以 10 万元买卖一张猴票（纪念邮票）的合同，买受人甲的合同目的是取得标的邮票的所有权，出卖人乙的合同目的是取得 10 万元的货款。买受人买邮票的"目的"是当作生日礼物送给自己的孙子，该"目的"不是合同目的，是动机。动机是间接目的，不属于实质约束力的效力范围。[1]

2. 给付效力（一般实质约束力）的具体内容。给付效力是一般实质约束力。给付效力包括给付义务和受领给付的权利。给付义务包括主给付义务和从给付义务。附随义务虽然本身不是给付义务，但它是附随于给付义务的，因而也是实质约束力的内容。

（1）合同的主给付义务，是满足债权、实现合同目的的主要义务。例如，在房屋买卖合同中，出卖人的主给付义务就是交付房屋并转移房屋所有权（两个主给付义务），买受人的主给付义务是支付价款。

双务合同中，对待给付义务是双方各自的主给付义务，一般是一方负担给付金钱债务，另一方负担给付非金钱债务。非金钱的对待给付，是决定合同类型的主给付义务。比如，甲、乙就一架钢琴作价 6 万元进行交易，钢琴的给付决定它是转移物的财产权的合同，货款的给付决定它是有偿合同，而"有偿"及"转移物的财产权"的，是买卖合同。

（2）从给付义务，是指在主给付义务之外的辅助主给付义务发挥功能的义务。比如，交付发票、说明书、产地证明书等义务，是从给付义务。顺便指出，实务中有把交付发票的义务当作附随义务的现象，这是不正确的。交付发票有交付占有与受领的双方行为，不能为附随义务，交付电子发票是移

---

〔1〕　实务中有将合同目的泛化的倾向。目的与动机（间接目的）在实务中的区分很重要，目的不能实现是合同解除的法定事由，而动机不能实现只是间接目的不能实现，不是合同解除的法定事由。

转准占有，同样是从给付义务，不是附随义务。

（3）附随义务，是附随于给付义务的保护义务和通知义务。[1]附随义务可以在订立合同时就加以设定，也可以在合同成立之后因出现新情况，依照诚信原则而发生。附随义务可以是法定的，也可以是约定的。[2]附随义务的功能是促进主给付义务和从给付义务的实现以及保护相对人的财产和人身权益。

二、合同的特殊实质约束力（期待给付效力）

任何有效合同都有形式约束力。一般情况下，合同的形式约束力与一般实质约束力同时发生，相伴存在。这种合同效力是完全的，或者说效力是完整的。有时，合同只有形式约束力与特殊实质约束力（期待给付效力），这是效力不完全的合同。特殊实质约束力在满足特定的要件后可以转化为一般实质约束力。由于某种原因，一般实质约束力未能发生，则合同终止。

（一）附生效条件的合同或给付，成立时的特殊实质约束力

1. 合同附条件称为合同附款，附款是合同中附加的决定合同效力或合同中给付效力的条款。具体而言，附条件，是当事人约定某种发生与否并不确定的将来的法律事实，以控制整个合同的效力或合同中给付效力的发生或消灭。

2.《民法典》第 158 条第 2 句规定："附生效条件的民事法律行为，自条件成就时生效。"本条中的"附生效条件"源自原《合同法》第 45 条第 1 款第 2 句的规定："当事人对合同的效力可以约定附条件。附生效条件的合同，自条件成就时生效。"[3]这就提出一个问题：附生效条件的合同在条件成就前

---

〔1〕 例如，《民法典》第 785 条规定："承揽人应当按照定作人的要求保守秘密，未经定作人许可，不得留存复制品或者技术资料。"本条规定的保密义务，就是附随义务中的保护义务。再如，发生了不可抗力影响到合同的履行，履行义务人应当及时通知对方，以防止损失的扩大。该通知义务性质上就是附随义务。

〔2〕 从给付义务和附随义务的区别是：①从给付义务与主给付义务一样，须义务人提出给付，权利人受领给付。附随义务是单方行为，是不需要受领的行为，附随义务中的通知（意思表示），相对人也只是被动地受领意思表示，不是一般意义上的受领。②当事人可以单就从给付义务起诉，请求履行。对附随义务不能单独起诉，请求履行。比如，对未履行通知义务者，不能（没有必要）起诉请求其履行通知义务，而只能就未通知造成的损害请求赔偿。再如，对未履行保密的附随义务者，由于已经泄密，只能要求赔偿，而不能要求"继续保密"。

〔3〕 原《合同法》之前的原《民法通则》第 62 条规定："民事法律行为可以附条件，附条件的民事法律行为在符合所附条件时生效。"

到底有没有效力，或者说有没有约束力？

"附生效条件"的用词，是不准确的。其他国家和地区使用的术语一般是"附停止条件"，所谓停止，就是停止发生效力。如《德国民法典》第158条第1款规定："法律行为附停止条件者，其系于条件之效力，因条件成就而发生。"我国台湾地区"民法"第99条第1项规定："附停止条件之法律行为，于条件成就时，发生效力。"相较来看，《德国民法典》的规定比较合理，"系于条件之效力"之表述，留下了逻辑自洽的解释空间。实质约束力就是系于条件之效力。本书认为，"附生效条件"虽不准确，但已经为人们所普遍接受，不宜再修改，将《民法典》第158条第2句改为"附生效条件的民事法律行为，自条件成就时发生约定的效力"较好，同时，相应的条文也应作修改，在体系上取得一致。

3. 附生效条件的合同，在合同成立后、条件成就前，债权人享有期待权（希望权）。期待权以条件成就时取得利益为内容，债权人期待取得的是一般实质约束力，故又称为给付期待权。期待权是受法律保护的权利，任何一方不得任意解除、任意变更合同。[1]也就是说，合同是具有形式约束力的，同时也具备特殊实质约束力。在条件成就后，才发生一般实质约束力。

例1-2：开发商甲与买受人乙签订商品房预售合同，约定："甲应积极努力，在一年内取得商品房预售许可证明，取得证明的，合同生效。"合同效力如何？

——《商品房买卖合同解释》第2条规定："出卖人未取得商品房预售许可证明，与买受人订立的商品房预售合同，应当认定无效，但是在起诉前取得商品房预售许可证明的，可以认定有效。"①本条中的"无效"，是指不生效。严格意义上的无效具有确定性，不能转化为有效。②没有商品房预售许可证明本应为"无效"合同（未生效合同），但本案将取得商品房预售许可证明作为生效条件，合同发生了形式约束力，应认为是有效合同。③甲、乙在合同中约定的"生效"，应当作限制解释，即应解释为发生实质约束力。

4. 前述所谓"合同附生效条件"，是指整个合同附条件。这样，合同约

---

〔1〕《民法典》第159条规定："附条件的民事法律行为，当事人为自己的利益不正当地阻止条件成就的，视为条件已经成就；不正当地促成条件成就的，视为条件不成就。"

定的所有给付的实质约束力的发生都系于条件。合同的标的是给付，标的可以包含多个给付。实务中，更多的不是合同附条件，而是合同中的部分给付（一个或几个给付）附条件，在形式上表现为某一条款或某些条款附条件，[1] 结果是合同生效后，仅仅附"生效条件"的给付不发生一般实质约束力，其他给付则不受影响。比如，当事人对主给付没有附条件，而对从给付附加了生效条件，债权人自得请求债务人履行主给付义务。

5. 综上，附生效条件的合同或附生效条件的给付，在条件成就前是有效合同，因为有形式约束力而同时有特殊实质约束力，或者在有形式约束力的同时有部分一般实质约束力。

对附生效条件的合同，当事人恶意阻止条件成就，侵害的是期待权，违反的不是缔约义务，而是合同义务。虽在表面上不是直接违反履行义务，但也是为了阻止履行义务的发生，是为了逃避履行义务，故而构成违约责任，而不是缔约责任。

6. 死因赠与合同，是赠与人（自然人）生前与受赠人订立的赠与合同，一般认为赠与人死亡是该合同的生效条件，实际上是给付决定于条件（赠与合同条款附条件、给付附条件）。死因赠与合同是诺成合同，在赠与人死亡之前就生效（发生形式约束力与一般实质约束力）。正因如此，死因赠与的赠与人也享有《民法典》第658条规定的任意撤销权。

7. 对赠与合同而言，附义务与附生效条件可以竞合，这种竞合从一个侧面说明，生效条件成就前，合同具有形式约束力。

例1-3：赠与人甲与受赠与人乙约定，乙无偿给第三人丙村修一条公路（费用3万元）之后，甲送给乙一套养鸡设备（价值100万元），这是附生效条件的赠与与附义务的赠与的竞合。该赠与合同所附的受赠与人对第三人的义务具有公益性质，但尚不属于公益赠与，因为《民法典》所说的"具有救灾、扶贫、助残等公益"性质的赠与，是指赠与人给付的性质。[2]但因赠与合同所附

---

〔1〕 如《意大利民法典》第1353条就"附条件契约"规定："双方当事人得使契约或一个特别约款的有效或者解除取决于一个将来的且不确定的事实。"见费安玲、丁玫译：《意大利民法典》，中国政法大学出版社1997年版，第364页。

〔2〕《民法典》第658条规定："赠与人在赠与财产的权利转移之前可以撤销赠与。经过公证的赠与合同或者依法不得撤销的具有救灾、扶贫、助残等公益、道德义务性质的赠与合同，不适用前款规定。"

义务已经构成道德义务的赠与，赠与人没有任意撤销权，在乙履行所附义务之前，即生效条件成就前，是有形式约束力的。《民法典》第 661 条第 1 款规定："赠与可以附义务。"第 2 款规定："赠与附义务的，受赠人应当按照约定履行义务。"本案赠与合同将所附义务作为生效条件与随意条件，故不适用第 2 款。

（二）须办理批准等手续的合同，成立时的特殊实质约束力

1. 须办理批准等手续的合同是已经成立的合同，其效力比较特殊。《民法典》第 502 条第 2 款规定："依照法律、行政法规的规定，合同应当办理批准等手续的，依照其规定。未办理批准等手续影响合同生效的，不影响合同中履行报批等义务条款以及相关条款的效力。应当办理申请批准等手续的当事人未履行义务的，对方可以请求其承担违反该义务的责任。"

（1）法律、行政法规对一些合同设置了批准、审查、审核、登记等手续。这些合同，尽管当事人就合同内容达成了一致意见，形成了合意，但只是依法成立，具有形式约束力，尚须履行规定的手续才能"生效"，即才能发生双方之间的给付效力（实质约束力）。在此之前，债权人享有期待权，即这类合同是先行产生特殊实质约束力的。[1]换言之，《民法典》第 502 条第 2 款中的"相关条款"，是围绕给付设定的条款，它们不能被任意推翻，具有形式约束力和特殊实质约束力。

（2）批准、审查、审核、登记等手续不是生效要件，未办理这些手续不影响合同的成立。例如，《专利法》第 10 条规定："专利申请权和专利权可以转让。中国单位或者个人向外国人、外国企业或者外国其他组织转让专利申请权或者专利权的，应当依照有关法律、行政法规的规定办理手续。转让专利申请权或者专利权的，当事人应当订立书面合同，并向国务院专利行政部门登记，由国务院专利行政部门予以公告。专利申请权或者专利权的转让自登记之日起生效。"本条中的"生效"，不是合同生效，而是专利申请权或者专利权移转生效。[2]

---

[1]　有的登记既不影响合同的形式约束力，也不影响一般实质约束力。如《民法典》第 706 条规定："当事人未依照法律、行政法规规定办理租赁合同登记备案手续的，不影响合同的效力。"

[2]　再如，《最高人民法院关于审理矿业权纠纷案件适用法律若干问题的解释》（2020 年修正）第 6 条规定："矿业权转让合同自依法成立之日起具有法律约束力。矿业权转让申请未经自然资源主管部门批准，受让人请求转让人办理矿业权变更登记手续的，人民法院不予支持。当事人仅以矿业权转让申请未经自然资源主管部门批准为由请求确认转让合同无效的，人民法院不予支持。"

（3）办理批准等手续对合同当事人来说是一项积极义务，违反约定不办理的，构成违约。[1]

（4）在履行报批手续之前，合同不发生给付义务，但也有例外。如，《最高人民法院关于审理矿业权纠纷案件适用法律若干问题的解释》（2020年修正）第9条规定："矿业权转让合同约定受让人支付全部或者部分转让款后办理报批手续，转让人在办理报批手续前请求受让人先履行付款义务的，人民法院应予支持，但受让人有确切证据证明存在转让人将同一矿业权转让给第三人、矿业权人将被兼并重组等符合民法典第五百二十七条规定情形的除外。"[2]按照上述规定，合同在成立之后、办理报批手续之前，对承担付款义务的一方（受让人）发生一般实质约束力。

2. 应当报批的合同，批准机关决定不予批准或者因可归责于当事人的原因导致合同未获批准，合同的约束力问题。《合同编通则解释》第12条第4款第1句规定："负有报批义务的当事人已经办理申请批准等手续或者已经履行生效判决确定的报批义务，批准机关决定不予批准，对方请求其承担赔偿责任的，人民法院不予支持。"第2句规定："但是，因迟延履行报批义务等可归责于当事人的原因导致合同未获批准，对方请求赔偿因此受到的损失的，人民法院应当依据民法典第一百五十七条的规定处理。"

（1）按照第1句，"不予批准"并不否认合同的形式约束力和特殊实质约束力。

（2）按照第2句，因迟延履行报批义务等可归责于当事人的原因导致合同"未获批准"，适用《民法典》第157条的确定不发生效力的规定。[3]《民法典》第157条规定了"民事法律行为无效、被撤销或者确定不发生效力"

---

[1] 《合同编通则解释》第12条第1款规定："合同依法成立后，负有报批义务的当事人不履行报批义务或者履行报批义务不符合合同的约定或者法律、行政法规的规定，对方请求其继续履行报批义务的，人民法院应予支持；对方主张解除合同并请求其承担违反报批义务的赔偿责任的，人民法院应予支持。"第2款规定："人民法院判决当事人一方履行报批义务后，其仍不履行，对方主张解除合同并参照违反合同的违约责任请求其承担赔偿责任的，人民法院应予支持。"

[2] 《民法典》第527条规定了不安抗辩权："应当先履行债务的当事人，有确切证据证明对方有下列情形之一的，可以中止履行：（一）经营状况严重恶化；（二）转移财产、抽逃资金，以逃避债务；（三）丧失商业信誉；（四）有丧失或者可能丧失履行债务能力的其他情形。当事人没有确切证据中止履行的，应当承担违约责任。"

[3] 又据《合同编通则解释》第14条第1、2款，应当办理批准等手续的合同可能的后果包括"确定不发生效力"。

三种情形的赔偿损失等责任，而这三种情形都是自始不发生效力的情形。如前文所述，须报批的合同是自始有形式约束力和特殊实质约束力的。《合同编通则解释》12 条第 4 款第 2 句不仅与第 1 句矛盾，也与该条第 1、2 款矛盾。其实，因迟延履行报批义务等可归责于当事人的原因导致合同"未获批准"是违约，应当适用《民法典》合同编第 8 章对违约赔偿的规定。

（三）无权处分订立的买卖合同，成立时的特殊实质约束力

1. 无权处分订立的买卖合同，如无其他违法事由，是有效合同。无权处分订立买卖合同，是债权性无权处分，是负担行为。广义上的无权处分除狭义的无权处分外，还包括债权性无权处分。无权处分订立买卖合同本身并不使买卖的标的物发生物权变动，只是使买受人获得了债权，因此称为债权性无权处分。从出卖人的角度看，无权处分使其负担了债务，因而也称为负担行为。

对买卖的动产进行交付及对买卖的不动产办理转移登记，是直接使物权发生变动的行为，因而是物权行为。狭义的无权处分，是指无权处分的物权行为。

在买卖合同订立后，出卖人的狭义无权处分行为（动产交付、不动产移转移登记）如果没有获得权利人追认，则买受人不能取得所有权（善意取得除外）。按照《民法典》第 311 条第 1 款前半句"无处分权人将不动产或者动产转让给受让人的，所有权人有权追回"之规定，不能善意取得的，由所有权人请求占有人返还占有。

综上所述，出卖人的无权处分行为处在两个层面，一个在债权行为层面，另一个在物权行为（动产交付、不动产转移登记）层面。在债权层面，出卖人负有交付并转移标的物所有权的义务，因此，出卖人对标的物应当有处分权。但是，没有处分权并不导致买卖合同（债权合同）无效。或者说，仅没有处分权而没有法定无效事由的，合同有效。[1]。在物权层面，买受人符合条件的可以善意取得，否则不发生物权转移。

2. 无权处分订立的买卖合同若有效，则仅发生形式约束力和特殊实质约

---

　　[1]《民法典》第 597 条规定："因出卖人未取得处分权致使标的物所有权不能转移的，买受人可以解除合同并请求出卖人承担违约责任。法律、行政法规禁止或者限制转让的标的物，依照其规定。"第 646 条规定："法律对其他有偿合同有规定的，依照其规定；没有规定的，参照适用买卖合同的有关规定。"

束力。无权处分订立的买卖合同若有效，买受人只有请求将标的物所有权转移给自己的期待权（给付期待权），没有作为既得权的债权请求权，不能请求强制实际履行。在出卖人取得处分权以前，给付标的物为法律不能。即是说，无权处分订立的买卖合同在成立时只有形式约束力和特殊实质约束力。

那么，善意与非善意的买受人都没有请求转移标的物所有权的债权请求权吗？因为是法律不能，所以两种买受人都没有这种请求权。买受人享有的给付期待权的内容，是要求出卖人取得处分权（取得权利人追认或取得标的物的所有权）以实现合同目的。

无权处分订立买卖合同是自始非确定的法律不能，无效合同是自始确定的法律不能。也就是说，前者的法律不能是可以改变的。[1]出卖人之后取得处分权的，权利瑕疵消灭，合同实质约束力的性质发生了改变。

（四）买卖合同以外不涉物权变动的债权性无权处分，成立时的特殊实质约束力

买卖合同以外不涉物权变动的债权性无权处分，在完成给付时不涉及物权变动，即不以物权变动作为给付内容，在无其他违法事由的情况下是有效合同，具有形式约束力和特殊实质约束力，经追认才产生一般实质约束力。

1. 擅自转租与转租超过剩余租赁期限。承租人擅自转租与转租超过剩余租赁期限的，该转租合同不是效力待定的合同，而是有效合同，但是效力不完全。

（1）《民法典》第716条第1款规定："承租人经出租人同意，可以将租赁物转租给第三人。承租人转租的，承租人与出租人之间的租赁合同继续有效；第三人造成租赁物损失的，承租人应当赔偿损失。"租赁不发生物权变动，擅自转租是债权性无权处分，在出租人同意前，转租合同具有形式约束力和特殊实质约束力，第三人（次承租人）有期待权。一般实质约束力处于待定状态，出租人可以明示追认，也可以沉默的方式（默示的消极方式）追认。[2]不追认的，转租合同终止，承租人取得占有的，为无权占有。

（2）《民法典》第717条规定："承租人经出租人同意将租赁物转租给第三人，转租期限超过承租人剩余租赁期限的，超过部分的约定对出租人不具

---

[1] 一物多卖的合同不是无权处分，各个合同的买受人都有权请求履行合同，即各个合同均非法律不能。

[2]《民法典》第718条规定："出租人知道或者应当知道承租人转租，但是在六个月内未提出异议的，视为出租人同意转租。"

有法律约束力，但是出租人与承租人另有约定的除外。"因条文中有"不具有法律约束力"的表述，不少人认为这是转租合同的部分无效。其实，"不具有法律约束力"并非确定的无效，转租超过租赁期限部分，只是转租人债权性无权处分，出租人仍可能追认，该部分不属于无效合同的"确定性的无效"，未发生一般实质约束力，第三人（次承租人）有期待权。

　　例1-4：甲将商铺出租给乙4年，在租赁合同中约定乙可以转租给第三人。剩余租期只有1年时，乙将商铺转租给丙，租期3年，则转租合同有效租期为1年。

　　——一般的说法是"超过的2年租期不发生效力"，实则是不发生一般实质约束力，即不发生给付效力。在乙不能取得甲追认的情况下，丙可以追究转租人乙的违约责任。追究违约责任的基础，是"超过的2年租期"这一部分有形式约束力且乙有给付期待权。

　　2. 擅自出租他人之物。擅自出租他人之物是与擅自转租类似的债权性无权处分。例如，保管人将保管的他人之物出租，租赁合同可以发生形式约束力和特殊实质约束力。

　　3. 自行转让债务或者自行概括转让债权债务。《民法典》第551条规定："债务人将债务的全部或者部分转移给第三人的，应当经债权人同意。债务人或者第三人可以催告债权人在合理期限内予以同意，债权人未作表示的，视为不同意。"第555条规定："当事人一方经对方同意，可以将自己在合同中的权利和义务一并转让给第三人。"概括转让债权债务是将债权债务打包转让给第三人。自行转让债务或者自行概括转让债权债务，转让合同并非效力待定，而是不具有完全效力——有形式约束力和特殊实质约束力，在取得债权人或对方追认（事后的同意是追认）后，转为效力完全的合同。

　　4. 自行转让合伙份额。合伙份额，是合伙人因出资而对合伙按比例或约定享有的财产权利，是一种财产权，可称为份额权。合伙份额的转让，分为对内转让和对外转让。因合伙具有强烈的人合性，对合伙人份额的对外转让，《民法典》第974条作了限制性规定："除合伙合同另有约定外，合伙人向合伙人以外的人转让其全部或者部分财产份额的，须经其他合伙人一致同意。"某一合伙有三个合伙人，其中一人擅自向外转让合伙份额，与第三人签订转让合同后，该合同成立但"不生效"。此所谓"不生效"，是不发生一般实质约束力，但转让合同在成立时发生了形式约束力和特殊实质约束力。自行转让合伙份额后，其他合伙人均追认的，转让合同成为具有完全效力的合同。

5. 转让股权的合同。《公司法》（2023 年修订）第 84 条规定："有限责任公司的股东之间可以相互转让其全部或者部分股权。股东向股东以外的人转让股权的，应当将股权转让的数量、价格、支付方式和期限等事项书面通知其他股东，其他股东在同等条件下有优先购买权。股东自接到书面通知之日起三十日内未答复的，视为放弃优先购买权。两个以上股东行使优先购买权的，协商确定各自的购买比例；协商不成的，按照转让时各自的出资比例行使优先购买权。公司章程对股权转让另有规定的，从其规定。"有限责任公司是资合公司，但也有一定的人合性，转让股权时的优先购买权也是对人合性的一种保护。转让方与受让方商定了交易的条件，签订了股权转让合同，在通知其他股东前或取得其他股东答复前，该合同是有效的，但是不发生完全效力，只发生形式约束力和特殊实质约束力，受让人对取得股权只有期待权。其他股东放弃优先购买权，受让方才取得股权。仅从效果而言，这种合同等同于附生效条件的合同。

三、附生效期限的合同和附生效期限的给付具有形式约束力和一般实质约束力

（一）附期限辨析

世间万物无不在期限之中，民事法律行为自不例外。所谓附期限，是指当事人选定将来的某一时间（法律事实），控制合同或者其他民事法律行为之效力的发
生或消灭。

《民法典》与一般观点相吻合，在第 160 条规定："民事法律行为可以附期限，但是根据其性质不得附期限的除外。附生效期限的民事法律行为，自期限届至时生效。附终止期限的民事法律行为，自期限届满时失效。"本书认为这种规定及其理论支撑是存在严重问题的。

1. 所谓"生效期限"实际上是始期，所谓"终止期限"是终期。将"生效期限"对应"终止期限"，不够妥当。期限包括始期和终期，可以是一个时间点，也可以是一个时间段（期间）。当期限是一个时间段时，是一种持续的

观念，始期和终期是它的开始和截止时间。

2. 法律行为的作成（成立）在一个时间点上，没有持续的观念。也就是说，法律行为"本身"没有始期和终期。始期、终期不是对作为原因法律事实的法律行为"本身"的限制，而是对效力的限制，效力体现为发生结果法律事实。这个结果法律事实就是法律关系（包含合同法律关系）。法律关系有持续的观念，有始有终，比如双方当事人约定，合同自1月1日生效，至2月1日终止。

3. 法律行为是意思表示行为，所谓法律行为附期限，是当事人以意思表示，运用期限（始期和终期）对法律关系的起始和内容进行的设计。不能认为，意思表示只能对法律关系的起始进行设计，不能对法律关系的内容进行设计，否则就排斥了意思自由。

4. 单就合同法律关系而言，其标的是给付。整个合同附始期，没有什么意义，实务中也很罕见。实务中，一般约定合同签字、盖章即生效，而不多此一举地附加始期，常见的是合同中的给付附始期。[1]给付附期限（始期和终期）也称为条款附期限，对债权合同来说，给付是双方意思表示约定的内容，或者说是必要的内容。给付附始期是常态，更有实践意义，因为除同时履行以及不定期合同外，给付都要附始期。给付（履行）本身一般都需要确切的日期，需要具体化。比如，甲、乙在买卖合同中约定："甲在2月1日起开始履行，至10月1日止。"该履行是附期限的，2月1日是始期，10月1日是终期。始期就是所谓"生效期限"。不定期的合同一般是持续性合同，始期确定而终期不确定。例如，甲、乙在租赁合同中约定，3月1日甲将房屋交付给乙使用，但使用多久没有约定，这是不定期租赁，有给付生效的始期，但没有给付的终期。

合同中有多个给付的，一般多个给付都要分别附始期。例如，买卖合同约定出卖人向买受人交付三台仪器，分别约定了交付时间，这里的交付时间就是给付附生效期限（始期）。

综上，规定"附生效期限的民事法律行为，自期限届至时生效。附终止

---

[1]《日本民法典》在第五章（法律行为）第四节（条件及期限）第136条规定："（1）期限推定为债务人利益而定。（2）期限的利益可以放弃，但不能因此损害相对人的利益。"期限推定为债务人利益而定，是因为债务人负担给付（履行）义务，不到期自然有权拒绝履行。这条规定可以印证给付是可以附期限的。

期限的民事法律行为，自期限届满时失效"是不正确或不准确的。本书建议修改为："附始期的民事法律行为，自期限届至时发生约定的效力。附终止期限的民事法律行为，自期限届满时约定的效力消灭。"这里不使用"生效"和"失效"等术语，并强调发生或消灭约定的效力，这样就必须依约定的内容来判断结果法律事实（法律关系的效力状态）。

（二）附始期的合同与附始期的给付，发生了形式约束力和一般实质约束力

1. 一般依字面解释认定，附生效期限的合同，期限届至时才生效。本书认为，合同附生效期限，本质是附始期。合同成立后、始期届至前，当事人都不得破坏合同，都要维护合同，都要等待期限的到来，也就是说，合同具有形式约束力。比如，甲、乙 2 月 1 日签订买卖合同，约定 3 月 1 日生效。甲、乙之间的买卖合同应当于 2 月 1 日依法成立时生效（产生形式约束力），而不是 3 月 1 日才生效。

2. 合同中的给付附始期而始期未届至的，合同当然有形式约束力，当事人应当等待期限的到来。此点不应有争议。比如，买卖合同约定了发货时间和付款时间，双方都应遵守。

3. 附始期的合同与附始期的给付有形式约束力，是否有一般实质约束力是个关键性的问题。

（1）合同生效后，给付附始期的，债权人请求给付的权利是期待权；对已经到期的给付的债权请求权，是债权人享有的既得权。从约束力的角度讲，似乎到期的给付才发生一般实质约束力。但是给付附始期与给付附生效条件（停止条件）不同。条件可能发生，也可能不发生，债权人的期待权并不必然转变为既得权，因而附生效条件的给付，在条件成就前只具备形式约束力和特殊实质约束力。给付所附之始期，是单纯的时间流逝，期待权必然转化为既得权。故合同给付附始期，应认为受一般实质约束力保护。

（2）同理，合同"生效"附始期的，债权人请求给付的权利是期待权，但必然能够转化为既得权，故而这种合同是同时具备形式约束力和一般实质约束力的，只是由于立法的"用词"不够妥当，不容易理顺思维。

（3）附始期的合同或给付，期限届满以前撕毁合同等毁约行为使其不能履行的，直接违反的是形式约束力，但实际直接侵害到被违约人的履行利益，因此违约赔偿一般应当包括丧失履行利益造成的损失。

（4）附始期的合同或给付与附条件的合同的区别是：前者在始期届至前

有形式约束力和一般实质约束力，后者在条件成就前有形式约束力和特殊实质约束力，因为条件可能发生，而期限必然届至。

四、合同形式约束力和实质约束力发生的时点

（一）对有效合同而言，合同成立即生效，成立与生效没有时间间隔

《民法典》区分成立和生效。合同生效，是指已经成立的合同生效，所以合同成立是合同生效的前提。认定合同是否生效，是在认定合同成立的基础上，考察合同是否具备生效（有效）要件。[1]

对有效合同而言，合同成立即生效，成立与生效没有时间间隔。所谓生效，是指发生形式约束力和实质约束力，多数是形式约束力+一般实质约束力，少数是形式约束力+特殊实质约束力。合同形式约束力和实质约束力都不能独立存在。形式约束力不但保护一般实质约束力，也保护特殊实质约束力；不但保护既得权，也保护期待权。

《民法典》第502条第1款规定："依法成立的合同，自成立时生效，但是法律另有规定或者当事人另有约定的除外。"[2]不无疑问的是，本条的"生效"，是指产生形式约束力和实质约束力，还是指仅产生实质约束力？结合《民法典》相关规定（如第502条第2款须办理批准等手续、第158条附生效条件、第160条附生效期限等），本条的"生效"是指产生一般实质约束力（给付效力）。其实，如前文对特殊实质约束力（期待给付）效力的分析那样，即便不满足本条的"生效"条件，合同成立时也具有形式约束力和特殊实质约束力。

（二）诺成合同、实践合同约束力发生的时点

1. 诺成合同与实践合同约束力发生的时点，[3]都是合同依法成立之时。

---

[1]　未成立的合同有时也具有合同的外观。例如，甲、乙作为双方当事人的一份房屋买卖合同有甲的签字和乙的私人印章，外观上双方有合同，但乙否认签订过这份合同，说该印章不是自己的，若负担举证责任的甲不能证明乙签订过这份合同，就应认定双方之间没有成立合同。没有成立合同也就是双方之间没有合同，自然不发生合同效力。

[2]　《民法典》第136条第1款规定："民事法律行为自成立时生效，但是法律另有规定或者当事人另有约定的除外。"

[3]　诺成合同是合同的常态，实践合同是合同的非常态。法律对合同的实践性（交付成立）专门作出规定的，该合同是实践合同；没有作专门规定的，该合同就是诺成合同。有时出于技术上的原因，对诺成合同也会作出专门规定，如《民法典》第905条规定："仓储合同自保管人和存货人意思表示一致时成立。"这是个别情况。

但法律对诺成合同与实践合同的成立规定了不同的要件。

2. 诺成合同是当事人双方意思表示一致即成立的合同，如买卖合同、供用电合同、赠与合同、租赁合同、保理合同、技术合同、委托合同、中介合同、合伙合同、保证合同等都是诺成合同。《民法典》"物权编"规定的不动产抵押合同、[1]动产抵押合同、[2]质押合同也是诺成合同。[3]诺成合同在当事人达成合意时即发生形式约束力和实质约束力。

3. 实践合同又称为要物合同，当事人双方意思表示一致（达成合意）时，合同尚不成立，在交付标的物时才成立（见第 586、679、890 条）。如自然人之间的借款合同就是实践合同：李某向张某借款 1000 元，张某同意出借，双方意思表示一致，但借款合同并未成立，张某将 1000 元交给李某时，合同才成立。

实践合同成立的要件与诺成合同不同，当事人仅有合意时合同尚未成立，没有形式约束力，也不可能有实质约束力；在交付标的物致合同成立时，才发生形式约束力和实质约束力。诺成合同的一般实质约束力表现为债权人请求给付（给付效力），而实践合同的一般实质约束力已经不是请求给付，而是保持效力，即保持已经完成的给付。

在理论上，实践合同既可以有一般实质约束力，也可以有特殊实质约束力，但在实务中我们尚未发现有特殊实质约束力的实践合同。

当事人在实践合同成立前违反合意，造成对方损失的，不能构成违约责任，只能构成缔约责任。

（三）当事人对成立有特约时，合同约束力发生的时点

1. 要求签订确认书时，合同约束力发生的时点。

（1）当事人要求签订确认书时，合同约束力发生的时点也在合同成立时。"当事人采用信件、数据电文等形式订立合同要求签订确认书的，签订确认书时合同成立"（第 491 条第 1 款）。签订确认书是当事人附加的程序，该程序

---

〔1〕《民法典》第 215 条规定："当事人之间订立有关设立、变更、转让和消灭不动产物权的合同，除法律另有规定或者当事人另有约定外，自合同成立时生效；未办理物权登记的，不影响合同效力。"

〔2〕《民法典》第 403 条规定："以动产抵押的，抵押权自抵押合同生效时设立；未经登记，不得对抗善意第三人。"

〔3〕《民法典》第 429 条规定："质权自出质人交付质押财产时设立。"质押合同是债权合同，在达成合意时"成立"；质权是动产物权，在交付时"设立"。

也是合同的成立要件。

（2）当事人可能只要求一方签订确认书，也可能要求双方签订确认书。采用信件、数据电文等形式订立合同，当事人分处在不同的地理位置。签订确认书，一般是在异地，但也不排除在同时、同地签订。

（3）要求签订确认书须在合同成立之前，因为签订确认书合同才成立，成立才发生形式约束力和实质约束力。

2. 特约合同成立方式时，合同约束力发生的时点。当事人也可特约合同成立方式，比如，1月1日，张甲要买李乙的一幅画，双方就价款等必要条款协商取得一致。买卖合同是不要式合同，本来双方达成口头合意合同即成立，但为稳妥起见，双方约定1月2日签订合同书（典型的书面形式）时成立。当事人买卖该幅画的合同，就是一个约定的要式合同。

五、违反实质约束力和形式约束力的违约行为

两种约束力的区分，是从不同角度观察合同的效力。通常情况下，违反了一种约束力，也就违反了另一种约束力。违反形式约束力与违反实质约束力，主要是行为表现不同。在两种约束力同时存在时，违约行为可能直接伤害形式约束力，也可能直接伤害实质约束力，但实际上是同时破坏了两种约束力。比如，直接违反形式约束力，也导致实质约束力不复存在，损害了被违约人的履行利益。再如，直接违反实质约束力，不能实现合同目的，最终解除合同，也导致形式约束力不复存在。

为叙述方便，以下将违反实质约束力和形式约束力的违约行为分别表述。

（一）违反一般实质约束力的违约行为

违反一般实质约束力，即我们常说的不履行合同或者履行合同不符合约定。

1. 不履行合同是毁约行为，包括拒绝履行合同和造成既成事实的毁约。事实毁约如：出卖人转产，不再生产买卖合同的标的物，以致到期不能发货；出卖人把作为合同标的物的特定物转卖给第三人，第三人取得了所有权。以上二例，出卖人的行为导致合同嗣后履行事实不能。出卖人不能履行，是不履行的一种形态，破坏了实质约束力，因为合同因嗣后履行不能而终止，也就同时破坏了形式约束力。

2. 履行不符合约定，是瑕疵履行，直接危害了形式约束力，因为导致合

同终止或给付变化，同时也就危害了实质约束力。

3. 不履行合同和履行合同不符合约定，债权人可以请求违约人承担违约责任，包括请求继续履行，支付赔偿金、违约金等。[1]其中，违约金包括不履行的违约金、瑕疵履行的违约金和迟延履行（履行但迟延）的违约金。责任是违反义务的后果。合同约定的给付，是第一次给付（原给付），违约责任是第二次给付（次给付）。

对非金钱债务，请求强制履行原给付的权利可能丧失，[2]但不等于实质约束力丧失，可以采用替代的方法满足债权。强制继续履行以外的救济方式，[3]都是替代的方式，都是实质约束力的表现。当继续履行涉及当事人的人身自由时，不能强制继续履行，如对雇佣合同中的被雇佣人、演出合同中的演员、技术合同中的开发人员等，均不得强制实际履行。此时债权人可以寻找合适的第三人替代履行，向债务人主张替代履行的费用。[4]

（二）违反特殊实质约束力的违约行为

特殊实质约束力意味着，债权人有给付期待权，债务人应当承担对应的作为或不作为义务。

1. 违反特殊实质约束力的积极行为。维护特殊实质约束力，就是不破坏合同（消极行为），反之可以构成违约。例如，附生效条件的合同具备特殊实质约束力，恶意阻止条件成就是以积极行为违约，救济的方法是视为条件已经成就，合同"生效"。

违反特殊实质约束力的责任可以约定。例如，甲、乙签订附生效条件的合同，双方商定："任何一方阻挠导致条件不能实现的，应当支付对方 10 万元赔偿金。"该 10 万元赔偿金，是预定的违约金，是承担违约责任的方式，是特殊实质约束力的表现。

---

〔1〕《民法典》第577条规定："当事人一方不履行合同义务或者履行合同义务不符合约定的，应当承担继续履行、采取补救措施或者赔偿损失等违约责任。"

〔2〕《民法典》第580条第1款规定："当事人一方不履行非金钱债务或者履行非金钱债务不符合约定的，对方可以请求履行，但是有下列情形之一的除外：（一）法律上或者事实上不能履行；（二）债务的标的不适于强制履行或者履行费用过高；（三）债权人在合理期限内未请求履行。"

〔3〕《民法典》第577条规定："当事人一方不履行合同义务或者履行合同义务不符合约定的，应当承担继续履行、采取补救措施或者赔偿损失等违约责任。"

〔4〕《民法典》第581条规定："当事人一方不履行债务或者履行债务不符合约定，根据债务的性质不得强制履行的，对方可以请求其负担由第三人替代履行的费用。"

2. 违反特殊实质约束力的消极行为。对只有给付期待权（特殊实质约束力）的合同，使其发生给付效力（实质约束力）尚需要当事人的积极行为。这种合同，主要包括需要办理申请批准等手续的合同和无权处分订立的买卖合同。

（1）按照规定，一方当事人负有办理申请批准等手续以使合同"生效"的义务。在需要办理申请批准等手续合同才能"生效"的场合，若当事人不办理，使合同不能产生实体给付义务，则应当承担违约责任。当事人可以约定一方不履行办理申请批准等手续义务的，应当向另一方支付违约金。

《民法典》对需要办理申请批准等手续的合同，只规定了"责任"，没有明确这种"责任"是违约责任。第502条第2款第3句是："应当办理申请批准等手续的当事人未履行义务的，对方可以请求其承担违反该义务的责任。"有人认为，既然没有经过批准就是没有生效的合同，没有生效的合同就不能产生违约责任，因而上述所谓"责任"，只能是缔约过失责任。这种观点忽视了形式约束力和特殊实质约束力的存在，因而不能正确地界定这种"责任"的性质。由于欠缺理论基础，《民法典》对这种"责任"的性质是做了模糊处理的。

（2）无权处分订立的买卖合同，在成立时是有效合同，但因出卖人欠缺处分权，买受人不能取得标的财产。在出卖人取得处分权之前，该合同只有形式约束力和特殊实质约束力，买受人享有期待权。出卖人有义务取得处分权人对处分的追认（不是对效力待定合同的追认）。未履行这种义务构成违约，当事人也可以就不能取得处分权约定违约金。

例1-5：张甲擅自将与其妻子李乙共同共有的一套房屋出卖给王丙，双方约定了不履行合同的违约金，后由于李乙的反对，该房屋不能转移登记到买受人王丙的名下。[1]

——（1）本案买卖合同有效，但只有形式约束力和特殊实质约束力，王丙请求转移房屋所有权的债权（不是指对房屋的所有权）是期待权，不是既得权。李乙若追认，则王丙请求转移房屋所有权的债权是既得权。

---

〔1〕《民法典》第301条规定："处分共有的不动产或者动产以及对共有的不动产或者动产作重大修缮、变更性质或者用途的，应当经占份额三分之二以上的按份共有人或者全体共同共有人同意，但是共有人之间另有约定的除外。"

（2）《民法典》第597条第1款规定："因出卖人未取得处分权致使标的物所有权不能转移的，买受人可以解除合同并请求出卖人承担违约责任。"〔1〕由于出卖人张甲没有取得处分权致使买受人王丙不能取得标的物所有权，王丙有权通知张甲解除合同并有权要求张甲支付违约金。

（三）违反形式约束力的违约行为

形式约束力是法锁效力，违反就是毁约行为，应当承担相应的责任。

1. 一方当事人擅自单方解除、变更合同，对方接受毁约。擅自单方解除、变更合同，是一方当事人以通知的方式毁约。一方在没有单方解除、变更合同的简单形成权时，擅自通知对方解除、变更合同，不能发生解除或变更的效力，若对方接受毁约，则可发生解除、变更的后果，但接受毁约不等于免除毁约方的违约责任。擅自单方解除、变更合同直接危害了形式约束力，因为合同终止或给付变化，同时也就危害了实质约束力。

2. 行使法定变更权、法定随时解除权，也可以构成违约。有的法定变更权、法定随时解除权的行使，以损害赔偿为代价。如《民法典》第777条就法定变更权规定："定作人中途变更承揽工作的要求，造成承揽人损失的，应当赔偿损失。"第787条就法定随时解除权规定："定作人在承揽人完成工作前可以随时解除合同，造成承揽人损失的，应当赔偿损失。"即是说，突破形式约束力需要付出代价。这里的损害赔偿，是违反形式约束力的责任，属于违约责任。这种违约责任，有的是无过错责任，有的是过错责任。〔2〕

六、设定自然之债的合同，自始确定不发生实质约束力和形式约束力，不是严格意义上的合同

所谓设定自然之债的合同，是指合同设定的债没有强制执行力，只能由

---

〔1〕《民法典》第597条第2款规定："法律、行政法规禁止或者限制转让的标的物，依照其规定。"如果出卖人出卖的是法律、行政法规禁止转让的标的物，或者是没有相应资格（资质）而出卖限制转让的标的物，则合同应为无效，而不应按无权处分处理。例如，甲向乙出卖其偷窃的一条高档香烟，因盗赃物是禁止流转的物且买卖盗赃物违背公序良俗，甲与乙的买卖合同当然无效。再如，甲将其父（猎人）的枪支出卖给乙，因猎枪不能按一般的民事方式流转，甲、乙之间的买卖合同无效。

〔2〕如《民法典》第933条规定："委托人或者受托人可以随时解除委托合同。因解除合同造成对方损失的，除不可归责于该当事人的事由外，无偿委托合同的解除方应当赔偿因解除时间不当造成的直接损失，有偿委托合同的解除方应当赔偿对方的直接损失和合同履行后可以获得的利益。"

债务人自愿履行，不能强制履行，债务人可以随时反悔。

如果"合同"没有违反强制性规定，但自始确定不发生形式约束力和实质约束力，那它肯定不是有效合同，也不能称为无效合同。本书认为，它实际不是严格意义上的合同，只是一种设定自然之债的合意。

（一）有任意撤销权的赠与合同，设定的是自然之债，不是严格意义上的合同

赠与合同分为无任意撤销权和有任意撤销权两大类，[1]前者有形式约束力和实质约束力，与一般的合同无异。

1. 有任意撤销权的赠与合同，因赠与人有反悔权而没有形式约束力。赠与合同的赠与人（债务人）无偿做好事，是应当鼓励的行为。法律的鼓励，就是给赠与人以特殊保护。这种特殊保护措施，就是规定赠与合同的赠与人在财产权利转移之前享有任意撤销权。任意撤销权又称为反悔权，是赠与人在合同成立后仅凭主观愿望就可以取消合同的权利。任意撤销权以通知的方式行使，当然赠与人也可以起诉，以诉讼的方式行使。

本来，撤销权是针对有效法律行为而言，法律在这里称之为撤销，理论上称之为撤销权，只是沿袭下来的习惯。

2. 有任意撤销权的赠与合同，没有实质约束力，不能强制履行。

《民法典》只规定无任意撤销权的赠与合同的受赠人（债权人）"可以请求交付"，[2]没有规定有任意撤销权的赠与合同的受赠人（债权人）"可以请求交付"。

有任意撤销权的赠与合同，是不能强制履行的合同，也就是说，受赠与人之请求给付，不受法律保护，双方形成的只是自然之债。该合同没有形式约束力，也没有实质约束力，受赠人提出履行请求，赠与人就可以通过行使任意撤销权予以对抗。

3. 有任意撤销权的赠与合同，不是严格意义上的合同。本书认为，有任

---

〔1〕《民法典》第658条规定："赠与人在赠与财产的权利转移之前可以撤销赠与。经过公证的赠与合同或者依法不得撤销的具有救灾、扶贫、助残等公益、道德义务性质的赠与合同，不适用前款规定。"

〔2〕《民法典》第660条规定："经过公证的赠与合同或者依法不得撤销的具有救灾、扶贫、助残等公益、道德义务性质的赠与合同，赠与人不交付赠与财产的，受赠人可以请求交付。依据前款规定应当交付的赠与财产因赠与人故意或者重大过失致使毁损、灭失的，赠与人应当承担赔偿责任。"

意撤销权的赠与合同因既没有形式约束力，也没有实质约束力，实际不是严格意义上的合同；虽然也构成合意，但只产生自然之债。这种自然之债，法律也称为合同，只是习惯使然。

4. 有任意撤销权的赠与合同，任意撤销权消灭，则转变为严格意义上的合同。

（1）有任意撤销权的赠与合同，若赠与人（债务人）实际履行了约定的义务（转移了动产、不动产或其他财产），则真正意义上的合同成立。此时合同既有形式约束力，也有实质约束力。

赠与人履行了赠与合同，不得反悔，已经转移的财产不能请求返还，这是债的保持力，是合同约束力的体现。

（2）有任意撤销权的赠与合同，赠与人（债务人）放弃了任意撤销权，则真正意义上的合同成立，既有形式约束力，也有实质约束力。

实务中，常见当事人约定赠与人事先放弃任意撤销权。一种观点认为，赠与人行使任意撤销权是对整个赠与合同的撤销，也就包括对放弃任意撤销权的撤销，该条款当然也无效。本书认为，当事人可以处分自己的民事权利，放弃任意撤销权不违反法律的强制性规定和公序良俗，该约定有效。

例1-6： 张男与李女签订一纸离婚协议，约定：双方自愿离婚，10天内到登记机构办理离婚登记。考虑到李女工资收入较低，张男将婚前个人所有的一套房屋赠送给李女。离婚协议特别约定：张男放弃任意撤销权。一种观点认为，该约定有效。还有一种观点认为，任意撤销权是赠与人法定的固有权利，放弃无效。

—— （1）离婚协议经常带有财产内容，实务中一般只把它当作一个合同，不承认财产合同（债权合同）的存在，这是不准确的。本案虽然形式上是一份离婚协议，实际包含两个合同，一个是终止婚姻法律关系的身份合同，一个是赠与合同，后一合同自应适用《民法典》对赠与合同的规定。

（2）本案赠与合同是道德义务的赠与合同，张男其实并没有任意撤销权，也就无从放弃。假定二人之间成立的是有任意撤销权的赠与合同，张男的放弃并未触犯法律和公序良俗，显然是有效的。

（二）其他设定自然之债的合同，不是严格意义上的合同

除有任意撤销权的赠与合同外，实务中的部分赌博合同也是自然之债，债权人无权请求强制履行，合同没有形式约束力和实质约束力。

例1-7： 张甲与李乙讨论股市后打赌，约定若近期上证指数跌破3000点，张甲给李乙50万元，反之李乙给张甲50万元。在双方打赌后不到一个月，上证指数跌破3000点。张甲并未按照赌约支付50万元，李乙因此向法院提起诉讼，要求张甲履行约定义务。张甲与李乙都否认打赌协议是戏谑行为。

——对本案，很多人认为应以违背公序良俗为由认定合同无效，也有人认为本案的打赌协议约定的是自然之债，没有强制执行力，但当事人可以自愿履行。本书认为：①以违背公序良俗为由认定合同无效，是把公序良俗泛化了。总体来看，泛化容易窒息社会的活力，与民法的理念不符。②可以认定当事人订立的打赌协议是自然之债，但这种协议没有形式约束力和实质约束力，不是真正意义上的合同。③我国法律对打赌协议没有规定，但实务中的打赌协议需要法律的调整，在适当的时候增加相关规定还是有意义的。

七、合同相对性原则及对第三人的消极效力

（一）合同相对性原则及其例外

1. "依法成立的合同，仅对当事人具有法律约束力，但是法律另有规定的除外"（第465条第2款）。这是对合同相对性原则的规定，即一般合同仅对合同当事人有形式约束力和实质约束力。

从结果法律事实的角度说，合同债权债务关系与其他债权债务关系，是相对法律关系。债权是相对权、对人权、请求权，比如，合同甲方只能向合同的相对人乙方请求履行，不能请求乙方的子公司丙履行。

广义的涉他合同，一种是"第三人代为受领"，[1]还有一种是"第三人

---

〔1〕《民法典》第522条第1款规定："当事人约定由债务人向第三人履行债务，债务人未向第三人履行债务或者履行债务不符合约定的，应当向债权人承担违约责任。"本款的第三人即代为受领人。第三人代为受领，是第三人按约定代债权人接受债务人的履行，即由债务人向第三人履行，第三人不是合同的当事人、债权人。债务人违约后，该第三人没有作为原告的资格。

代为履行",[1]它们并不破坏合同的相对性。

合同具有相对性，是合同之债具有相对性，这是债的相对性的一种情形。但合同之债的相对性也有自己的特点：合同之债是当事人基于自己的意思表示创立的，是双方当事人（互为相对人）表示效果意思的结合，没有为意思表示的第三人原则上不能参与债的关系。

2. 合同相对性原则的例外。

（1）例外之一：狭义的涉他合同。

狭义的涉他合同，是第三人享有合同权利或负担合同义务，或者既享有合同权利又负担合同义务，合同不但约束当事人，也对第三人发生效力。

1）利他合同。

利他合同，也称为"为第三人利益合同""第三人取得债权合同"，第三人依据合同当事人的约定或者法律规定作为债权人受领给付。第三人具有债权人的身份，其不是代他人受领，而是自己有权受领。债务人违约后，该第三人有作为原告的资格。[2]

例1-8：赠与人甲与受赠与人某县民政局乙订立了赠与合同，约定的受益人是该县的希望小学丙。丙对甲能否直接请求履行？

——乙、丙都享有履行请求权。丙有履行请求权，意味着丙不仅有权主张合同的实质约束力，也有权主张保障实质约束力的形式约束力。形式约束力表现为丙得主张甲与乙不得任意撤销、解除、变更合同。

2）第三人负担义务的涉他合同。

涉他合同也可以是第三人负担义务，但须有第三人负担义务的意思表示。例如，买房人与房地产开发公司订立的商品房买卖合同中的物业服务条款

---

〔1〕《民法典》第523条规定："当事人约定由第三人向债权人履行债务，第三人不履行债务或者履行债务不符合约定的，债务人应当向债权人承担违约责任。"本条的第三人不是合同当事人，只是代为履行人，因此第三人不履行债务或者履行债务不符合约定时，只能由合同债务人承担违约责任。第三人的违约，是对债务人的违约，应由债务人对债权人承担违约责任。债权人若提起民事诉讼，只能以债务人为被告，不能以第三人为被告。

〔2〕《民法典》第522条第2款规定："法律规定或者当事人约定第三人可以直接请求债务人向其履行债务，第三人未在合理期限内明确拒绝，债务人未向第三人履行债务或者履行债务不符合约定的，第三人可以请求债务人承担违约责任；债务人对债权人的抗辩，可以向第三人主张。"

（物业服务合同）也约束买房人与物业服务人；物业服务人与房地产开发公司事先订立了合同，对物业服务人的权利义务做了设计。

（2）例外之二：第三人的法定代为履行权。

《民法典》第524条规定："债务人不履行债务，第三人对履行该债务具有合法利益的，第三人有权向债权人代为履行；但是，根据债务性质、按照当事人约定或者依照法律规定只能由债务人履行的除外。债权人接受第三人履行后，其对债务人的债权转让给第三人，但是债务人和第三人另有约定的除外。"本条是对第三人代为履行权的规定，突破了债的相对性。

第三人对履行债务具有合法利益时，依法有权自己代债务人之位向债权人履行。第三人的这种代为履行的权利，是法律加以规定的，故为法定代为履行权，也称为法定代位履行权、法定代位清偿权，因法定代为履行导致债权由履行的第三人承受，学说上也称之为"法定之债权让与"。

对履行债务具有合法利益的第三人包括物上保证人（第三人为抵押人、质押人）、保证人、次承租人、买受人等。例如，甲向乙借了20万元，第三人丙应债务人甲之托担保该10万元的偿还，把自己的一个有纪念意义的祖传茶壶质押给了债权人乙（已交付给乙）。甲到期没有偿还借款，丙怕乙变卖茶壶，遂以自己的名义还给乙20万元，则丙取代乙的债权人地位，对甲有20万元的债权。

（3）例外之三：债权人代位权和债权人撤销权。

债权人代位权和债权人撤销权都是债权人基于债的效力对债务人之外的第三人行使权利，因而合称为合同的保全权，是合同债权之对外效力。两权都突破了合同的相对性、债的相对性。

债权人代位权，是指债务人怠于行使其对相对人的债权或相关从权利，而有害于债权人的债权时，债权人为保障自己的债权而以自己的名义并以诉讼的方式行使债务人对相对人的权利。[1]债权人代位权行使的结果，主要是使债权人直接获得清偿。还有一种"特殊代位权"（债权人债权未到期时的代位权），也突破了债的相对性，其行使方式比较灵活。这种"特殊代位权"的

---

[1]《民法典》第535条规定："因债务人怠于行使其债权或者与该债权有关的从权利，影响债权人的到期债权实现的，债权人可以向人民法院请求以自己的名义代位行使债务人对相对人的权利，但是该权利专属于债务人自身的除外。代位权的行使范围以债权人的到期债权为限。债权人行使代位权的必要费用，由债务人负担。相对人对债务人的抗辩，可以向债权人主张。"

行使行为称为"保存行为"。[1]

债权人撤销权,是债权人对于债务人不当减少财产以致危害债权的行为,得请求法院予以撤销的权利。[2]债权人撤销权行使的结果,是通过撤销债务人与第三人的双方法律行为或者债务人的单方法律行为,撤销债务人与第三人的法律关系,如撤销债务人与第三人的赠与合同(双方法律行为)、撤销债务人对其债务人的债务免除行为(单方法律行为)。债权人撤销权,使债权的效力及于第三人,突破了合同的相对性。

(二)合同对第三人的消极效力

1. 债权合同对外一般不发生消极效力。债权合同的债权人,享有请求给付的合同债权。合同债权与其他债权一样,是相对权,不是绝对权;是对人权,不是对世权;是请求权,不是支配权。故而,合同对第三人一般不发生积极效力,并且一般也不发生消极效力。

所谓积极效力是指合同当事人对第三人享有请求给付的权利。所谓消极效力是对抗效力,指合同外第三人对合同负担维护义务、不作为义务。比如,在出卖人一物双卖时,第一个买受人的债权受到妨碍,法律不认为其是被侵权人,不认为第二个买受人(相对于第一个买卖合同是第三人)是侵权人,而认为两个买卖合同都有效。

实务中对某类或某种合同有"对内有效,对外无效"的观点,这种观点是不准确的,所谓对外无效,往往指由于第三人的信赖而"不能对抗第三人"(不发生消极效力)。

2. 在特定情况下,债权合同对外有消极效力。

(1)债权合同受善良风俗保护,在此情况下可发生消极效力。债权合同负载的权利是债权,虽然不具有绝对性,但也不应受第三人的恶意损害。对损害债权来说,恶意是故意以悖于善良风俗的方法损害他人债权,不是一般

---

〔1〕《民法典》第 536 条规定:"债权人的债权到期前,债务人的债权或者与该债权有关的从权利存在诉讼时效期间即将届满或者未及时申报破产债权等情形,影响债权人的债权实现的,债权人可以代位向债务人的相对人请求其向债务人履行、向破产管理人申报或者作出其他必要的行为。"

〔2〕《民法典》第 538 条规定:"债务人以放弃其债权、放弃债权担保、无偿转让财产等方式无偿处分财产权益,或者恶意延长其到期债权的履行期限,影响债权人的债权实现的,债权人可以请求人民法院撤销债务人的行为。"第 539 条规定:"债务人以明显不合理的低价转让财产、以明显不合理的高价受让他人财产或者为他人的债务提供担保,影响债权人的债权实现,债务人的相对人知道或者应当知道该情形的,债权人可以请求人民法院撤销债务人的行为。"

的故意。例如，在一物双卖的场合，如果甲卖给乙特定的救急或者救命的药品，丙与乙有仇，为达到报复的目的，从甲处高价购买该药品，使甲对乙不能履行，则第二个买卖合同因悖于善良风俗而无效。再如，出卖人与第二个买受人恶意串通侵害第一个买受人的债权，则第一个买受人是被侵权人，其债权受到保护，第二个买卖合同无效。[1]

（2）有时法律根据具体需要，明文规定某种债权合同对特定第三人的对抗效力（消极效力）。例如，遗赠扶养协议是债权合同，扶养人的债权虽然是相对权，但足以对抗（排斥）遗嘱继承人，使与之冲突的遗嘱无效。[2]

（3）在民事诉讼过程中当事人达成的调解协议是特种和解协议，[3]换言之，调解协议是民事和解协议的一种。这种调解协议对法院有对抗力（消极效力）。《最高人民法院关于人民法院民事调解工作若干问题的规定》（2020年修正）第8条第1款规定："人民法院对于调解协议约定一方不履行协议应当承担民事责任的，应予准许。"第2款规定："调解协议约定一方不履行协议，另一方可以请求人民法院对案件作出裁判的条款，人民法院不予准许。"第1款从字面上看强调的是调解协议具有实质约束力，但实际上也体现了形式约束力。第2款基于民事诉讼中调解协议具有对抗法院的效力，规定法院不得再对原案件作出裁判（不作为）。调解协议涉及双层法律关系，原案件是调解协议（和解协议）的基础法律关系，这个基础法律关系也就是诉讼标的。和解协议之和解，已经排除了这个诉讼标的，因而不得对原案件（原诉讼标的）再作出裁判，否则就变成"打罗圈架"了。当事人不履行调解协议发生的争议，则是对新的法律关系的履行发生的争议，不是对基础法律关系发生的争议。

----

〔1〕　例如，《商品房买卖合同解释》（2020年修正）第7条规定："买受人以出卖人与第三人恶意串通，另行订立商品房买卖合同并将房屋交付使用，导致其无法取得房屋为由，请求确认出卖人与第三人订立的商品房买卖合同无效的，应予支持。"

〔2〕　《民法典》第1123条规定："继承开始后，按照法定继承办理；有遗嘱的，按照遗嘱继承或者遗赠办理；有遗赠扶养协议的，按照协议办理。"《最高人民法院关于适用〈中华人民共和国民法典〉继承编的解释（一）》第3条规定："被继承人生前与他人订有遗赠扶养协议，同时又立有遗嘱的，继承开始后，如果遗赠扶养协议与遗嘱没有抵触，遗产分别按协议和遗嘱处理；如果有抵触，按协议处理，与协议抵触的遗嘱全部或者部分无效。"

〔3〕　参见隋彭生：《合同法要义》（第四版），中国人民大学出版社2015年版，第442、445、446页。

第三节　案例分析

◎ 案例分析一：成立尚未生效的合同具有形式约束力和特殊实质约束力，可以解除

【案例】 最高人民法院（2020）最高法民终137号民事判决书节选

关于案涉资产协议的解除问题。虽然资产协议因生效条件未成就而处于成立未生效状态，但并不意味着绝对不能解除。事实上，已经成立的合同具有形式拘束力，受到双方合意的拘束，除当事人同意或有解除、撤销原因外，不允许任何一方随意解除或撤销，但当事人不得请求履行合同约定的义务。成立后的合同产生效力则表现为当事人应当按照合同约定履行义务，否则将承担债务不履行的法律责任。因此，从当事人解除合同的目的看，固然主要是通过解除成立且有效的合同，让自己不再需要履行合同义务，但合同成立尚未生效时也对当事人有形式上的拘束力，故也不排除当事人通过解除成立但未生效的合同来摆脱合同形式拘束力的需要和可能。对此，《最高人民法院关于审理矿业权纠纷案件适用法律若干问题的解释》第8条规定："矿业权转让合同依法成立后，转让人无正当理由拒不履行报批义务，受让人请求解除合同、返还已付转让款及利息，并由转让人承担违约责任的，人民法院应予支持。"《最高人民法院关于审理外商投资企业纠纷案件若干问题的规定（一）》第5条规定："外商投资企业股权转让合同成立后，转让方和外商投资企业不履行报批义务，经受让方催告后在合理的期限内仍未履行，受让方请求解除合同并由转让方返还其已支付的转让款、赔偿因未履行报批义务而造成的实际损失的，人民法院应予支持。"故成立尚未生效的合同，合同当事人有权请求解除。由上，对中珠医疗关于资产协议成立未生效，不属于可解除对象的上诉主张，不予支持。

【本书的分析】

1. 有效合同才能解除，换言之，解除以合同生效为前提。判决书从"成立尚未生效的合同"可以解除等角度，指出待批准的合同是有形式拘束力（本书所说的形式约束力）的。深入分析可知，本案资产协议是有特殊实质约

束力的。形式约束力是法锁效力，不会孤立存在，必须有保护对象，即是说，所谓尚未生效，是指尚未发生特殊实质约束力。实质约束力包括一般实质约束力和特殊实质约束力。一般实质约束力是给付效力，本案资产协议成立但未"生效"，即尚未发生给付效力。特殊实质约束力是期待给付效力，当事人有期待权，该期待权也受形式约束力保护。

判决书指出："除当事人同意或有解除、撤销原因外，不允许任何一方随意解除或撤销，但当事人不得请求履行合同约定的义务。"但书之前表明成立尚未生效的合同有形式约束力，但书表明这种合同没有一般实质约束力。

2. 判决书还引用了《最高人民法院关于审理矿业权纠纷案件适用法律若干问题的解释》第6条第1款的规定："矿业权转让合同自依法成立之日起具有法律约束力。矿业权转让申请未经自然资源主管部门批准，受让人请求转让人办理矿业权变更登记手续的，人民法院不予支持。"该条第2款规定："当事人仅以矿业权转让申请未经自然资源主管部门批准为由请求确认转让合同无效的，人民法院不予支持。"第1款中的"具有法律约束力"实际是形式约束力和特殊实质约束力。矿业权转让申请经过自然资源主管部门批准，产生一般实质约束力，矿业权可以转移；未经批准，则不产生一般实质约束力，矿业权不能转移。第2款明文规定，未经批准不是合同的无效事由。批准也不是合同的生效事由，其控制的不是合同的效力，而是标的财产的转移。

3. 判决书还引用了《最高人民法院关于审理外商投资企业纠纷案件若干问题的规定（一）》第5条的规定，以支持自己的观点。按照该条，一方未履行报批义务（违反形式约束力和特殊实质约束力），另一方有权请求赔偿因未履行报批义务而造成的实际损失。这里的"实际损失"应当解释为不包括可得利益，因为对合同的履行，当事人享有的只是期待权（特殊实质约束力）。

4. 该案例很典型，法官的分析理论性较强，直接运用了形式拘束力的术语，极具参考价值。

◎ 案例分析二：约定"大概半年"支付佣金，效力如何[1]

【案情】

2020 年 6 月 4 日，金某为牛某出具欠条一份，期限约定为"大概半年"，该欠条加盖有郑州房美房地产营销策划有限公司（以下简称"房美公司"）的印章。原因是牛某欲购买河南省荥阳市龙熙湾小区的某住房，金某承诺如果通过其所在的房美公司购买该住房，可以将获得的佣金中的 2 万元支付给牛某。2020 年 6 月 6 日，牛某与开发商签订了商品房买卖合同。后牛某索要 2 万元佣金，金某和房美公司以开发商未支付佣金为由推脱拒绝，牛某遂诉至法院。法院经审理查明，房美公司未向开发商催要佣金。

【分歧】

本案中，关于金某、房美公司是否应向牛某承担返还佣金的责任，存在以下两种观点：

第一种观点认为，应驳回牛某的诉讼请求。该佣金是在销售房屋后开发商应当支付给房美公司的，佣金至今未到账，房美公司无法向牛某履行支付义务。而金某只是在该公司打工，开发商也未将佣金支付给他。故二被告现无法向原告返还佣金。

第二种观点认为，金某和房美公司作为案涉款项的欠款人，应承担支付责任。根据原《合同法》第 45 条，当事人为自己的利益不正当地阻止条件成就的，视为条件已成就。案涉欠条上载明履行期限为"大概半年"，现在金某和房美公司均以佣金未到账为由辩称无法履行，但未能举证证明其就未到账佣金已向开发商积极主张，其怠于主张权利的行为客观阻止了合同履行条件的成就，应视为条件已经成就。

【原文作者的评析】

笔者同意第二种观点，理由如下：

1. 第二种观点更符合附生效条件合同的立法本意。附条件合同的生效或

---

[1] 原文为刘珊珊："附生效条件合同中不正当阻止条件成就的认定"，载《人民法院报》2022年 2 月 10 日第 7 版。本书引用时略有修改。

者终止取决于所附条件的成就或者不成就，并且所附条件事先是不确定的，因此合同任何一方均不得以违背诚信原则的方式恶意阻止或促成条件成就。对于原《合同法》第45条规定的"不正当"行为，倾向于解释为违背诚信原则的行为，即背信的行为。是否违背诚信原则，造成条件无法成就，应视个案进行综合考量，根据诱因、目的与动机，对行为人的整体行为进行评价，且该不正当行为可以作为或者不作为的方式呈现。此外，当事人实施特定行为须是为了实现自己的利益。本案中，金某和房美公司明知其怠于向开发商主张佣金的行为会造成牛某的债权无法实现，这种不作为本身就是背信行为，是不公平不合理的，是为了自己的利益干预事实，阻止条件成就，应认定为原《合同法》第45条规定的"不正当"行为。

2. 第二种观点有利于对附生效条件合同的识别。首先，适用原《合同法》第45条要求当事人客观上成功阻止了条件成就或者促成了条件成就，即不仅要有行为，还要产生实际效果。审理期间，二被告无法提供向开发商主张佣金的事实证据，可见金某和房美公司对于佣金的催要不及时，不积极配合原告，已造成条件不成就即佣金不到账的结果。其次，合同当事人的行为与条件不成就须具有因果关系，即当事人的行为须致使条件无法成就。若不管有无当事人的行为，其他因素均会导致相同结果的发生，则不能认为当事人的行为与该事实结果之间存在因果关系，不适用原《合同法》第45条。

3. 第二种观点有助于推动诚信原则的践行。本案可以看作对违背诚信原则的合同一方当事人的特别"制裁"。附条件合同的未决期间，指自合同缔结至条件最终成就或者不成就之间的时段。在条件的未决期间，附生效条件的义务人、附解除条件的权利取得人均应依诚信原则行事，以维护合同相对人的利益。当事人应严格履行促成或等待条件成就的义务，违反该义务的，应承担法律责任。

【本书的分析】

1. 当事人之间存在媒介中介合同。

欠条虽然是一方出具，但它是合同凭证，足以证明合同法律关系的存在。金某为牛某出具给付2万元的欠条，加盖了房美公司的印章，又因约定"通过"房美公司购买约定的特定第三人的房屋，说明金某是房美公司的代理人，合同关系在买房人牛某与房美公司之间发生。

因牛某直接与第三人开发商签订房屋买卖合同，所谓"通过"房美公司购买，只是接受房美公司的媒介中介（媒介居间），即牛某与房美公司之间的合同是媒介中介合同，房美公司"一手托两家"（牛某与开发商）。

当事人约定房美公司将获得的佣金中的2万元支付给牛某，对牛某来说，这2万元性质上不是佣金，而类似于"返点"。该约定不违反法律的强制性规定和公序良俗，是有效的。

2. 本案媒介中介合同是给付附生效条件的合同。

中介合同包括报告中介（报告居间）合同和媒介中介（媒介居间）合同。中介合同是双务合同、有偿合同、诺成合同。中介合同一般自依法成立时起具有形式约束力和一般实质约束力（给付效力）。牛某与房美公司在合同中附了一个生效条件，这个条件就是牛某"通过"房美公司的媒介中介购买开发商的房屋。也就是说，本案媒介中介合同在条件成就前只具有形式约束力和特殊实质约束力（期待给付效力）。

从实务看，当事人设定的生效条件有时限制合同的效力，这是合同附生效条件；有时仅限制合同中给付的效力，这是合同中的给付附条件，形式上表现为合同内容或合同条款附条件。本案是给付（支付2万元）附生效条件，即牛某若与开发商签订买卖合同，房美公司给付2万元的债务就生效。

金某代理房美公司出具借条两天后，牛某与开发商签订了商品房买卖合同，条件成就，媒介中介合同的特殊实质约束力转变成一般实质约束力，即给付2万元从期待给付的效力转变为给付效力。

条件包括偶成条件、随意条件和混合条件。偶成条件是以偶然发生的事实作为条件；随意条件是以行为人的实施某种行为作为条件，所谓"随意"，是指条件的成就取决于行为人的意志；混合条件是偶成条件、随意条件组合在一起的条件。本案所附条件很像随意条件，似乎条件的成就决定于牛某的意志。其实，所附条件是混合条件，因为牛某与开发商签订商品房买卖合同，需要两个意思表示的结合，牛某一个人的意思不足以使条件成就。

牛某与开发商订立商品房买卖合同，也是完成自己的对价的行为。

3. "大概半年"支付2万元，是给付附履行期限。

欠条中注明"大概半年"支付2万元，这是双方当事人的约定，是给付附履行期限，即约定的是合同中的给付附始期，不是约定合同附始期。给付附始期是常见现象，比如，3个月内发货，4个月内付款，5个月内装修完毕等。

　　当事人是对付款期限约定了"大概"二字，这是本案比较特殊的一点。期限必然届至，"大概半年"是以"半年"为轴心，可以合理（适当）缩短或者合理（适当）延长，具体多长时间是意思表示解释的问题。

　　4. 房美公司对牛某违约，应当承担违约责任。

　　如果开发商与房美公司就支付佣金定有期限，到期开发商不向房美公司支付佣金，则是第三人违约，[1] 不影响牛某向房美公司主张债权。如果没有约定期限，房美公司怠于向开发商主张佣金，仍不影响牛某对房美公司的债权。房美公司与开发商的纠葛，属于另一法律关系。

　　开发商向房美公司支付佣金，不是房美公司向牛某支付 2 万元的条件。房美公司怠于主张佣金的行为，不是阻止条件成就，也不是对牛某的违约行为。

　　牛某的债权无法如期实现，房美公司陷入迟延（金钱债务并非履行不能），构成违约，牛某可以请求其继续履行并赔偿迟延造成的损失。

---

　　〔1〕《民法典》第 593 条规定："当事人一方因第三人的原因造成违约的，应当依法向对方承担违约责任。当事人一方和第三人之间的纠纷，依照法律规定或者按照约定处理。"

第二章｜无效合同导论

第一节　无效合同的本质、法律特征和无效的状态

一、无效合同的本质

（一）无效合同，当事人已经达成合意，是已经成立的合同

1. 合同是当事人之间的协议（参见第 464 条），协议是合意。就必要内容意思表示一致，为达成合意。

达成合意为合同成立的标志，但合意不是空洞的相互同意，须有必要的内容（必要之点或必要条款），否则无法产生权利义务关系。合同内容有漏洞或者欠缺非必要条款，不影响合同的成立，法律有相应的救济方法（补充性解释，见第 510、511 条）。

无效合同是无效的合意，也就是说，无效合同与有效合同一样，是已经成立的合同。

合同都是成立的。"未成立的合同"的说法，逻辑上是有问题的。不过，实务中有些合同形式上成立，实际上未成立，我们也表述为"未成立的合同"，这种表述不是严格学术意义上的。

2. 一般认为，依法成立的合同才有效，故而"合同是否成立是事实判断，合同是否有效是价值判断"。意思是说，合同成立只是双方意思结合的一个事实，而合同是否有效才是法律在价值上取舍的问题。这样的说法并不准确。合同成立不是单纯的生活事实，它是法律事实（法律调整的事实），应符合法律规定的要件，因而合同成立同时也是价值判断。应当说：合同成立是混入价值判断的事实判断。

（二）无效合同的本质，是无效合意

1. 什么是无效合意？

（1）合同是有效的合意，是法律认可的合意。合意有效，即具有约束力；合意无效，即不具有约束力。无效合同的本质，是无效合意。合同是双方法律行为（见第一章第一节），故而合意的无效，是双方法律行为的无效。[1]

（2）有效、无效，都是法律对合意的调整结果。合意，没有法律的"肯定"加持，就不能产生意定的效果。而无效合意，是法律给予"否定"加持，以阻止其发生意定的效果。合意无效，原因是违反强制性规定和公序良俗。在《民法典》的语境下，无效合同就是非法合同。

（3）民事主体的行为（法律事实之一种），分为法律行为和事实行为。法律行为以意思表示追求法律效果，存在对意思表示的效力评价问题。合同作为双方法律行为，需要对合意的效力作出评价，作出价值判断。事实行为不以意思表示产生法律效果，由法律直接规定效果，只需要对行为成立（存在）的事实作出判断，不需要作出有效无效的价值判断，不存在意思表示有效无效的问题。

（4）有效合同发生在创立、变更、终止法律关系三个环节（见第464条第1款）。无效合同（无效合意）也可以是为了创立、变更、终止法律关系，故其也可以发生在创立、变更、终止三个环节，只不过当事人追求的效果不能实现。比如，甲、乙订立的买卖合同无效，则不能创立意定法律关系，合同法律关系不存在。再如，甲、乙订立了买卖合同，后又协商一致，变更了这个合同；变更合意（变更合同）若无效，则不能发生变更合同的效果，原法律关系未受丝毫动摇。又如，当事人达成合意，解除原来订立的买卖合同，该解除协议如无效，就不能发生解除合同的后果。

2. 合意无效，是因为当事人双方的效果意思无效或没有效果意思。

（1）法律行为是意思表示行为，[2]依法按行为人的意思表示内容发生效力，即法律行为遵循意思自治原则。对法律行为而言，行为人的意思表示是发生效力的直接根据。具体到合同，合意是效力的源泉，合意之无效，在于

---

〔1〕 单方法律行为（单方行为）的无效，不是合同的无效，包括要约、承诺（本书认为要约和承诺都是单方法律行为）的无效，单方解除合同的行为无效，免除的无效等。

〔2〕《民法典》第133条规定："民事法律行为是民事主体通过意思表示设立、变更、终止民事法律关系的行为。"

法律否认当事人的合意。

（2）从意思表示的角度来说，合意无效是指合意依法不能发生表意人所欲实现的效果。所欲实现的效果，一是产生形式约束力和实质约束力，二是所欲达到的其他效果。

合同是有相对人的意思表示，合同成立（达成合意）一般是双方的效果意思（法效意思）取得一致。[1]就此而言，无效合同是双方的效果意思不发生效力。还有的无效合同是因没有效果意思而无效，比如以虚假意思表示订立的合同因没有效果意思而无效。

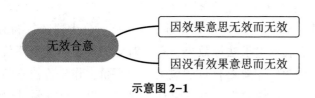

示意图 2-1

（3）有效果意思者，意思表达于外后形成内、外两层，外层为表示效果意思，内层为内心效果意思。发生效力的是表示效果意思。

我国对有相对人意思表示（含合同），采表示主义的解释标准。[2]合同解释不限于对字、词、段落含义的认定等，对合同效力的认定也属于合同解释的范畴，一般不是直接按表意人的内心真实意思认定合同无效，而是按照表示效果意思认定合同无效。从表示效果意思、内心效果意思与内心真实意思之间的关系来看，确定表示行为的客观意义包含三个层次：第一，原则上认定表示效果意思的效力；第二，推定表示效果意思就是内心效果意思的反映；第三，推定内心效果意思就是内心真实意思，即推定二者是一致的。

（4）在两个效果意思结合的场合，合同之无效，是两个表示效果意思的无效。如果其中一个表示效果意思因违反强制性规定而无效，则两个表示效果意思都无效，这是它们在效力上的牵连性的表现。比如一方伪造资质承揽工程，发包方不知情，则建设工程合同的双方意思表示都无效。

---

〔1〕 本书将效果意思与法效意思同义使用，指当事人欲发生某种法律效果的意思。

〔2〕 我国《民法典》第142条第1款规定："有相对人的意思表示的解释，应当按照所使用的词句，结合相关条款、行为的性质和目的、习惯以及诚信原则，确定意思表示的含义。"

如果表示效果意思与内心效果意思不一致，则属表示行为错误，[1]是意思的表达故障，致使外化的信息失真，可以重大误解为由撤销，不能归于无效。

（5）有的合同表面有效果意思但实际没有，即没有表示效果意思和内心效果意思，但仍然有意思表示，比如当事人通谋订立的虚假合同虽然有合意，但没有效果意思（见第146条第1款），这种合意（双方表示意思的结合）因为没有效果意思而无效。没有效果意思就是另有所图，需要追究当事人的内心真实意思。

（三）无效合同是没有形式约束力和实质约束力的合意

合意是形式约束力和实质约束力的源泉。对无效合同而言，尽管当事人已经达成了合意，但法律否认这种合意的法律约束力，即是说，无效合同自始既没有形式约束力，也没有实质约束力。

1. 形式约束力是法锁效力、维持效力，当事人不得任意变更、解除、撤销合同。无效合同对当事人没有这种约束力，不存在变更、解除、撤销的前提。例如，甲、乙买卖一个禁止流通物，该买卖合同因履行自始法律不能而无效，当事人之间不存在买卖法律关系。如果双方协商一致"变更"了它，以自由流转物替代原标的物，则实际不是对该无效合同的变更或更新，而是新成立一个合同，新合同自然可以有效。如果当事人误以为合同有效，对其作出变更、解除、更新等行为，则这些行为是无的之矢，自然也无效。

2. 学者们常说，无效合同是没有履行效力的合同。这实际只讲了实质约束力，只讲了合同效力的一个方面。实质约束力是给付效力、履行效力，合同的债权人有请求债务人给付（履行）的请求权，债务人有义务履行合同债务。无效合同没有实质约束力，不成立意定债权，相应地不成立意定债务。对无效合同，一方当事人要求履行的，对方可以主张权利不成立的抗辩，而不能主张履行抗辩权；抗辩权对应请求权，要求履行的一方没有请求权，对方拒绝履行也不是行使履行抗辩权。

---

[1] 表示行为错误，是表意人"误表示非其所欲"。比如，甲想通过微信给乙转1 000元压岁钱，因为"乌龙指"实际转了10 000元。内心效果意思是1 000元，表示效果意思为10 000元。表示错误，多因表意人粗心大意，也可以是第三人原因所致，比如，他人提供的软件发生故障，导致表意人报价发生错误。

（四）无效合同之无效，不是法律关系的无效

1. 经常有人说某某合同法律关系无效，需要强调说明的一点是，合同的无效，是指合意的无效、双方法律行为的无效，而不是合同法律关系的无效。

2. 法律关系都是有效的，因为法律关系是法律调整当事人行为的结果，如果说法律调整的结果无效，那就等于否定了法律，陷入不能自拔的境地。

3. 合同（合意）是原因法律事实，合同法律关系是结果法律事实。无效合同是根本不能发生意定法律关系，而非发生了意定法律关系却无效。合同是意定法律事实，产生的是意定之债；而无效合同产生债的话，其是法定法律事实，产生的是法定之债，比如无效合同一方当事人请求损害赔偿的债权、请求返还不当得利的债权等属于法定之债。

4. 任何权利都存在于法律关系之中，不能说法律关系无效，也不能说权利无效，所有的权利与所有的法律关系一样，都是有效的。

（五）无效合意（合同）与要约及承诺的"生效"之间的矛盾

绝大多数合同是通过要约与承诺的程序达成合意的，要约与承诺取得一致即合同成立。[1]这里有两个问题：要约的"生效"及承诺的"生效"如何理解？无效合同的要约与承诺是否曾经生效？有人认为，要约之"生效"、承诺之"生效"，与合同之"生效"只是内涵不相同。问题并非如此简单。

1. 要约具备法律行为无效事由的，无效。很多人认为，要约是意思表示，不是法律行为，要约与承诺结合在一起时上升为双方法律行为。本书认为，合同作为双方法律行为，是双方（甲、乙）的两个单方法律行为的结合。要约与承诺都是单方法律行为，这两个单方法律行为的结合，为合同的成立。

按照《民法典》的规定，对话方式的要约在相对人了解时生效，非对话方式的要约在到达相对人时生效。[2]这里的生效，一是要约人受要约约束，不得任意撤回、撤销；二是受要约人获得承诺权，该承诺权是简单形成权。也就是说，要约生效，当事人双方之间产生合同前法律关系。

---

〔1〕《民法典》第471条规定："当事人订立合同，可以采取要约、承诺方式或者其他方式。"

〔2〕《民法典》第474条规定："要约生效的时间适用本法第一百三十七条的规定。"第137条第1款规定："以对话方式作出的意思表示，相对人知道其内容时生效。"第2款规定："以非对话方式作出的意思表示，到达相对人时生效。以非对话方式作出的采用数据电文形式的意思表示，相对人指定特定系统接收数据电文的，该数据电文进入该特定系统时生效；未指定特定系统的，相对人知道或者应当知道该数据电文进入其系统时生效。当事人对采用数据电文形式的意思表示的生效时间另有约定的，按照其约定。"

　　要约作为单方法律行为，若具备法律行为无效事由，是不可能生效的，性质上只能是自始无效。不可能要约有效而合同无效。所谓了解时生效和到达时生效之"了解""到达"，只是具备了要约成立的要件，同时符合生效要件的才能真正生效。

　　2. 承诺具备法律行为无效事由的，无效；要约与承诺无效，合同仍可成立。《民法典》第 483 条规定："承诺生效时合同成立，但是法律另有规定或者当事人另有约定的除外。"[1] 按照《民法典》的规定，对话方式的承诺在相对人了解时生效，非对话方式的承诺到达时生效或作出承诺的行为时生效。[2] 问题是："承诺生效时合同成立"，但成立的合同是无效合同，"承诺生效"又如何解释？

　　合同的内容是要约设计的，承诺是单纯的同意（镜像规则）。要约的内容因违反强制性规定或违背公序良俗而无效，承诺也无效。要约的主体不适格或者承诺的主体不适格，要约、承诺双双无效。即是说，承诺作为单方法律行为，具备无效事由的，自始无效。所谓了解时生效、到达时生效及作出承诺行为时生效之"了解""到达""作出承诺行为"，其本质是承诺的成立要件而非有效要件。承诺具备成立要件和有效要件时才能真正生效。

　　3. 小结：所谓要约、承诺的"生效"实际是成立。要约、承诺的"生效"与合同生效的内涵不同，实际是二者的分别成立，而承诺成立时合同成立。成立的合同可能有效，也可能无效。本书主张区分要约、承诺的成立要件和生效要件，适用不同的判断标准，以达到自洽。法律规定的要约之"生效"、承诺之"生效"，在逻辑上是不通的。

　　例 2-1：甲 1 月 1 日向人贩子乙发出购买一个男孩子的要约，要约 1 月 3 日送达，乙表示同意的承诺 2 月 2 日送达。

　　——显然，甲与乙的合同是无效的。无效合同是已经成立的合同，那么，甲的要约、乙的承诺生效了吗？按《民法典》第 472 条、第 483 条，甲的要

　　〔1〕 本条中的"另有规定"和"另有约定"是针对成立的，不是针对生效的。"另有规定"如需要签订确认书的合同在签订确认书时成立，实践合同在交付标的物时成立等。"另有约定"如将实践合同约定为诺成合同，以改变合同的成立时间。

　　〔2〕《民法典》第 484 条规定："以通知方式作出的承诺，生效的时间适用本法第一百三十七条的规定。承诺不需要通知的，根据交易习惯或者要约的要求作出承诺的行为时生效。"

约、乙的承诺生效了，但并没有形式约束力和实质约束力；如果认为其没有生效，则又否定了合同成立的事实。故无效合同要约、承诺的所谓"生效"只达到了成立的效果，只能说明合同成立的事实。

二、对无效合同之无效的三个基本界定

无效合同之无效，是合同（合意）自始、确定地不发生效力。三个基本界定是："自始"、"确定"和"不发生效力"。

（一）无效合同，是"不发生效力"的合同

当事人订立合同，自是欲使合同"发生"效力的。无效二字中的"无"，是指"没有"。无效是没有效力，没有效力就是不发生效力。无效是不发生效力的一种情形，不发生效力还有其他原因，如：无权代理订立的合同是不发生效力的合同，限制民事行为能力人订立的与其年龄、智力、精神状态不相适应的合同是不发生效力的合同。

不发生效力，是形式约束力和实质约束力都不发生。这就排除了附生效条件的合同、须办理批准等手续的合同，这些合同成立时起具备形式约束力和特殊实质约束力。

（二）无效合同，是"自始"不发生效力的合同

1. 无效合同"自始"无效，即合同自始不发生效力。无效合同不发生效力，不是始自合同订立时，而是始自合同成立时。[1]订立是追求合同成立的行为，合同成立是订立的结果。合同自始无效，是因为合同成立时具有无效事由，是订立的结果违法。如果订立的行为违法但合同未成立，则合同（合意）不存在，可以追究订立行为人的民事责任。

人民法院对合同无效的确认时间，不是合同无效（不发生效力）的时间。例如，甲、乙双方1月10日订立了一份合同，该合同当年10月10日被法院判决确认为无效，则合同不是从10月10日失去效力，而是从1月10日成立时起就没有效力。这是因为无效原因自始就存在。

自始无效，是自始既不发生形式约束力，也不发生实质约束力。

2. 我国的无效合同都是自始无效的合同，没有嗣后无效的合同。

（1）自始无效，是合同无效的一个基本特征。有学者使用"嗣后无效"

---

[1] 《民法典》第155条规定："无效的或者被撤销的民事法律行为自始没有法律约束力。"

的术语与"自始无效"对应。本书认为嗣后无效是不能成立的。无效是不发生效力，嗣后无效实际是效力终止，合同在先已经发生效力才有终止的问题。合同终止是合同权利义务终止，是意定之债的终止，终止的原因也与无效的原因不同。[1]

比如，一个买卖合同成立生效后，在履行过程中，标的物被法律禁止，则该合同终止，并非嗣后无效。再如，签订合同时有行为能力，签订合同以后因疾病等原因变成无民事行为能力人，不属于嗣后无效，合同是否终止，要看具体情况，如果购买的是必要的生活用品，则合同继续有效。

（2）理论上的嗣后无效，是指成立时无效的原因尚不存在，其后才发生，导致合同不能生效。学者们举出的例子，是附停止条件（生效条件）的买卖合同，在成立时标的物尚允许流通，在条件成就前标的物变成了禁止流通物，因而该合同为嗣后无效的合同。

我国《民法典》上的附生效条件的合同，在成立之时即有形式约束力，即为有效合同，条件成就只是发生实质约束力，并非嗣后无效。

（3）效力待定的合同最终因未被追认而不发生效力，也不属于嗣后无效。这种合同不属于嗣后发生的原因导致无效，只是这种合同自始欠缺行为能力或欠缺权利的瑕疵没有被除去（涤除），致使不能生效。

（三）无效合同是自始"确定"地不发生效力的合同

1. 无效合同之无效的自始确定性。从成立时起（自始）确定地不发生效力，这是无效合同的质的规定性。对无效合同之无效，理论上也称为确定的无效。此确定的无效，实质上是自始确定地不发生效力。

无效合同确定地不发生效力，是指效力状态已经确定下来，不再因追认、时效经过、除斥期间经过、无效事由嗣后消灭等原因转化为有效合同；也不因合同的备案、批准或标的财产的登记等原因转化为有效合同。[2]例如，买卖的房屋已经办理了产权转移登记（过户登记）手续，不影响确认合同无效。

---

〔1〕《民法典》第557条第1款规定："有下列情形之一的，债权债务终止：（一）债务已经履行；（二）债务相互抵销；（三）债务人依法将标的物提存；（四）债权人免除债务；（五）债权债务同归于一人；（六）法律规定或者当事人约定终止的其他情形。"第2款规定："合同解除的，该合同的权利义务关系终止。"

〔2〕《合同编通则解释》第13条规定："合同存在无效或者可撤销的情形，当事人以该合同已在有关行政管理部门办理备案、已经批准机关批准或者已依据该合同办理财产权利的变更登记、移转登记等为由主张合同有效的，人民法院不予支持。"

无效合同之无效的确定性，基础是其违法的事实确定。

确定地不发生效力，还说明无效合同的无效性质具有当然性，不少学者把"当然无效"归纳为无效合同的一个特征。当然无效，是合同无效在法律上当然发生，不论当事人是否请求确认无效，人民法院和仲裁机关都有权确认其无效。即便当事人对合同的效力没有争议，也不影响无效合同当然无效的性质。

当事人以自身行为违法违规为由主张合同无效的，如果确实具备无效事由，就应当确认合同无效。由于无效合同之无效的自始确定性，法官对此没有自由裁量权。[1]

例2-2：甲、乙在合同中约定了高额的违约金，乙起诉违反合同的甲，要求支付违约金。甲为了逃避支付违约金，就在诉讼中主张合同无效。经查，合同具备无效事由，导致合同无效的原因在于甲。

——仍应确认合同（含违约金条款）无效。①不能认为确认合同无效，甲不用支付高额违约金就得到了法律上的好处，因为该案的违约金条款也是自始确定无效的。②也不能认为甲主张合同无效就违反了公序良俗。其一，甲的主张不违反公共秩序；其二，甲在动机上是违反善良风俗的，但不足以影响合同确定无效的质的规定性，确认合同无效并不违反善良风俗。③能否以甲违反诚信原则为由认定合同或违约金条款有效呢？不可以，诚信原则不保护无效合同，违约金条款也不可能单独有效。④甲是否为恶意抗辩呢？[2]恶意抗辩源自罗马法，是抗辩人针对恶意的抗辩，并不是说抗辩人有恶意。乙并非恶意，不能说甲主张无效就是恶意抗辩。

2. 确定地不发生效力对应效力待定。效力待定，是指合同自成立时起效力待定。确定地不发生效力对应效力待定，因为效力待定是非确定地不发生

---

[1] 最高人民法院（2019）最高法民终347号民事判决书指出：当事人以自身行为违法违规为由主张合同无效，不仅违反诚信原则，也不利于民事法律关系的稳定，属不讲诚信、为追求自身利益最大化而置他人利益于不顾的恶意抗辩行为。合同无效制度设立的重要目的在于避免无效合同的履行给国家、社会及第三人利益带来损失，维护社会的法治秩序和公共道德。如支持违法违规者的诉求，将违背合同无效制度设立宗旨，也将纵容违法行为人从事违法行为，使合同无效制度沦为违法行为人追求不正当甚至非法利益的手段。本书不同意这种观点。

[2] 我国《民法典》对恶意抗辩没有明确规定。我国《票据法》第13条第1款规定："票据债务人不得以自己与出票人或者与持票人的前手之间的抗辩事由，对抗持票人。但是，持票人明知存在抗辩事由而取得票据的除外。"本款但书的内容是对恶意抗辩作出的规定。

效力。效力待定的合同自始（合同成立时起）不生效力（形式约束力和实质约束力）的，成立后（嗣后）有两种前途，一种是确定地发生效力，一种是确定地不发生效力，前者如被追认，后者如被拒绝追认。顺便指出，《民法典》第157条所说的"确定不发生效力"，不是指无效合同，也不包括附生效条件的合同嗣后条件未成就，而是指效力待定合同嗣后确定地不发生效力。[1]例如，欠缺行为能力的人与他人订立的效力待定的合同，在合同成立并履行后，监护人表示拒绝追认，则该合同属于嗣后确定地不发生效力，当事人取得的财产应当返还。

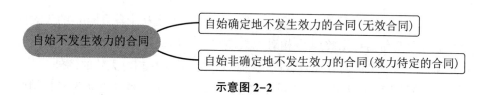

示意图 2-2

3. 对无效合同嗣后的效力瑕疵的补正，只能视为成立新的合同。由于无效合同自始确定地不发生效力的基本特征，对其嗣后的效力瑕疵的补正，只能视为成立新的合同。

例如，《施工合同解释（一）》第4条规定："承包人超越资质等级许可的业务范围签订建设工程施工合同，在建设工程竣工前取得相应资质等级，当事人请求按照无效合同处理的，人民法院不予支持。"承包人超越资质订立的施工合同无效，但在竣工前其取得了相应的资质，效力瑕疵消灭的事实不能上溯至合同成立时，使其自始生效，而应认为成立了新的施工合同，并"视为"从原无效合同成立的时间开始生效。B 视为 A，前提是 B 不是 A。

重复一句：必需的资质在起诉前可以弥补的合同，其效力不能在无效与效力待定之间选择。这种合同只能无效，而瑕疵补正，实质是新的合同生效。

4. 无效合同的确定性，导致无效合同的绝对性。

（1）无效合同的绝对性（绝对无效）。无效合同的确定性，导致无效合

---

[1] 《民法典》第157条规定："民事法律行为无效、被撤销或者确定不发生效力后，行为人因该行为取得的财产，应当予以返还；不能返还或者没有必要返还的，应当折价补偿。有过错的一方应当赔偿对方由此所受到的损失；各方都有过错的，应当各自承担相应的责任。法律另有规定的，依照其规定。"

同的绝对性，即无效合同是绝对无效。所谓绝对无效，是指任何人都得主张合同无效或对于任何人都得主张合同无效，且对任何主张合同有效的人都有对抗力。"绝对"对应"任何人"。这里的"任何人"，包括合同当事人和当事人以外的任何第三人；包括善意之人，也包括恶意之人。比如，无权处分订立的买卖合同若同时又违反了强制性规定导致无效，买受人虽为善意，但不得主张善意取得，即不得主张合同之无效对自己没有效果。再如，甲、乙订立了非法垄断技术的转让合同，受让人乙违反约定又将标的技术许可第三人丙使用，甲发现后禁止丙使用，则丙得以甲、乙的技术转让合同无效为由进行抗辩。

（2）关于无效合同的相对无效。理论上把法律行为（含合同）的无效区分为绝对无效和相对无效。[1]相对无效须立法作出规定，而我国法律并没有此类规定。学理上认为，无效合同是绝对无效，但存在相对无效的例外。

1）相对无效的含义。对相对无效有两种观点：第一种观点认为可撤销的法律行为是相对无效的法律行为，规定法律行为自始无效的规范和规定法律行为可撤销的规范是一般与特殊的关系。[2]我国部分学者吸收、沿袭了这种观点。第二种观点并不指向另类合同（可撤销合同），而是与绝对无效相对应。本书采第二种观点。无效合同以绝对无效为一般情形，以相对无效为例外。此所谓相对无效，是指合同的性质本属无效，但对于特定的第三人不得以无效相对抗。"绝对"对应"任何人"，而"相对"对应的就不能是"任何人"，只能是特定的人。

2）通谋虚假表示订立的合同无效，理论上认为是合同的相对无效。参照有关立法例，通谋虚假表示订立的合同（以虚假意思表示订立的合同），不得以其无效对抗善意第三人。[3]这是合同相对无效的表现。本书认为，我国《民法典》第146条虽然没有明确规定通谋虚假表示订立的合同不得对抗善意

---

〔1〕 学者指出：对法律行为，"无效以其效果之范围为标准，可分为绝对无效和相对无效两种。"见郑玉波：《民法总则》，中国政法大学出版社 2003 年版，第 445 页。

〔2〕 参见 ［俄］E. A. 苏哈诺夫主编，黄道秀译：《俄罗斯民法》（第 1 册），中国政法大学出版社 2011 年版，第 234、235 页。

〔3〕 我国台湾地区 "民法" 第 87 条第 1 项规定："表意人与相对人通谋而为虚伪意思表示者，其意思表示无效。但不得以其无效对抗善意第三人。"另见《日本民法典》第 94 条、《韩国民法典》第 108 条。

第三人，[1]但仍可发生这种效果，即可以认为具有相对无效的效果。

有观点认为："所谓不能对抗，指善意第三人对当事人得主张该行为有效或无效，当事人对第三人则不能主张该行为无效（不能主张自己违法）。例如某甲将其珠宝虚伪出卖于某乙，某乙又将之转卖于善意的某丙时，甲、乙之间的买卖契约虽因虚伪表示而无效，某丙仍得主张其为有效；如珠宝并已交付，某甲不得请求某丙返还珠宝，仅得向某乙请求赔偿。"[2]本书认为，在《民法典》的语境下，所谓"不得对抗"是不得妨碍善意第三人已经取得的权利和将要取得的权利，而不是"得主张该行为有效或无效"。无效合同有质的规定性，合同的效力不能在有效与无效之间穿梭。另外，以上引文指出，某丙仍得主张某甲与某乙的合同有效，按《民法典》中善意取得的要件，某甲、某乙的合同无效，某乙为无权处分，某乙与某丙的买卖合同有效，某丙才可以善意取得。

学者指出："典型的情形，债权让与人与受让人之间的债权让与通知债务人，如果该让与行为属于通谋虚伪表示而无效，该无效不得对抗善意第三人（债务人）。概言之，由于我国现行法已规定动产与不动产善意取得与表见代理制度，其可以保护善意第三人的合理信赖。因此通谋虚伪表示不得对抗善意第三人主要适用于债权表见让与等其他情形。"[3]

第二节　意思表示解释规则对无效合同的适用

一、合同解释概述

（一）合同解释的含义

合同解释是对有争议合同行为及合同内容含义和意义的理解和确认。合同解释是意思表示解释的一种，是合同法理论中具有普遍意义的问题，也是实务经常面对的问题和难点。

---

　〔1〕《民法典》第146条第1款规定："行为人与相对人以虚假的意思表示实施的民事法律行为无效。"第2款规定："以虚假的意思表示隐藏的民事法律行为的效力，依照有关法律规定处理。"

　〔2〕施启扬：《民法总则》（修订第八版），中国法制出版社2010年版，第244页。

　〔3〕王利明主编：《中华人民共和国民法总则详解》（下册），中国法制出版社2017年版，第631页。

不能认为，当事人对词、句有了争议，才是意思表示的解释问题，才有解释的必要。对词、句的解释，是文义解释，这只是意思表示解释的一部分内容或一部分工作。

合同解释的对象是意思表示，解释的依据是法律。习惯相当于任意法，也是合同解释的依据。民法原则也是合同解释的原则，其中诚信原则是终极性的指导原则。[1]

（二）合同解释的范围、对当事人意思表示的探究及对合同效力的认定

1. 合同解释的范围广泛。①合同是当事人之间的合意，但合同解释不仅包括对合意的解释，也包括对要约、承诺、同意、追认、解除、撤销、抵销、免除等一方意思表示的解释以及通过履行行为对意思表示的推定。②合同解释可以是对个别词、句、条款的解释，也可以将条款综合起来解释（整体解释）。③合同解释还可以包括对背景的考察。

2. 合同解释是对当事人意思表示的探究，这种探究，包括对文字、用语的含义的探究（文义解释），也包括对意思表示目的的探究。广义的目的解释包括合同目的解释及动机解释，动机是合同的间接目的。

3. 合同意思表示的解释，要归结到内心意思及意思表示的效力，因而包括对合同有效、无效、可撤销等效力状态的解释。对无效合同的认定，是适用法律的结果，但首先是意思表示解释的结果。

4. 无效法律行为的转换，属意思表示解释的范畴，故它也是合同效力的一种特殊认定方式。

例2-3：甲公司、乙公司在买卖合同中约定："一方不履行合同，另一方即可通知对方解除合同。"后因准备不足，甲公司到期当天未能发货，遂通知乙公司将在第二天发货。乙公司接到通知后反手就通知甲公司解除合同。事后了解到，甲公司第二天发货对乙公司没有损害，因为乙公司恰好没有准备好仓库。对本案，第一种观点认为，合同中对解除权的约定违反诚信原则，应认定为无效，因而乙公司的解除行为无效；第二种观点认为，契约应当严守，双方都是商主体，解除权的约定是双方的真实意思表示，应为有效，故而解除行为也有效。

---

〔1〕《民法典》第7条规定："民事主体从事民事活动，应当遵循诚信原则，秉持诚实，恪守承诺。"

——（1）本案合同对解除权的约定是有效的，不属于合同的部分无效，因为它没有违反强制性规定，也不能认为违反诚信原则。乙公司在己方没有任何损失的情况下就通知甲公司解除合同，仅是一种惩罚行为，属于权利的滥用，[1]故应当认定解除合同的单方行为无效。

（2）认定合同（合意）有效或无效都是意思表示解释的结果，本案认定合同对解除权的约定有效、乙公司的解除行为无效，都是意思表示解释的工作。

二、合同效力状态的解释，原则上采表示主义解释方法

（一）意思表示的表示主义解释方法

合同是有相对人的意思表示，适用表示主义解释方法。[2]此种解释方法，学理上也称为规范解释、客观解释，这是通过对表示行为的解释确定"意思表示的含义"，即这种解释要探究并确定符合规范的表示行为的客观意义，而不是探究表意人的内心真实意思。表示主义探究的是意思表示的"含义"，不像对无相对人的意思表示采意思主义那样确定行为人的"真实意思"。[3]

（二）认定合同效力状态，原则上采表示主义，但有时须探究当事人的内心真实意思

一般情况下，表示效果意思与内心效果意思的内容一致，表意人的内心效果意思就是其内心真实意思。

---

〔1〕《民法典》第132条规定："民事主体不得滥用民事权利损害国家利益、社会公共利益或者他人合法权益。"《总则编解释》第3条规定："对于民法典第一百三十二条所称的滥用民事权利，人民法院可以根据权利行使的对象、目的、时间、方式、造成当事人之间利益失衡的程度等因素作出认定。行为人以损害国家利益、社会公共利益、他人合法权益为主要目的行使民事权利的，人民法院应当认定构成滥用民事权利。构成滥用民事权利的，人民法院应当认定该滥用行为不发生相应的法律效力。滥用民事权利造成损害的，依照民法典第七编等有关规定处理。"《民法典》第七编是"侵权责任"，即滥用民事权利造成损害的，承担侵权责任。

〔2〕《民法典》第466条第1款规定："当事人对合同条款的理解有争议的，应当依据本法第一百四十二条第一款的规定，确定争议条款的含义。"第142条第1款规定："有相对人的意思表示的解释，应当按照所使用的词句，结合相关条款、行为的性质和目的、习惯以及诚信原则，确定意思表示的含义。"有相对人的意思表示的解释，包括文义解释、整体解释、依行为性质和目的的解释、按习惯解释及依诚信原则解释。

〔3〕《民法典》第142条第2款规定："无相对人的意思表示的解释，不能完全拘泥于所使用的词句，而应当结合相关条款、行为的性质和目的、习惯以及诚信原则，确定行为人的真实意思。"

$$\boxed{内心效果意思} = \boxed{表示效果意思} （两个效果意思一致） = \boxed{内心真实意思}$$

示意图 2-3

对合同或合同条款效力的认定，也属于合同解释的范畴。认定合同效力状态，原则上采表示主义，以外在的合意（两个表示效果意思的合致）为解释对象，有时须穿透效果意思，探究当事人的内心真实意思，以便准确认定合同的效力。比如，恶意串通订立的合同以及以合法形式掩盖非法"目的"等，表示效果意思不是真实的，是遮人耳目的东西，需要考察缔约人的动机（真实意思）。

三、对合同存在有效与无效等两种以上解释时，应采有效解释的规则

（一）采有效解释的规则的含义和意义

理论上一直认为，当合同可以作有效与无效等两种以上解释时，应当采纳使合同有效的解释。[1]《合同编通则解释》第1条第3款对此作了肯定规定："对合同条款有两种以上解释，可能影响该条款效力的，人民法院应当选择有利于该条款有效的解释；属于无偿合同的，应当选择对债务人负担较轻的解释。"这是出于尽量保护交易关系的思想，对防止合同无效的泛化，维护民法典的基本理念具有重要意义。该款在表述上仅把"合同条款"作为解释对象，其实整个合同也应适用该规则。

1. 两种以上解释所指的合同效力状态。对合同效力有两种以上解释，一种解释是有效，另一种解释可能是无效、可撤销或者效力待定。无效合同与效力待定合同都是自始不发生效力，但无效合同是确定地不发生效力，效力待定合同通过追认可以发生效力；可撤销的合同是有效合同，撤销后自始不发生效力。按有效的解释与按无效、可撤销或效力待定的解释发生冲突时，则采有效解释。

值得注意的是，有一类合同"成立尚未生效"，比如附生效条件的合同、须办理批准等手续的合同，这类合同实际有形式约束力和特殊实质约束力（见第一章第二节），是有效合同，对其解释存在有效与无效、可撤销、效力

---

[1] 引起联想的是《民法典》第498条第2句："对格式条款有两种以上解释的，应当作出不利于提供格式条款一方的解释。"格式条款提供人提供了含义不明的条款，其应当承担条款含义不明的风险，不能转嫁风险。这项规定与对有两种以上解释的合同采有效解释是不同的思路，不能借鉴。

待定的冲突时，仍适用有效优先的规则。

2. 两种以上解释的冲突，不是要件和事实上的冲突。

（1）两种以上解释的冲突，经常表现为对法律的指导思想、法律规则之间的适用关系、法律与道德的适用关系的不同认识和争议，也包含对情节是否严重的不同理解。两种以上解释通常都有一定道理或合理性，不是脱离要件的任意解释。

（2）在实务中，应注意两种以上解释是否能够并存的问题。如果一种解释符合法律要件，其他解释明显不符合法律要件，两种以上解释不能并存，则当然要摒弃不符合法律要件的解释。

（3）采有效解释不是简单的"二选一"或"多选一"。两种以上解释应是对同一事实适用法律的解释，不是对事实的不同认定。如果有效解释偏离事实，则不能采纳这种解释。并非一定要选择使合同有效的解释。

3. 注意违反强制性规定和违背公序良俗的区别。违反强制性规定的法律行为无效，但是有除外情形，而违背公序良俗的法律行为统统无效。违反强制性规定与违背公序良俗的合同效力有两种以上解释时，都有适用按有效解释的规则的余地，但违反强制性规定的要件比较清晰，违背公序良俗的要件却相对模糊，因此更应注意在违背公序良俗的合同效力认定上适用的解释规则。本书认为，合同是否违背公序良俗（定性）应当严格把握，存在违背和不违背两种解释时，应按不违背解释。在"定量"上，违背公共秩序及良好道德风尚没有达到相当的程度或没有相应后果，不应认定达到严格意义上的违背公序良俗（发生无效后果的违背公序良俗），否则就会出现海量的无效合同，不适当地破坏市场交易和社会生活（另见第三章第七节之四）。

例2-4：甲将房屋借给乙居住期间卖给了丙，"指示"乙直接将房屋交付给丙。第一种解释认为，甲对丙是不动产的观念交付，因违反物权法定原则而无效。第二种解释认为，观念交付针对动产，不动产不存在观念交付的问题；甲不是观念交付，是甲委托乙代自己向买受人丙现实交付。

——第一种解释错误且导致合同无效。第二种解释正确且维护了合同效力。须注意的是，不动产的现实交付只是占有的转移，所有权不因此发生转移。

例2-5：出卖人甲公司与买受人乙公司在货物买卖合同中约定，乙公司将货物转卖给丙公司，在丙公司向乙公司支付货款后，乙公司向甲公司支付。后丙公司未向乙公司支付。甲起诉乙公司要求支付。本案甲、乙二公司约定的付款条款就是"背靠背条款"。对此案有两种对立的观点：其一，"背靠背条款"无效；其二，"背靠背条款"有效，但乙公司支付货款是附生效条件的，条件未成就。

—— (1) 实务中，有一种合同条款约定付款人在得到其下游合同的债务人付款之后再向其债权人付款。大多数人认为，这种"背靠背条款"有效，也有少数人认为其无效。施工合同的"背靠背条款"多一些，买卖合同的"背靠背条款"不多见。对这类条款，不宜简单地否定其效力，而简单地认定其有效也不能解决实际问题。

(2) 本案"背靠背条款"是有效的，但不是附生效条件的，因为当事人是基于第三人（本案的丙公司）能够付款而签订"背靠背条款"的，并没有承担失去对价风险的意思表示，其对丙公司的付款是有合理期待的。因而本案"背靠背条款"应当解释为附期限的付款条款，经过合理期限丙公司仍未付款，乙公司应当向甲公司支付。

4. 关于对债务人负担较轻的解释。无偿合同的债务人，如赠与合同的赠与人、无偿委托合同的受托人、无偿保管合同的保管人，是做好事的人。法律有鼓励做好事、做好人的任务，故而合同有两种以上解释时，要作有利于债务人的解释，包括使其负担较轻、责任较轻等。《合同编通则解释》第1条第3款后半句是："属于无偿合同的，应当选择对债务人负担较轻的解释。"该解释规则对应本款前半句的效力解释，因此它也是对效力解释的规定。[1] 当对合同存在有效、无效、可撤销等解释时，并不是有效优先，而是哪个对债务人有利就哪个优先。

例2-6：张奶奶将自己的一所房屋赠送给孙子李某，以免孙子将来结婚时为房子发愁（动机）。办理所有权转移登记手续后，张奶奶发现李某不是自己儿子的亲生儿子，就主张构成重大误解，要求撤销赠与合同，返还房屋。

---

〔1〕 显然它的适用范围规定得狭窄了，希望今后能改正。

本案有几种解释：①第一种解释认为，我国《民法典》第142条第1款对有相对人的意思表示的解释采表示主义，对意思表示的含义应客观解释。动机藏于内心，不被相对人知晓，应认定赠与房屋是张奶奶的真实意思表示，不构成重大误解，本案赠与合同不属于可撤销的合同。②《总则编解释》第19条第1款规定："行为人对行为的性质、对方当事人或者标的物的品种、质量、规格、价格、数量等产生错误认识，按照通常理解如果不发生该错误认识行为人就不会作出相应意思表示的，人民法院可以认定为民法典第一百四十七条规定的重大误解。"第二种解释认为，条文中对"对方当事人"的错误，是指当事人同一性错误，不是当事人资格错误。张奶奶赠与李某房屋，不属于张冠李戴，并没有发生当事人同一性错误，但发生了当事人资格错误，该错误属于动机错误，不属于内容错误，因而不能构成重大误解。③第三种解释认为，按《合同编通则解释》第1条第3款后半句"属于无偿合同的，应当选择对债务人负担较轻的解释"之规定，应认定构成重大误解，即应撤销赠与合同。

——上述三种解释，各依据一个条文，但应采第三种解释。张奶奶的错误，是当事人资格错误，是动机错误。[1]按优先保护无偿合同债务人的规定，该动机错误构成了重大误解。

（二）无效法律行为的转换：按有效解释的规则（特殊的"二选一"）

1. 无效法律行为的转换，是意思表示解释的规则，称为"解释上的转换"。一个法律行为，不符合此要件（无效）但符合彼要件时，可以按彼法律行为生效，即按有效进行解释。其他（彼）法律行为，称为替代法律行为。这是一种特殊的"二选一"，即存在有效与无效两种解释时，采有效的解释。

我国《民法典》对无效法律行为的转换未设一般规定，但不妨碍按意思表示解释的一般规则认定合同的效力。

例2-7：甲看中乙的一头毛驴，双方约定，甲有偿使用乙的毛驴一年。甲、乙约定了使用费，还引用《民法典》第323条的规定，将甲对毛驴的使用权约定为用益物权。双方的合同效力如何？

---

[1]　该动机错误实际进入合同，构成了内容错误，但理论上会有争议，此不赘述。

——（1）《民法典》第 323 条规定："用益物权人对他人所有的不动产或者动产，依法享有占有、使用和收益的权利。"条文中规定了"动产"，这是为以后将动产规定为用益物权的客体预留的立法空间，按现行立法，所有的用益物权都是不动产用益物权，没有动产用益物权。甲与乙约定将有偿使用毛驴约定为用益物权，违反了物权法定原则，是无效的。

（2）考察双方当事人实施法律行为的目的，甲是为了获得使用权，乙是为了获得金钱，如果他们知道将甲对毛驴的使用权写为用益物权无效，就不会这样写。因此，应将甲、乙有偿使用毛驴的合同解释为租赁合同，将甲的使用权解释为债权性用益权（用益债权）。这种解释的作业，就是无效法律行为的转换。

2. 以给付为随意条件的转换。条件分为偶成条件、混合条件和随意条件。偶成条件是偶然的，可能发生，也可能不发生。随意条件取决于当事人的意志，例如，双方当事人约定，以债务人的履行作为合同的生效条件。以给付为随意条件是实务中常见的现象。随意条件分为纯粹随意条件和非纯粹随意条件，条件的成就决定于当事人消极行为（不干某事）的为纯粹随意条件，条件的成就决定于当事人积极行为（干某事）的为非纯粹随意条件。上述消极行为和积极行为，都是基于当事人的意志而产生的。混合条件是偶成条件和随意条件的混合。

由义务人单方决定自己为给付的随意条件，作为给付的生效条件（停止条件）产生的问题是：义务人获得对价却可以随意否定对方的对价，这就无异于给予其剥夺另一方财产的权利。这种条件因违背公序良俗而无效（附款无效）。《民法典》第 158 条第 1 句规定："民事法律行为可以附条件，但是根据其性质不得附条件的除外。"对必须履行的对价式债务，设定债务人决定的随意条件，就属于"根据其性质不得附条件"的情形。但是，该附款符合给付附期限的要件，可以按附期限解释。这种解释属于无效法律行为的转换。

例 2-8：甲借给刚考上大学的乙 50 万元（无息），双方约定，待乙大学毕业找到正式工作后偿还。乙大学毕业后很长时间没有正式工作，其以此为由拒绝还款。

——甲、乙之间的借款合同是无偿（无息）合同、不真正双务合同，约定部分无效，即在大学毕业后还款的约定还是有效的，但找到正式工作作为还款的条件是义务人的非纯粹随意条件。该随意条件的约定无效，但符合附期限的要件。这就是无效的条件转换解释为期限。该期限应解释为"合理期限"，因为当事人没有免除债务的意思，而对找到正式工作的时间也是有合理期待的，乙应当在大学毕业后的合理期限内偿还借款。

3. 合同部分无效的转换。在给付可分割等情形下，合同可以部分无效（见第四章第一节）。合同部分无效，给付的性质具体如何需要认定，以确定当事人的权利义务关系，减少争议。

例 2-9：某开发商与张某签订了"商品房认购合同"，约定张某交付 800 万元购房款（全款）后 3 个月内签订"商品房买卖合同"，如果到期由于一方的原因不能签订"商品房买卖合同"，则适用定金罚则。双方还约定，800 万元中有 200 万元是张某交付的定金。"商品房认购合同"签订后，张某按约交付了 800 万元。后由于开发商的原因，未能签订"商品房买卖合同"，于是张某通知开发商解除一开始签订的"商品房认购合同"，要求对 200 万元适用定金罚则（双倍返还 400 万元）并返还货款 600 万元，共返还 1000 万元。

对此案中 200 万元的性质，第一种观点认为，按《民法典》第 586 条第 2 款第 1 句"定金的数额由当事人约定；但是，不得超过主合同标的额的百分之二十，超过部分不产生定金的效力"之规定，200 万元中超过 160 万元（20%）的部分不产生定金的效力，但这不等于定金的部分无效，即该情形不属于合同部分无效。第二种观点认为，200 万元中超出 20% 的部分（40 万元）不是定金，应为预付款。第三种观点认为，200 万元中超出 20% 的部分（40 万元）不是定金，应为惩罚性违约金。第四种观点认为，200 万元中超过 160 万元（20%）的部分是定金，但无效，应认定为预付款。

——本书同意第四种观点，这实际是合同部分无效时法律行为的转换。

（1）开发商与张某签订的"商品房认购合同"包括定金条款（定金合同），这里存在具有主从关系的两个合同。无效合同的特征是自始确定地不发生效力，故超出 20% 的部分不发生定金的效力，就是定金合同的部分无效。第一种观点不正确。

（2）当事人约定的是定金，否定其定金的性质，没有根据，第二种观点中否认超过部分（40万元）定金性质的表述，是不正确的。

（3）第三种观点认为超过部分（40万元）"应为惩罚性违约金"，缺乏依据，不应采纳。

（4）第四种观点是准确的。超出的40万元定金无效，此属于定金合同的部分无效。按无效法律行为转换的意思表示解释规则，该40万元应认定为（转换为）"商品房认购合同"的预付款。张某解除合同后，"商品房认购合同"及定金合同生效的部分，自始失去效力（溯及既往的解除）。开发商应当返还640（800-160）万元预付款，双倍返还定金320万元，共支付给张某960万元。对开发商适用双倍返还的定金罚则，实际惩罚的钱（实际掏出来的钱）是160万元。

四、合同名称与合同内容不一致的，不能按无效解释

（一）合同名称与合同内容不一致时的解释与效力认定

1. 合同名称与合同内容不一致的，应按内容进行解释、认定效力。

在一般情况下，合同名称是内容的集中表现，就像文章标题反映文章内容一样。合同内容是对权利义务关系的具体设计。实务中，当事人订立的合同名称与内容不一致（名实不符），并不鲜见。

因名实不符引发当事人争议时，应按合同内容确定其是哪一种合同。认定合同性质是一项合同解释工作，是通过对意思表示的解释，看效果意思是什么，即看当事人追求的是什么。说到底，合同的目的和性质是由内容决定的，不是由名称决定的。比如，当事人订立了一个承揽内容的合同，却写成了委托合同，此种情况不能认定"委托合同无效"，而应按承揽合同的要件进行考察，认定它的效力和责任等。即是说，不能仅以名实不符为由认定合同无效。《合同编通则解释》第15条规定："人民法院认定当事人之间的权利义务关系，不应当拘泥于合同使用的名称，而应当根据合同约定的内容。当事人主张的权利义务关系与根据合同内容认定的权利义务关系不一致的，人民法院应当结合缔约背景、交易目的、交易结构、履行行为以及当事人是否存在虚构交易标的等事实认定当事人之间的实际民事法律关系。"

名实不符，不仅是合同书的名称与内容不符，其他书面合同、口头合同及合同凭证也经常发生名实不符的问题，比如甲向乙转账，写的是投资款，

但可能是民间借贷，这同样要通过意思表示的解释来认定合同性质并以此为基础认定合同的效力。

2. 实务中常见的名实不符。名实不符，一般是由于当事人欠缺法律知识，也有当事人为规避法律故意设计名实不符的合同。实务中常见的名实不符如下：

（1）将承揽合同写成买卖合同或委托合同。应注意的是，承揽合同中有一种定作合同，其兼有买卖合同的性质，[1]如果当事人将定作合同写成买卖合同，则不属于名不符实。

（2）将技术转让合同写成买卖合同。例如，当事人通过买卖一台"样机"来转让技术秘密，双方把合同书的标题写成了买卖合同。这当然不能简单地认定合同无效，而应将合同解释为技术转让合同，按技术转让合同的要件来认定合同的效力。

（3）将民间借贷写成投资、出资、合伙或买卖等。比如，甲、乙签订了"合伙协议"，约定甲出资，乙提供劳务，共同从事需要资质的金融活动。本案乙有资质但甲没有，而金融活动需要资质（所谓金融牌照是特许经营），如果真是合伙合同，则因主体不适格而无效；如果顶着合伙的名头而实际是借款，则借款合同可以有效。

（4）将定金写成订金。定金合同与订金合同都是从合同，订金也有担保作用，但"二金"适用规则差别很大。

例 2-10：甲、乙签订一份买卖 100 万元货物的合同，写明买受人乙交付订金 25 万元，到期乙不履行合同则无权请求返还，甲不履行买卖合同则须返还 50 万元。乙实际交付了 25 万元，后双方对该 25 万元的性质发生了争议。

——从内容来看，双方当事人约定的"订金"实为定金。定金超过标的额 20% 的部分无效，即定金为 20 万元。其余 5 万元，一般认为性质为预付款，本书认为是订金。亦即本案有两个从合同，一个是定金合同，一个是订金合同。认定 5 万元为订金，采用的是无效法律行为的转换规则（参见本节之三）。

---

〔1〕 定作合同的基本特点是原材料由承揽人提供，标的物（特定物）制作出来后所有权归承揽人，交付后所有权才转归定作人。《民法典》第 774 条规定："承揽人提供材料的，应当按照约定选用材料，并接受定作人检验。"

3. 关于虚构交易标的。虚构交易标的也是名实不符的，其往往是为了规避法律。比如，甲从银行套款转借给乙获利，为了掩盖违法行为，与乙签订了租赁合同，租赁物是虚构的。应认定甲乙之间成立的不是租赁合同，而是借款合同，并认定借款合同无效。

（二）合同名称不符合法律的定义条款，不能因此认定合同无效，仍应按内容进行解释、认定效力

对某种法律行为的定义条款，是对法律行为的静态"界定"，不是对"实施"该种法律行为的规制。具体而言，《民法典》等法律对典型合同的定义条款，不是衡量法律行为效力的强制性规定，而是对合同基本性质的界定，是为了对类型繁多的合同进行区分，以便准确适用对应的规则。合同名称不符合或"违反"定义条款，不能因此认定合同无效，而是应按内容解释合同、考察合同效力。

例 **2-11**：甲、乙是好朋友，他们订立了一份书面合同，使用的名称是合伙合同，约定"盈利归甲，风险由乙承担"。后二人翻脸，甲提出，《民法典》第 967 条规定，"合伙合同是两个以上合伙人为了共同的事业目的，订立的共享利益、共担风险的协议"，据此，我们双方订立的合伙合同无效。

——（1）上述第 967 条是对合伙合同的定义条款，不是认定合同无效或部分无效的依据。如果名称使用了合伙合同，内容却违反了定义条款，则要考虑该合同可能名实不符。根据已知条件，本案合同可能是借款合同或赠与合同，也可能是委托合同（还要看合同具体内容，才能最终确定合同的类型）。

（2）一份合同，对比定义条款发现欠缺有关内容，也不应简单地认定无效，而可通过补充性解释（也称为补缺），填补欠缺的内容。

（三）合同名称与合同内容不一致的，不能采用无效法律行为转换的解释方法处理

无效法律行为的转换，是意思表示解释的一种方法。名实不符按"实"解释与无效法律行为的转换在现象上很类似，很容易被混淆。

对仅仅名实不符的合同，不能按无效法律行为的转换处理。"转换"是因为合同不符合此要件，但符合彼要件，按彼要件认定合同有效。合同适用无

效法律行为的转换规则，须一个合同的给付具有双重性质，在认定上采其一。

名实不符的合同，不能按"名"考察是否符合有效合同的要件，只能按内容考察，而内容不具有双重性质的，只能按一个要件考察，不能按两个要件考察。比如，张某请李某帮自己干家务活，双方将合同书的标题写成了承揽合同，合同内容也具体写成了承揽哪些家务。合同书的内容虽然使用了承揽的字样，但实质上双方约定的是雇佣权利义务关系，合同的名称也与内容不符，故应认定为雇佣合同。这种解释思路显然不是无效法律行为的转换。

第三节　无效合同与有关合同效力形态的比较分析

一、无效合同与可撤销合同的比较分析

（一）效力状态不同

1. 无效合同自始无效，没有形式约束力和实质约束力。由于无效合同的确定性，它的效力状态自始至终不会发生变化。

可撤销合同的效力状态，撤销前与撤销后明显有别。撤销前，合同自始有效，具有形式约束力和实质约束力，当事人未请求撤销或请求撤销但法院裁判不予以撤销的，则仍为有效合同。

对被撤销合同的效果，我国《民法典》第 155 条规定："无效的或者被撤销的民事法律行为自始没有法律约束力。"说"自始没有法律约束力"是无视事实的。民事法律行为撤销前是生效的，只是撤销的效果倒溯至民事法律行为（包括合同）成立时，故对撤销的效果应表述为：被撤销的民事法律行为"视为自始没有法律约束力"，即应为"视为自始无效"。可撤销合同撤销后，撤销前形成的法律关系随之消灭。

无效合同与可撤销合同都是已经成立的合同。无效合同的合意是存在的；可撤销合同撤销以后，合意也是存在的，只是合意变成了无效的，也就是说，撤销的不是合同成立，而是合同的效力（法律效果）。

例 2-12：甲以欺诈手段与乙订立了一个附生效条件的合同。在条件尚未成就时，可以请求人民法院撤销吗？

——（1）合同成立但尚未生效，是指尚未产生一般实质约束力，它具有

形式约束力和特殊实质约束力，乙可以起诉，请求撤销该合同。

（2）可撤销合同是意思表示有瑕疵的合同，在成立后就可以判断有无瑕疵。

2. 无效合同作为意思表示行为，达成了合意，但不能发生当事人追求的效果，即不能发生意定（合意）的效力，不能发生意之债。因订立无效合同或者因订立无效合同并履行该合同，可发生法定之债，即无效合同之债是法定之债。

可撤销合同作为意思表示行为，是发生合意效力的合同，即是说，在撤销之前，合同有效，产生意定之债。当可撤销合同被人民法院的判决撤销时，意定之债消灭，由此产生的返还财产、赔偿损失的债是法定之债。民事判决是公法行为，但是消灭民事意定之债、产生民事法定之债的民事法律事实。

3. 无效合同绝对无效，从程序法的角度说，有利害关系的任何人都可以起诉主张无效。无效合同的当事人可以主张无效，但并没有权利在合同有效和无效之间进行选择。请求确认合同无效的权利不是形成权，而只是一种诉权（但不是形成诉权），即只是一种民事诉讼法上的请求权。

可撤销合同并非相对无效，而是"有效但可撤销"。可撤销合同的受害人或意思表示有瑕疵的一方，有请求法院撤销合同的权利，该撤销权是形成诉权，是需要通过法院或仲裁机关确认的形成权。[1]可撤销合同之"撤销"通过法院判决或仲裁机关裁决，这种判决、裁决是公法行为，但是引起民事法律关系变动的民事法律事实。

对无效事由，法院应主动审查；撤销合同是当事人的形成诉权，因而对撤销事由，法院不得主动审查。

（二）导致合同无效的事由与导致合同可撤销的事由不同

无效合同的无效事由（原因），是违反强制性规定（包括欠缺权利能力、无行为能力）或者违背公序良俗。无效合同侵害的法益不限于当事人的法益，在绝大多数情况下，它侵害了社会公共利益、国家利益。无效合同制度体现了对社会、国家一般利益的保护，需要国家权力直接干预当事人的意思自治

---

〔1〕 与形成诉权对应的是简单形成权（也称为单纯形成权），其是一方对相对人以意思表示方式行使的权利，如抵销权、解除权等。我国台湾地区"民法"规定的撤销民事法律行为是行使简单形成权（第116条），但撤销暴利行为是行使形成诉权（第74条）。

行为。

可撤销合同的撤销事由，是受害或承受不利后果的一方当事人的意思表示有瑕疵。[1]虽然可撤销合同也伤害公序良俗（如自始显失公平的合同，是暴利行为，是违背善良风俗的特殊形态），但它侵害的主要是相对人的法益，故赋予相对人撤销权，由相对人取舍。

（三）针对履行的请求，抗辩的事由不同

1. 无效合同没有履行效力（实质约束力），一方要求履行的，另一方可以提出权利不成立的抗辩，即以对方根本没有履行请求权为由而拒绝履行。权利不成立的抗辩不属于行使履行抗辩权。抗辩权是与请求权共存的，二者对立统一，无效合同当事人没有履行请求权，对方自然也就无从产生履行抗辩权。

2. 可撤销合同有履行效力（实质约束力），一方要求履行的，另一方不能直接以撤销事由作为不履行合同的抗辩事由。应注意的是，撤销事由是有可能"演变"为履行抗辩事由的。例如，出卖人向买受人出示次品，冒充正品，以欺诈手段订立了买卖合同，则买受人发现后，有权以出卖人重大违约为由拒绝支付货款（行使履行抗辩权）。

实务中应注意的是，受害一方如果错过了请求撤销的除斥期间，就要仔细研究履行抗辩权是否存在。行使履行抗辩权是不作为的方式，不受除斥期间和诉讼时效的限制。

（四）主张合同无效与请求撤销合同，受特定时间的限制不同

1. 由于无效合同的确定性，主张合同无效本身不受诉讼时效和除斥期间的限制。诉讼时效限制债权请求权，而向法院提起诉讼，请求确认合同无效，是对消极法律事实的确认，不是请求给付（不是请求履行债务），不能适用诉讼时效。除斥期间一般限制形成权，而请求确认合同无效的请求权是程序法上的诉权，不能适用除斥期间。因订立、履行无效合同产生的返还财产、赔偿损失等请求权，受诉讼时效限制。

2. 请求撤销合同的权利是形成诉权，受除斥期间限制，不属于诉讼时效

---

〔1〕 可撤销合同是可撤销民事法律行为的主要表现，包括因重大误解订立的合同、实施欺诈订立的合同、以胁迫手段订立的合同和自始显失公平的合同（见《民法典》第 147 条至第 151 条）。可撤销合同都是意思表示有瑕疵的合同。

的"管辖范围"。[1]除斥期间是否经过（届满），涉及权利是否消灭。民事诉讼的被告在一、二审都可提出除斥期间已经过的抗辩。如果一、二审没有审理除斥期间有关事项或者对除斥期间认定错误，也可以把除斥期间的届满作为请求再审的理由。

合同撤销之后的返还财产、赔偿损失等债权，受诉讼时效的限制。《诉讼时效规定》（2020 年修正）第 5 条第 2 款规定："合同被撤销，返还财产、赔偿损失请求权的诉讼时效期间从合同被撤销之日起计算。"实务操作中，原告可以在请求撤销合同的同时，提出返还财产、赔偿损失等请求（给付之诉），此时，尚不存在诉讼时效的起算问题。

（五）担保人（保证人、物上保证人）抗辩的权利不同

1. 担保合同是从合同，主合同无效，担保合同作为从属性合同也无效，主债权人请求担保人承担担保责任的，担保人自可主张权利不成立的抗辩。

担保人有过错的，要承担赔偿责任。赔偿责任也是民事责任，但不是担保责任。

2. 主合同若是可撤销合同，情况就比较复杂。如果主合同被撤销，担保合同由于其从属性也自始失去效力，被要求承担担保责任的担保人可主张权利已消灭的抗辩。

如果可撤销的主合同在撤销权行使期限届满前，撤销权人未决定是否行使撤销权，主债权人请求担保人承担担保责任的，担保人可以主张抗辩权。《民法典》第 702 条规定："债务人对债权人享有抵销权或者撤销权的，保证人可以在相应范围内拒绝承担保证责任。"本条规定的权利也简称为拒绝履行权，是履行抗辩权的一种。这是由于主债务人（被担保人）有危及保证人利益的消极行为，而赋予保证人的权利。第三人为抵押人、质押人的，称为物上保证人。物上保证人亦应享有这种抗辩权，即享有拒绝主债权人以抵押物

---

[1] 《民法典》第 152 条规定："有下列情形之一的，撤销权消灭：（一）当事人自知道或者应当知道撤销事由之日起一年内、重大误解的当事人自知道或者应当知道撤销事由之日起九十日内没有行使撤销权；（二）当事人受胁迫，自胁迫行为终止之日起一年内没有行使撤销权；（三）当事人知道撤销事由后明确表示或者以自己的行为表明放弃撤销权。当事人自民事法律行为发生之日起五年内没有行使撤销权的，撤销权消灭。"《诉讼时效规定》（2020 年修正）第 5 条第 1 款规定："享有撤销权的当事人一方请求撤销合同的，应适用民法典关于除斥期间的规定。对方当事人对撤销合同请求权提出诉讼时效抗辩的，人民法院不予支持。"

或质物变价而受清偿的权利。[1]

二、无效合同与效力待定合同的比较分析

(一) 效力状态不同

1. 无效合同，虽然已经达成合意，但不能发生当事人追求的效果，即不能发生意定（合意）的效力。无效合同是自始确定无效，不受第三人的同意与否所左右。无效合同不因第三人的追认而发生效力。

2. 效力待定的合同又称为可追认的合同，与无效合同一样，都是自始不发生效力，但效力待定的合同最终能否发生效力尚未确定。因而，效力待定的合同自始无效，但不是自始确定无效。

效力待定的合同有两个前途，一个是被追认，一个是不被追认（包括明示拒绝追认）：被追认的，如无其他违法事由，是有效合同；不被追认的，确定地不生效。

效力待定的合同，其效力取决于第三人（权利人）的意思表示，第三人包括法定代理人、被代理人、所有权人等。当然，效力待定的合同被追认为有效合同，还要符合其他生效要件。比如，限制民事行为能力人甲订立了一个与其年龄、智力、精神健康状况不相适应的合同，设该合同需要特定资质，则甲欠缺两个东西，一个是行为能力，一个是特定资质，法定代理人乙追认后，只消灭了一个瑕疵，合同仍不能生效。

效力待定的合同不发生实质约束力，此点是没有疑问的。《民法典》第145条第2款规定："相对人可以催告法定代理人自收到通知之日起三十日内予以追认。法定代理人未作表示的，视为拒绝追认。民事法律行为被追认前，善意相对人有撤销的权利。撤销应当以通知的方式作出。"第171条第2款规定："相对人可以催告被代理人自收到通知之日起三十日内予以追认。被代理人未作表示的，视为拒绝追认。行为人实施的行为被追认前，善意相对人有撤销的权利。撤销应当以通知的方式作出。"按反面解释，非善意相对人没有

---

[1] 我国《民法典》对物上保证人的这项权利没有规定应是一种疏漏。《德国民法典》第770条第1款规定："主债务人就其债务发生原因之法律行为享有撤销权者，保证人得拒绝向债权人为清偿。"第1137条第1款第1句规定："债务人对债权所得主张之抗辩权，及保证人依第770条规定所生之抗辩权，所有人对抵押权，均得行使之。"第1211条第1款第1句规定："出质人得以对人之债务人对于债权所得主张之抗辩权及第770条所定保证人之抗辩权，对抗质权人。"

撤销的权利。这是不是形式约束力呢？——不是。因为，撤销和不撤销都不源自合意，都不是合意的效力，而直接源自法律的规定。结论是：效力待定的合同自始既不发生实质约束力，也不发生形式约束力。

（二）导致合同无效的事由与导致合同效力待定的事由不同

无效合同与效力待定的合同都是已经成立的合同，[1]但导致合同无效的事由（原因）与导致合同效力待定的事由（原因）不同。

1. 合同的无效事由（原因），是违反强制性规定（包括欠缺权利能力、无行为能力）或者违背公序良俗；而效力待定，是因为欠缺行为能力或者欠缺权利。

欠缺行为能力或者欠缺权利的合同，都是须经第三人同意才能生效的合同。第三人同意，欠缺行为能力或者欠缺权利的瑕疵消失，当然，合同还须符合其他生效要件。

2. 欠缺行为能力，合同效力待定，体现了对限制民事行为能力人的保护。[2]这种保护的反面，是相对人的善意不受保护，即相对人即便是善意的，也不能使合同有效。换言之，欠缺行为能力的事实，足以对抗善意相对人。[3]

与限制民事行为能力人不同，无民事行为能力人订立的合同无效。也就是说，欠缺行为能力，合同有的无效，有的效力待定。这是立法政策决定的。

3. 欠缺代理权（这里指狭义的无权代理），合同效力待定。无权代理，是无代理权之代理，是指行为人没有代理权，而以被代理人名义实施，旨在

---

〔1〕 无效合同是已经成立的合同，此点没有疑问。典型的效力待定合同有两种，对限制民事行为能力人订立的与其年龄、智力、精神健康状况不相适应的合同，双方达成合意，合同成立没有疑问。对无权代理订立的合同，有人提出疑问："没有被代理人的意思表示，合同怎么会成立呢？"本书认为，代理人以被代理人的名义与相对人订立合同，在形式上是有被代理人与相对人的合意的，即在形式上合同是成立的，欠缺被代理人的授权是欠缺实质要件。在成立的基础上，认定合同的效力要看实质要件。另外，代理权的授予，是代理人与被代理人的内部法律关系，不应当妨碍合同的成立。

〔2〕 《民法典》第 19 条规定："八周岁以上的未成年人为限制民事行为能力人，实施民事法律行为由其法定代理人代理或者经其法定代理人同意、追认；但是，可以独立实施纯获利益的民事法律行为或者与其年龄、智力相适应的民事法律行为。"第 22 条规定："不能完全辨认自己行为的成年人为限制民事行为能力人，实施民事法律行为由其法定代理人代理或者经其法定代理人同意、追认；但是，可以独立实施纯获利益的民事法律行为或者与其智力、精神健康状况相适应的民事法律行为。"第 23 条规定："无民事行为能力人、限制民事行为能力人的监护人是其法定代理人。"

〔3〕 限制民事行为能力人之相对人的善意并非绝对不受保护。对限制民事行为能力人实施的效力待定的民事法律行为，《民法典》第 145 条第 2 款第 3、4 句规定："民事法律行为被追认前，善意相对人有撤销的权利。撤销应当以通知的方式作出。"撤销是阻止合同生效。

将效果归于被代理人的代理。无权代理之无权，包括没有获授代理权、超越代理权、代理权终止三种情形。[1]自己代理和双方代理在学理上归于"滥用代理权"，就自己作为相对人及双方代理的特定相对人而言，事先未经同意的也是无权代理，只不过自己代理需要对方的追认，双方代理需要双方被代理人的分别追认。[2]

（三）解决争议方法条款的效力不同

无效合同中解决争议方法条款是可以独立生效的，比如无效建设工程合同中的仲裁条款（实际是程序合同）是可以有效的。解决争议方法条款对效力待定的合同而言，却不能独立生效。

1. 限制民事行为能力人订立的效力待定的合同，解决争议方法条款不能独立生效，也是效力待定，因为对这种条款，当事人同样是欠缺行为能力的。

2. 无权代理订立的效力待定的合同，解决争议方法条款不能独立生效，也是效力待定。不可能实体合同效力待定，程序合同（解决争议方法条款）却有效。被代理人追认后，实体合同和程序合同均可发生效力。

例 2-13：张某是无权代理人，代理甲公司与乙公司签订了承揽合同，合同中有仲裁条款："因合同效力等原因发生的纠纷提交北京市仲裁委员会解决。"

——该合同中的仲裁条款为程序合同。本案的实体合同与程序合同若未曾得到甲公司追认，则甲公司得以张某无权代理为由起诉至法院，主张承揽合同不生效或无效，法院应当受理。乙公司如果主张承揽合同有仲裁条款，法院不应当受理，则甲公司有权主张仲裁条款不生效。无权代理人张某和乙公司，无权排除甲公司的诉权。

若甲公司对无权代理订立的合同明示追认或者默示追认，应解释为对仲裁条款一并追认，因为本案实体合同与程序合同是由同一对要约与承诺成立的。

（四）针对请求履行，抗辩的事由不同

无效合同，没有履行效力，一方要求履行的，另一方可以提出"权利不

---

〔1〕《民法典》第 171 条第 1 款规定"行为人没有代理权、超越代理权或者代理权终止后，仍然实施代理行为，未经被代理人追认的，对被代理人不发生效力。"

〔2〕《民法典》第 168 条第 2 款规定："代理人不得以被代理人的名义与自己同时代理的其他人实施民事法律行为，但是被代理的双方同意或者追认的除外。"

成立的抗辩"而拒绝履行。权利不成立，即不发生请求权，因而该抗辩不属于行使履行抗辩权。

效力待定的合同，从成立的时间点看，属于非确定地自始不发生效力，包括不发生履行效力（实质约束力），一方要求履行的，另一方可以提出"权利不成立的抗辩"而拒绝履行。与针对无效的抗辩一样，该抗辩不属于行使履行抗辩权。

（五）受期间的限制不同

由于无效合同的确定性，当事人主张合同无效，不受诉讼时效和除斥期间限制，同时主张因订立、履行无效合同产生的返还财产、赔偿损失等请求权的（给付之诉），该请求权受诉讼时效限制。

对效力待定的合同，当事人主张其嗣后确定地不发生效力（比如主张合同未获追认），不受诉讼时效和除斥期间限制。当事人以合同确定地不发生效力为基础而主张返还财产、赔偿损失等请求权的（给付之诉），该请求权受诉讼时效限制。

三、无效、撤销、效力待定事由竞合时合同的效力

事由可以竞合，效力不能竞合。也就是说，一个合同，效力瑕疵的事由可以有两种以上，但不同的效力状态是冲突的，不能并存；不同的效力状态保护的法益不同，此涉及立法的价值判断。

（一）无效事由与撤销事由竞合时，合同应认定为无效

1. 无效事由与撤销事由竞合时，合同应认定为无效。[1]认为此两种事由竞合时，合同也可以撤销的观点，在逻辑上不通且保护了无效行为，因为可撤销的合同是可撤销可不撤销的有效合同。比如，甲以欺诈手段与乙签订了一个损害国家利益的合同，如果认为该合同可撤销，则该合同实际处于有效但可撤销的状态，当事人不请求撤销或除斥期间经过，则国家利益处于裸露状态，无从得到保护。再如，债权人甲与债务人乙恶意合谋欺诈丙，丙因受欺诈与甲订立了保证合同的，应以恶意串通为由认定保证合同无效，而不应认定为可撤销的合同。丙是被欺诈者，也是恶意串通的受害者。

2. 应处理好部分无效与可撤销的关系。部分无效不影响其他部分效力的

---

〔1〕 有学者认为无效法律行为可以撤销，参见王泽鉴：《民法学说与判例研究》（第4册），中国政法大学出版社1997年版，第26—38页。本书不采该观点。

（非扩张的情形），则除去无效部分，整个合同还是有效的，这种合同仍然可以是可撤销的合同。比如以欺诈为手段订立的一份合同，其中有部分是无效的，对有效部分，被欺诈人仍可请求撤销。

（二）无效事由与效力待定事由竞合的，合同应认定为无效

无效事由与效力待定事由竞合的，应认定合同无效，即便第三人追认，合同仍无效。比如，限制民事行为能力人订立的与其年龄、智力、精神健康状况不相适应且违背公序良俗的合同，法定代理人予以追认，则行为能力上的瑕疵消失，但无效事由不能除去，该合同无效的性质未发生变化。

（三）撤销事由与效力待定事由竞合的，合同应认定为效力待定

撤销事由与效力待定事由竞合的，合同应认定为效力待定：合同被追认的，有效但可撤销；不被追认的，确定地不发生效力。

例 2-14：限制民事行为能力人作为赠与人与他人签订了与其行为能力不相适应的赠与合同，法定代理人可以撤销该赠与合同吗？

——撤销针对有效行为。对赠与合同的撤销，也是撤销有效赠与合同。限制民事行为能力人与他人成立的与其行为能力不相适应的赠与合同，是效力待定的合同，不存在撤销的问题。法定代理人可以通过积极的拒绝承认和消极的不予以承认，使赠与合同确定地自始不发生效力。

（四）无效、撤销、效力待定三种事由竞合的，合同应认定为无效

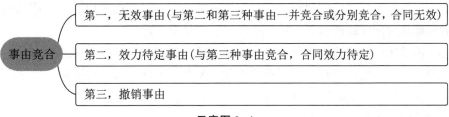

示意图 2-4

合同同时存在无效、撤销、效力待定三种事由的，应当认定为无效，理由见前述分别比较分析。对这类合同，不得请求撤销，因为可撤销的是有效合同、有效法律行为。对这类合同也不能认为是效力待定，因为无效合同具有确定性，法定代理人或意定代理人予以追认只是消灭了效力待定的瑕疵，

不能改变合同无效的性质。

例2-15：甲以欺诈的手段将一批假冒香烟卖给限制民事行为能力人乙，从乙的年龄、智力、精神健康状况来看，其不能认识行为的性质和后果。买卖合同效力如何？

——假冒香烟是禁止流通物，买卖假冒香烟是合同的无效事由；限制民事行为能力人乙不能认识行为的性质和后果，是效力待定事由；欺诈是撤销事由。本案只能适用无效规则，即应确认合同无效；效力待定的合同通过追认可以转化为有效合同，本案合同不能认定为效力待定；可撤销的合同是有效合同，本案合同不能认定为可撤销的合同。

第四节　与无效合同有关的民事诉讼问题

一、诉权与民法上的请求权

（一）诉权不等同于民法上的请求权

当事人可以起诉，请求人民法院确认合同无效。当事人起诉，行使的是诉权。诉权也是一种请求权，但它与民法上的请求权不同。民法上的请求权是请求给付的实体权利，诉权是请求人民法院保护实体请求权的公法权利，行使诉权启动司法救济程序。

诉权有时与实体权利相结合，比如对可撤销合同的撤销权，是形成诉权。请求确认合同无效的权利，是一种诉权，不是形成诉权。

请求司法救济的诉权等程序法上的权利，当事人不得约定排除；约定排除的，合同无效或者相关合同条款无效。例如，《合同编通则解释》第32条第4款规定："当事人事先约定排除民法典第五百三十三条适用的，人民法院应当认定该约定无效。"[1]

---

〔1〕《民法典》第533条是对情势变更的规定："合同成立后，合同的基础条件发生了当事人在订立合同时无法预见的、不属于商业风险的重大变化，继续履行合同对于当事人一方明显不公平的，受不利影响的当事人可以与对方重新协商；在合理期限内协商不成的，当事人可以请求人民法院或者仲裁机构变更或者解除合同。人民法院或者仲裁机构应当结合案件的实际情况，根据公平原则变更或者解除合同。"

在诉讼中原告与被告和解，可以处分程序法上的权利和实体法上的权利，但这种处分权也是不可以排除的。[1]例如，甲起诉乙，委托丙为代理人，甲与丙的委托合同约定，在诉讼过程中甲不得与乙和解，这个约定是无效的。

（二）有权起诉请求确认合同无效的人

1. 无效合同的当事人和代理人。

（1）起诉请求确认合同无效的当事人首先是无效合同的当事人，其当然是民事诉讼法上可以作为原告的直接利害关系人。有观点认为，恶意签订合同或对签订无效合同有过错的当事人不能请求认定合同无效。这种观点是不正确的。这种当事人不仅有诉权，也有在合同无效的前提下请求处理财产关系的实体请求权。

（2）合同签订的代理人是签订主体，不是合同当事人，只要其与无效合同有直接利害关系，就可以作为原告提起诉讼，请求确认合同无效。

2. 无效合同之外的第三人。

（1）无效合同之外的第三人，如果其与无效合同有直接的利害关系，也可以作为原告起诉，请求确认合同无效。[2]例如，甲把矿山的工作承包给乙两年之后，把采矿权非法转让给丙，丙把乙赶出矿山（侵夺占有）后，又将采矿权高价转让给丁，乙可以甲、丙、丁为被告起诉，请求确认甲与丙、丙与丁的合同无效。再如，甲欠乙巨款，为逃避履行债务，甲与第三人丙恶意串通订立虚假的买卖合同，此种情况，债权人乙有权作为原告起诉甲、丙，请求确认甲、丙的买卖合同无效。

---

〔1〕《民事诉讼法》第13条第2款规定："当事人有权在法律规定的范围内处分自己的民事权利和诉讼权利。"

〔2〕《民事诉讼法》第122条规定："起诉必须符合下列条件：（一）原告是与本案有直接利害关系的公民、法人和其他组织；（二）有明确的被告；（三）有具体的诉讼请求和事实、理由；（四）属于人民法院受理民事诉讼的范围和受诉人民法院管辖。"另外，最高人民法院（2021）最高法民申1723号民事裁定书指出：通常情况下，合同受益的双方当事人不会提起确认合同无效的诉讼。如以合同相对性为由禁止与该合同约定事项有利害关系的第三人提起确认合同无效的诉讼，那么与合同约定事项有利害关系的合同外第三人的合法权益将得不到保障，亦有违无效合同制度的立法精神。而合同以外的第三人以起诉的方式请求人民法院确认合同无效，其必须以原告的身份起诉，故该第三人应符合《民事诉讼法》第119条（现第122条）关于原告资格的规定，及相应起诉条件。因此，第三人如与诉讼标的没有利害关系或者仅有事实上的利害关系，则不能作为原告起诉；而与涉案合同约定事项具有法律意义上直接利害关系的第三人，则可向有管辖权的人民法院提起案由为"确认合同无效纠纷"的诉讼。

（2）债具有相容性，出卖人就同一标的物订立多重买卖合同，合同均不具有《民法典》规定的无效情形，各合同就都有效，[1]买受人不能按照合同约定取得标的物所有权的，可以请求追究出卖人的违约责任。但顺位在后的买受人与出卖人恶意串通，使顺位在先的买受人不能取得标的物的，在先买受人（相对于无效合同是第三人）可以起诉，主张被告的买卖合同无效，请求履行自己与出卖人订立的合同。[2]

3. 无效合同被判定有效，"缺席"的第三人可提起撤销之诉。如果甲、乙签订的合同无效并侵害了第三人丙的利益，但甲起诉乙，要求履行合同，无效合同事实上已经得到生效判决的认可，丙本来具有有独立请求权或无独立请求权第三人的地位但因故未参加诉讼，其可以提起第三人撤销之诉。[3]

---

〔1〕《买卖合同解释》（2020年修正）第6条规定："出卖人就同一普通动产订立多重买卖合同，在买卖合同均有效的情况下，买受人均要求实际履行合同的，应当按照以下情形分别处理：（一）先行受领交付的买受人请求确认所有权已经转移的，人民法院应予支持；（二）均未受领交付，先行支付价款的买受人请求出卖人履行交付标的物等合同义务的，人民法院应予支持；（三）均未受领交付，也未支付价款，依法成立在先合同的买受人请求出卖人履行交付标的物等合同义务的，人民法院应予支持。"第7条规定："出卖人就同一船舶、航空器、机动车等特殊动产订立多重买卖合同，在买卖合同均有效的情况下，买受人均要求实际履行合同的，应当按照以下情形分别处理：（一）先行受领交付的买受人请求出卖人履行办理所有权转移登记手续等合同义务的，人民法院应予支持；（二）均未受领交付，先行办理所有权转移登记手续的买受人请求出卖人履行交付标的物等合同义务的，人民法院应予支持；（三）均未受领交付，也未办理所有权转移登记手续，依法成立在先合同的买受人请求出卖人履行交付标的物和办理所有权转移登记手续等合同义务的，人民法院应予支持；（四）出卖人将标的物交付给买受人之一，又为其他买受人办理所有权转移登记，已受领交付的买受人请求将标的物所有权登记在自己名下的，人民法院应予支持。"

〔2〕《商品房买卖合同解释》（2020年修正）第7条规定："买受人以出卖人与第三人恶意串通，另行订立商品房买卖合同并将房屋交付使用，导致其无法取得房屋为由，请求确认出卖人与第三人订立的商品房买卖合同无效的，应予支持。"

〔3〕《民事诉讼法》第59条规定："对当事人双方的诉讼标的，第三人认为有独立请求权的，有权提起诉讼。对当事人双方的诉讼标的，第三人虽然没有独立请求权，但案件处理结果同他有法律上的利害关系的，可以申请参加诉讼，或者由人民法院通知他参加诉讼。人民法院判决承担民事责任的第三人，有当事人的诉讼权利义务。前两款规定的第三人，因不能归责于本人的事由未参加诉讼，但有证据证明发生法律效力的判决、裁定、调解书的部分或者全部内容错误，损害其民事权益的，可以自知道或者应当知道其民事权益受到损害之日起六个月内，向作出该判决、裁定、调解书的人民法院提起诉讼。人民法院经审理，诉讼请求成立的，应当改变或者撤销原判决、裁定、调解书；诉讼请求不成立的，驳回诉讼请求。"《民事诉讼法解释》（2022年修正）第81条规定："根据民事诉讼法第五十九条的规定，有独立请求权的第三人有权向人民法院提出诉讼请求和事实、理由，成为当事人；无独立请求权的第三人，可以申请或者由人民法院通知参加诉讼。第一审程序中未参加诉讼的第三人，申请参加第二审程序的，人民法院可以准许。"

4. 对违反社会公共利益和国家利益的合同，主张无效的主体是否不受限制？主张无效与有诉权是两个问题，对违反社会公共利益和国家利益的合同，第三人有直接利害关系才可以以原告的身份提起民事诉讼，主张合同无效，没有直接利害关系的第三人可以通过向有关机关举报等方式主张合同无效或主张查处。

二、确认之诉、给付之诉、形成之诉

（一）确认之诉

1. 消极确认之诉与积极确认之诉。

（1）当事人起诉请求确认合同无效、合同确定不发生效力或者合同未成立，提起的诉讼是消极确认之诉。[1]一般认为，"确认之诉，是指原告请求法院确认其主张的法律关系存在或不存在。主张其法律关系存在的确认之诉是积极确认之诉（例如，请求确认原告与被告之间的合同关系成立）；主张其法律关系不存在的确认之诉是消极确认之诉（例如，请求确认原告与被告之间不存在合同关系）"。[2]

按上述观点，消极确认之诉是为确认法律关系不存在。本书认为，消极确认之诉表面是确认法律关系不存在，实际是确认产生法律关系的法律行为无效、确定不发生效力或者未成立。合同是双方法律行为，是原因法律事实，法律行为生效的结果是产生意定法律关系，意定法律关系是结果法律事实。主张合同无效、确定不生效或者未成立的确认之诉是消极确认之诉，就是请法院判决不能产生意定法律关系。比如判决赠与合同无效，即不能产生赠与合同法律关系，标的财产就不能发生转移。

（2）当事人对合同效力有争议的，也可以提起请求确认合同有效的积极确认之诉。不过，双方对所签合同效力均认可的，原告请求确认合同有效没

---

〔1〕《合同编通则解释》第3条第3款规定："当事人主张合同无效或者请求撤销、解除合同等，人民法院认为合同不成立的，应当依据《最高人民法院关于民事诉讼证据的若干规定》第五十三条的规定将合同是否成立作为焦点问题进行审理，并可以根据案件的具体情况重新指定举证期限。"《最高人民法院关于民事诉讼证据的若干规定》（2019年修正）第53条规定："诉讼过程中，当事人主张的法律关系性质或者民事行为效力与人民法院根据案件事实作出的认定不一致的，人民法院应当将法律关系性质或者民事行为效力作为焦点问题进行审理。但法律关系性质对裁判理由及结果没有影响，或者有关问题已经当事人充分辩论的除外。存在前款情形，当事人根据法庭审理情况变更诉讼请求的，人民法院应当准许并可以根据案件的具体情况重新指定举证期限。"

〔2〕张卫平、李浩：《新民事诉讼法原理与适用》，人民法院出版社2012年版，第233页。

有诉的利益，[1]对此项请求，法院应依法驳回起诉，而不是驳回诉讼请求。

2. 被告以合同无效等进行抗辩的，不需要提出确认之诉（即不需要提出反诉）。原告起诉请求给付的，被告可以主张合同无效、确定不生效或未成立，提起权利不成立的抗辩。启动司法救济程序，需要起诉（确认之诉），但被告主张合同无效等，因已经处在司法程序之中，自己又没有请求给付，以抗辩的方式主张即可，没有必要提起反诉。对被告关于无效的抗辩，人民法院在判决书说理部分应给予回应；对原告的无效诉请，则需在判决书主文中明确判决结果。

（二）给付之诉

1. 给付之诉是原告起诉请求保护实体请求权。单独提起一个确认之诉，请求确认合同无效并不常见，一般伴随着给付之诉。与无效合同有关的给付，有返还财产、赔偿损失等。比如，甲起诉乙和丙，第一个诉讼请求是确认乙（赠与人）、丙（受赠与人）之间的赠与合同无效，第二个诉讼请求是判令丙将受领的财产返还给自己。两个以上的诉称为复合之诉，在民事起诉状中应分别列出，不要搅在一起。

2. 无效合同、合同不成立等不发生履行效力，故而不能发生违约金。原告起诉被告，要求支付违约金（给付之诉），被告可能以合同无效、不成立为由进行抗辩，主张自己不成立违约责任。但是，这种抗辩使被告失去在本次诉讼中要求调整违约金的机会，即失去主张法定权利的机会。为此，法院要在庭审中对被告释明主张合同无效等的法律后果。如《买卖合同解释》（2020年修正）第21条规定："买卖合同当事人一方以对方违约为由主张支付违约金，对方以合同不成立、合同未生效、合同无效或者不构成违约等为由进行免责抗辩而未主张调整过高的违约金的，人民法院应当就法院若不支持免责抗辩，当事人是否需要主张调整违约金进行释明。一审法院认为免责抗辩成立且未予释明，二审法院认为应当判决支付违约金的，可以直接释明并改判。"

3. 诉讼时效是限制请求权的，即限制请求给付的权利。当事人提起确认

---

[1] 最高人民法院（2020）最高法民申6456号民事裁定书认为：合同当事人要求确认合同有效，系属积极确认之诉。当事人要求法院明确某一争议的民事法律关系是否存在或者存在的具体状态，是确认之诉的基本特点，然而在本案中，各方当事人对案涉协议书的效力均予认可，就其效力问题并未产生法律纷争。因此，其该项请求并不具备诉的利益，也丧失了法院对案件实体问题作出裁判的前提要件。

之诉，不是请求给付，因而不受诉讼时效的限制。不过，当事人提起确认之诉的同时又提起给付之诉的，其债的给付请求权受诉讼时效的限制。这需要分别对待，比如甲起诉乙请求确认双方的合同无效并要求乙赔偿因合同无效造成的损失，法院不得以超过诉讼时效为由拒绝审查合同的效力。

（三）请求确认合同无效的权利不是形成权，提起的诉讼不是形成之诉

我们注意到，很多人认为主张合同无效的权利是形成权，并由此推论主张合同无效不受诉讼时效的限制。这种观点是不正确的。

1. 形成权是一方当事人以自己（单方）的意思表示形成（发生、变更、消灭）法律关系的权利。发生，是建立新的法律关系；变更、消灭，是变更、消灭既有的法律关系，这些与确认合同无效都无关。

2. 如果请求确认合同无效的权利是形成权，请求确认合同无效的诉讼就成了形成之诉，这显然"不对头"。形成之诉，是指原告要求法院变动或消灭一定法律状态（权利义务关系）的诉讼。形成之诉也称为"权利变更之诉"。在实体法上，这种变动和消灭一定法律状态的实体权利被称为形成权。[1]实体法上的形成权是单方形成（发生、变更、消灭）法律关系的权利，行使形成权的行为是单方法律行为。以单方法律行为主张或请求确认合同无效，于法理不通。质言之，主张或者请求确认合同无效并不是民事法律行为，更不是单方法律行为。

3. 主张形成权及提起形成之诉，[2]受除斥期间限制，不受诉讼时效限制。[3]提起确认之诉，不受除斥期间和诉讼时效限制。这是否意味着确认之诉提起与否，就是"此恨绵绵无绝期"呢？那也不是，随着时间的推移，当事人对请求确认合同无效，可能丧失了"直接利害关系"，也就是说可能不符合《民事诉讼法》第222条的起诉条件或者没有诉的利益，对此，人民法院不应受理，已经受理的应驳回起诉。如果时间漫长，确认合同无效仍与当事人有直接利害关系，人民法院就应当受理，具有无效事由的，应当判决合同无效。

---

〔1〕 参见张卫平、李浩：《新民事诉讼法原理与适用》，人民法院出版社2012年版，第235页。

〔2〕 形成权分为简单形成权和形成诉权，简单形成权以通知的方式行使，也可以以诉的方式行使；形成诉权以诉的方式行使，比如债权人撤销权须以诉的方式行使。

〔3〕 《民法典》第199条规定："法律规定或者当事人约定的撤销权、解除权等权利的存续期间，除法律另有规定外，自权利人知道或者应当知道权利产生之日起计算，不适用有关诉讼时效中止、中断和延长的规定。存续期间届满，撤销权、解除权等权利消灭。"条文中的撤销权、解除权是形成权。

三、请求确认合同无效的举证责任

原告提起民事诉讼，请求确认合同无效，或者原告起诉请求被告履行合同，被告以合同无效为由进行抗辩，主张合同无效的一方是否应就合同无效承担举证责任？一般认为法院对合同的效力应当主动审查。问题是，法院的主动审查能否免除主张方的举证责任？

强制性规定，绝大多数是为了保护社会公共利益和国家利益（公益），也有一些是为了保护特定当事人的利益（私益），这样，无效合同也有损害公益和损害私益两种。对有损害公益嫌疑的合同，公权力应当主动介入。就进入民事诉讼程序的合同纠纷案件，法院应主动审查合同的效力，即便当事人没有提出确认合同无效的请求，没有提出证据，法院也应主动审查。[1]这是法院公法上的义务，不影响当事人举证责任的存在。

对损害私益但不直接涉及公益的合同，主张无效一方应当承担举证责任。

四、已经发现合同无效，原告请求撤诉应否允许

在民事诉讼过程中，原告请求撤诉，但法院发现讼争的合同危害社会公共利益、国家利益的，不应当允许撤诉。因为此时法院应当主动出击，如果允许撤诉，则放纵了当事人的违法行为。[2]

有的无效合同或无效合同条款只损害对方当事人的利益，并未对社会公共利益和国家利益造成损害，应当允许当事人处分自己的诉讼权利，允许其撤诉。比如甲起诉乙，说双方约定的定金比例已经超过了合同价款的20%，请求法院判决超高的部分无效，后又提出撤诉。这是当事人处分自己的诉讼权利，应当允许撤诉。[3]

---

〔1〕《全国法院民商事审判工作会议纪要》（2019年）指出："人民法院在审理合同纠纷案件过程中，要依职权审查合同是否存在无效的情形，注意无效与可撤销、未生效、效力待定等合同效力形态之间的区别，准确认定合同效力，并根据效力的不同情形，结合当事人的诉讼请求，确定相应的民事责任。"本书的观点与此不完全相同。

〔2〕《民事诉讼法》第148条第1款规定："宣判前，原告申请撤诉的，是否准许，由人民法院裁定。"《民事诉讼法解释》（2022年修正）第238条第1款规定："当事人申请撤诉或者依法可以按撤诉处理的案件，如果当事人有违反法律的行为需要依法处理的，人民法院可以不准许撤诉或者不按撤诉处理。"

〔3〕《民事诉讼法》第13条第2款规定："当事人有权在法律规定的范围内处分自己的民事权利和诉讼权利。"

五、请求确认合同无效与请求撤销合同关系的处理

《全国法院民商事审判工作会议纪要》（2019 年）在第 42 条中指出："一方主张合同无效，依据的却是可撤销事由，此时人民法院应当全面审查合同是否具有无效事由以及当事人主张的可撤销事由。当事人关于合同无效的事由成立的，人民法院应当认定合同无效。当事人主张合同无效的理由不成立，而可撤销的事由成立的，因合同无效和可撤销的后果相同，人民法院也可以结合当事人的诉讼请求，直接判决撤销合同。"

请求确认合同无效是消极确认之诉，请求撤销合同是形成之诉，两者的诉讼标的不同，请求权基础不同。因此主张合同无效的理由不成立，而可撤销的事由成立的，直接判决撤销合同，在理论上是不通的。为避免矛盾，同时为减少诉累，法官可以询问原告是否变更诉讼请求（从请求确认无效变为请求撤销），如原告坚持原诉讼请求，应当驳回诉讼请求。

可撤销合同只涉及相对人之间的利益关系，没有必要对是否可撤销主动进行专门审理，而且当事人主张可撤销，也要承担相应的举证责任。上述最高人民法院的指导意见如果按司法解释执行的话，就给当事人以钻空子的机会：一是，提出一项诉讼请求，实际按两个诉讼标的审理，加大了受诉法院的负担；二是，可能免除、减轻自己的举证责任。

第五节　案例分析

◎ 案例分析一：对情人之间的"分手费"是否违背公序良俗、是否属于自然之债的解释

【案例】广东省广州市中级人民法院（2021）粤 01 民终 24943 号民事判决书节选[1]

上诉人（原审被告，反诉原告）：汤某英，女。

被上诉人（原审原告，反诉被告）：魏某玉，男。

上诉人汤某英因与被上诉人魏某玉合同纠纷一案，不服广东省广州市黄埔区人民法院（2021）粤 0112 民初 13721 号民事判决，向本院提起上诉。

---

〔1〕　为节约篇幅，略去了部分内容及代理律师、审判员、书记员的名字，并略有修改。

汤某英上诉请求：①撤销一审判决第一项、第三项，支持汤某英提出的要求魏某玉支付 221 548.43 元，并从 2021 年 7 月 23 日起，按年利率 8% 的标准承担利息的诉讼请求；②魏某玉承担本案的诉讼费用。

魏某玉向一审法院起诉请求：①判决撤销魏某玉、汤某英之间签订的分手协议书及借条；②判决汤某英向魏某玉返还已支付的款项合计 58 451.57 元；③判决汤某英向魏某玉返还因汤某英检查身体而支出的费用共计 15 119.98 元（其中信用卡支付 8460.98 元，社保及现金支付 6659 元）；④判决汤某英承担本案诉讼费用。

汤某英向一审法院起诉请求：①判令魏某玉立即向汤某英支付余款 221 548.43 元，并从 2021 年 7 月 23 日起，按年利率 8% 支付利息；②判令魏某玉承担本案全部诉讼费用。

一审法院认定事实：魏某玉、汤某英于 2017 年 6 月认识，从 2017 年至 2020 年间，双方时有联系并曾发生性关系。2020 年 5 月 24 日，魏某玉、汤某英签订分手协议书，其中载明"……2020 年 5 月份双方感情出现重大矛盾且无法调和，遂决定分手。但此时女方发现已身怀有孕，双方经协商后一致同意做人工流产。2020 年 5 月底，在甲方陪同下，汤某英到广州玛某妇产医院做了人工流产手术……第二条：本协议签署之日起，魏某玉需分期支付汤某英现金 280 000 元分手费，需三年内付清，前两年必须每年支付 100 000 元，第三年支付 80 000 元。该分手费作为魏某玉对汤某英就恋爱期间的全部补偿，包括恋爱期间因魏某玉向汤某英推荐使用贝米钱包，致汤某英损失 31 万元本金，及汤某英在恋爱期间所受精神创伤、人工流产所受身体上的痛苦，身体康复必要的有关费用……第四条：双方已充分阅读并理解本协议条款之含义，不存在欺诈、胁迫、显失公平、重大误解等情形"。同日，魏某玉向汤某英签署一份借条，载明"借款人魏某玉因自身原因导致出借人汤某英在 2018 年 7 月 13 日损失 337 320 元，经双方协商决定借款人魏某玉由借条签订之日开始分期向出借人共支付 280 000 元，需三年内付清，前两年必须每年支付 100 000 元，第三年支付 8 万元，如果不支付，按所欠总金额 8% 支付利息"。

从 2020 年 5 月 13 日至 2021 年 2 月 11 日期间，魏某玉通过银行转账、微信支付等方式陆续向汤某英支付款项合计 58 451.57 元。

一审法院认为，魏某玉、汤某英双方自相识而发展为"男女朋友关系"，后因矛盾并为终结这段感情而签订案涉分手协议，但在履行过程中矛盾激化而致本案诉讼，双方争议焦点在于该协议是否有效。对此一审法院综合评析如下：

第一，从协议内容来看，约定的28万元实质包括投资亏损、怀孕流产致身体损伤、精神损失等部分。首先，对于投资亏损，汤某英称系受到魏某玉熏陶、怂恿、鼓动并按照魏某玉指示去投资P2P"贝米钱包"，导致后期亏损，但其并未提供充分证据证实，且汤某英作为一名成年人，理应知晓投资风险，本案并无确切证据表明汤某英是在受到欺骗、不知情情况下将投资款项交由魏某玉全权处理而致亏损，其所提交聊天记录亦无关于投资致损相应内容，难以认定魏某玉与汤某英所述投资损失之间存在必然因果联系；其次，关于流产致身体损伤，根据双方证据，签订协议当天医院检查结果显示汤某英并未怀孕，更无流产一说；再次，根据双方证据及陈述，在相识、相处期间双方未共同出资购置财产，对外亦无共同债权债务，无分割财产的情况。故本案协议所载28万元费用实际是双方为结束感情，由魏某玉向汤某英给予的补偿，也就是一般意义上的"分手费"。同时，双方于同日签订的借条并无借贷之意及借贷事实发生，只不过为该"分手费""披上了一层外衣"而已。

第二，从协议性质来看，男女之间基于"分手"而约定"分手费"并由此产生的债实际为法理上的自然之债。自然之债源自罗马法，根据一般学理通说，该债性质上属于不可强制执行之债，法律不赋予其强制执行的效力。而且用"分手费""补偿费"的方式解决男女分手所产生的纠纷，实属社会"陋习"，有悖于公序良俗原则，亦与社会主义核心价值观相悖，不应受到法律保护。鉴于此，双方于2020年5月24日签订的分手协议书及借条均属无效。至于魏某玉结婚已否、汤某英对此是否知情，并不影响上述认定。当然，不可否认的是，魏某玉在婚姻关系存续期间与其他异性保持不正当男女关系，违背了婚姻的忠实义务，其行为亦为当下社会之普遍价值所不齿，应受道德谴责。

第三，对于魏某玉诉请要求汤某英返还相应款项的意见，经查，该款项部分支付于协议签订之前，部分支付于协议签订之后。协议签订之前部分，系双方在维系感情期间所自愿支出的费用，其主张返还理据不足；而对于协议签订之后部分，根据上述自然之债的法理，虽该债不受法律保护，但魏某玉自愿履行，故其不得以不当得利等理由主张返还（立法及司法实践中对于超过诉讼时效、超出利率保护上限标准，主动履行后又主张返还的诉请均不予支持，亦是基于该理论考虑）。

综上所述，一审法院依照《中华人民共和国民法典》第八条、第一百五十三条第二款，《最高人民法院关于适用〈中华人民共和国民事诉讼法〉的解释》第九十条等规定，判决如下：魏某玉与汤某英于 2020 年 5 月 24 日签订的分手协议书及借条无效；驳回魏某玉的其余诉讼请求；驳回汤某英的全部诉讼请求。一审本诉案件受理费 820 元，由魏某玉负担；一审反诉案件受理费 2312 元，由汤某英负担。

对于一审法院查明的事实，本院予以确认。

本院认为，汤某英虽上诉称魏某玉应向其支付 221 548.43 元及从 2021 年 7 月 23 日起按年利率 8% 的标准计算的利息，但《最高人民法院关于适用〈中华人民共和国民事诉讼法〉的解释》第九十条规定："当事人对自己提出的诉讼请求所依据的事实或者反驳对方诉讼请求所依据的事实，应当提供证据加以证明，但法律另有规定的除外。在作出判决前，当事人未能提供证据或者证据不足以证明其事实主张的，由负有举证证明责任的当事人承担不利的后果。"结合相关书证、音视频文件、微信聊天记录等证据及双方陈述可知，本案所涉款项实际是双方为结束感情，由魏某玉向汤某英给予的补偿，也就是一般意义上的"分手费"，双方于同日签订的借条亦无借贷之意及借贷事实发生。综合双方陈述及本案所有证据，魏某玉并无自愿偿付案涉款项的真实意思表示，一审法院根据双方当事人的诉辩、提交的证据对本案事实进行了认定，并在此基础上依法作出一审判决，合法合理，且理由阐述充分，本院予以确认。汤某英的上诉请求理据不足，本院不予支持。

综上所述，一审认定事实清楚，判决并无不当，本院予以维持。依照《中华人民共和国民事诉讼法》第一百七十条第一款第一项之规定，判决如下：

驳回上诉，维持原判。

【本书的分析】

本书的观点与判决有所不同。

1. 有效合同产生的是意定之债，无效合同可以发生法定之债。本案法院判决分手协议书及借条无效，认定："从协议性质来看，男女之间基于'分手'而约定'分手费'并由此产生的债实际为法理上的自然之债。自然之债源自罗马法，根据一般学理通说，该债性质上属于不可强制执行之债，法律不赋予其强制执行的效力。"对于魏某玉诉请要求汤某英返还相应款项的意见，"根据上述自然之债的法理'，虽该债不受法律保护，但魏某玉自愿履行，故其不得以不当得利等理由主张返还"。本书认为，若合同无效，可产生返还财产等法定之债，魏某玉有权以不当得利请求返还。如认为合同无效却不能请求返还财产，则与法律的规定有悖。[1]法院的处理方式有点像"不法给付"，但对此我国法律并未作出规定。

2. 判决提出分手协议书及借条均属无效的理由是：用"分手费""补偿费"的方式解决男女分手所产生的纠纷，有悖于公序良俗原则，亦与社会主义核心价值观相悖，不应受到法律保护。本书认为，违背公序良俗的合同，存在有效与无效两种解释时，应按有效解释。以违背公序良俗为由认定合同无效，应当定性、定量。从定性角度看，魏某玉在婚内与汤某英发生男女两性关系，在分手时汤某英请求一定的身心补偿（"分手费"），难谓违背公序良俗。从定量的角度看，如果违背了公序良俗，还须达到比较严重的程度才能作为认定合同无效的理由，否则就会造成对公序良俗原则适用的泛化。假定要求"分手费"是违反道德的，但不能认为是严重违反。公序良俗是一个概括的说法，本案涉及的只是"良俗"（善良风俗），它是社会的一般道德观念。一般道德观念要求较高，"分手费"还不能说为一般道德观念所必然排斥。

3. 魏某玉与汤某英签订的分手协议，性质上是和解协议，所谓借条是和解协议的一部分。和解协议是双方让步解决原纠纷（基础法律关系）达成的协议。本案和解协议有无效力瑕疵可以探讨，但不宜以违背公序良俗为由认定为无效。和解协议之债也不是自然之债。

◎ 案例分析二：合同无效与可撤销不能竞合[2]

【案例】

晋某为偿还个人债务和供自己花销，以出售其名下房屋为幌子，先后与

---

　　[1]《民法典》第157条规定："民事法律行为无效、被撤销或者确定不发生效力后，行为人因该行为取得的财产，应当予以返还；不能返还或者没有必要返还的，应当折价补偿。有过错的一方应当赔偿对方由此所受到的损失；各方都有过错的，应当各自承担相应的责任。法律另有规定的，依照其规定。"

　　[2] 原文为许浩："一房多卖型合同诈骗案件中被害人的认定"，载《人民法院报》2022年2月17日第6版。本书引用时略有修改。

胡某、王某、黄某签订房屋买卖合同，以定金和房款名义分别收取三人460万元、570万元、600万元。王某、黄某得知晋某一房多卖后，先后诉至法院要求交付房屋，法院最终将房屋判归黄某。后胡某报案指控晋某诈骗，本案遂案发。

【分歧】

关于本案中如何认定被害人，存在两种不同观点：

第一种观点认为，本案中被害人为胡某和王某，黄某因已取得房屋，没有遭受损失，故不属于刑事案件中的被害人。

第二种观点认为，胡某、王某和黄某均系本案被害人，因为晋某在三次所谓的交易中均没有交付房屋的意思，交易只是用来掩盖其诈骗意图的幌子，不能因为民事判决将房屋判归黄某，就不认定黄某系本案被害人。

【原文作者的评析】

笔者倾向于第二种观点，即胡某、王某和黄某均系本案被害人。

司法实践中，一房多卖型诈骗案件中被害人的认定往往都遵循这样一个简单的规则，即几位买家中谁最终取得了房屋所有权，便被认为没有遭受损失，进而不将其认定为刑事案件的被害人。诚然，这样的认定方式维护了既定的房屋所有权，减少了纷争，不失为相对稳妥的选择，却没有考虑到一房多卖型诈骗实际情况的多样性、复杂性，导致在有的情形下会有失公平公正。虽然未取得房屋的买家理论上可以主张损害赔偿，但此类案件中被告人骗取的钱款往往都已挥霍一空，根本无力赔偿被害人的损失，结果往往就是未取得房屋的买家遭受实实在在的巨额经济损失。同样都是受骗者，通过民事诉讼形成的利益分配却是如此悬殊，这必然导致被害人的心理失衡，进而对司法的公正性产生怀疑。本案的特殊之处正是在于民事判决先于刑事立案确定了涉案房屋的归属，从而使得到房屋的黄某在刑事诉讼中被排除出被害人之列。而被害人王某的诉求就是要对民事案件进行重审，显然王某对黄某取得房屋所有权的合法性是存在质疑的，并认为这损害了自己的利益。那么，从法理上分析，黄某是否为本案的被害人呢？笔者认为，答案是肯定的。

首先，本案中晋某在一房多卖的三次所谓交易中主观上均没有交付房屋的意思，房屋只是其用来诈骗的道具，其以出售房屋为幌子骗取他人钱款，因此，本案中的三次交易行为实际上均属于晋某的诈骗行为，而作为晋某诈骗行为对象的胡某、王某和黄某三人当然均应系诈骗案件的被害人。

其次，法院的民事判决并不能否定黄某在本案中的被害人地位。刑事案件与民事案件不同，刑事案件一般以被告人针对行为对象实施的行为是否符合犯罪构成要件来判断行为对象是否属于被害人。如果被告人针对行为对象实施的行为符合犯罪构成要件，行为对象一般就可认定为被害人。以民事判决来否定刑事案件中的被害人地位，并不十分妥当。对于刑民交叉类案件，司法实践中确实存在刑事认定依赖民事判决，或者民事判决依赖刑事认定的现象，甚至因此造成刑事案件和民事案件互相等待对方先行判决的现象。对此，笔者的观点是不能一概而论，需要弄清楚具体的判断究竟是一个民事问题还是刑事问题，比如说本案中被害人的确定实际上就应该是一个刑事问题，而不应依赖于民事判决，而在有些非法集资案件中，涉案财产的权属很大程度上就是需要民事审判作出判断的问题，而不应由刑事审判直接认定。

再次，关于本案中的房屋买卖合同效力问题。《民法典》实施以前，一般都可以依据原《合同法》中关于"以合法形式掩盖非法目的"的规定认定类似本案的合同无效，但《民法典》中并无这一规定，这就使得此类合同如今究竟属于无效合同还是可撤销的合同产生了争议。有观点认为，《民法典》删除了原《合同法》中关于"以合法形式掩盖非法目的"的合同无效条款，因此认定此类合同无效已经没有法律依据，应将其归入可撤销的合同范畴。也有观点认为，可根据《民法典》总则部分关于民事法律行为效力的规定判定此类合同无效。不过，在笔者看来，如果涉及刑事案件，关于合同效力的争议问题实际上可以通过先刑后民的处理原则予以化解。刑事审判如果认定系合同诈骗，不管合同效力如何，都通过刑事诉讼程序解决；刑事审判如果认定被告人仅诈骗了部分被害人，对于不认定诈骗的，就可以认为被告人签订的合同有效，应依法履行合同，要求买房者将购房余款交付至法院，作为被告人的财物，用于刑事案件中的退赔；如果刑事审判认定确实不构成犯罪，再由民事审判解决纠纷。

最后，笔者对此类一房多卖案件的审理提出一些建议。此类案件并不一定都涉嫌犯罪，案发情况也多有差异，有的是先刑事案发，有的是先有民事纠纷。先刑事案发的情况，本身就符合先刑后民的处理原则；对于先有民事纠纷的情况，建议法院在受理民事纠纷案件后，即责令一房多卖的卖方向法院缴纳足额的退赔担保金，因为不管最终判决房子归谁所有，作为卖方都要向其他购买方承担相应的退赔责任。笔者认为，这是因一房多卖的不当行为引起的退赔担保义务，如果卖方不履行缴纳退赔担保金的义务，法院可终止民事案件审理，并以卖方涉嫌合同诈骗为由移送公安机关立案侦查。这样一方面可以督促卖方积极履行退赔义务，切实维护购房者的权利；另一方面也可以对一房多卖行为是否涉嫌犯罪做出初步甄别。如果卖方在法院责令下履行了缴纳退赔担保金的义务，就可以认定其没有合同诈骗故意，不涉嫌犯罪；如果卖方经法院责令仍不履行缴纳退赔担保金的义务，则初步推定其具有非法占有目的，涉嫌合同诈骗，据此移送公安机关立案侦查。

【本书的分析】

无权处分是处分他人财产或处分共有的财产。一物多卖不属于无权处分，但有可能是实施合同欺诈（民事欺诈）的行为，这就使合同可撤销。一物多卖也可构成刑事诈骗，使合同成为无效合同。

本案的特殊性在于，三次交易都不是真实的交易，晋某涉嫌刑事诈骗。原文作者认为"作为晋某诈骗行为对象的胡某、王某和黄某三人当然均应系诈骗案件的被害人"，这无疑是正确的。

晋某涉嫌刑事诈骗，那么晋某与胡某、王某、黄某三人分别签订的合同是无效合同还是可撤销合同？本书认为，晋某涉嫌刑事诈骗，没有履行合同的真实意思，不能以民事欺诈为由认定合同可撤销。可撤销合同是有效但可撤销的合同，如果认定为可撤销合同，就等于认定合同有效，而且若经过一年除斥期间，合同就转变为不可撤销的有效合同了。认定为可撤销合同的危害后果是保护了晋某涉嫌犯罪的行为，从民事角度说也保护了他对三个受害者的侵权行为。

本案一物三卖的三个合同，认定为无效合同的理由是什么？晋某的欺诈行为侵犯了三个受害者的财产权，同时严重违背公序良俗，应以违背公序良俗为由确认三个合同无效。欺诈违背善良风俗自不必说，本案的欺诈还严重违背了公共秩序。

一种观点认为，合同无效与可撤销可以竞合，受害人可以在请求确认合同无效和请求撤销合同之间进行选择。——合同无效与可撤销的制度价值、事由、保护的客体及保护方法均不同。在我国《民法典》语境下，合同无效与可撤销是不可能竞合的，对受害人也没有必要采用竞合的方式进行救济。

请求法院确认合同无效的权利，是程序法上的一种诉讼权利，请求法院撤销合同的权利是形成诉权，它是诉讼权利与实体权利的结合，二者是不能互相穿越的。

"以合法形式掩盖非法目的"，是故意规避法律的行为（脱法行为、间接违法行为），晋某签订合同不是为了规避某一项法律规定，而是一种骗取钱财的手段。而且，掩盖行为若是合同的话，双方一般是串通的。故而，晋某通过欺诈签订买卖合同的行为不是"以合法形式掩盖非法目的"。一般而言，因欺诈签订的合同都不是"以合法形式掩盖非法目的"的合同，否则这类合同就会从可撤销合同变成无效合同。

本案法院曾将房屋判归黄某，但三个合同均无效，黄某不能依据无效合同取得房屋所有权。对已经生效的判决应依法定程序进行纠正，涉案房屋仍应为晋某偿还债务的责任财产。

第三章｜合同无效的法定事由

第一节　无效事由与有效要件的冲突

《民法典》第 143 条规定："具备下列条件的民事法律行为有效：（一）行为人具有相应的民事行为能力；（二）意思表示真实；（三）不违反法律、行政法规的强制性规定，不违背公序良俗。"上述规定，实际是对法律行为生效实质要件的规定。以上三个要件，要求同时具备。但上述"有效"要件却与法定无效事由（原因）有所冲突。不单是逻辑上有矛盾，实务中当事人也会各执一词，依据不同的条文，主张合同的不同效力。问题出在哪儿呢？下面对有效要件逐一作简要分析。

一、第一个法定有效要件与法定无效事由没有冲突

第一个有效要件，是"行为人具有相应的民事行为能力"。行为能力，在严格意义上是实施法律行为的能力。要求具有相应的行为能力，是对行为人的保护，也顾及到了社会利益。

与第一个有效要件对应的无效事由，包括自然人不具备相应的行为能力和法人、非法人组织不具备相应的行为能力。

对自然人，《民法典》第 144 条规定："无民事行为能力人实施的民事法律行为无效。"第 145 条规定了限制民事行为能力人（自然人）实施的纯获利益及与自己的年龄、智力、精神状况不相适应的民事法律行为"效力待定"。所谓"效力待定"，是法律行为（含合同）成立时"未发生效力"，即自始不发生效力，但经追认可发生效力（严格意义上的无效合同，是自始"确定地"不生效）。第一个有效要件与无效和效力待定的规定是没有冲突的。

法人和非法人组织的行为能力与权利能力在范围上是重合的，因此不具

有权利能力的效果就是不具有行为能力。例如，有的营利法人可以从事金融业务（有相应的权利能力和行为能力），有的不能从事金融业务（不具有相应的权利能力和行为能力）；再如，有的法人可以作为担保人，有的不能作为担保人（不具有担保资质，即不具有相应的权利能力和行为能力）。不过，实务中人们一般是从权利能力而不是行为能力的角度考察法人和非法人组织订立的合同效力的。第一个有效要件与法人和非法人组织的权利能力虽然不是直接"对号入座"，但实质上是没有冲突的。

二、第二个法定有效要件与法定无效事由存在冲突

第二个有效要件是"意思表示真实"。意思表示成立需要具备主客观要件，主观要件是存在内心意思，客观要件是存在表示行为。意思表示真实，指表示行为是内心意思的真实反映。

按照第二个有效要件的反面解释，意思表示不真实，法律行为（含合同）就无效或者不能生效。意思表示不真实，即意思表示有瑕疵。意思表示有瑕疵，是表意人内心意思与外在表示不衔接、有矛盾。[1]

意思表示有瑕疵，包括内心意思与表示不一致及意思表示不自由。

内心意思与表示不一致包括：①故意的内心意思与表示不一致，比如《民法典》第146条规定的以虚假意思表示实施的民事法律行为。②非故意的内心意思与表示不一致，比如因重大误解订立合同。

按第二个有效要件的反面解释，内心意思与表示不一致，法律行为应当无效，但从《民法典》的具体规定来看并非如此。比如因表示错误订立的合同，内心意思（真实意思）与表示不一致，应当按表示意思而不是真实意思发生效力（我国《民法典》采表示主义，见第142条第1款）。这就与第二个有效要件发生了冲突。

意思表示不自由包括受胁迫、受欺诈、危难被乘及被利用缺乏判断力等情形。意思表示有瑕疵的，视具体情况，采用认定无效或予以撤销的方式处理。

我国《民法典》将意思表示不自由规定为民事法律行为的撤销事由。民事法律行为可撤销，是有效但可撤销。撤销权归受害人（意思表示有瑕疵的一方）；撤销权是形成诉权，公权力不能主动介入。可以看出，法定无效事由

---

[1]　比如，甲因乙的欺诈为意思表示，是甲的意思表示有瑕疵，即甲的内心意思与外在表示存在矛盾，不能认为乙实施了欺诈行为就是乙的意思表示有瑕疵。

原则上是不包括"意思表示不真实"的。这就与第二个要件发生了逻辑矛盾。

三、第三个法定有效要件与法定无效事由存在冲突

第三个法定有效要件是"二不违反",即"不违反法律、行政法规的强制性规定"和"不违背公序良俗"。

合法性是对民事法律行为的基本要求。法律、行政法规的规定（规范）分为强制性规定和任意性规定。不违反强制性规定才符合生效要件，按照对"不违反法律、行政法规的强制性规定"的反面解释，民事法律行为违反此类规定就不能生效（无效和效力待定），而按照《民法典》第153条第1款的规定，违反强制性规定的民事法律行为并非都无效，[1]有些是有效的。这就造成了矛盾，前后不能统一。

公序良俗（公共秩序和善良风俗）是维系社会共同生活的一般规范。以不违背公序良俗作为民事法律行为的一个有效要件，亦与具体规定相冲突。最明显的是《民法典》将违背善良风俗的特殊形态（自始显失公平的合同）规定为可撤销合同（见第151条）。可撤销合同是有效合同，撤销以后才转化为无效合同。

四、问题的症结所在

《民法典》第143条"具备下列条件的民事法律行为有效"之"有效"二字，不但把三项事由定性为要件，而且就效力作出了结论。这样，就不能把法定无效事由作为第143条的特别规定加以解释，否则在逻辑上、法理上都解释不通。

原《民法通则》第55条的表述是：民事法律行为"应当具备下列条件"，[2]没有就法律行为的效力直接作出结论，但当时依据"应当具备"及苏联的民法理论，认为法律行为都是合法行为，都是有效的，无效的不是法律行为。这样，依据具体规定认定无效行为（非法律行为）时，就不会与原《民法通则》第55条的规定相冲突，在理论上就有了解释余地。

---

〔1〕《民法典》第153条第1款规定："违反法律、行政法规的强制性规定的民事法律行为无效。但是，该强制性规定不导致该民事法律行为无效的除外。"

〔2〕原《民法通则》第55条规定："民事法律行为应当具备下列条件：（一）行为人具有相应的民事行为能力；（二）意思表示真实；（三）不违反法律或者社会公共利益。"

原《民法总则》和现行《民法典》对原《民法通则》的规定进行了改造，以"有效"二字表明法律行为也可能无效（法律行为区分为有效、无效两种）。这种改造具有积极意义，但有效要件的设计制造了体系上的矛盾，也没有立法例可供参照。

本书认为，《民法典》第143条对法律行为有效要件的规定是多余的。该条对遵守法律和公序良俗的要求，在《民法典》的基本原则和法定无效事由中都有充分体现。至于意思表示真实，只应当是指引性的规定，不宜作为合同有效要件；意思表示不真实，也不宜作为合同无效的一个事由。

第二节　合同无效事由的学理分类

合同无效的法定事由，是指导致合同无效的法定原因。合同无效事由只能由法律、行政法规加以规定，即只能是"法定"的事由，不能由一方当事人确定，也不能由各方协商确定。实务中有的当事人这样约定："如果乙方三天内不付款，合同无效。"这里的"无效"，并不是严格意义上的无效，可能是三天内不付款，合同不生效，也可能是当事人附加的解除条件（附随意条件），具体是何种情形，是意思表示解释的任务，不能奢望当事人把术语运用得很准确。

合同无效事由可以按其特征进行分类，这种分类是理论分类。第二大类，是《民法典》规定的法律行为无效事由的具体类型。本章第二节是合同无效事由的理论分类；以后各节，按照《民法典》的规定分节介绍无效事由。

无效法定事由在理论上可以分为五类：第一类，主体不合格与合同内容违法；第二类，自始法律不能与自始事实不能；第三类，直接违法与间接违法；第四类，实体违法与缔约程序违法；第五类，自身原因导致无效与其他合同的原因导致无效。

一、主体不适格与合同内容违法

合同作为法律行为，要有合同主体与意思表示，要求主体合格（也称为适格）与意思表示内容（合同内容）合法。

合同的标的是给付、变更给付或终止给付，故合同的内容围绕给付设定，内容不合法是关于给付的约定不合法。

（一）合同主体不适格

1. 合同主体与合同签订主体。

所谓主体，包括合同主体和合同签订主体。合同当事人是合同主体，是合同权利的享有者和义务的承担者，对交易（有偿）合同来说，合同当事人就是交易的主体。合同签订主体是为成立合同而为意思表示的人，有时签订主体就是合同主体（同一人），有时合同主体与签订主体相分离，如代理签订合同时，两种主体是分离的。

法律对合同主体与合同签订主体有不同的要求，有不同的规制。这里所说的是合同主体不适格，不包括签订主体。合同主体不适格主要包括当事人不具有行为能力和当事人不具有相应资质。

不具有相应的资质而签订某类合同，就是欠缺相应的权利能力。法人和非法人组织根据其设立宗旨、单位性质及特许经营项目的不同，权利能力有所不同。将这种"不同"界定为"不平等"，是不恰当的。社会主体分工不同、性质不同、活动的范围不同，不宜以"不平等"进行概括。

限制流通的财产可以在特定的主体之间流通（比如麻醉药品），因限制流通的财产导致合同无效的，真实原因在于主体不具有相应的资质。

2. 自然人的民事权利能力。

（1）行为能力是能力；权利能力不是能力，是资格。自然人的民事权利能力是自然人从出生到死亡的民事主体资格。[1]这种主体资格，是自然人平等地立于天地之间的社会主体资格。

（2）《民法典》第14条规定："自然人的民事权利能力一律平等。"这里的"平等"，是"民事"权利能力平等，没有差别，即自然人在民法（私法）上是平等的，不因种族、民族、阶级、宗教、性别、年龄、智力等而有所差别。民事权利能力一律平等也是一项宪法原则。从历史的角度看，民事权利能力一律平等在法律上否定了奴隶、农奴、人格减等附从性人格。

（3）从订立民事合同开展经营的角度看，存在因自然人欠缺相应经营资质而导致合同无效的情形。比如，自然人签订融资租赁合同，因无从事融资

---

[1] 胎儿可以"视为"有民事权利能力。《民法典》第16条规定："涉及遗产继承、接受赠与等胎儿利益保护的，胎儿视为具有民事权利能力。但是，胎儿娩出时为死体的，其民事权利能力自始不存在。"

租赁的资质而导致合同无效，法人得到行政许可才可以作为融资租赁合同的出租人。再如，从事某些经营活动的自然人，有的得到了行政许，有的没有得到行政许可，没有得到行政许可的因欠缺必需的资质而导致合同无效。

欠缺资质，显然不是欠缺行为能力，而是欠缺权利能力。这是不是民事权利能力不平等呢？——这里不存在民事权利能力不平等的问题。因为行政许可产生的资质，不是"民事"权利能力，而是行政法上的权利能力。[1]

规定合同无效的事由本身就是公权力进入民法（私法）的现象。违反行政法的特许导致合同无效，当然也是公权力对民事活动的调整，它丝毫不影响民事权利能力的人人平等。

（4）必需的资质是权利能力，但权利能力（民事权利能力、行政权利能力）比较难理解，故本书在谈到自然人、法人等的主体资格时，以"资质"来表述。

3. 不具有相应经营资质导致合同无效的情形。为维护社会经济秩序和国家利益，法律规定涉及安全、金融等特定交易行为（经营行为），须具备相应资质才能进行。

（1）相应的资质，包括特许经营的资质、[2]担保的资格（也是一种资质）等。相应的"资质"，是相应的权利能力，法人的权利能力并不是等同或平等的。法人欠缺相应的资质而导致合同无效，是欠缺权利能力而导致合同无效。[3]

---

〔1〕《行政许可法》第2条规定："本法所称行政许可，是指行政机关根据公民、法人或者其他组织的申请，经依法审查，准予其从事特定活动的行为。"第12条规定："下列事项可以设定行政许可：（一）直接涉及国家安全、公共安全、经济宏观调控、生态环境保护以及直接关系人身健康、生命财产安全等特定活动，需要按照法定条件予以批准的事项；（二）有限自然资源开发利用、公共资源配置以及直接关系公共利益的特定行业的市场准入等，需要赋予特定权利的事项；（三）提供公众服务并且直接关系公共利益的职业、行业，需要确定具备特殊信誉、特殊条件或者特殊技能等资格、资质的事项；（四）直接关系公共安全、人身健康、生命财产安全的重要设备、设施、产品、物品，需要按照技术标准、技术规范，通过检验、检测、检疫等方式进行审定的事项；（五）企业或者其他组织的设立等，需要确定主体资格的事项；（六）法律、行政法规规定可以设定行政许可的其他事项。"

〔2〕 此处所说特许经营是国家特许经营，不是平等主体之间的商业特许经营。商业特许经营是指拥有注册商标、企业标志、专利、专有技术等经营资源的企业，以合同形式将其拥有的经营资源许可其他经营者使用，被特许人按照合同约定在统一的经营模式下开展经营，并向特许人支付特许经营费用的经营活动。

〔3〕 例如，《俄罗斯联邦民法典》第173条第1款规定："法人超越其权利能力的法律行为无效。"见黄道秀译：《俄罗斯联邦民法典》（全译本），北京大学出版社2007年版，第100页。

（2）违反关于经营范围的行政强制性规定，不是合同无效事由；[1]限制经营、特许经营和禁止经营的行政强制性规定，是强制性规定，违反此类规定是合同无效事由。[2]例如，甲公司没有融资租赁的资质，却作为出租人与乙公司签订了融资租赁合同。甲公司违反了关于特许经营的强制性规定，危害金融秩序，一般应确认合同无效，并可视情节对甲公司予以行政法上的处理。再如，职业放贷人签订"民间借贷合同"较为常见，这种放贷实际是从事金融活动，而这类放贷人是没有从事金融活动资质（特许经营）的，他们签订的"民间借贷合同"因主体不适格而无效。[3]又如，丙饭店经常摆地摊将多余的蔬菜卖给周围的群众（成立买卖合同），其工商登记的经营范围中没有出售蔬菜这一项，但此案没有必要认定买卖合同无效，私法效果可以保留，也没有必要给予丙饭店行政处罚。

（3）对不具有相应资质，但法律未作具体规定的，可以以违背公序良俗为由确认合同无效。[4]

（4）合同有对立的双方，由于双方负担的给付不同，并不要求双方都具备特定的资质。比如，双务合同付款的一方，不需要经营资质。再如，出版合同，出版社需有资质，作者不需要资质。有时合同的双方需要不同的资质。例如，针对融资租赁合同，《民法典》第738条规定："依照法律、行政法规的规定，对于租赁物的经营使用应当取得行政许可的，出租人未取得行政许可不影响融资租赁合同的效力。"融资租赁合同的出租人需要有金

---

[1] 《民法典》第505条规定："当事人超越经营范围订立的合同的效力，应当依照本法第一编第六章第三节和本编的有关规定确定，不得仅以超越经营范围确认合同无效。"

[2] 原《最高人民法院关于适用〈中华人民共和国合同法〉若干问题的解释（一）》第10条规定："当事人超越经营范围订立合同，人民法院不因此认定合同无效。但违反国家限制经营、特许经营以及法律、行政法规禁止经营规定的除外。"现在虽然取消了该条，但违反限制经营、特许经营、禁止经营规定签订的合同，仍然无效。

[3] 《全国法院民商事审判工作会议纪要》（2019年）第53条规定："未依法取得放贷资格的以民间借贷为业的法人，以及以民间借贷为业的非法人组织或者自然人从事的民间借贷行为，应当依法认定无效。同一出借人在一定期间内多次反复从事有偿民间借贷行为的，一般可以认定为是职业放贷人。民间借贷比较活跃的地方的高级人民法院或者经其授权的中级人民法院，可以根据本地区的实际情况制定具体的认定标准。"

[4] 例如，《最高人民法院关于人民法院司法拍卖房产竞买人资格若干问题的规定》第4条第1款规定："买受人虚构购房资格参与司法拍卖房产活动且拍卖成交，当事人、利害关系人以违背公序良俗为由主张该拍卖行为无效的，人民法院应予支持。"

融牌照，[1]若其出租了一套防爆器材，则承租人须有防爆器材的经营许可。出租人没有这项经营许可不妨碍合同的效力，因为他的行为仅是"出租"。

（5）对合作类合同，在合作各方中只有一方有资质的，合同可以有效。[2]欠缺资质可以补救，[3]但不能认为这种补救使无效合同转化为有效合同，而应视为成立了新的合同。

4. 采用租借、挂靠、冒名等手段规避法律对资质的要求而签订合同的，属于主体不适格。

（1）租借，是有偿或无偿使用他人名义与第三人签订合同，具体包括租借业务介绍信、加盖公章的空白合同书或直接租借公章等。[4]租借可导致租借双方对第三人（合同相对人）的连带责任。[5]

（2）挂靠，不仅使用他人名义，为遮人耳目及方便经营，还在被挂靠人之下设立业务部门。实务中常见没有资质的实际施工人租借有资质的建筑施工企业名义对外签订施工合同，租借人经常在被租借公司设立项目部（刻有公司项目部公章），对外从事具体活动。以挂靠的方式租借资质，是规避法律的行为，其所签的合同属于主体不适格，应认定为无效。[6]

---

〔1〕 融资租赁合同的出租人是具有融资租赁业务经营资格的企业法人，一般为租赁公司。融资租赁属于特许经营，出租人要有金融业务的经营许可。

〔2〕 如《最高人民法院关于审理涉及国有土地使用权合同纠纷案件适用法律问题的解释》（2020年修正）第 13 条规定："合作开发房地产合同的当事人一方具备房地产开发经营资质的，应当认定合同有效。当事人双方均不具备房地产开发经营资质的，应当认定合同无效。但起诉前当事人一方已经取得房地产开发经营资质或者已依法合作成立具有房地产开发经营资质的房地产开发企业的，应当认定合同有效。"

〔3〕 例如，《商品房买卖合同解释》第 2 条规定："出卖人未取得商品房预售许可证明，与买受人订立的商品房预售合同，应当认定无效，但是在起诉前取得商品房预售许可证明的，可以认定有效。"

〔4〕 《最高人民法院关于在审理经济纠纷案件中涉及经济犯罪嫌疑若干问题的规定》第 4 条规定："个人借用单位的业务介绍信、合同专用章或者盖有公章的空白合同书，以出借单位名义签订经济合同，骗取财物归个人占有、使用、处分或者进行其他犯罪活动，给对方造成经济损失构成犯罪的，除依法追究借用人的刑事责任外，出借业务介绍信、合同专用章或者盖有公章的空白合同书的单位，依法应当承担赔偿责任。但是，有证据证明被害人明知签订合同对方当事人是借用行为，仍与之签订合同的除外。"

〔5〕 例如，《施工合同解释（一）》第 7 条规定："缺乏资质的单位或者个人借用有资质的建筑施工企业名义签订建设工程施工合同，发包人请求出借方与借用方对建设工程质量不合格等因出借资质造成的损失承担连带赔偿责任的，人民法院应予支持。"

〔6〕 《建筑法》第 26 条规定："承包建筑工程的单位应当持有依法取得的资质证书，并在其资质等级许可的业务范围内承揽工程。禁止建筑施工企业超越本企业资质等级许可的业务范围或者以任何形式用其他建筑施工企业的名义承揽工程。禁止建筑施工企业以任何形式允许其他单位或者个人使用本企业的资质证书、营业执照，以本企业的名义承揽工程。"

（3）租借人、挂靠人常以被租借人、被挂靠人的代理人的名义与相对人签订合同。有观点认为，此类行为构成表见代理，应按表见代理认定合同有效。本书认为，这个观点是不正确的，因为表见代理只解决代理权的问题（发生有权代理的效果），[1]不能满足合同的其他有效要件，且按租借合同、挂靠合同，代理人通常是有权代理。租借人、挂靠人以被租借人、被挂靠人的代理人名义出现，违背对资质的强制性要求的，仍应以主体不适格为由确认合同无效。

还有观点认为，对于施工合同，因发包人是否明知挂靠行为而导致合同效力不同。本书不同意这种观点，欠缺资质而承受合同权利义务是一项客观事实，是一项独立的合同无效事由，并不因一方是否知情而发生变化，否则就在客观上规避了法律。

（4）冒名，是行为人擅自使用他人的名义，自己作为一方当事人与相对人订立合同。被冒名的人，不限于自然人。冒名是假冒行为，盗用他人公章、加盖公章的业务介绍信、私刻公章等都属于冒名。[2]冒名订立合同，不是代理行为，不得按无权代理认定合同效力待定并通过追认的方式使其生效。欠缺资质而冒用他人名义签订合同，合同因主体不合格而无效，冒名同时构成欺诈。欺诈是撤销事由，与无效事由竞合的，应认定合同无效。

有的冒名订立的合同是有效的，比如张甲拿着其孪生弟弟的身份证住进酒店，住宿合同在张甲与酒店之间成立，一般是有效的。

（5）租借、挂靠、冒名与委托不同。受托人以自己名义签订合同的，按照相对性原则，一般由受托人承受合同权利义务。[3]

---

〔1〕《民法典》第172条规定："行为人没有代理权、超越代理权或者代理权终止后，仍然实施代理行为，相对人有理由相信行为人有代理权的，代理行为有效。"

〔2〕《最高人民法院关于在审理经济纠纷案件中涉及经济犯罪嫌疑若干问题的规定》第5条规定："行为人盗窃、盗用单位的公章、业务介绍信、盖有公章的空白合同书，或者私刻单位的公章签订经济合同，骗取财物归个人占有、使用、处分或者进行其他犯罪活动构成犯罪的，单位对行为人该犯罪行为所造成的经济损失不承担民事责任。行为人私刻单位公章或者擅自使用单位公章、业务介绍信、盖有公章的空白合同书以签订经济合同的方法进行的犯罪行为，单位有明显过错，且该过错行为与被害人的经济损失之间具有因果关系的，单位对该犯罪行为所造成的经济损失，依法应当承担赔偿责任。"

〔3〕构成间接代理的，按《民法典》第925、926条处理。

5. 无金融资质的民事主体委托银行贷款，能否行使"介入权"？实务中，一些不具有金融资质的民事主体将自己的资金支付给商业银行（签订委托贷款合同），由商业银行向第三人贷款（签订贷款合同），当第三人（借款人）不履行对银行（贷款人）的合同义务时，无金融资质的主体（委托人）能否行使"介入权"？有些法院的判例认为可以"介入"，即由委托人享有贷款合同中贷款人对借款人的权利义务，也有法官提出"不能穿透"，[1]即不能介入。本书认为不能"介入"。

认为委托贷款的委托人享有介入权的观点，依据的是《民法典》第925条："受托人以自己的名义，在委托人的授权范围内与第三人订立的合同，第三人在订立合同时知道受托人与委托人之间的代理关系的，该合同直接约束委托人和第三人；但是，有确切证据证明该合同只约束受托人和第三人的除外。"本条是对隐名代理（间接代理）的规定。隐名代理，是委托人与受托人通过委托合同建立起来的关系。受托人接受委托人的委托，在授权范围内与第三人订立的合同，是委托合同以外的合同。比如，受托人可以接受委托，以自己的名义与第三人订立借款合同、买卖合同等。依据本条，第三人在订立合同时知道委托人与受托人之间的（间接）代理关系的，该合同直接约束委托人和第三人。

对无金融资质而委托贷款，有几点需要说明。

其一，《民法典》第925条并非对介入权的规定，第926条才是。[2]介入

---

〔1〕 根据金融行业通常的理解，委托贷款包括商业银行依法开展的委托代理业务，以及信托公司依法开展的资金信托业务。二者的相同之处在于商业银行和信托公司收取约定的服务费用，不承担贷款资金的信用风险，具有为委托人提供"贷款通道"的特点。应当注意的是，《全国法院民商事审判工作会议纪要》（2019年）和《中国人民银行、中国银行保险监督管理委员会、中国证券监督管理委员会、国家外汇管理局关于规范金融机构资产管理业务的指导意见》中的通道业务，仅指金融机构之间互相借用"通道"的行为，审判实践中将委托贷款"穿透"认定为民间借贷的做法，是对相关监管政策的误读误用。委托贷款是纳入监管的一项金融业务，应当与金融借款合同做相同的处理。见刘贵祥："关于金融民商事审判工作中的理念、机制和法律适用问题"，载《法律适用》2023年第1期。

〔2〕 《民法典》第926条规定："受托人以自己的名义与第三人订立合同时，第三人不知道受托人与委托人之间的代理关系的，受托人因第三人的原因对委托人不履行义务，受托人应当向委托人披露第三人，委托人因此可以行使受托人对第三人的权利。但是，第三人与受托人订立合同时如果知道该委托人就不会订立合同的除外。受托人因委托人的原因对第三人不履行义务，受托人应当向第三人披露委托人，第三人因此可以选择受托人或者委托人作为相对人主张其权利，但是第三人不得变更选定的相对人。委托人行使受托人对第三人的权利的，第三人可以向委托人主张其对受托人的抗辩。第三人选定委托人作为其相对人的，委托人可以向第三人主张其对受托人的抗辩以及受托人对第三人的抗辩。"

权是选择权、形成权，需要委托人以意思表示行使。《民法典》第 925 条规定的是"直接约束"，不需要委托人行使介入权。

其二，商业银行与第三人签订的借款合同是金融合同。金融活动受国家监管，商业银行具有开展金融活动的资质，具有相应的权利能力，委托贷款人作为一般的民事主体，不具有相应的权利能力，不能"介入"金融合同而承受金融合同的权利义务，否则就在事实上造成了"脱法"（间接违法）现象。"脱法"本来是当事人主动规避法律的行为，但判决无资质的委托人可"介入"，实际违反了法律，客观效果是"脱法"。

其三，有的判决认为，委托贷款合同的委托人"介入"后，委托人与借款人之间的借款关系，既具有金融借款的性质，也具有民间借贷的性质，因而可以适用有关民间借贷的规定。这种观点是不正确的，因为金融借款合同与民间借贷合同的性质冲突，前者接受金融监管，后者不受金融监管，二者不具有相容性。

其四，本书认为，无资质的委托人不仅不能介入金融借款合同，也不能介入其他需要资质的合同，即都不能适用《民法典》第 925 条关于间接代理的规定。比如，无金融资质的委托人将财产委托融资租赁公司出租给第三人，委托人不能介入融资租赁合同。

（二）合同内容违法

合同内容就是围绕给付的权利义务的安排。合同内容可以包括给付财产或劳务的约定以及围绕给付财产或劳务的权利义务安排。

1. 给付财产、给付劳务违法。给付是行为，包括作为和不作为。合同给付一般是作为，不作为极少见。[1]有给付财产的合同、给付劳务（或称提供劳务、完成劳务）的合同，给付财产、给付劳务违法，是给付本身违法。

（1）给付财产违法。给付财产是给付行为之一种。给付的财产有物（动产和不动产）、物的使用权、无形财产、无形财产使用权等。我们通常说的"标的违法"，是指给付财产违法。给付财产违法表现多种多样，如：

1）标的财产是禁止流通的财产，例如假币、毒品、淫秽物品、假冒注册

---

〔1〕 例如两个紧邻的商店约定各自不得经营的项目和商品，标的就是不作为。

商标的商品、军用设备、军用枪支、土地、特定的人格物，[1]等等。以禁止流通的财产作为给付的标的物，整个合同无效，不存在部分无效的可能。禁止流通物的买卖可能产生连环无效合同。

2）物的使用、收益权能及无形财产使用、收益权能的转移，是给付财产的一种形式，这类给付也会违反强制性规定。例如，《民法典》第 865 条规定："专利实施许可合同仅在该专利权的存续期限内有效。专利权有效期限届满或者专利权被宣告无效的，专利权人不得就该专利与他人订立专利实施许可合同。"[2]

租赁合同流转的是物的财产价值，通过出租人为承租人设立用益债权并通过承租人实施使用行为实现财产价值流转。租赁物如果是禁止流转物，合同一般也是无效的，比如，租赁军用枪支的合同无效。[3]

（2）给付劳务违法。提供劳务合同有运输合同、保管合同、仓储合同、委托合同、行纪合同、中介合同、医疗合同等。这类合同通过一方提供劳务，使对方取得财产利益或其他利益。劳务，不单指简单地干活，还包括技术性劳务、科研开发、医疗服务等。提供劳务违法，是给付违法，一般导致整个合同无效，如运输毒品的合同无效，受托杀人的合同无效。

---

[1] 《民法典》第 1007 条规定："禁止以任何形式买卖人体细胞、人体组织、人体器官、遗体。违反前款规定的买卖行为无效。"买卖行为无效，就是买卖合同无效。

[2] 应注意专利的有效期及期限补偿。《专利法》第 42 条规定："发明专利权的期限为二十年，实用新型专利权的期限为十年，外观设计专利权的期限为十五年，均自申请日起计算。自发明专利申请日起满四年，且自实质审查请求之日起满三年后授予发明专利权的，国务院专利行政部门应专利权人的请求，就发明专利在授权过程中的不合理延迟给予专利权期限补偿，但由申请人引起的不合理延迟除外。为补偿新药上市审评审批占用的时间，对在中国获得上市许可的新药相关发明专利，国务院专利行政部门应专利权人的请求给予专利权期限补偿。补偿期限不超过五年，新药批准上市后总有效专利权期限不超过十四年。"《技术合同解释》（2020 年修正）第 26 条规定："专利实施许可合同许可人负有在合同有效期内维持专利权有效的义务，包括依法缴纳专利年费和积极应对他人提出宣告专利权无效的请求，但当事人另有约定的除外。"

[3] 再如，《最高人民法院关于审理城镇房屋租赁合同纠纷案件具体应用法律若干问题的解释》第 2 条规定："出租人就未取得建设工程规划许可证或者未按照建设工程规划许可证的规定建设的房屋，与承租人订立的租赁合同无效。但在一审法庭辩论终结前取得建设工程规划许可证或者经主管部门批准建设的，人民法院应当认定有效。"第 3 条规定："出租人就未经批准或者未按照批准内容建设的临时建筑，与承租人订立的租赁合同无效。但在一审法庭辩论终结前经主管部门批准建设的，人民法院应当认定有效。租赁期限超过临时建筑的使用期限，超过部分无效。但在一审法庭辩论终结前经主管部门批准延长使用期限的，人民法院应当认定延长使用期限内的租赁期间有效。"

2. 围绕给付财产和劳务的权利义务安排违法。给付财产和劳务以外的权利义务安排违法，主要是给付的期限、数额、方式等违反了法律规定，也包括格式条款违反法律规定。

这类违法，因不是给付本身违法，故一般导致合同部分无效。这里以非法垄断技术为例说明。《民法典》第850条规定："非法垄断技术或者侵害他人技术成果的技术合同无效。"《技术合同解释》（2020年修正）第10条规定："下列情形，属于民法典第八百五十条所称的'非法垄断技术'：（一）限制当事人一方在合同标的技术基础上进行新的研究开发或者限制其使用所改进的技术，或者双方交换改进技术的条件不对等，包括要求一方将其自行改进的技术无偿提供给对方、非互惠性转让给对方、无偿独占或者共享该改进技术的知识产权；（二）限制当事人一方从其他来源获得与技术提供方类似技术或者与其竞争的技术；（三）阻碍当事人一方根据市场需求，按照合理方式充分实施合同标的技术，包括明显不合理地限制技术接受方实施合同标的技术生产产品或者提供服务的数量、品种、价格、销售渠道和出口市场；（四）要求技术接受方接受并非实施技术必不可少的附带条件，包括购买非必需的技术、原材料、产品、设备、服务以及接收非必需的人员等；（五）不合理地限制技术接受方购买原材料、零部件、产品或者设备等的渠道或者来源；（六）禁止技术接受方对合同标的技术知识产权的有效性提出异议或者对提出异议附加条件。"以上非法垄断技术的6种表现，并非对给付本身的约定，这就不能导致整个合同无效。例如，甲将一项技术转让给乙，甲利用自己的优势迫使乙同意在合同中注明乙不得在合同标的技术基础上进行新的研究开发。该技术转让合同不必确认为无效，将"不得"的条款确认为无效即可，即应当确认合同为部分无效。

二、自始法律不能与自始事实不能

（一）不能的含义和类型

不能，是给付不能，也称为履行不能，指债务人的给付不能依债的本质实现。[1]

---

〔1〕 广义上的不能还包括解除不能、变更不能。比如，甲、乙订立的一个合同是无效合同，他们以为有效，就这个合同签订了变更协议或解除协议，这个变更协议或解除协议因法律不能而无效。不过，当事人签订的变更协议实际不是变更，而是另起炉灶，重新订立一个合同的话，则可以生效。

双务合同，一方的给付不能，由于对待给付的牵连性，对方的给付亦不能。比如，当事人一方一开始就为无民事行为能力人的双务合同，其给付自始法律不能，相对人作为对价的给付也就不能发生效力，即双方的给付均自始法律不能。

给付不能依不同的标准，有不同的分类。

1. 自始不能与嗣后不能。自始不能是从合同成立时起就给付不能，嗣后不能是合同成立后给付不能。前者导致合同无效，不可能发生实质约束力，也就没有必要发生形式约束力；在后一情形，合同成立时发生了效力，不能上溯导致合同无效，而只能产生合同解除等后果。[1]

一个问题是，附生效条件的合同，在成立后、条件成就前发生导致给付不能的事件，属于自始不能还是嗣后不能？本书的观点是嗣后不能，自合同成立时起，这种合同就产生了形式约束力，若条件成就则产生实质约束力。比如，附生效条件的买卖棉花糖合同，在条件成就前，因不可抗力导致特定物灭失，则合同因嗣后不能而终止。

2. 事实不能与法律不能。事实不能是基于自然法则而不能。例如，演员因交通事故住院，不能履行演出合同，则为事实不能。再如，特定物是独一无二的物，如灭失，则给付显属事实不能。特定之债可发生事实给付不能，这里的特定之债是广义的，不限于特定物之债，不能替代履行的债都可以称为特定之债。种类之债（含金钱之债）不发生事实给付不能的问题，因为其可以替代履行。

法律不能是履行即违反强制性规定或违背公序良俗。例如，甲、乙签订的合同涉及禁止经营的项目，则合同无效。

3. 全部不能和部分不能。全部不能，是指给付的内容均不能履行。部分不能，也称为一部不能，是指给付的一部分不能履行。合同自始部分不能如果不发生扩张的话，则合同部分无效（见第四章第一节）。

---

〔1〕　例如，《民法典》第563条第1款规定："有下列情形之一的，当事人可以解除合同：（一）因不可抗力致使不能实现合同目的；（二）在履行期限届满前，当事人一方明确表示或者以自己的行为表明不履行主要债务；（三）当事人一方迟延履行主要债务，经催告后在合理期限内仍未履行；（四）当事人一方迟延履行债务或者有其他违约行为致使不能实现合同目的；（五）法律规定的其他情形。"本款第1项是嗣后不能，也是事实不能、客观不能。

（二）合同无效，区分为自始法律不能和自始事实不能

综合上述对给付不能的分类，合同无效可区分为自始法律不能和自始事实不能。

1. 自始法律不能。

（1）自始法律不能，是从合同成立时起即给付违法，合同自始确定地不能发生效力（不发生形式约束力和实质约束力），即使当事人事实上能够履行合同，也不得履行。

（2）给付的法律不能，并不限于标的财产禁止流通，也包括因合同主体不适格而导致的给付违法。比如，施工人没有相应的资质，导致施工合同自成立时起就给付不能。限制流通的财产，在特定的当事人之间可以流通（比如麻醉药品），主体不合格则致使给付自始法律不能。

（3）权利瑕疵是指给付的财产上有相对人所不知的权利负担。合同有权利瑕疵的，一般不为自始法律不能，换言之，合同一般仍为有效，对相对人则以赋予履行抗辩权的方式予以保护。[1]

（4）自始法律不能，可发生部分给付法律不能（合同部分无效）的情形。

2. 自始事实不能。

（1）自始事实不能，是当事人从合同成立时起，事实上就因客观原因"一直"不可能履行合同。所谓"一直"不可能，是指从头至尾都没有履行的可能。当事人买卖一件未来物，但该物可以制造出来，则不属于事实不能。对自始事实不能，合同成立后也不能补救。

（2）我国《民法典》对自始事实不能未作出规定。自始事实不能，是合同无效事由，还是不成立事由，抑或撤销事由，不无疑问。

本书认为，自始事实不能，合同从成立时起确定地不能发生效力（不发生形式约束力和实质约束力），即合同自始无效。如果认为合同不成立，则忽视了当事人已经达成合意的事实，因为合同成立符合形式要件即可。如果认

---

〔1〕 例如《民法典》第612条规定："出卖人就交付的标的物，负有保证第三人对该标的物不享有任何权利的义务，但是法律另有规定的除外。"第613条规定："买受人订立合同时知道或者应当知道第三人对买卖的标的物享有权利的，出卖人不承担前条规定的义务。"第614条规定："买受人有确切证据证明第三人对标的物享有权利的，可以中止支付相应的价款，但是出卖人提供适当担保的除外。"

为合同可撤销，则不符合可撤销合同意思表示有瑕疵的特征。

例 3-1：甲与乙在旅途中约定，甲将祖传的一件珠宝卖给乙，回家后发现这件珠宝在签订合同三天之前已经灭失。

——（1）甲、乙就必要条款已经达成合意，符合合同成立的形式要件，应认定合同已经成立。

（2）本案有误解的因素，但不能构成因重大误解而成立的可撤销合同，因为可撤销合同是有效合同，可能撤销，也可能不撤销。如果当事人不请求撤销，合同效力状态就会很尴尬。

（3）双方的买卖合同，自始履行事实不能，符合无效合同自始确定地不能发生效力的特征，应认定为无效。

三、直接违法与间接违法

（一）直接违法

直接违法，是相对于间接违法而言的，指当事人违反强制性规定，但未做规避动作，如买卖禁止流通物就是直接违法。间接违法是表面未违法，但当事人规避了强制性规定。直接违法，是可以直接"对号入座"的。

例 3-2：甲是持有上市公司 5% 以上股份的股东，其新受让了乙的部分股份，按《证券法》负有强制披露义务。[1]为了规避此项义务，甲与乙签订代持协议，由乙代持甲新增加的股份。甲、乙的委托代持合同无效，是因为直接违法还是间接违法？

——委托代持合同（借名合同）是委托合同的一种，一般是有效的，如果代持是为了规避法律，就可能因间接违法而无效。规避法律往往是因为委托人欠缺某种资质、资格，或者为了规避法律的一些特殊规定。本案是规避信息披露义务的间接违法。《公司法》（2023 年修订）第 140 条第 2 款规定：

---

〔1〕《证券法》第 80 条规定："发生可能对上市公司、股票在国务院批准的其他全国性证券交易场所交易的公司的股票交易价格产生较大影响的重大事件，投资者尚未得知时，公司应当立即将有关该重大事件的情况向国务院证券监督管理机构和证券交易场所报送临时报告，并予公告，说明事件的起因、目前的状态和可能产生的法律后果。前款所称重大事件包括：……（八）持有公司百分之五以上股份的股东或者实际控制人持有股份或者控制公司的情况发生较大变化，公司的实际控制人及其控制的其他企业从事与公司相同或者相似业务的情况发生较大变化；……"

"禁止违反法律、行政法规的规定代持上市公司股票。"该款不是一律禁止代持上市公司股票,须违反法律、行政法规禁止或限制代持的具体规定才可认定委托代持合同无效。甲与乙不是直接违反该款,不是直接违法。

(二)间接违法

"法律行为违反禁止性规定者,有直接违反与间接违反两种形态,以间接方法违反强制规定或以迂回方式逃避禁止规定者,称为脱法行为。"[1]间接违法与直接违法,是违法方式上的区别,不能认为"间接违法比直接违法的程度轻"。

1. "以合法形式掩盖非法目的"是脱法行为。原《合同法》第52条第3项规定,"以合法形式掩盖非法目的"签订的合同无效,该无效事由与同条第2项"恶意串通,损害国家、集体或者第三人利益"并列,《民法典》中已经没有这一项。《民法典》未将间接违法作为合同无效的一般事由,但合同间接违反强制性规定的,也应按照直接违法确认合同无效,否则就给违法行为开了一个口子,规避法律的行为就会盛行。不过,对间接违法的认定不能扩大化。学者指出,通常所谓利用法律漏洞,系利用法律规定的不周、不完善等,使其免于抵触强行规定,如果不违背公序良俗,则并不当然违法。依照法律的确定性及安定性原则,只能经由修正法律的方式加以弥补,不能一律视其为脱法行为,使之归于无效。[2]

2. 有人认为,《民法典》第146条规定的通谋虚假法律行为,涵盖了"以合法形式掩盖非法目的"。本书则不认同此观点,因为间接违法行为是多种多样的,不一定以通谋虚假法律行为掩盖真实目的。

例3-3:(1)甲将房屋租赁给乙,书面合同约定租期为20年,到期自动续展20年。

(2)丙将房屋租赁给丁,约定租期为20年,双方就该房屋另行签订一份书面租赁合同,从第一份租赁合同到期后开始计算20年租期,即一房有两个20年租期。

——上述租期自动续展20年与签订两份20年租期的合同,是规避强制

---

〔1〕 施启扬:《民法总则》(修订第八版),中国法制出版社2010年版,第210页。

〔2〕 参见施启扬:《民法总则》(修订第八版),中国法制出版社2010年版,第210页。

性规定的行为，但不是《民法典》第146条规定的通谋虚假法律行为。例（1）自动续展的约定无效，属于合同的部分无效。例（2）一房有两个20年租期，表面上是两个租赁合同，实际是一个合同；第二份合同无效，实际是合同的部分无效。

例3-4：甲公司有采矿权，乙公司与甲公司的股东签订合同，取得了对甲公司的股权，即以受让股权的方式取得对标的公司（甲公司）采矿权的控制权。利害关系人丙提出，乙公司通过受让股权的方式取得采矿权，是规避法律的行为，具体来说是规避采矿权移转须经批准的规定，故股权转让合同无效。

——甲公司的采矿权并没有发生移转，仍由甲公司享有，在法律上，股东乙公司并未取得采矿权，甲、乙两公司有各自独立的人格。本案合同是股权转让合同，不是采矿权转让合同，且采矿权转让须经批准，而本案合同不必经过批准。[1]本案不构成规避法律（不构成间接违法），不能认定股权转让合同无效。

四、实体违法与缔约程序违法

（一）实体违法

实体违法包括合同内容违法与主体不适格。这里的"违法"和"不适格"，是笼统性的说法，实际都是违反强制性规定，或者违背公序良俗。

合同内容违法，是当事人约定的以给付为核心的权利义务违法。比如，买卖合同的标的物是禁止流通物，则整个合同无效。再如，保证合同当事人约定的保证责任范围超过主债务的范围，则超过部分无效（合同的部分无效）。

主体不适格，包括给付主体或受领主体不适格。给付主体是负担给付义务的当事人，即合同约定的债务人，受领主体是请求给付的当事人，即合同约定的债权人。如果合同无效，则约定的债权人、债务人的地位也不能成立。

---

〔1〕《最高人民法院关于审理矿业权纠纷案件适用法律若干问题的解释》（2020年修正）第6条规定："矿业权转让合同自依法成立之日起具有法律约束力。矿业权转让申请未经自然资源主管部门批准，受让人请求转让人办理矿业权变更登记手续的，人民法院不予支持。当事人仅以矿业权转让申请未经自然资源主管部门批准为由请求确认转让合同无效的，人民法院不予支持。"

绝大多数情况下，是给付主体不适格，而非受领主体不适格。比如提供精神药品、麻醉药品的合同，是以给付一方没有特许经营资质为由认定合同无效；接受这类药品自用的人之给付义务是支付金钱，其作为金钱给付主体不需要资质。无民事行为能力人订立的合同，不管其是给付主体还是受领主体，均无效。

（二）缔约程序违法

为了保护社会公共利益，法律、行政法规规定了某些特殊合同必须遵循的特殊缔约程序，违反这种程序的合同无效。例如，建设工程施工合同的订立，可以采取一般协商方式，也可采用招标方式，符合《招标投标法》规定的，必须采取招标方式。[1] 招标方式订立合同，是竞争性缔约程序，它的特点是公开竞争，投标条件最优者中标。必须进行招标的项目不招标的，将必须进行招标的项目化整为零或者以其他任何方式规避招标的，所签订的合同无效。

通过招标方式缔结的合同称为中标合同。中标合同成立后，招标人和中标人另行签订的施工、买卖等合同与中标合同不一致的，应坚持中标合同或确认施工、买卖等合同无效。[2]

例3-5： 对国有土地使用权的"招拍挂"转让，有的地方政府与受让方事先约定受让方取得国有土地使用权的价格，如果公开"招拍挂"的价格高

---

〔1〕《招标投标法》第3条规定："在中华人民共和国境内进行下列工程建设项目包括项目的勘察、设计、施工、监理以及与工程建设有关的重要设备、材料等的采购，必须进行招标：（一）大型基础设施、公用事业等关系社会公共利益、公众安全的项目；（二）全部或者部分使用国有资金投资或者国家融资的项目；（三）使用国际组织或者外国政府贷款、援助资金的项目。前款所列项目的具体范围和规模标准，由国务院发展计划部门会同国务院有关部门制订，报国务院批准。法律或者国务院对必须进行招标的其他项目的范围有规定的，依照其规定。"《施工合同解释（一）》第1条第1款规定："建设工程施工合同具有下列情形之一的，应当依据民法典第一百五十三条第一款的规定，认定无效：（一）承包人未取得建筑业企业资质或者超越资质等级的；（二）没有资质的实际施工人借用有资质的建筑施工企业名义的；（三）建设工程必须进行招标而未招标或者中标无效的。"

〔2〕《施工合同解释（一）》第2条第1款规定："招标人和中标人另行签订的建设工程施工合同约定的工程范围、建设工期、工程质量、工程价款等实质性内容，与中标合同不一致，一方当事人请求按照中标合同确定权利义务的，人民法院应予支持。"第2款规定："招标人和中标人在中标合同之外就明显高于市场价格购买承建房产、无偿建设住房配套设施、让利、向建设单位捐赠财物等另行签订合同，变相降低工程价款，一方当事人以该合同背离中标合同实质性内容为由请求确认无效的，人民法院应予支持。"

于双方内定的价格，政府将差价部分返还给受让方。依最高人民法院民事审判第一庭 2021 年第 23 次法官会议纪要，"土地出让金返还协议"因违反法律的强制性规定且损害国家利益而无效。

——本例中"招拍挂"的双方恶意串通，"绕过"缔结合同的法定竞争性程序，也构成不正当竞争，损害了国家利益和社会公共利益。如果认定"土地出让金返还协议"部分无效的话，不能除去危害后果，应认定整个合同无效。

我们所说的缔约程序违法，是达成合意的程序违反强制性规定。须注意的是，决定是否签订合同以及决定合同内容的内部程序违法，不属于缔约程序违法。例如，某代行村集体经济组织职能的村民委员会未经法定程序（内部讨论决定程序）擅自为他人提供抵押担保，抵押合同无效。[1]此为主体不适格导致合同无效，并非本书所说的合同因缔约程序违法而无效。

五、自身原因导致无效与其他合同无效导致本合同无效

合同无效，一般由于自身原因（内容违法、主体不适格或者缔约程序违法），但也有因其他合同无效导致本合同无效的情形。

其他合同无效导致本合同无效的，主要表现为主合同无效，从合同也无效。[2]合同根据从属关系可以分为主合同和从合同，确立当事人之间交易关系的合同为主合同；以主合同的存在为前提，不能独立存在的合同是从合同。

---

〔1〕《最高人民法院关于适用〈中华人民共和国民法典〉有关担保制度的解释》第5条第2款规定："居民委员会、村民委员会提供担保的，人民法院应当认定担保合同无效，但是依法代行村集体经济组织职能的村民委员会，依照村民委员会组织法规定的讨论决定程序对外提供担保的除外。"《村民委员会组织法》第24条规定："涉及村民利益的下列事项，经村民会议讨论决定方可办理：（一）本村享受误工补贴的人员及补贴标准；（二）从村集体经济所得收益的使用；（三）本村公益事业的兴办和筹资筹劳方案及建设承包方案；（四）土地承包经营方案；（五）村集体经济项目的立项、承包方案；（六）宅基地的使用方案；（七）征地补偿费的使用、分配方案；（八）以借贷、租赁或者其他方式处分村集体财产；（九）村民会议认为应当由村民会议讨论决定的涉及村民利益的其他事项。村民会议可以授权村民代表会议讨论决定前款规定的事项。法律对讨论决定村集体经济组织财产和成员权益的事项另有规定的，依照其规定。"

〔2〕《民法典》第388条第1款规定："设立担保物权，应当依照本法和其他法律的规定订立担保合同。担保合同包括抵押合同、质押合同和其他具有担保功能的合同。担保合同是主债权债务合同的从合同。主债权债务合同无效的，担保合同无效，但是法律另有规定的除外。"第682条第1款规定："保证合同是主债权债务合同的从合同。主债权债务合同无效的，保证合同无效，但是法律另有规定的除外。"

从合同一般是为了担保主合同确立的交易关系实现而订立的，其独立存在没有意义或者根本不能独立存在。主合同给付违法，该给付的担保合同自也不合法，也就确定地自始不能生效，即无效。

比较特殊的是通谋虚假意思表示，它区分虚假合同和隐藏合同，涉及担保的，应当考察担保合同的主合同是虚假合同还是隐藏合同。如果主合同是虚假合同，则该虚假合同无效，作为从合同的担保合同也无效；隐藏合同可能有效，也可能无效，如果有效，则担保合同可以有效，如果无效，则担保合同必然也无效。

当事人订立的合同有时包含两个以上典型合同法律关系，此种合同称为混合合同。例如，张甲将一栋小楼出租给乙，在同一份合同书中有一个条款，约定乙雇用张甲打扫卫生。这是租赁与雇佣的混合，不是主从关系，该"租佣合同"是非典型合同（无名合同）。当租赁约定无效时，雇佣约定不能独立生效，亦无效。

有时两个合同都无效，虽然在效力上有关联，但实际上有各自无效的原因。例如，中介人甲受乙委托，撮合了乙与第三人丙的施工分包合同。由于乙欠缺施工资质，施工分包合同无效；甲与乙的媒介中介合同也无效，原因是甲提供的劳务违法（受托实施的行为违法）。两个合同的无效，并非互为原因。施工合同的无效是因为主体不适格，中介合同的无效是因为内容违法。一种观点认为，应以违背公序良俗为由认定中介合同无效。其实，中介合同内容违法，即违反了强制性规定，是认定其无效的理由，中介人是直接违法，不是间接违法。不论中介人主观上是故意还是过失，都应当认定中介合同无效。

第三节　违反法律、行政法规强制性规定的合同无效及除外情形

一、强制性规定的意义、类型

（一）强制性规定的意义

强制性规定，又称为强行性规范，与任意性规定相对。我们通常所说的强制性规定，是法律、行政法规的强制性规定。法律由全国人大和全国人大

常委会颁布，[1]行政法规由国务院颁布，不包括国务院部门规章、地方政府规章及地方性法规。地方性法规和各类规章"层次不够"，不能直接作为认定合同无效的依据。对规章，亦有观点认为如果其是强制性规定的具体化，可以以违反强制性规定为由认定合同无效。[2]

1. 设置强制性规定，是对社会整体的维护，具体而言，是从规范民事法律行为的角度，建立和保护公共秩序（公共秩序代表了国家利益、社会公共利益等）；是为了维护和鼓励善良风俗，促进社会和谐。因此，违反强制性规定而导致合同无效，不以当事人有过错为要件。过错包括故意和过失，有的无效合同，当事人既没有故意，也没有过失。

2. 民法作为私法，并不是纯而又纯的，公法与私法合体是很正常的现象。[3]民法中的强制性规定，是公法规范进入私法的法现象。[4]私法奉行意思自治、契约自由，而强制性规定就是对意思自治、契约自由的限制。这种限制是必要的，但也应当是适度的。没有这种限制，不足以保护国家利益、社会公共利益；如果不适度，就会危及市场的活跃性和交易效率，就会妨碍丰富多彩的社会生活。

---

〔1〕 除《民法典》外，单行法律也设有强制性规定，它们自然也是确认合同无效的依据。例如，《最高人民法院关于审理垄断民事纠纷案件适用法律若干问题的解释》第48条规定："当事人主张被诉垄断行为所涉合同或者经营者团体的章程、决议、决定等因违反反垄断法或者其他法律、行政法规的强制性规定而无效的，人民法院应当依照民法典第一百五十三条的规定审查认定。被诉垄断行为所涉合同或者经营者团体的章程、决议、决定中的部分条款因违反反垄断法或者其他法律、行政法规的强制性规定而无效，当事人主张与该部分条款具有紧密关联、不具有独立存在意义或者便利被诉垄断行为实施的其他条款一并无效的，人民法院可予支持。"

〔2〕 "一些金融监管规章的强制性规定是根据上位法的授权或者是为了落实法律、行政法规的强制性规定而制定的具体规定。也就是说，金融监管规章的强制性规定有上位法的明确依据，只不过该上位法的规定较为原则，其在结合实践经验的基础上，将该原则性的规定予以具体化，使其具有可操作性。在这种情况下，合同违反的是法律、行政法规的强制性规定，人民法院可依据《民法典》第153条第1款认定合同效力。"见刘贵祥："关于金融民商事审判工作中的理念、机制和法律适用问题"，载《法律适用》2023年第1期。

〔3〕 学者指出："研究公法与私法之区别时，不能仅注意其法典上之差异，而应研究其法规范内容之本质。在同一法典中，常兼有公法与私法之性质者，如民法原则上虽为私法，但其法人一节之规定，则多属公法性质。又如公司法、公平交易法、劳动基准法、就业服务法及其他经济性法规，常兼有公私法性质。"见林诚二：《民法总则》（上册），法律出版社2008年版，第4、5页。

〔4〕 《最高人民法院关于审理行政协议案件若干问题的规定》第12条第2款规定："人民法院可以适用民事法律规范确认行政协议无效。"强制性规定是公法规范，因此用来确认行政协议无效是顺理成章的。

强制性规定，作为公法规范进入私法的体现，对其违反不但可以构成私法责任（民事责任），还可以构成公法责任（行政责任、刑事责任）。

3. 当事人不得排除适用强制性规定。强制性规定之强制，在于当事人不得排除适用。不论是保护国家利益、社会公共利益的强制性规定，还是直接保护个体利益（私法利益）的强制性规定，当事人都不得排除适用。

强制性规定保护的利益已经上升为公法利益，为公法规范所保护。公法利益不得排除，私法利益可以意思自治。任意性规定，当事人可以排除适用；如果没有排除适用的话，任意性规定可以成为合同的法定默示条款。习惯不是法律规定，但其具有任意性规定的性质，当事人可以排除适用；如果没有排除适用的话，习惯可以成为合同的法定默示条款。[1]合同中的法定默示条款，视为被当事人合意接受，未脱离意思自治的范畴。

4. 违反强制性规定，民事法律行为无效，取缔私法效果，但也有除外情形。强制性规定给民事法律行为划定红线，指引人们的行为。违反强制性规定，合同原则上无效，[2]私法效果不得保留。无效合同不得履行，已经履行的按不当得利返还等，就是私法效果不得保留的表现。所谓除外，是指虽然违反强制性规定，但有些合同不因此无效，[3]可以发生无效以外的其他法律效果（如无权代理的效果），也可以令当事人承担行政责任，有的令当事人承担刑事责任。

---

　　[1]《民法典》第 10 条规定："处理民事纠纷，应当依照法律；法律没有规定的，可以适用习惯，但是不得违背公序良俗。"《民法典》第 510 条规定："合同生效后，当事人就质量、价款或者报酬、履行地点等内容没有约定或者约定不明确的，可以协议补充；不能达成补充协议的，按照合同相关条款或者交易习惯确定。"《合同编通则解释》第 2 条规定："下列情形，不违反法律、行政法规的强制性规定且不违背公序良俗的，人民法院可以认定为民法典所称的'交易习惯'：（一）当事人之间在交易活动中的惯常做法；（二）在交易行为当地或者某一领域、某一行业通常采用并为交易对方订立合同时所知道或者应当知道的做法。对于交易习惯，由提出主张的当事人一方承担举证责任。"

　　[2]《民法典》自 2021 年 1 月 1 日起施行，其中包含的强制性规定，自是同步施行。《最高人民法院关于适用〈中华人民共和国民法典〉时间效力的若干规定》第 8 条规定："民法典施行前成立的合同，适用当时的法律、司法解释的规定合同无效而适用民法典的规定合同有效的，适用民法典的相关规定。"这种"从宽性"的例外规定，体现了尽量保护交易关系的思想。

　　[3]"我国民事法律对合同因违法而无效的规定，有一个历史演变的过程，这种演变是随着我国社会主义市场经济的日益完善而日趋审慎和严格。由经济合同法时期的无论违反什么层级、什么性质的法律规范，甚至违反指令性计划都会导致合同无效，到统一合同法限缩为只有违反法律、行政法规的强制性规定才导致合同无效，再到《民法典》第 153 条即使是违反法律、行政法规的强制性规定也有合同有效的例外情形，是对我国市场经济实践、民事审判实践总结与反思的立法产物。"见刘贵祥："关于金融民商事审判工作中的理念、机制和法律适用问题"，载《法律适用》2023 年第 1 期。

（二）强制性规定的类型

1. 关于效力性强制性规定与非效力性强制性规定。

原《最高人民法院关于适用〈中华人民共和国合同法〉若干问题的解释（二）》（以下简称"原《合同法解释二》"）第 14 条规定："合同法第五十二条第（五）项规定的'强制性规定'，是指效力性强制性规定。"〔1〕这就把强制性规定分为效力性强制性规定和非效力性强制性规定两类。〔2〕实务中一般把管理性强制性规定等同于非效力性强制性规定。

《合同编通则解释》没有使用效力性强制性规定的概念，而是采取了直接对《民法典》第 153 条第 1 款规定的"但书"进行解释的思路，〔3〕实际不再承认这一概念。本书认为，这一改进方向是正确的。效力性强制性规定与非效力性强制性规定分类的理论依据不足，实务中也很难把握，在解释上也有一定的任意性。

2. 直接保护公益的强制性规定和直接保护私益的强制性规定。

（1）在私法中设定强制性规定，是为了保护公益，这里所说的公益，包

〔1〕 原《合同法》第 52 条规定："有下列情形之一的，合同无效：（一）一方以欺诈、胁迫的手段订立合同，损害国家利益；（二）恶意串通，损害国家、集体或者第三人利益；（三）以合法形式掩盖非法目的；（四）损害社会公共利益；（五）违反法律、行政法规的强制性规定。"

〔2〕 《全国法院民商事审判工作会议纪要》（2019 年）在第 30 条中指出：应当慎重判断"强制性规定"的性质，"特别是要在考量强制性规定所保护的法益类型、违法行为的法律后果以及交易安全保护等因素的基础上认定其性质，并在裁判文书中充分说明理由。下列强制性规定，应当认定为'效力性强制性规定'：强制性规定涉及金融安全、市场秩序、国家宏观政策等公序良俗的；交易标的禁止买卖的，如禁止人体器官、毒品、枪支等买卖；违反特许经营规定的，如场外配资合同；交易方式严重违法的，如违反招投标等竞争性缔约方式订立的合同；交易场所违法的，如在批准的交易场所之外进行期货交易。关于经营范围、交易时间、交易数量等行政管理性质的强制性规定，一般应当认定为'管理性强制性规定'"。

〔3〕 2023 年 12 月 5 日最高人民法院民二庭、研究室负责人就《合同编通则解释》答记者问时指出：在《合同编通则解释》的起草过程中，考虑到效力性强制性规定的表述已被普遍接受，不少同志建议继续将效力性强制性规定作为判断合同是否因违反强制性规定而无效的标准。经过反复研究并征求各方面的意见，《合同编通则解释》没有继续采用这一表述。一是因为，虽然有的强制性规定究竟是效力性强制性规定还是管理性强制性规定十分清楚，但是有的强制性规定的性质很难区分。问题出在区分的标准不清晰，没有形成共识，特别是没有形成简便易行、务实管用的可操作标准，导致审判实践中有时裁判尺度不统一。二是因为，在有的场合，合同有效还是无效，是裁判者根据一定的因素综合进行分析的结果，而不是其作出判决的原因。三是因为，自效力性强制性规定的概念提出以来，审判实践中出现了望文生义的现象，即大量公法上的强制性规定被认为属于管理性强制性规定，不是效力性强制性规定。根据《民法典》第 153 条第 1 款的表述，我们没有采取原《合同法解释二》第 14 条将强制性规定区分为效力性强制性规定和管理性强制性规定的做法，而是采取了直接对《民法典》第 153 条第 1 款规定的"但书"进行解释的思路，回应广大民商事法官的现实需求。

括国家利益、社会公共利益（含公序良俗）和人作为主体普遍享有的权利。以上利益和权利是公法利益。刑法保护的客体也是公法利益。人的民事权利能力、民事行为能力也是公法利益，对人之"能力"的有关规定是强制性规定。

绝大多数强制性规定，直接以公益为保护客体。如《民法典》第683条第2款规定："以公益为目的的非营利法人、非法人组织不得为保证人。"第850条还具体规定"非法垄断技术"的技术合同无效。第680条第1款规定："禁止高利放贷，借款的利率不得违反国家有关规定。"因为已经涉及较为普遍的社会现象，应当认为上述条文是直接保护社会公共利益的规定。

（2）也有直接保护私益（个体利益、私法利益）的强制性规定。比如，规定租期最多不得超过20年（见第705条第1款）。再如，规定定金不得超过标的额的20%。这些对"超标"的规定，涉及的是当事人权利义务的增减，经常表现为合同的部分无效。

直接保护个体利益（私法利益）的强制性规定，隐含着对社会公共利益的间接保护。

（3）保护公益的强制性规定，并非不保护私益，只是保护公益大于保护私益。保护私益的强制性规定并非不保护公益，只是此种规定是直接保护私益而间接保护公益。

（4）区分两种保护不同利益的强制性规定，意义在于：对违反公益的无效合同，不在诉讼程序之中的，行政机关应当主动查处，进行处理；在诉讼程序之中的，人民法院应当主动审查，确认合同无效，当事人请求撤诉的，不应允许。对违反了直接保护私益规定的合同，本书认为行政机关和人民法院不必主动干涉。比如很多当事人租门脸（商铺）时约定租期为30年，行政机关没有必要主动干预，一方起诉到法院的，法院不必主动审查，原告请求撤诉的，也应当允许。

（5）法院对合同效力的认定与当事人对合同效力的主张不一致时，就应将合同效力作为焦点问题进行审理。[1]

---

〔1〕《最高人民法院关于民事诉讼证据的若干规定》第53条规定："诉讼过程中，当事人主张的法律关系性质或者民事行为效力与人民法院根据案件事实作出的认定不一致的，人民法院应当将法律关系性质或者民事行为效力作为焦点问题进行审理。但法律关系性质对裁判理由及结果没有影响，或者有关问题已经当事人充分辩论的除外。存在前款情形，当事人根据法庭审理情况变更诉讼请求的，人民法院应当准许并可以根据案件的具体情况重新指定举证期限。"

（三）违反强制性规定但不认定合同无效的情形

《民法典》第153条第1款规定："违反法律、行政法规的强制性规定的民事法律行为无效。但是，该强制性规定不导致该民事法律行为无效的除外。"也就是说，这种违法行为并非全部无效，有除外情形。

1. 违反强制性规定无效的除外情形。《合同编通则解释》第16条第1款规定："合同违反法律、行政法规的强制性规定，有下列情形之一，由行为人承担行政责任或者刑事责任能够实现强制性规定的立法目的的，人民法院可以依据民法典第一百五十三条第一款关于'该强制性规定不导致该民事法律行为无效的除外'的规定认定该合同不因违反强制性规定无效：（一）强制性规定虽然旨在维护社会公共秩序，但是合同的实际履行对社会公共秩序造成的影响显著轻微，认定合同无效将导致案件处理结果有失公平公正；（二）强制性规定旨在维护政府的税收、土地出让金等国家利益或者其他民事主体的合法利益而非合同当事人的民事权益，认定合同有效不会影响该规范目的的实现；（三）强制性规定旨在要求当事人一方加强风险控制、内部管理等，对方无能力或者无义务审查合同是否违反强制性规定，认定合同无效将使其承担不利后果；（四）当事人一方虽然在订立合同时违反强制性规定，但是在合同订立后其已经具备补正违反强制性规定的条件却违背诚信原则不予补正；（五）法律、司法解释规定的其他情形。"本条的指导思想是尽量减少无效合同，以维护市场效率，实现民法公正公平的要求。法官有一定的自由裁量余地，需严格把握标准，防止无效合同的泛化。

（1）合同违反强制性规定而不认定其无效，前提条件是由行为人承担行政责任或者刑事责任能够实现强制性规定的立法目的。比如，通过承担行政责任（责令改正、罚款等）达到阻止、惩戒违法行为的目的，可以不确认合同无效。某农民将自己院子里种的农药超标的几斤韭菜卖给熟人，监管机关发现后给予行政处罚，由于韭菜数量极少且未产生现实的危害后果，就没有必要在民事上确认买卖合同无效。

（2）除了具备以上前提条件，还具有条文规定的五种情形之一的，可以不认定合同无效。

其一，"根据违反强制性规定的情节、后果等，能够合理认定合同的实际履行给社会公共秩序造成的影响显著轻微，认定合同无效将导致案件处理结果有失公平公正。这是比例原则在民商事审判中的具体应用"。[1]强制性规定是公法规范进入私法的现象，适用比例原则没有障碍。

其二，强制性规定从宏观上看，立法目的具有一致性；具体看，不同的强制性规定有不同的、特定的立法目的。强制性规定旨在维护政府的税收、土地出让金等国家利益或者其他民事主体的合法利益，而非合同当事人民事权益的，则该合同的民事权益（私法效果）可以保留，即违反此类强制性规定的，可以认定合同有效。

例3-6： 张甲与乙公司签订了商品房预购合同之后，又将约定的房屋（未来物）卖给李丙。本来房屋要先从乙公司的名下转移登记到张甲的名下，再由张甲的名下转移登记到李丙的名下，张甲觉得这样要交两道税，太吃亏，就策动乙公司、李丙双方签订协议，约定将房屋从乙公司的名下直接转移登记到丙的名下。

——乙公司、李丙的协议规避了关于税收的强制性规定，责令其补交税款并依法给予处罚即可，不必确认二者的协议无效。

实务中，有时当事人会在合同中约定税负转嫁条款（也有人称为包税条款），其含义是指在合同中法定纳税人与相对人约定由相对人承担缴纳税款的义务。一般转嫁的是流转税的纳税义务。现行《税收征收管理法实施细则》第3条第2款明确规定："纳税人应当依照税收法律、行政法规的规定履行纳税义务；其签订的合同、协议等与税收法律、行政法规相抵触的，一律无效。"但按《合同编通则解释》第16条第1款第2项的规定，也可以不认定税负转嫁条款无效，因为纳税义务作为公法义务不可能转嫁，不能改变法定纳税人的纳税义务，税款未到账时自是由法定纳税人承担责任。税负转嫁条款应解释为不具有对抗税收征收机关的效力，在行政法上，视被转嫁人为代缴纳人即可。税负的转嫁在民法上有意义，其只是一种债权性质的约定。税负的转嫁，往往就是交易成本的转嫁，一般应将该税额解释为对价之一部。例如，出租人甲与承租人乙在租赁合同中约定乙承担甲的税款，该税款实际上是租金之一部，到时未缴税款应追究甲的法律责任。应当强调的是，以逃

---

〔1〕 最高人民法院民事审判第二庭、研究室编著：《最高人民法院民法典合同编通则司法解释理解与适用》，人民法院出版社2023年版，第195页。

税为目的订立的税负转嫁条款应当认定为无效。

其三，若强制性规定是对一方当事人的内部行为的规制（加强风险控制、内部管理等），对方无能力或者无义务审查合同是否违反强制性规定，则属于无过错的情形，认定合同无效使其承担不利后果是不公正的。司法解释参与者的一个例子是：《商业银行法》第39条将资本充足率不得低于8%、流动性资产余额与流动性负债余额的比例不得低于25%、对同一借款人的贷款余额与商业银行资本余额的比例不得超过10%以及国务院银行业监督管理机构对资产负债比例管理的其他规定等作为商业银行发放贷款的条件，如果商业银行与借款人签订的贷款合同违反这一强制性规定，是否导致合同无效呢？显然，上述强制性规定旨在使商业银行加强风险控制、防范金融风险，而借款人对于商业银行是否违反这一强制性规定并无审查能力，也无审查义务，且由借款人承担合同无效的后果对其明显不公平，应当认定合同有效。[1]

其四，司法解释认为有些无效合同是可以补正的。当事人一方在订立合同时违反强制性规定，在合同订立后其已经具备补正违反强制性规定的条件却违背诚信原则不予补正的，不必认定合同无效，可令其补正或采取其他救济措施。从法理上来说，补正实际是成立了新的合同、新的法律关系。

2. 合同成立后违反针对履行的强制性规定的，不应认定合同无效。《合同编通则解释》第16条第2款规定："法律、行政法规的强制性规定旨在规制合同订立后的履行行为，当事人以合同违反强制性规定为由请求认定合同无效的，人民法院不予支持。但是，合同履行必然导致违反强制性规定或者法律、司法解释另有规定的除外。"合同无效是自始无效，导致合同无效的原因发生在合同订立时，因此旨在规制合同订立后的履行行为的强制性规定，不能反溯致合同无效。

例如，《民法典》第791条第2款第3句规定："承包人不得将其承包的全部建设工程转包给第三人或者将其承包的全部建设工程支解以后以分包的名义分别转包给第三人。"第3款规定："禁止承包人将工程分包给不具备相应资质条件的单位。禁止分包单位将其承包的工程再分包。建设工程主体结

---

〔1〕　最高人民法院民事审判第二庭、研究室编著：《最高人民法院民法典合同编通则司法解释理解与适用》，人民法院出版社2023年版，第197页。

构的施工必须由承包人自行完成。"上述规定中的 一个"不得"、两个"禁止"、一个"必须",是规范施工合同订立后(实际是成立后)的行为的,即主体结构的施工必须由施工合同的承包人亲自完成,不得变相转包、违法分包、再分包,施工人违反该规定不影响施工合同的效力,只影响施工合同成立后的转包合同、分包合同、再分包合同的效力。

再如,《公司法》(2023 年修订)第 160 条第 3 款规定:"股份在法律、行政法规规定的限制转让期限内出质的,质权人不得在限制转让期限内行使质权。"股份在限制转让期限内不得转让,[1]但可以质押。本款的"不得",限制的是质押合同生效后履行阶段的行为(行使质权的行为),并不导致限制转让期限内质押合同的无效。

合同履行必然导致违反强制性规定的,有两种情况:其一,在合同订立时对履行的约定就违法,对此可以认定合同无效。比如,买卖禁止流通物(履行自始法律不能)的,应当认定合同无效。其二,在合同订立时对履行的约定并不违法,但法律、行政法规的变化导致履行嗣后法律不能。这是合同终止的原因,不能认定合同无效。

二、强制性规定的文字识别

(一)概述

这里所说的强制性规定,是可以导致合同无效的强制性规定,而非一切带有强制性的规定。识别,即判断、认定,此处所谓识别是指对法律的解释。判断法律、行政法规的某项规定是否为强制性规定,首先要看文字是如何表述的,有的条文直接规定了某种行为无效。对直接规定"应当""禁止""不得""必须"等的条文,需对其进行法律解释,确定规范的性质。首先要进行文义解释,文义解释不能解决问题的,可以进行目的解释、整体解释。

《合同编通则解释》第 18 条规定:"法律、行政法规的规定虽然有'应

---

[1]《公司法》(2023 年修订)第 160 条第 1 款规定:"公司公开发行股份前已发行的股份,自公司股票在证券交易所上市交易之日起一年内不得转让。法律、行政法规或者国务院证券监督管理机构对上市公司的股东、实际控制人转让其所持有的本公司股份另有规定的,从其规定。"第 2 款规定:"公司董事、监事、高级管理人员应当向公司申报所持有的本公司的股份及其变动情况,在就任时确定的任职期间每年转让的股份不得超过其所持有本公司股份总数的百分之二十五;所持本公司股份自公司股票上市交易之日起一年内不得转让。上述人员离职后半年内,不得转让其所持有的本公司股份。公司章程可以对公司董事、监事、高级管理人员转让其所持有的本公司股份作出其他限制性规定。"

当''必须'或者'不得'等表述,但是该规定旨在限制或者赋予民事权利,行为人违反该规定将构成无权处分、无权代理、越权代表等,或者导致合同相对人、第三人因此获得撤销权、解除权等民事权利的,人民法院应当依据法律、行政法规规定的关于违反该规定的民事法律后果认定合同效力。""应当""必须""不得"等表述,有不同的意义,下面分述之。

（二）规定法律行为"应当"如何实施

"应当"是该怎么做的意思。"应当"可以是对如何承担行为后果的一种表述,也可以是规定行为规则的一种表述。就行为规则而言,它规范、维护民事活动秩序、交易秩序,但偏重的是私法利益的保护,一般不直接涉及国家利益、社会公共利益,因而它不是可以导致合同无效的强制性规定。

违反了"应当"类规定,不会不了了之,也要发生相应的效果。例如,《民法典》第 166 条就共同代理规定:"数人为同一代理事项的代理人的,应当共同行使代理权,但是当事人另有约定的除外。"就违反该条"应当"的后果,《总则编解释》第 25 条规定:"数个委托代理人共同行使代理权,其中一人或者数人未与其他委托代理人协商,擅自行使代理权的,依据民法典第一百七十一条、第一百七十二条等规定处理。"[1]亦即,违反"应当"的后果,是构成无权代理,而不是无效。

（三）规定法律行为"必须"怎么做

对某种法律行为要求"必须"怎么做,是比"应当"更强烈的正面要求。就行为规则而言,"必须"怎么做,就不得反其道而行之,没有回避的余地。按照文义解释,"必须"也是强制性规定的一种表述。如《民法典》第791 条第 3 款第 3 句规定:"建设工程主体结构的施工必须由承包人自行完成。"施工本身是事实行为,事实行为无所谓有效无效,这里的"必须"亲自完成,是指不得实施将主体结构的施工交由他人完成的法律行为。将主体结

---

〔1〕《民法典》第 171 条规定:"行为人没有代理权、超越代理权或者代理权终止后,仍然实施代理行为,未经被代理人追认的,对被代理人不发生效力。相对人可以催告被代理人自收到通知之日起三十日内予以追认。被代理人未作表示的,视为拒绝追认。行为人实施的行为被追认前,善意相对人有撤销的权利。撤销应当以通知的方式作出。行为人实施的行为未被追认的,善意相对人有权请求行为人履行债务或者就其受到的损害请求行为人赔偿。但是,赔偿的范围不得超过被代理人追认时相对人所能获得的利益。相对人知道或者应当知道行为人无权代理的,相对人和行为人按照各自的过错承担责任。"第 172 条规定:"行为人没有代理权、超越代理权或者代理权终止后,仍然实施代理行为,相对人有理由相信行为人有代理权的,代理行为有效。"

构的施工交由他人完成的合同是转包合同或肢解分包合同，这两种合同是无效的。

（四）规定法律行为"不得"实施

1. "不得"的一般情形。

（1）"不得"有禁止之意。规定"不得"实施某种法律行为，对该"不得"进行文义解释就可得出其是强制性规定的结论。

例 3-7：某老太太是自己弟弟（限制民事行为能力人）的监护人，其代理弟弟与自己签订了一份赠与合同，将弟弟的一所房屋赠与自己。

——本案老太太无权处分订立的赠与合同不是有效合同，也不是效力待定的合同。《民法典》第 35 条第 1 款规定："监护人应当按照最有利于被监护人的原则履行监护职责。监护人除为维护被监护人利益外，不得处分被监护人的财产。"因违反强制性规定，本案赠与合同无效。

（2）有些规定虽有"不得"等表述，但规定了无效以外的效力状态，自当遵守其规定。比如，《民法典》第 3 条规定："民事主体的人身权利、财产权利以及其他合法权益受法律保护，任何组织或者个人不得侵犯。"擅自出卖他人财产或共有财产的无权处分行为是侵犯他人财产权利的，按照《民法典》第 597 条的规定，没有其他导致合同无效的事由的，无权处分订立的买卖合同有效，此种情况应按该条认定合同的效力。

（3）如果"不得"可以排除适用，自不属强制性规定，这也属于文义解释。如《民法典》第 445 条第 2 款第 1 句规定："应收账款出质后，不得转让，但是出质人与质权人协商同意的除外。"该规定是为了保护质权人的利益，但出质人擅自转让的，应收账款转让合同（债权让与合同）并非无效。

2. "应当"与"不得"组合，是否为强制性规定，应具体分析。

如《民法典》第 161 条第 2 款规定："依照法律规定、当事人约定或者民事法律行为的性质，应当由本人亲自实施的民事法律行为，不得代理。"该规定可以分解为三种情况：其一，依照法律规定，应当由本人亲自实施的民事法律行为，不得代理；其二，依照当事人约定，应当由本人亲自实施的民事法律行为，不得代理；其三，民事法律行为依其性质应当由本人亲自实施的，不得代理。

上述第一、第三种"不得"，是强制性规定，行为人实施代理行为的，并非我们通常所说的无权代理。无权代理是可以追认的，因而无权代理签订的合同效力待定。这里的两种"不得"，是禁止性规定，违反该规定代理签订合同的，该合同无效。

上述第二种"不得"，只是本人与行为人约定某种法律行为由本人亲自实施，行为人"不得"擅自代理；行为人擅自代理的，本人有追认的可能。而且，当事人之间的这种约定因没有公示性而不能对抗善意第三人。故第二种"不得"，不能认为是强制性规定。

3. "不得"有"但书"，或者对"不得"有前提性规定的，不是强制规定。

（1）例如，《民法典》第369条规定："居住权不得转让、继承。设立居住权的住宅不得出租，但是当事人另有约定的除外。"[1]"不得出租"是一般规则，允许出租是特别规则。当事人在设立居住权时没有谈及出租的问题，就是不能出租。到底能不能出租，最终还是要看设立人的意思表示，而不是看法律的规定，因此本条不可能是强制性规定。如果甲给乙设立居住权，乙擅自将标的房屋出租给丙，乙与丙的租赁合同效力如何呢？一般认为是无效。实际上，乙是债权性无权处分，租赁合同效力待定，在甲追认之前不发生效力。

（2）再如，《民法典》第379条规定："土地上已经设立土地承包经营权、建设用地使用权、宅基地使用权等用益物权的，未经用益物权人同意，土地所有权人不得设立地役权。"地役权是用益物权，地役权合同是债权合同。土地所有权人设立地役权的前提，是取得用益物权人的同意。最终能否设立地役权，系于用益物权人的意思表示，而不是系于法律的规定，因此本条不可能是强制性规定。比如，甲把一块土地给乙设立了土地承包经营权，又想用该土地给丙设立取水权（地役权），则甲必须取得乙的同意，否则丙不能取得地役权。即是说，甲擅自与丙订立的地役权合同作为须经第三人同意的合同，一开始效力待定，被拒绝追认后自始不发生效力，如果被追认，则

---

〔1〕　再如，《民法典》第421条规定："最高额抵押担保的债权确定前，部分债权转让的，最高额抵押权不得转让，但是当事人另有约定的除外。"

自始有效。

4. 不得实施某种法律行为，是排除（禁止）法律行为本身的。显然，"不得对抗善意第三人"及"不得对抗第三人"（不限定是否为善意）的规定只是效力范围的限制，不排除法律行为本身。此处的"不得"，实为"不能"。例如，《民法典》第 225 条规定："船舶、航空器和机动车等的物权的设立、变更、转让和消灭，未经登记，不得对抗善意第三人。"[1]第 404 条规定："以动产抵押的，不得对抗正常经营活动中已经支付合理价款并取得抵押财产的买受人。"第 545 条第 2 款第 2 句规定："当事人约定金钱债权不得转让的，不得对抗第三人。"以上"不得对抗善意第三人"和"不得对抗第三人"，是有效法律行为欠缺对抗要件的规定，而非无效合同的相对无效或无效之规定。

（五）规定"禁止"实施的法律行为

《民法典》明文规定"禁止"实施某种法律行为，违反这种"禁止"规定的，合同无效。[2]例如，第 426 条规定："法律、行政法规禁止转让的动产不得出质。"[3]质权虽然是物权，但质押合同不是理论上的"物权合同"，而是债权合同，以禁止转让的动产质押的，质押合同无效。例如，以自制的土枪质押，合同无效。

合同无效，是违反法律的法定后果。当事人自己约定"禁止"某种行为，违反这种约定会发生一定后果，但这种后果与合同无效无关。例如，保证合同的当事人（保证人与债权人）约定禁止债权转让，债权人不顾约定，擅自将债权转让给第三人，则保证合同终止（并非自始无效），保证责任终止。[4]

---

[1] 另见《民法典》第 335 条、第 374 条、第 403 条、第 545 条第 2 款第 1 句、第 641 条第 2 款、第 745 条。第 1060 条第 2 款规定："夫妻之间对一方可以实施的民事法律行为范围的限制，不得对抗善意相对人。"本条中的"善意相对人"，也是善意第三人。

[2] 例如，《德国民法典》第 134 条规定："违反法律禁止规定之法律行为，除法律另有规定外，无效。"我国台湾地区"民法"第 71 条将"禁止"与"强制"并列："法律行为，违反强制或禁止之规定者，无效。但其规定并不以之为无效者，不在此限。"

[3] 《民法典》"禁止"性的规定，还有第 597 条第 2 款、第 680 条第 1 款、第 791 条第 3 款等。

[4] 《民法典》第 696 条第 2 款规定："保证人与债权人约定禁止债权转让，债权人未经保证人书面同意转让债权的，保证人对受让人不再承担保证责任。"

（六）直接规定某种法律行为"无效"

有些强制性规定单刀直入，直接规定某种具体的民事法律行为无效。比如，《民法典》第197条规定："诉讼时效的期间、计算方法以及中止、中断的事由由法律规定，当事人约定无效。当事人对诉讼时效利益的预先放弃无效。"第850条规定："非法垄断技术或者侵害他人技术成果的技术合同无效。"司法解释也有直接规定法律行为无效的条文。[1]

例3-8：甲借给乙120万元，双方特意在合同中约定："甲对乙任何时候都可以主张债权，不受时效的限制"。

——这项约定写的是"时效"，没有写诉讼时效，但仍直接违反了强制性规定，应认定其无效（属于合同的部分无效）。

（七）关于司法解释规定的"不予支持"

"不予支持"，是最高人民法院司法解释常用的术语，其中有些是强制性规定。这里以当事人事先约定排除请求调整违约金的权利为例来作说明。

《民法典》第585条第2款规定："约定的违约金低于造成的损失的，人民法院或者仲裁机构可以根据当事人的请求予以增加；约定的违约金过分高于造成的损失的，人民法院或者仲裁机构可以根据当事人的请求予以适当减少。"请求调整违约金，是向法院、仲裁机关请求救济的权利，本款显然不是强制性规定。随之而来的问题是，当事人事先约定放弃请求调整违约金的权利，是否有效？

有观点认为，当事人请求调整违约金（请求增加或减少），是请求调整给付。当事人事先约定放弃这种权利，实际是有权请求调整的一方处分自己的实体权利，按照合同自由原则，当事人的约定可以是有效的，不违背公序良俗；

---

〔1〕 例如，《最高人民法院关于适用〈中华人民共和国外商投资法〉若干问题的解释》第3条规定："外国投资者投资外商投资准入负面清单规定禁止投资的领域，当事人主张投资合同无效的，人民法院应予支持。"第4条规定："外国投资者投资外商投资准入负面清单规定限制投资的领域，当事人以违反限制性准入特别管理措施为由，主张投资合同无效的，人民法院应予支持。人民法院作出生效裁判前，当事人采取必要措施满足准入特别管理措施的要求，当事人主张前款规定的投资合同有效的，应予支持。"第5条规定："在生效裁判作出前，因外商投资准入负面清单调整，外国投资者投资不再属于禁止或者限制投资的领域，当事人主张投资合同有效的，人民法院应予支持。"

已经约定不得调整且约定发生效力的，发生违约后自不得再请求调整。[1]《合同编通则解释》第 64 条第 3 款规定："当事人仅以合同约定不得对违约金进行调整为由主张不予调整违约金的，人民法院不予支持。"本款是强制性规定。请求调整违约金是程序法上的权利，不是民事实体权利（不是请求给付的权利，也不是形成权），故而当事人不能事先约定排除该权利，否则无效。

大多数"不予支持"不是所谓"强制性规定"。比如《合同编通则解释》第 65 条第 3 款规定："恶意违约的当事人一方请求减少违约金的，人民法院一般不予支持。"本款是针对一方诉讼请求的裁判指导，不是我们所说的针对合同或合同条款的强制性规定。

三、运用论理解释识别强制性规定——以物权法定原则为例

前述"文字识别"，是对法律的文义解释。有的法条，不能从文字上认定是否为强制性规定，这就需要运用对法律的论理解释加以认定。这里所说解释是对法律的解释，不是对意思表示的解释。[2]兹以对物权法定原则的论理

---

[1] 最高人民法院（2019）最高法民申 3344 号民事裁定书就乐平华润置业有限公司与洪客隆百货投资（景德镇）有限公司租赁合同纠纷一案指出，双方当事人放弃调整违约金的约定并不违反法律规定，具体分析如下：首先，合同双方当事人放弃违约金调整的约定不违反法律的规定。从主观上看，双方当事人均是为了自身商业利益而从事本次交易活动，是在自愿平等的情形下签订《房屋预租协议》和《租赁合同》。从客观上看，双方当事人签订的合同在内容上没有违反法律法规的强制性规定。其次，合同双方当事人放弃调整违约金的约定属于当事人意思自治。双方当事人签订的《房屋预租协议》第 3 条第 3 款、第 3 条第 4 款以及《租赁合同》第 10 条第 5 款的约定已经明确放弃调整违约金，即无论损失是多少，违约金均按 500 万元计算。《合同法》第 8 条第 1 款规定："依法成立的合同，对当事人具有法律约束力。当事人应当按照约定履行自己的义务，不得擅自变更或者解除合同。"人民法院应尊重双方当事人在本案中预先放弃调整违约金的约定。原审未以租金价差确定违约金未违反《合同法》第 114 条第 2 款的规定。本案双方当事人签订合同时的真实意思表示为，500 万元违约金是在保障双方当事人利益的前提下，违约方承担的最大范围且具有惩罚意义的赔偿数额，这是双方当事人基于商业利益角度的决定，应自行承担相应风险。同时，关于违约金的确定是否以"违约造成实际损害"为条件，可以由当事人约定。本案中，在双方对违约金已经有了明确约定的情况下，法院不变动违约金数额，并无不当。此处所提到的原《合同法》第 114 条第 2 款对应《民法典》第 585 条第 2 款。

[2] 学者指出：法律的解释方法主要有文理解释（文义解释）和论理解释，文理解释（文义解释）乃根据法律规定的文字，按照一般文义及通常使用的方式而为解释。法律用语有统一的结构，其含义原则上一致，不因人而异。论理解释不必严格依照法律的文字，而是依照法律的精神、目的、立法背景以及治谈情况，阐明法律规定的含义。论理解释并非漫无限制，而仅能阐明法律中所隐含的立法者意思与价值判断，否则即为创设法律，而非解释法律。参见施启扬：《民法总则》（修订第八版），中国法制出版社 2010 年版，第 44、45 页。有人认为，法官不应有对法律的解释权。这是对法律解释的误解。

解释为例，说明论理解释对识别强制性规定的作用。

（一）从四个方面看，物权法定原则是强制性规定

物权法定原则又称为物权法定主义。《民法典》第116条设定了物权法定原则："物权的种类和内容，由法律规定。"单从字面看不出它是强制性规定，但从设定物权法定原则的立法目的进行解释，可以得出它是强制性规定的结论。

其一，物权法定原则是为了维护物权的绝对性。物权是绝对权，具有对抗任何人的效力，如果允许任意创设物权，则有害社会公益，有害交易安全。例如，如果允许把相对权约定为绝对权（比如把债权约定为所有权），则会使第三人蒙受不测之损害。

物权法定原则通过维护物权的绝对性，来维护社会财产秩序和交易安全。在静的方面，物权法定原则使主体的物权界限（财产界限）明确；在动的方面，物权法定原则为物权的流转提供了秩序。

其二，物权法定原则是为了维护物、债二分制度。物权有绝对性和排他性，债权有相对性和相容性。物权法定原则是物、债二分制度的基石，没有物权法定原则，物、债就会发生混淆。物、债分立有利于保护交易安全。

其三，物权法定原则是为了维护公示原则。物权法定原则，是对物权变动公示原则的维护和支撑。物权变动有公示的要求。《民法典》第208条规定："不动产物权的设立、变更、转让和消灭，应当依照法律规定登记。动产物权的设立和转让，应当依照法律规定交付。"公示的形式（方式）包括不动产物权变动进行的登记和动产物权变动的交付占有。物权种类和内容法定化，便于物权变动的公示，可确保交易安全与便捷，减少交易成本。如果任由当事人约定物权的种类或内容，没有相应的公示手段或者破坏物权变动公示的要求，就会摧毁既有的体系和观念。

其四，物权法定原则是为了维护物权的公信力。所谓公信，是指公示所产生的物权变动的可信赖性。公信，是公示的效力。但是，公信并不基于不动产的"从登记到登记"和动产的从"从占有到占有"（交付），因为第三人并不关注动态的变动过程，其关注的是静态的，即关注不动产登记在谁的名下，动产由谁占有。亦即，不动产的登记具有公信力，动产的占有具有公信力。物权法定原则的任务之一，就是维护这种公信力。

（二）物权法定原则的两项内容及违反的效果

物权法定原则要求：①物权的种类"不得创设"；②物权的内容"不得任意创设"。

例3-9：张某向信用社借款50万元，双方协商一致，由张某提供房屋作为质押担保。张某将产权证书交给了信用社，作为质押生效的凭证。

——张某与银行之间约定的是不动产质。《民法典》只规定了动产质和权利质，对"不动产质"并无规定，双方当事人创设了一种新的物权类型，法律不予以承认。也就是说，双方关于不动产质的约定，违反了物权种类法定的要求，故而无效，银行对该房屋没有优先受偿权。

例3-10：甲卖给乙一套二手房，双方约定交付后所有权转移给乙。

——买卖房屋，办理移转登记后所有权转移，甲、乙的约定违反了物权内容法定的要求，故而无效。如果约定交付房产证时所有权转移，同样无效。物权内容法定是指物权的内容不得以民事法律行为任意创设，这也称为内容固定、内容强制。就物权种类以外事项的约定，都是对内容的约定。对物权内容不是不允许创设，而是不允许任意创设。

例3-11：甲、乙就不动产约定了通行地役权，没有办理登记。

——（1）《民法典》规定了不动产地役权（严格来说，应当称为不动产役权），甲、乙的约定不违反物权种类法定的要求。

（2）《民法典》规定地役权采登记对抗主义，不登记也生效，但不能对抗善意第三人，甲、乙的约定也不违反物权内容法定的要求。

（3）不动产地役权是比较"活"的，在物权种类法定的前提下，可以任意约定。

（三）对司法解释的一项规定违反物权法定原则的分析

物权法定原则是强制性规定，司法解释自应遵循之，但个别规定似违反了此原则。这里举出一例分析。

《担保制度解释》第63条第1句规定："债权人与担保人订立担保合同，约定以法律、行政法规尚未规定可以担保的财产权利设立担保，当事人主张合同无效的，人民法院不予支持。"〔1〕对应条文中"可以担保的财产权利"，《民法典》有两个条文：第一个是第 395 条对抵押财产范围的规定，抵押财产包括不动产、动产和权利。因该第 395 条是开放性的规定（未禁止抵押的财产都可以抵押），《担保制度解释》第 63 条对抵押就是无害条款，没有什么意义，本书不做阐释。第二个是第 440 条对权利质押范围的规定，本书略作分析。

《民法典》第 440 条规定："债务人或者第三人有权处分的下列权利可以出质：……（七）法律、行政法规规定可以出质的其他财产权利。"需要说明的是，本条第 7 项是封闭性规定，没有规定的财产权利不可以出质。本书认为，按照物权法定原则，用第 440 条以外的权利出质，属于自始法律不能，担保合同在《民法典》上、在逻辑上是无效的，但《担保制度解释》第 63 条却规定担保合同（债权合同）可以有效，违反了物权法定原则中的内容法定。〔2〕

四、"应当"采用书面形式的合同，未采用的，是无效还是未成立

《民法典》第 135 条规定："民事法律行为可以采用书面形式、口头形式或者其他形式；法律、行政法规规定或者当事人约定采用特定形式的，应当采用特定形式。""要"是要件，"式"是形式、方式。要式合同是法律、行政法规要求或者当事人约定采用特定形式才能成立的合同。特定形式包括书面形式。应当采用书面形式的合同是要式合同。

立法中的"应当"，有的是倡导性规定。〔3〕但大部分"应当"，是作为法律行为的要件规定的。合同的方式以自由为原则，但有少数合同"应当"采用书面方式。在立法上，不要式合同是常态，要式合同是非常态，没有作出专门规定的，就是不要式合同。值得讨论的是，法律规定应当采用书面形式的要式合同，该形式的具备，是有效要件，还是成立要件？换言之，"应当"

〔1〕 本条第 2 句规定："当事人未在法定的登记机构依法进行登记，主张该担保具有物权效力的，人民法院不予支持。"第 2 句规定了（担保合同）债权合同的效力与物权的效力相分离。本书认为，该句与第 1 句是不同范畴的问题，不应放在一起。

〔2〕 读者要注意理论研究与实务操作的不同。

〔3〕 《民法典》第 165 条规定："委托代理授权采用书面形式的，授权委托书应当载明代理人的姓名或者名称、代理事项、权限和期限，并由被代理人签名或者盖章。"条文中的"应当"，是指引性、指导性规定，是正面的要求。本条不是强制性规定。

采用书面形式的合同，当事人没有采用，合同不能发生当事人期望的效力，这种"不发生"效力，是合同未成立，还是合同无效？

（一）《民法典》对合同书面形式的要件，采成立主义

《德国民法典》第 125 条规定："欠缺法定方式之法律行为，无效。欠缺法律行为所指定之方式者，于有疑义时，亦为无效。"上述法定方式，包括书面方式、文字方式、公证书和认证。[1] 也就是说，《德国民法典》对未采用法定书面方式的法律行为，采无效主义。与此不同，我国《民法典》对书面形式的要件，采成立主义。

1. 《民法典》第 490 条第 1 款规定："当事人采用合同书形式订立合同的，自当事人均签名、盖章或者按指印时合同成立。在签名、盖章或者按指印之前，当事人一方已经履行主要义务，对方接受时，该合同成立。"第 493 条规定："当事人采用合同书形式订立合同的，最后签名、盖章或者按指印的地点为合同成立的地点，但是当事人另有约定的除外。"合同书是典型的书面形式，当事人往往在一地面签，也可能在异地分签，然后交换签订文本。上述关于签订合同书时合同成立时间和地点的规定，体现了书面形式为成立要件，不是生效要件，因为签名、盖章或者按指印是书面材料上发生的行为。

2. 《民法典》第 490 条第 2 款规定："法律、行政法规规定或者当事人约定合同应当采用书面形式订立，当事人未采用书面形式但是一方已经履行主要义务，对方接受时，该合同成立。"按照第 1 款和本款，合同应当采用书面形式而未采用，已经实际履行和受领履行的，则以行为达成了合意，合同得以成立。这在理论上称为"履行治愈"，如果书面形式是生效要件，就不可能"履行治愈"了。

3. 综上，《民法典》对书面形式的要件，采成立主义。[2] 合同无效，是

---

〔1〕 参见台湾大学法律学院、台大法学基金会编译：《德国民法典》，北京大学出版社 2017 年版，第 105 页。

〔2〕 以下规定可以佐证。《最高人民法院关于审理著作权民事纠纷案件适用法律若干问题的解释》（2020 年修正）第 22 条规定："著作权转让合同未采取书面形式的，人民法院依据民法典第四百九十条的规定审查合同是否成立。"《著作权法》第 27 条第 1 款规定："转让本法第十条第一款第五项至第十七项规定的权利，应当订立书面合同。"第 10 条第 1 款规定："著作权包括下列人身权和财产权：（一）发表权，即决定作品是否公之于众的权利；（二）署名权，即表明作者身份，在作品上署名的权利；（三）修改权，即修改或者授权他人修改作品的权利；（四）保护作品完整权，即保护作品不受歪曲、篡改的权利；（五）复制权，即以印刷、复印、拓印、录音、录像、翻录、翻拍、数字化等方式

已成立合同的无效，故欠缺法定书面形式的合同不能是无效合同，除另有规定外，是合同未成立。合同未成立，是双方法律行为未成立，当事人追求的法律关系也未成立或未发生变动（变更、终止）。

4. 本书多处提到，合同成立的标准是达成合意。有人会有疑惑：法定应当采用书面形式的合同，当事人口头达成了合意，合同不是也成立了吗？我们的回答是：要式合同的成立，须达成"要式合意"。如《民法典》第736条第2款规定："融资租赁合同应当采用书面形式。"此处的"应当采用书面形式"是指融资租赁合同（合意）的成立要件，若甲、乙双方就融资租赁达成了口头协议，则没有达成要式合意，融资租赁合同不能成立。如果双方口头达成将要正式签订融资租赁合同的协议（合意），则成立了预约合同。预约合同是不要式合同（见第495条）。所谓"要式合意"，要式是特殊成立要件。

例 3-12：甲（保证人）为乙（主债务人）提供担保，与丙（主债权人）口头成立了保证合同，当乙届期未履行债务时，甲以未签订书面合同为由拒绝承担保证责任。

——保证合同应当采用书面形式，[1]甲与丙虽然达成了保证的口头合意，但保证合同不成立。如果甲不进行抗辩而履行了保证责任，则方式上的瑕疵消灭，保证合同成立（见第490条第2款）。

（接上页）将作品制作一份或者多份的权利；（六）发行权，即以出售或者赠与方式向公众提供作品的原件或者复制件的权利；（七）出租权，即有偿许可他人临时使用视听作品、计算机软件的原件或者复制件的权利，计算机软件不是出租的主要标的的除外；（八）展览权，即公开陈列美术作品、摄影作品的原件或者复制件的权利；（九）表演权，即公开表演作品，以及用各种手段公开播送作品的表演的权利；（十）放映权，即通过放映机、幻灯机等技术设备公开再现美术、摄影、视听作品等的权利；（十一）广播权，即以有线或者无线方式公开传播或者转播作品，以及通过扩音器或者其他传送符号、声音、图像的类似工具向公众传播广播的作品的权利，但不包括本款第十二项规定的权利；（十二）信息网络传播权，即以有线或者无线方式向公众提供，使公众可以在其选定的时间和地点获得作品的权利；（十三）摄制权，即以摄制视听作品的方法将作品固定在载体上的权利；（十四）改编权，即改变作品，创作出具有独创性的新作品的权利；（十五）翻译权，即将作品从一种语言文字转换成另一种语言文字的权利；（十六）汇编权，即将作品或者作品的片段通过选择或者编排，汇集成新作品的权利；（十七）应当由著作权人享有的其他权利。"

〔1〕《民法典》第685条规定："保证合同可以是单独订立的书面合同，也可以是主债权债务合同中的保证条款。第三人单方以书面形式向债权人作出保证，债权人接收且未提出异议的，保证合同成立。"

5. 对非法定要式合同，当事人"约定"采用书面形式，订立的合同未采用的，合同不能成立。实务中，事先"约定"合同形式的情形很少见。如果一方向对方以书面形式发出要约，对方以口头形式答复，则不能认为合同成立。一方以书面形式发出要约，应解释为其是要求以书面形式订立合同。

（二）书面形式作为合同成立要件以外的功能

1. 没有采用法定书面形式，其结果也可能是合同成立，但导致合同的效力状态发生变化。如《民法典》第707条规定："租赁期限六个月以上的，应当采用书面形式。当事人未采用书面形式，无法确定租赁期限的，视为不定期租赁。"

租期6个月以上的租赁合同是要式合同，应当采用书面形式。这里的书面形式是定期租赁的成立要件。特殊之处是，没有采取书面形式的，可以弥补，即可由当事人举证证明租期是6个月或者长于6个月。不能弥补的，定期租赁不能成立，按不定期租赁成立合同。

2. 书面形式的合同，从民事诉讼的角度来说是一种书证，它证明当事人之间存在合同（合意）和合同法律关系。

例3-13：张甲借给乙公司30万元，双方签订了借款合同书。到期乙公司未还款，张甲拿着一份借款合同书找到乙公司的实际控制人李丙，要求李丙催乙公司还款。李丙在这份借款合同书下方空白处写道："张甲与我李丙成立借款合同"。后张甲拿着这份借款合同书起诉李丙，在李丙未到庭的情况下，张甲还要证明"张甲与我李丙成立借款合同"是李丙亲笔书写的吗？

——李丙是债务加入，[1]该债务加入不能免除乙公司的债务，李丙与乙公司承担连带责任。张甲提交的是书证、本证，证明李丙与张甲达成了债务加入的合意，因是直接证据，不需要佐证。如认为不是李丙书写或者造假，应由李丙反驳或者提出反证。被告不到庭，不会导致举证责任的转换。

---

[1] 《民法典》第552条规定："第三人与债务人约定加入债务并通知债权人，或者第三人向债权人表示愿意加入债务，债权人未在合理期限内明确拒绝的，债权人可以请求第三人在其愿意承担的债务范围内和债务人承担连带债务。"

第四节　无民事行为能力人订立的合同无效

一、不满八周岁的未成年人及精神病人签订的合同无效

（一）《民法典》对自然人行为能力的规定

18 周岁以上的自然人为成年人，不满 18 周岁的自然人为未成年人。不满 8 周岁的未成年人和不能辨认自己行为的成年人为无民事行为能力人。无民事行为能力人由其法定代理人代理实施民事法律行为。[1]

"无民事行为能力人实施的民事法律行为无效"（第 144 条）[2]。无民事行为能力人只能实施事实行为，不能实施法律行为，其签订的合同无效。对行为能力的规定是强制性规定，不能排除适用。一般认为，纵然无民事行为能力人实际有行为能力，也不能认定合同有效。

为确保无民事行为能力人和限制民事行为能力人的利益，合同相对人即便是善意，也不予以保护。这与表见代理等不同。

从整体来看，无民事行为能力人不能认识法律行为的性质和后果，规定其实施的法律行为均无效，是为加强对他们的保护。无民事行为能力人是个群体，对他们的保护也是对社会公益的保护。签订合同时（为要约或承诺或者实施其他成立合同的行为时）当事人无民事行为能力的，合同无效。

---

〔1〕《民法典》第 17 条规定："十八周岁以上的自然人为成年人。不满十八周岁的自然人为未成年人。"第 20 条规定："不满八周岁的未成年人为无民事行为能力人，由其法定代理人代理实施民事法律行为。"第 21 条规定："不能辨认自己行为的成年人为无民事行为能力人，由其法定代理人代理实施民事法律行为。八周岁以上的未成年人不能辨认自己行为的，适用前款规定。"

〔2〕"关于无民事行为能力人实施的民事法律行为是否一律确认为无效，在民法典总则编立法过程中曾有过争论。有的意见认为，无民事行为能力人实施的民事法律行为并非全部无效，如接受他人捐赠等纯获利益的民事法律行为应当认为是有效的。有的提出，无民事行为能力人实施的行为即使纯获利益也应无效，否则会导致概念不清晰，但可考虑通过日常行为有效的规定涵盖此类行为。经反复研究，最终本法总则采纳了无民事行为能力人实施的民事法律行为无效的规定。主要考虑是：第一，这样规定符合自《民法通则》以来的立法传统。根据《民法通则》第 58 条的规定，无民事行为能力人实施的民事行为无效。本条对无民事行为能力人实施民事法律行为效力的规定沿袭了《民法通则》的规定。第二，将无民事行为能力人实施的民事法律行为的效力规定为无效，与自然人民事行为能力三分法的逻辑相契合，概念和体系上更清晰。第三，纯获利益的行为在实践中类型多样，并非一望便知、简单识别，总则编规定无民事行为能力人实施此种行为无效，并不妨碍其代理人实施这种行为，实际上是给予无民事行为能力人的一种保护。"见黄薇主编：《中华人民共和国民法典总则编解读》，中国法制出版社 2020 年版，第 467、468 页。

人民法院应利害关系人或者有关组织请求认定某人为无民事行为能力人或者限制民事行为能力人，[1]与认定具体案件中当事人有无行为能力是不同的法律问题，是两回事。对于人民法院受理的合同争议案件或者其他案件，未曾按专门程序由人民法院认定当事人为无民事行为能力人的，也可以认定该当事人无民事行为能力，进而确认合同无效。[2]

签订合同时有行为能力，签订合同以后因疾病等原因变成无民事行为能力人的，合同并不因此变成无效合同，合同主体也不会发生变化。

签订合同时因精神疾病无行为能力，之后恢复行为能力"追认"合同的，不应按追认处理，因为无效合同是自始确定地不生效，性质上不能追认，而应认为是成立新的合同，新合同生效时间可以按当事人的意思确定。

（二）精神病人及一时神志不清的人签订的合同的效力

精神病人的行为能力有三种：第一种是无民事行为能力人；第二种是间歇性精神病人，其未发病时有行为能力，发病期间无行为能力，故在发病期间签订的合同应当认定无效；第三种是"半精神病人"，其尚未完全丧失行为能力，属于限制民事行为能力人。

行为人平时正常，一时陷入神志不清的状态（无民事行为能力状态），对行为的性质和后果不能认识和预见的，在这种状态下所订立的合同应当认定为无效。

典型的事例是醉酒。完全民事行为能力人对自己饮酒的后果一般能够预见，其在醉酒状态下签订的合同应当如何处理？《民法典》关于因醉酒等原因暂时丧失意识造成他人损害仍需负责的规定，能否参照适用？这要看醉酒的程度。签订合同双方当事人都要为意思表示，如果醉酒导致当事人暂时丧失意思能力，在醉酒期间签订合同自然无效。完全民事行为能力人对自己饮酒的后果能够预见，只能说其在饮酒前没有丧失意思能力，与其在丧失意思能力时签订合同是两种事实。《民法典》第 1190 条规定："完全民事行为能力人对自己的行为暂时没有意识或者失去控制造成他人损害有过错的，应当承担

---

［1］《民法典》第 24 条第 1 款规定："不能辨认或者不能完全辨认自己行为的成年人，其利害关系人或者有关组织，可以向人民法院申请认定该成年人为无民事行为能力人或者限制民事行为能力人。"

［2］ 实务中，对已经签订的合同发生争议诉至法院后，有的当事人另行启动程序，向法院请求确认对方当事人（自然人）为无民事行为能力人，以求在合同争议案中获得对己方有利的结果。

侵权责任；没有过错的，根据行为人的经济状况对受害人适当补偿。完全民事行为能力人因醉酒、滥用麻醉药品或者精神药品对自己的行为暂时没有意识或者失去控制造成他人损害的，应当承担侵权责任。"该规定的原理在于，当事人的原因行为是自由的，对结果行为要负责任，这与签订合同等民事法律行为相比，采用了不同的立法政策，不能参照适用。

（三）无民事行为能力人不能作为合同的签订主体，可以作为合同主体

无民事行为能力人也有正常参与社会生活的权利，故而虽不能作为合同的签订主体，但可以作为合同主体。合同的签订主体是亲自签订合同的人，合同主体是享有合同权利、承担合同义务的人。无民事行为能力人不能亲自实施法律行为，当然也就不能亲自签订合同，但可由其法定代理人代理签订合同。例如，张甲的儿子张乙 3 岁，张甲代理张乙（买受人、合同主体）与房地产公司（出卖人）签订了一份商品房买卖合同，该合同自可生效。

二、对实务中无民事行为能力人小额日常行为效力的解释

由于《民法典》采用了"一刀切"的做法，在逻辑上，无民事行为能力人即便签订了纯获利益的合同，也是无效的。这与实践发生了矛盾。8 周岁以下的未成年人和无民事行为能力的成年人，可能事实上发生一些小额消费行为，比如购买零食、乘坐公共汽车等，也可能接受小额赠与（如家长的朋友在过节的时候给的小额压岁钱）。按照一般观念这是有效的，在法理上也应解释为有效，只是哪种解释更合理的问题。不管哪种解释，都不得将无民事行为能力人解释为或视为有民事行为能力。

例 3-14：过春节的时候，张甲在村子里见到李乙 7 岁的孩子李丙，就给了他 100 元钱压岁钱，当时李乙不在现场。半年后张甲与李乙因琐事争吵，张甲就提出退回 100 元的压岁钱。有人认为，李丙为无民事行为能力人，赠与无效，应当退回赠与的 100 元。

——100 元不用退还，实务中也不用作过多解释，但在法理上应有必要的说明。按风俗习惯，应认定李丙已经获得监护人对其接受小额赠与财产的授权，100 元的赠与合同有效。

《德国民法典》第 105 条第 1 项规定："无行为能力人之意思表示无效。"第 105 条之一又作了特别规定："已成年无行为能力人为极少财产可达成之日

常行为者，其所制定契约中之给付，以及约定之对待给付为有效，即给付与对待给付为有效。第一段对于该无行为能力人有人身或财产上重大危险者，不适用之。"我国法律没有类似的规定，但成年无民事行为能力人的小额日常行为按生活习惯也不是以无效处理，例如，精神病患者到路边小摊吃两根油条就认定合同无效，就太拘泥了。若按事实合同解释此类活动，则使法律关系复杂化，不易被一般人接受。困局的出现，归根结底还是由于立法供应不足。本书主张，对成年和未成年无民事行为能力人的小额日常行为，在欠缺立法的情况下，应认为获得了监护人的授权，认定其有效。

这里的关键词是"小额""日常行为"，如果数额较大或不是日常行为，则不应认为获得了授权。

三、自己代理成立的使无民事行为能力人纯获利益合同的效力

代理人以被代理人名义与自己订立合同，这种情况称为"自己代理"。自己代理订立的合同，称为自我合同、自我契约。代理人与被代理人是合同的双方当事人，自己代理订立合同的内容实际上是由代理人一人决定的。只表现一人意志的合同，在法律上不能构成双方当事人的合意。自己代理如果经被代理人同意或追认，应认为表现了双方的意志，仍可有效，因此是一种效力待定的合同。《民法典》第168条第1款就"自己代理"作出规定："代理人不得以被代理人的名义与自己实施民事法律行为，但是被代理人同意或者追认的除外。"如被代理人已经同意或者追认，则无保护的必要。

有一种特殊情况：通过自己代理成立一个使无民事行为能力人纯获利益的合同。这种合同的效力如何解释？限制民事行为能力人订立的纯获利益的合同，其欠缺行为能力的事实被"忽略"，[1]因为这种欠缺不影响合同的效力。同样，代理无民事行为能力人订立的使无民事行为能力人纯获利益的合同（如不附义务的赠与），也不应因获益一方欠缺行为能力而影响效力，换言之，如无其他违法事由，通过自己代理成立的使无民事行为能力人纯获利益的合同是有效合同。

---

〔1〕《民法典》第19条规定："八周岁以上的未成年人为限制民事行为能力人，实施民事法律行为由其法定代理人代理或者经其法定代理人同意、追认；但是，可以独立实施纯获利益的民事法律行为或者与其年龄、智力相适应的民事法律行为。"

第五节　以双方通谋虚假意思表示订立的合同无效

一、双方通谋虚假意思表示的含义

(一) 双方通谋虚假意思表示的含义

虚假意思表示，也称为虚伪表示，包括单独虚假意思表示（内心保留）和双方通谋虚假意思表示。《民法典》仅规定了双方通谋虚假意思表示："行为人与相对人以虚假的意思表示实施的民事法律行为无效。以虚假的意思表示隐藏的民事法律行为的效力，依照有关法律规定处理"（第 146 条）。

通谋虚假意思表示是"明修栈道，暗度陈仓"，当事人故意将一个双方法律行为设计成表、里两个双方法律行为，以虚假法律行为掩盖真实法律行为（隐藏行为），即将虚假法律行为展示于第三人，让第三人信以为真，而将真实法律行为藏匿，不让第三人知之。实务中，有人签订阴阳买卖合同，其中"阳"合同（买卖标的额少的合同）用来避税，"阴"合同则是双方的真实交易。[1]

例3-15：爷爷将自己的一套房屋以 10 元的价格卖给孙子，签订了存量房买卖合同，在转移登记（过户登记）前，爷爷反悔，通知孙子撤销合同，双方发生争议。有人认为，双方实施的是虚假法律行为，是以买卖合同掩盖赠与合同。

—— (1) 虚假法律行为是当事人将一个合同作成两个合同，而将真实合同隐藏，不让第三人知道真实情况。本案不存在两个合同，也不存在需要了解真相的第三人，故爷爷与孙子没有实施虚假法律行为。

(2) "名义上的对价不是对价"，爷爷与孙子之间的合同名为买卖，实际

---

〔1〕　并非阴阳合同都是虚假法律行为。例如，采用招投标方式订立的施工合同，双方当事人除中标合同（"阳"合同）外，就同一工程又私下订立与中标合同实质不同的合同（"阴"合同）。签这种阴阳合同是不正当竞争行为，"阳"合同是有效的。《施工合同解释（一）》第 2 条规定："招标人和中标人另行签订的建设工程施工合同约定的工程范围、建设工期、工程质量、工程价款等实质性内容，与中标合同不一致，一方当事人请求按照中标合同确定权利义务的，人民法院应予支持。招标人和中标人在中标合同之外就明显高于市场价格购买承建房产、无偿建设住房配套设施、让利、向建设单位捐赠财物等另行签订合同，变相降低工程价款，一方当事人以该合同背离中标合同实质性内容为由请求确认无效的，人民法院应予支持。"

是赠与，不能按买卖合同处理。在英美法上，无偿转让财产的一方往往要1美元或者其他名义上的对价，以取得强制执行力（即放弃反悔权）。我国没有类似制度，但原理上是相同的。对赠与合同，在标的财产转移给受赠与人之前是可以撤销的。

虚假法律行为，双方都没有效果意思；真实法律行为，双方有效果意思。合同是法律行为的一种，以虚假意思表示订立的合同，也称为虚假合同；被掩盖的合同，也称为隐藏合同、真实合同。

虚假合同的双方主体，也是其掩盖的真实合同的双方主体，即虚假合同的当事人是甲、乙双方，真实合同的当事人也是甲、乙双方，没有换人。实务中，有人把不是一对主体的合同也套用《民法典》第146条，显然有误。

（二）双方通谋虚假意思表示与"以合法形式掩盖非法目的"比较分析

"以合法形式掩盖非法目的"是脱法行为，《民法典》规定的法律行为无效事由中已经没有这一项。有人认为，《民法典》第146条规定的虚假法律行为，涵盖了"以合法形式掩盖非法目的"。本书认为，这种观点是不正确的。

其一，双方通谋虚假意思表示成立的合同是虚假合同，并同时隐藏着真实合同，二者相伴存在，虚假合同是必然无效的，被隐藏的真实合同可能有效，也可能无效。"以合法形式掩盖非法目的"的合同，并不要求真、假两个合同相伴，被掩盖的所谓"非法目的"一般是动机（动机是间接目的），如果有虚假合同和真实合同两个合同，则二者都是无效的。

其二，双方通谋虚假意思表示成立的合同是为了掩盖真实合同，但不一定侵害第三人的利益。"以合法形式掩盖非法目的"的合同，必然侵害第三人（含国家）的利益。

（三）双方通谋虚假意思表示与更新的区分

更新也称为更改，是原双方当事人设定新的法律关系，取代旧的法律关系。更新，主体虽然没有发生变化，但债的性质发生了变化。例如，甲公司欠乙公司100万元的货款，后双方签订协议，将货款改为借款，这就是更新。

更新是"以新代旧"，与双方通谋虚假意思表示（虚假合同）掩盖真实合同差别很大，但实务中有将更新当成虚假合同的现象，对此需要梳理，明确它们的区别。

　　例3-16：张甲向亲戚李乙炫耀倒股票赚了大钱，李乙不胜艳羡，请求张甲代自己炒股，张甲表示同意无偿代其炒股，双方并未就具体事项作出约定。张甲将李乙交来的100万元转入自己的股票账户，与自有资金200万元合在一起炒股。由于遭遇黑天鹅，股市大跌，经过长期反复，未能回本，一年之后结算时，张甲股票账户的300万元还剩余210万元。经过反复协商后，张家与李乙签订一份借款合同，载明"张甲向李乙借款80万元，其余两清"。后李乙多次催要借款无果，故以民间借贷纠纷为由诉至法院，要求张甲返还借款本金100万元。张甲主张，双方并非民间借贷关系，李乙向自己交付的100万元是用于炒股的资金，至一年后结算时李乙应当承担30万元的损失，因此自己只应当归还70万元，而不应归还100万元或80万元。

　　一种观点认为：张甲与李乙之间先是成立了民间委托理财合同，一年后结算时双方签订了借款合同，而双方之间并不存在真实的借款行为，故应当认定当时双方的真实意思表示是对民间委托理财合同造成的亏损如何承担作出安排，而非成立民间借贷合同关系。这种观点进一步认为：双方的民间借贷合同是《民法典》第146条规定的双方通谋虚假意思表示（虚假合同）；而民间委托理财合同是该条规定的隐藏行为（真实合同），应按民间委托理财合同确定双方的债权债务。

　　——（1）本案所谓民间委托理财合同，就是委托炒股合同。这种带有帮助、提携的个人行为，不侵犯金融管制、金融秩序，不危害公序良俗，是有效合同。

　　（2）不能认为本案的前后两个合同是真实合同和虚假合同，本案两个合同与《民法典》第146条无关。由于虚假合同具有掩盖真实合同的目的，一般两个合同同时订立，或者先订立虚假合同，以掩盖将要订立的真实合同。本案当事人先是口头成立了委托炒股合同，认为一年后又订立虚假合同以掩盖它，于理不通，也没有必要。

　　（3）当事人一年后又订立的民间借贷合同，是以民间借贷合同取代委托炒股合同，是一种债的更新，是"取代"，而不是"掩盖"，应按民间借贷认定双方的债权债务关系。本案的民间借贷合同是双方结算时妥协的结果，是对损失分担达成的合意，因而，本案的民间借贷合同是一种特殊的和解协议。

二、虚假合同、隐藏合同的效力

(一) 虚假合同必然无效

双方通谋虚假意思表示订立的合同（虚假合同）必然无效，没有例外，因为通谋的双方也不欲使其发生效力，根本没有欲使其生效的效果意思，这种合同本来就是一种表象。因现象上两个意思表示是达成合意的，即两个表示效果意思取得了一致，故认为其是成立的合同。

(二) 隐藏合同的效力视其要件而定

虚假意思表示隐藏的真实法律行为，称为隐藏行为（隐藏合同、真实合同）。隐藏合同有的有效，有的无效，有的可能未成立，应视具体情况而定，即要看隐藏合同本身是否符合法律规定的成立要件及是否违反了强制性规定。《合同编通则解释》第14条第1款规定："当事人之间就同一交易订立多份合同，人民法院应当认定其中以虚假意思表示订立的合同无效。当事人为规避法律、行政法规的强制性规定，以虚假意思表示隐藏真实意思表示的，人民法院应当依据民法典第一百五十三条第一款的规定认定被隐藏合同的效力；当事人为规避法律、行政法规关于合同应当办理批准等手续的规定，以虚假意思表示隐藏真实意思表示的，人民法院应当依据民法典第五百零二条第二款的规定认定被隐藏合同的效力。"据此，若隐藏合同违反强制性规定，一般认定其无效。如果隐藏合同是为了规避办理报批等手续，则要结合法律、法规对报批的具体规定认定合同或相关条款的效力，要具体问题具体分析。

例3-17：甲有二子，欲将坐落在天津市的一套房屋赠送给小儿子乙，但怕大儿子丙翻脸不赡养自己，就与乙签订了书面的房屋买卖合同，办理了转移登记手续，用以掩盖赠与的事实。甲、乙的赠与是口头协议，没有签订书面合同。后丙发现真相，主张房屋所有权转移无效。

—— (1) 买卖合同（虚假合同）无效，隐藏的赠与合同有效，应认定依赠与合同（真实合同），房屋所有权移转给了乙。

(2) 赠与房屋的合同是要式合同，应当采用书面形式，[1]但双方已经实际履行，方式上的瑕疵不影响赠与合同的成立。

---

[1]《城市房地产管理法》第41条规定："房地产转让，应当签订书面转让合同，合同中应当载明土地使用权取得的方式。"

例 3-18：甲卖给乙一套二手房，在中介机构的帮助下签订了阴阳两份房屋买卖合同。"阴"合同约定的真实价格为 1200 万元；"阳"合同写的价格是 500 万元，是为逃避税收商定的假价格。

——"阳"合同是假合同，无效；"阴"合同是隐藏行为，有效。因此应按"阴"合同纳税。

三、对虚假合同的审理

（一）对虚假合同不能按无效法律行为的转换处理

无效法律行为的转换，是指无效法律行为具备其他法律行为的要件，当事人也希望按其他法律行为生效，则认定其他法律行为有效。

具体到无效合同的转换，是将"同一"合同，从 A 无效合同，解释为 B 有效合同（替代合同）。与虚假合同对应的隐藏合同（真实合同）有效时，处理方式与无效法律行为的转换有类似之处，但它们是不同的规则，不能混为一谈。其一，虚假合同，是当事人故意将一个合同设计为两个合同；而无效法律行为的转换是"同一"合同的转换。其二，转换是通过解释，使无效合同按另一有效要件生效；而虚假合同掩盖的真实合同可能是有效的，也可能是无效的。其三，虚假行为是当事人的通谋行为，双方共同作假，都不欲使虚假合同生效，都欲使真实合同生效；而转换是针对当事人欲使其生效的合同，真实合同才有转换的基础，虚假合同根本不存在转换的问题。

（二）法院可以单独审理虚假合同，不审理隐藏合同

虚假合同之下必然有一个隐藏合同。当事人在民事诉讼中仅对虚假合同提出诉讼请求，未请求审理隐藏合同的，人民法院可以只确定虚假合同无效，不审理隐藏合同，但在审理中发现隐藏合同可能损害国家利益、社会公共利益的，则应当主动审理。

《民法典》对一种具体虚假行为专门作了规定："当事人以虚构租赁物方式订立的融资租赁合同无效"（第 737 条）。《最高人民法院关于审理融资租赁合同纠纷案件适用法律问题的解释》第 1 条第 2 款规定："对名为融资租赁合同，但实际不构成融资租赁法律关系的，人民法院应按照其实际构成的法律关系处理。"

为防止规避法律进行金融投机，租赁物应现实存在并交付给承租人使用。

虚构租赁物签订融资租赁合同，是为了掩盖其他的交易，通常是为了掩盖借款行为。

例3-19：甲借款给乙，有诸多限制，双方协商一致签订了一个融资租赁合同（回租），约定：甲（出租人、买受人）以8000万元的价格购买乙的某某不动产，并将该不动产出租给乙（承租人、出卖人）。双方还约定乙分期交付租金。合同签订后，甲提供给乙8000万元。该合同的租赁物是虚构的，当事人之间并没有租赁行为。

——甲、乙订立的融资租赁合同是虚假合同，按《民法典》第146条和第737条应确认为无效。约定乙分期支付的租金，实际是分期归还借款。隐藏的借款合同是否有效，要按照法律对借款合同的规定确定。[1]涉及金融借款而可能危害金融秩序的，即便当事人未提出请求，法院也应主动审查借款合同的效力。

第六节　恶意串通，损害他人合法权益的合同无效

一、恶意串通概述

《民法典》第154条规定："行为人与相对人恶意串通，损害他人合法权益的民事法律行为无效。"《合同编通则解释》第23条对恶意串通作了补充规定："法定代表人、负责人或者代理人与相对人恶意串通，以法人、非法人组织的名义订立合同，损害法人、非法人组织的合法权益，法人、非法人组织主张不承担民事责任的，人民法院应予支持。法人、非法人组织请求法定代表人、负责人或者代理人与相对人对因此受到的损失承担连带赔偿责任的，人民法院应予支持。根据法人、非法人组织的举证，综合考虑当事人之间的交易习惯、合同

---

〔1〕　有法官指出，融资租赁是以"融物"的方式提供"融资"，没有租赁物不构成融资租赁。出租人仅以承租人已经签收为由主张租赁物已经交付的，人民法院不予支持，应当结合买卖合同、付款凭证、发运单证、发票、租赁物的交接手续等相关证据，进行综合判断。对于融资租赁公司明知租赁物虚构仍然提供融资的"名租实贷"合同，人民法院尽管可根据通谋虚伪意思表示无效的规定，认定表面形成的融资租赁合同无效，但如无其他法定无效情形，人民法院应当认定该合同隐藏的借款法律关系有效，以避免债权"脱保"；根据过责相当规则，可根据债务人的抗辩对合同约定的过高利率依法予以调整。参见刘贵祥："关于金融民商事审判工作中的理念、机制和法律适用问题"，载《法律适用》2023年第1期。

在订立时是否显失公平、相关人员是否获取了不正当利益、合同的履行情况等因素，人民法院能够认定法定代表人、负责人或者代理人与相对人存在恶意串通的高度可能性的，可以要求前述人员就合同订立、履行的过程等相关事实作出陈述或者提供相应的证据。其无正当理由拒绝作出陈述，或者所作陈述不具合理性又不能提供相应证据的，人民法院可以认定恶意串通的事实成立。"

第一，习惯上认为恶意串通订立的合同整体无效。本书认为此习惯不妥，这是因认知障碍扩大了无效合同的范围，侵害了当事人的合法权益。恶意串通订立的合同，如果给付是可分的，可以认定为合同部分无效，将合法的利益保留，以部分无效的方式去除非法利益。比如，恶意串通是为了获取高价，可将高价除去。一概按无效处理，难免违反效率原则、公平原则。《民法典》第 154 条的规定，并不排除对第 156 条关于法律行为部分无效规定的适用。

第二，以合法形式掩盖非法目的，是脱法行为，不是独立的无效事由，但可以是恶意串通的一种表现。

第三，对于民事案件的待证事实，一般要达到高度盖然性的证明标准，[1] 而恶意串通证明标准更高，要达到排除合理怀疑的标准。[2]《合同编通则解释》第 23 条在证明责任的分配上作了补充规定，被代表人、被代理人主张代表人或者代理人与相对人恶意串通，其举证应当达到高度可能性（高度盖然性）的标准，在此基础上可以要求代表人或代理人就合同订立、履行的过程等相关事实作出陈述或者提供相应的证据，其无正当理由拒绝作出陈述，或者所作陈述不具合理性又不能提供相应证据的，可以排除合理怀疑，认定恶意串通的事实成立。

第四，恶意串通有时也发生在民事诉讼、民事判决的执行过程中。[3] 值

---

〔1〕《民事诉讼法解释》（2022 年修正）第 108 条第 1 款规定："对负有举证证明责任的当事人提供的证据，人民法院经审查并结合相关事实，确信待证事实的存在具有高度可能性的，应当认定该事实存在。"

〔2〕《民事诉讼法解释》（2022 年修正）第 109 条规定："当事人对欺诈、胁迫、恶意串通事实的证明，以及对口头遗嘱或者赠与事实的证明，人民法院确信该待证事实存在的可能性能够排除合理怀疑的，应当认定该事实存在。"

〔3〕《民事诉讼法》第 115 条第 1 款规定："当事人之间恶意串通，企图通过诉讼、调解等方式侵害国家利益、社会公共利益或者他人合法权益的，人民法院应当驳回其请求，并根据情节轻重予以罚款、拘留；构成犯罪的，依法追究刑事责任。"第 116 条规定："被执行人与他人恶意串通，通过诉讼、仲裁、调解等方式逃避履行法律文书确定的义务的，人民法院应当根据情节轻重予以罚款、拘留；构成犯罪的，依法追究刑事责任。"

得一提的是虚假诉讼。虚假诉讼，是指没有真实法律关系而伪造法律关系并起诉，以达到非法的目的。例如，甲、乙没有借贷关系，二人恶意串通，乙给甲写了一张借据，甲持借据起诉乙，请求乙偿还巨额借款，甲胜诉后，请求强制执行。其实，乙是欠丙巨额款项，通过甲、乙的虚假诉讼，造成乙对丙无法偿还的局面。虚假诉讼经常通过调解结案，避开了实体审理。

二、恶意串通的构成要件

（一）恶意串通，须双方有共同的故意

恶意串通是通谋行为、合谋行为，双方当事人须有意思联络，须有共同的故意，须有共同的目的，须有协调一致的行为。

"恶意"二字，在民法中混入了价值判断，是意图危害他人利益的主观过错。"恶意"实为动机恶意、动机不良。例如，《最高人民法院关于适用〈中华人民共和国民法典〉婚姻家庭编的解释（一）》第34条第1款规定："夫妻一方与第三人串通，虚构债务，第三人主张该债务为夫妻共同债务的，人民法院不予支持。"本条中的"串通"未加"恶意"二字，但串通双方具有使夫妻一方财产减少的动机，实为恶意串通。再如，《招标投标法》第32条第1款规定："投标人不得相互串通投标报价，不得排挤其他投标人的公平竞争，损害招标人或者其他投标人的合法权益。"第2款规定："投标人不得与招标人串通投标，损害国家利益、社会公共利益或者他人的合法权益。"以上两款的串通，都是排除他人竞争的恶意串通，都导致中标无效。[1]中标无效，也就是成立的合同无效。

恶意串通的双方当事人都有"故意"，但是没有共同故意（故意的内容不一致，追求的目的不相同）的，不构成恶意串通。

例3-20：甲对乙有巨额债务，估计乙可能起诉并请求对自己的财产强制执行。为逃避强制执行，甲与丙签订一份买卖合同，约定将甲最值钱的一套

---

[1]《招标投标法》第53条规定："投标人相互串通投标或者与招标人串通投标的，投标人以向招标人或者评标委员会成员行贿的手段谋取中标的，中标无效，处中标项目金额千分之五以上千分之十以下的罚款，对单位直接负责的主管人员和其他直接责任人员处单位罚款数额百分之五以上百分之十以下的罚款；有违法所得的，并处没收违法所得；情节严重的，取消其一年至二年内参加依法必须进行招标的项目的投标资格并予以公告，直至由工商行政管理机关吊销营业执照；构成犯罪的，依法追究刑事责任。给他人造成损失的，依法承担赔偿责任。"

房屋卖给丙并办理了过户登记手续。为防止丙将房屋据为己有，甲又要求丙写了一份房屋为甲所有的"证明"，并表明丙是代持人。

——甲、丙双方故意的内容是一致的，构成恶意串通行为，该买卖合同无效。房屋仍归甲所有，不妨碍乙请求强制执行。

（二）恶意串通，须损害第三人合法权益

恶意串通损害的"他人合法权益"，即第三人的合法权益，包括自然人、法人和非法人组织的合法权益，自然也包括国家的权益（国家是一种特殊的法人）。[1]如果双方当事人有合谋，但不危害任何第三人的合法权益，自然不能构成恶意串通。

例 3-21：甲公司（买受人）与乙公司（出卖人）签订了巨额建材买卖合同，收货后，甲公司未按照合同约定付款，甲公司预估乙公司将起诉自己，为防止乙公司胜诉后强制执行自己的主要财产（建设用地使用权），甲公司与丙公司签订了假的建设用地使用权转让合同，将自己的建设用地使用权过户登记（产权变更登记）到丙公司的名下，后乙公司起诉甲公司请求支付货款，发现甲公司已经没有值钱的财产。

——显然，乙公司是受害人。甲公司与丙公司恶意串通签订的建设用地使用权转让合同无效，办理过户登记不影响合同效力的确认。

损害第三人合法权益，是恶意串通的目的，是否已经实际发生损害，不影响恶意串通订立的合同的无效性质。

三、代理人、法定代表人的恶意串通

（一）代理人与相对人恶意串通

"代理人和相对人恶意串通，损害被代理人合法权益的，代理人和相对人应当承担连带责任"（第 164 条第 2 款）。相对人是合同的对方当事人。"代理人和相对人恶意串通"，只是恶意串通的一种表现。比如，出卖人的代理人为

---

〔1〕 原《合同法》第 52 条第 2 项规定，"恶意串通，损害国家、集体或者第三人利益"的合同无效。相比之下可以看出，《民法典》不再强调恶意串通受害人的类型（国家、集体、第三人），而是统一规定为"他人"。其实，"他人"都是第三人，国家、集体也是第三人。用"他人"概括受害人，也体现了对主体的平等保护。

了获取买受人回扣，在买卖合同中与买受人恶意串通，将出卖人标的物价格压低，买受人和代理人都获得了好处，而出卖人（被代理人）却受到了损失。这类合同在实务中都是被认定整体无效，但价金作为金钱之债，是可分割之债，是可以按部分无效处理的。

（二）法定代表人也可以成为恶意串通人

《民法典》只规定了代理人与他人恶意串通的行为，没有规定法定代表人与他人恶意串通的行为，主要因为：代理行为的效果归属于被代理人，但代理人有独立存在的意思表示，即代理人自为意思表示，代理人与被代理人的人格是各自独立的。法定代表人（由自然人充任）为法人之代表机关，法定代表人的代表行为即被代表人的行为，法定代表人没有独立存在的意思表示，即在代表行为中，代表人不能自为意思表示，没有实施独立存在的法律行为（法律行为都是被代表人的行为）。《合同编通则解释》第23条对恶意串通作了补充规定，指出法定代表人、负责人与相对人恶意串通，以法人、非法人组织的名义订立合同，损害被代表的法人、非法人组织的合法权益的，也为恶意串通人。本书认为，恶意串通是双方法律行为，该双方法律行为具有对第三人的共同侵权性质。法定代表人个人与相对人恶意串通侵害被代表人（单位）的利益，实施的是对被代表人（单位）的共同侵权行为，而被代表人（单位）与相对人的双方法律行为（合同）不是恶意串通的行为，有效果意思，其无效是因为恶意串通导致的意思表示不真实。恶意串通成立的侵害第三人利益的合同，一般是没有效果意思的。[1]

例3-22：（1）甲公司的代理人张三与乙公司的法定代表人李四串通一气，以甲公司、乙公司的名义签订了恶意危害被代理人甲公司利益的合同。第一，恶意串通人是张三和乙公司。乙公司的法定代表人李四没有独立的意思表示，恶意串通行为是乙公司的行为。第二，甲公司与乙公司之间的双方法律行为（合同）有效果意思，本身不是恶意串通行为，但恶意串通使甲公司意思表示不真实，合同无效或者部分无效。

（2）甲公司的法定代表人与乙公司的法定代表人串通一气，以甲公司、

---

[1] 非法人组织负责人（代表人）以单位名义与相对人签订合同，不是代理，而是代表行为，其与相对人恶意串通损害被代表人（单位）的利益，性质及结果与法定代表人与相对人恶意串通是相同的。

乙公司的名义签订了恶意危害第三人丙公司利益的合同，恶意串通人是甲公司和乙公司，合同无效。

（3）甲公司的代理人李四与乙公司的法定代表人王五串通一气，以甲公司、乙公司的名义签订了恶意危害第三人丙公司利益的合同，被代理人甲公司不知情，恶意串通人是甲公司和乙公司，恶意串通的一方以代理人李四的意思表示决之。乙公司是恶意串通人，因为法定代表人王五代表其恶意串通。合同无效的后果由被代理的甲公司和被代表的乙公司承受。

四、恶意串通订立的合同与虚假合同的区别

虚假合同当事人双方有通谋，但与恶意串通订立的合同有区别：①前者当事人把一个合同的事项设计成两个合同，即虚假合同之下有真实合同（隐藏合同），真实合同可能有效，也可能无效。后者不一定有隐藏合同，若有隐藏合同，一定无效。②前者不一定损害第三人利益，后者必损害第三人利益。③前者主观上都有故意（通谋），但不是恶意通谋，可能是好意或者是为满足某种并不违法的需要。后者主观上都是恶意。恶意是对动机的表述，动机是合同的间接目的，有恶意，即有追求非法目的的动机。恶意这一术语，还表现了法律对之否定性的评价。④前者的当事人没有效果意思，并不欲使其发生效力。后者有的没有效果意思，有的有效果意思。比如，甲从乙处受让了股权，乙起诉请求法院确认股权转让合同无效，甲怕将来股权被执行给乙，就与第三人丙恶意串通签订了虚假的股权转让合同，这第二个股权转让合同是没有效果意思的。再如，A、B、C 三家公司参加施工工程竞标，A 与招标人的代理人恶意串通，最后中标。施工合同是有效果意思的，而恶意串通行为本身是一种勾结，不是订立合同的意思表示行为，无所谓效果意思。

五、恶意串通之故意与债权人撤销权之"知道"和"应当知道"的区分

债权人撤销权，是债权人对于债务人不当减少财产以致危害债权的行为，得请求法院予以撤销的权利。债权人撤销权是保全权的一种，又称为保全撤销权。

《民法典》第 539 条规定："债务人以明显不合理的低价转让财产、以明显不合理的高价受让他人财产或者为他人的债务提供担保，影响债权人的债权实现，债务人的相对人知道或者应当知道该情形的，债权人可以请求人民

法院撤销债务人的行为。"

恶意串通是双方具有共同的故意和协同一致的积极行为，当事人双方主观上除了故意为之以外，在动机上都是共同的恶意（追求非法目的）。撤销权人的债务人的相对人（第三人）的"知道"或者"应当知道"与债务人并非共同的故意，他们签订的合同也不能认为是协调一致的行为，动机上也不是共同的恶意，而是有各自不同的追求。

具体而言，"知道"是债务人的相对人（第三人）了解"该情形"，客观上也利用"该情形"取得了不公平的对价或者取得担保，合同双方的"故意"的内容不同。"应当知道"不是故意，是应知而因重大过失不知，也不存在与恶意相匹配的动机，不符合恶意串通的主观要件。

两者的区分并非理论游戏，在实务中很有意义。比如，请求确认合同无效不受除斥期间的限制，而主张债权人撤销权，要受一年和五年双重除斥期间限制。[1]

例 3-23： 甲欠乙 1000 万元，其除了一所房屋，没有值钱的东西。甲以 700 万元的价格将房屋卖给丙。丙一是知道此为明显低价的买卖，二是知道此买卖将有害于甲的债权人。甲与丙之间的合同是否因恶意串通而无效？

——不构成恶意串通。因为：①甲与丙没有通谋行为，丙仅是"知道"其与甲的行为系明显低价的买卖、将有害于甲的债权人。②故意的内容不同，丙的故意是图便宜。③依据《民法典》第 539 条，乙只能请求撤销甲与丙的买卖行为。

六、恶意串通人的连带责任

恶意串通人的责任主要是赔偿责任。《民法典》只规定了代理人和相对人恶意串通的连带责任（见第 164 条第 2 款）；作为一般规定的第 154 条只规定了恶意串通的民事法律行为无效，没有规定恶意串通人的连带责任，这应是法律的一个纰漏。

要求恶意串通人承担连带责任，须有法律根据。"连带责任，由法律规定或者当事人约定"（第 178 条第 3 款）。这里就是一个寻找请求权基础的问题。

---

〔1〕《民法典》第 541 条规定："撤销权自债权人知道或者应当知道撤销事由之日起一年内行使。自债务人的行为发生之日起五年内没有行使撤销权的，该撤销权消灭。"

《民法典》第1168条规定："二人以上共同实施侵权行为，造成他人损害的，应当承担连带责任。"恶意串通是共同侵权行为，可以适用该条规定，即恶意串通人作为共同侵权人对受害人（第三人）承担连带责任。

第七节　违背公序良俗的合同无效

一、公序良俗概述

（一）公序良俗的意义

1. 公序良俗，是指公共秩序和善良风俗。公共秩序是国家、社会的公共利益的集中表现，也是刑法保护的客体。善良风俗是社会的一般道德观念。

2. 不得违背公序良俗，是对法律行为（含合同）内容的社会妥当性的要求。《民法典》第153条第2款规定："违背公序良俗的民事法律行为无效。"违背公序良俗的合同，是违背公序良俗的民事法律行为的重要表现。

3. 公序良俗是立法的价值取向，是对当事人订立合同等法律行为的指导准则。[1]《民法典》第8条规定："民事主体从事民事活动，不得违反法律，不得违背公序良俗。"合同所追求的目的、实施结果以及实现合同目的的手段，都不得违背公序良俗。例如，当事人签订"小升初"合同（委托合同），约定受托人收取费用后，采用托关系、走门路的方式，让委托人的小孩上指定的中学。"托关系、走门路"不是合同目的本身，但它是约定的实现合同目的（完成委托事务）的手段，应以违背公序良俗为由确认该合同无效。

4. 合同自由，是合同存在的基础，也是市场经济存在的基础，但合同自由是有边界的。公序良俗是修正合同自由的社会标准，就是合同自由的一个边界。

5. 公序良俗调整对习惯的适用。习惯包括交易习惯和生活习惯，具有任意法的性质，合同当事人没有排除习惯的，习惯自动进入合同之中，成为合同的法定默示条款。若习惯违背公序良俗，自不得进入合同之中。[2]

6. 公序良俗不仅针对法律行为，也针对事实行为；不仅禁止人们的行为，

---

〔1〕订立合同是双方法律行为，单方解除、单方变更、单方抵销等是单方法律行为，它们自然也受公序良俗的指导和规制。

〔2〕《民法典》第10条规定："处理民事纠纷，应当依照法律；法律没有规定的，可以适用习惯，但是不得违背公序良俗。"

也鼓励人们的行为（比如鼓励见义勇为、乐善好施）。

（二）公序与良俗在范围上不是重合关系

有学者认为公序与良俗"在范围上大致相同"。[1]本书认为，尽管二者关系密切，但它们处于不同的范畴，认为二者"在范围上大致相同"是不妥的。

1. 公共秩序是以宪法为龙头，以法律为核心，以法规、规章为辅助建立起来的社会行为规则体系，使社会在正常的框架内运行。公共秩序不是国家、社会的公共利益本身，二者不能画等号。公共秩序是国家、社会的公共利益规则化的表现。公共秩序在一个社会中，具有普遍性、统一性和稳定性。

2. 善良风俗是社会的一般道德观念，也是行为规则，但它不像法律那样具有统一性和稳定性，是一定意义上的"不成文法"。法律是最低限度的道德，[2]法律不能也没有取代道德，这就决定了它们并不是完全重合或大体重合的关系。善良风俗与公共秩序有互相维护的作用，正好说明它们处在不同的范畴。

（三）公序良俗具有弥补法律不足的功效

既然公共秩序和善良风俗是以法律为核心建立起来的行为规则体系，既然法律是最低限度的道德，违反法律就可以构成违背公序良俗，为什么要把违背公序良俗作为独立的法律行为无效事由呢？——因为法律并不是疏而不漏的，需要兜底的规定；法律是最低限度的道德，但也要有一个总的"收口"的规定，使社会一般道德观念获得法律的概括性支撑。[3]

而且，公序良俗随着时代的进步、变迁，会有变化和发展，故法律把公序良俗概括性地单列出来，以弥补法律之不足。法律的不完善及立法时不能

---

〔1〕 "所谓公共秩序（简称公序）乃指国家社会之一般利益而言；所谓善良风俗（简称良俗）乃指社会的一般道德观念而言。惟良俗之尊重，自亦符合国家社会之一般利益；而公序之维持，自亦不背乎社会的一般道德之观念，因而斯二者，不仅在范围上大致相同，即在理论上，亦无多大差异。"见郑玉波：《民法总则》，中国政法大学出版社2003年版，第467页。

〔2〕 学者指出，公序良俗具有将"社会道德"转化为"法律道德"、净化法律行为内容、提高法律行为质量的功能。参见施启扬：《民法总则》（修订第八版），中国法制出版社2010年版，第211页。

〔3〕 学者认为，"法律和道德代表着不同的规范性命令，然而它们控制的领域却在部分上是重叠的。从另一个角度来看，道德中有些领域是位于法律管辖范围之外的，而法律中也有些部门在很大程度上是不受道德判断影响的。但是，实质性的法律规范制度仍然存在，其目的就在于强化和确使人们遵守一个健全社会所必不可少的道德准则。"见 ［美］E. 博登海默：《法理学：法律哲学与法律方法》，邓正来译，中国政法大学出版社2004年版，第397页。

预见的情事，可运用公序良俗的标准来填补。

就确认合同的效力而言，法律对某一类法律行为没有强制性规定的，可运用公序良俗的标准确认行为无效。例如，某些合同当事人虚构资格，可以以违背公序良俗为由认定合同无效。[1]

例3-25： 张甲等八人在春节期间相聚喝大酒，张甲拿出事先起草好的"生死协议"，请大家签了字。"生死协议"的主要条款是：喝酒出了人命，其他人概不负责。本案"生死协议"应否以违背公序良俗为由确认为无效？

——公序良俗可以弥补法律之不足，但本案不需要弥补。《民法典》第506条第1项规定，"造成对方人身损害的"免责条款无效。

弥补法律之不足，也可以通过地方性法规和规章（部门规章和地方规章）的作用体现出来。法律、行政法规可以作为确认合同无效的依据，地方性法规以及规章"层次不够"，不能直接作为确认合同无效的依据，但地方性法规和规章也经常有体现、保护公序良俗的内容，即违反地方性法规、规章也会构成违背公序良俗，可以违背公序良俗为由确认合同无效。[2]

（四）公序良俗的类型

公序良俗包括公共秩序和善良风俗：人民法院经常将二者合并使用，实际上它们虽然有交叉、有融合，但处在不同的范畴。

---

〔1〕　如《最高人民法院关于人民法院司法拍卖房产竞买人资格若干问题的规定》第4条规定："买受人虚构购房资格参与司法拍卖房产活动且拍卖成交，当事人、利害关系人以违背公序良俗为由主张该拍卖行为无效的，人民法院应予支持。依据前款规定，买受人虚构购房资格导致拍卖行为无效的，应当依法承担赔偿责任。"买受人虚构购房资格，违反的不是善良风俗，而是公共秩序。

〔2〕　《全国法院民商事审判工作会议纪要》（2019年）第31条第1句指出："违反规章一般情况下不影响合同效力，但该规章的内容涉及金融安全、市场秩序、国家宏观政策等公序良俗的，应当认定合同无效。""金融监管规章可以作为判断金融合同是否违背公序良俗的重要依据或裁判理由。公序良俗是一个极度抽象、弹性的条款，法官判断和适用时理应充分阐明理由，规章中关于维护金融市场基本秩序、维护金融安全、防控系统性金融风险的禁止性规定，可以用来识别是否违反公序良俗。在金融监管规章有关条款构成公序良俗的情况下，可以适用《民法典》第153条第2款的规定认定合同效力。应当强调的是，对公序良俗条款的应用，既要避免'公序良俗'条款泛化，成为滥用裁量权、司法恣意妄为的'挡箭牌'，也要避免对监管规章中有关公共利益的禁止性规定熟视无睹，甚至机械执法，以规章不能作为认定合同无效依据为由，否定对公序良俗条款的适用。实践中，对某一金融监管规章的违反是否构成违背公序良俗产生争议，应当向上级法院请示，必要时可层报最高人民法院予以指导，由最高人民法院按一定程序征求有关监管部门的意见，以形成共识。"见刘贵祥："关于金融民商事审判工作中的理念、机制和法律适用问题"，载《法律适用》2023年第1期。

《合同编通则解释》第 17 条第 1 款规定："合同虽然不违反法律、行政法规的强制性规定，但是有下列情形之一，人民法院应当依据民法典第一百五十三条第二款的规定认定合同无效：（一）合同影响政治安全、经济安全、军事安全等国家安全的；（二）合同影响社会稳定、公平竞争秩序或者损害社会公共利益等违背社会公共秩序的；（三）合同背离社会公德、家庭伦理或者有损人格尊严等违背善良风俗的。"本款大体勾勒了公序良俗的类型，前两项是对违反公共秩序的规定，第 3 项是对违背善良风俗的规定。

1. 关于公共秩序的内容或范围。司法解释所说的公共秩序包括国家安全和社会公共利益。国家安全包括政治安全、经济安全、军事安全等内容。合同是交易的法律形式，相对来说涉及经济安全的较多。法律保护金融安全，但更多的是采用行政规章的方式规范和保护。社会公共利益包括社会稳定、公平竞争秩序等内容。其中特别要讨论或提出的有：过分限制自由之行为、暴利行为（显然失去公平之行为）。[1]

（1）认定是否为过分限制自由之行为，显然要考量对人身自由的限制程度和方法，以及当事人是否自愿。如果当事人不是自愿的，合同应当是无效的。自愿接受人身自由限制的合同，要综合考察，认定合同的效力。特别要强调的是：凡是自愿接受对自己人身自由进行限制的合同，如果有效的话，不管有偿无偿，被限制人对合同都有随时解除权。这种随时解除权不得排除。

例 3-25：甲邀请张乙做一项实验，实验的内容是，7 天内张乙不许出屋，只能通过网购维持生活需要，以此实验考查封闭状态对人生活状态和心理的影响。双方在合同中约定了张乙的报酬。

——自然人的自由属于人格权，由于自由的重要性，保护自由是社会公共秩序的一部分。甲与张乙的约定限制了张乙的自由，但不属于违背公序的行为。张乙对人格利益的自愿放弃，不是对人格权本身的放弃。张乙有随时解除权，如其解除合同，约定的报酬不能取得或者不能全部取得。

（2）暴利行为作为违背公序（交易秩序）和良俗的行为，传统民法以可

---

[1] 有学者提出"违反公序良俗之实质上的分类"，第一类是违反人伦之行为；第二类是违反正义之行为；第三类是过分限制自由之行为；第四类是射幸行为；第五类是暴利行为（显然失去公平之行为）。参见刘得宽：《民法总则》（增订四版），中国政法大学出版社 2006 年版，第 200—205 页。

撤销处理。我国《民法典》接受了这一传统做法，将"自始显失公平的合同"（即暴利行为）作为可撤销法律行为进行规制（见本节之四）。这也说明，违背公序良俗的法律行为并非都无效。

2. 关于善良风俗的内容或范围。善良风俗包括社会公德、伦理、人格尊严等。这里讨论几项内容。

（1）射幸行为有的是违背善良风俗的行为，有的不是。赌博合同是射幸合同，我国一般给予否定性的评价，但应具体问题具体分析。如买卖彩票是法律允许的，自不违背善良风俗；在地下赌场进行赌博，当事人的赌博合同就是无效的。

例3-26：张某在海边游玩，与渔民李某商定，张某以300元买李某的一网鱼，李某一网撒下去，打多少鱼都是张某的，打不到鱼张某自认倒霉。
——二人之间的合同是射幸合同，也是一种赌博合同，一般道德观念可以接受，不违背善良风俗，是有效合同。二人之间的债，并非自然之债。

（2）伦理，包括家庭成员之间的道德关系及其他人与人之间的道德关系。严重违反人与人之间的道德关系的合同，应认定为无效。实务中，夫妻一方（一般是男方）将共有财产赠与婚外情人，法院一般是以违背善良风俗为由确认合同无效（无权处分不是合同无效事由）。本书认为，一律确认无效并不妥当，还是应当结合情节、影响等综合评断。

（五）适用公序良俗认定合同无效应防止泛化

市场是交易关系的总和，合同法律制度是市场经济的基本法律制度。伴随着计划经济向市场经济的转型，我国民事立法对确认合同无效逐步实现了从"严打"到"宽大"的演进，无效合同的占比逐步缩小，原来的很多无效事由被逐步纠正。例如，只要超范围经营，合同就被确认无效的情形早已经成为历史。民法的效率观念、合同自由观念被广泛接受。

对无效合同的认定，学者一般主张不得扩大化，以防止不适度地干涉市场经济和人们的正常生活。本书也认同这种主张。

合同无效的两大类事由，一类是强制性规定，一类是公序良俗。对这两类事由，法官都有自由裁量的余地，不过强制性规定的要件比较清晰，公序良俗作为兜底性规定没有提出要件，在认识上差异会更大，更应注意防止适用的泛化。泛化的结果，一是危害民法的基本价值和交易制度；二是容易破坏人们之间的相互信任，甚至诱发"效力危机"。

本书认为，防止公序良俗适用的泛化，应当注意从两个方面把握：第一个是定性，第二个是定量。

二、对违背公序良俗合同的综合评断及定性定量分析

（一）对违背公序良俗合同的综合评断

《合同编通则解释》第 17 条第 2 款规定："人民法院在认定合同是否违背公序良俗时，应当以社会主义核心价值观为导向，综合考虑当事人的主观动机和交易目的、政府部门的监管强度、一定期限内当事人从事类似交易的频次、行为的社会后果等因素，并在裁判文书中充分说理。当事人确因生活需要进行交易，未给社会公共秩序造成重大影响，且不影响国家安全，也不违背善良风俗的，人民法院不应当认定合同无效。"依据本款，认定合同是否违背公序良俗，应当以社会主义核心价值观为导向，进行综合评断。综合评断，需要考虑的事项较多，兹分述如下。

1. 交易目的和主观动机。

（1）交易目的一般通过合同的标的（给付）体现出来。交易目的的违法性通常也就是给付的违法性。认定合同无效，不以当事人有过错为前提条件，但考察交易目的从而考察当事人有无过错及过错程度，对以违背公序良俗为由认定合同无效仍具积极意义：主观恶性程度高则是"不可原谅的错误"，主观恶性低或者没有过错也可以不认定合同无效（考量的因素之一）。

（2）动机藏之于心，一般不是法律行为的要素，也不是合同所定给付之内容。例如，一份买卖货物的合同，出卖人的目的（所获得的给付）是取得货款，而买受人的目的（所获得的给付）是取得货物，至于取得货物干什么用，则是动机。动机不是合同目的，不是合同给付，是当事人订立合同的间接目的。[1]

---

〔1〕 例如：陈女士花 450 万元买了一套三室一厅做养老房，装修入住后发现，主卧下方绿化带里有两个配电柜，24 小时持续产生噪声。原房主吴某称，配电柜噪声没有超过国家标准，拒绝退房。法院一审判决解除合同后，吴某不服上诉。南京市中级人民法院审理后查明，吴某出售时未如实披露配电房的存在，而陈女士购房时反复强调了养老目的。法院认为，噪声导致房屋主卧的使用功能变更，从而合同根本目的难以实现，最终判决双方解除购房合同，吴某返还 450 万元购房款，并适当赔偿装修费等损失。此案转引自"陕西检察"（陕西人民检察院官方微博）。——本书认为，因"陈女士购房时反复强调了养老目的"，该动机（间接目的）已经成为合同目的的内容，目的不达，可以解除合同。

动机可以作为综合评价合同是否违背公序良俗的因素之一，但不得仅仅以动机违背公序良俗为由确认合同无效；动机如果成为法律行为要素、合同内容，当然就直接成为公序良俗的评价对象。仅就买卖合同而言，买卖种类物的，动机很少进入效果意思；买卖特定物的，动机进入效果意思要多一些。

例3-27：张甲与开发商签订一份房屋买卖合同，其购买房屋是自住还是出租，是动机。如果张甲购买房屋是用来作为卖淫的场所，也是动机，不能以违背公序良俗为由认定房屋买卖合同无效。

例3-28：（1）张三去商店买了一把菜刀，准备杀掉李四，店员没有义务也没有权利询问其买刀干什么（不能探索买受人张三的动机）。

（2）张三到商店买刀，对熟识的店员说，帮我挑一把方便杀人的菜刀，店员挑了一把给他。

——（1）张三与商店的买卖合同是双务合同。双方的效果意思结合在一起，表现为两个合同目的：一个是张三的目的，即取得菜刀的所有权；一个是商店的目的，即取得价款。张三买刀用来杀人，只是动机。动机是间接目的，没有进入效果意思，不能以动机确认合同无效。

（2）店主并无过错，店员是代理人，以代理人的意思决之，即以代理人的意思表示决定合同的效力。动机被店员所知，进入效果意思，该买卖合同违背公序良俗，无效。

不过，有些法律行为被规定为无效，本身就是对动机的法律评价。例如，恶意串通订立的合同，该"恶意"就是对动机（间接目的）的评价，"恶意"成为意思表示的要素。这种情况就没有必要把动机单挑出来"说事"。

2. 政府部门的监管强度。政府有调节市场的职能，监管是调节的一种方式。监管强度受政策的影响，比如一个时期强调金融安全，金融规章就表现出较强的监管强度，对违反金融安全的合同就可以以违背公共秩序为由确认为无效。

3. 一定期限内当事人从事类似交易的频次。从事类似交易的频次，是衡量违法行为情节是否严重、后果是否严重的一个考察角度。比如张甲代一个亲戚炒股抽成，一般不应确认合同无效，但李乙代多人炒股抽成，以此为业，说明"一定期限内从事类似交易的频次高"，可以违背公共秩序为由确认所涉合同无效。

4. 当事人违反维护公共秩序的强制性规定，满足条件的不认定合同无效。因生活需要而进行交易的当事人应是自然人（个体经营户是注册登记开展经营活动的自然人）。自然人违反了维护公共秩序的强制性规定，满足下列条件的不认定合同无效：①确因生活需要进行交易；②未给社会公共秩序造成重大影响；③不影响国家安全；④不违背善良风俗。

例3-29：张甲在某出版社出版了一本学术专著，出版社给了张甲50本样书，他又自费以6.5折价买了100本。他找到朋友李乙帮助销售，答应以6折价给李乙。李乙家庭生活困难，想赚这笔差价，就通过在朋友圈发信息等方式将150本书在6个月内售出。李乙没有批发和零售图书的资格。

——图书销售（批发和零售）是特许经营的项目，按照过去的观点，违反禁止经营、限制经营和特许经营规定的合同一律无效。但按《合同编通则解释》第17条第2款第2句，李乙与各购买者的买卖合同不应确认为无效。按该款第1句，张甲与李乙的委托合同不应确认为无效。

（二）对违背公序良俗的定性定量分析

1. 对违背公序良俗的定性分析。公序良俗适用的泛化，不一定是在程度上泛化，也可能是在定性上不准确或在定性上超范围。定性，是考量当事人的行为是否违背了公序良俗，如果违背，则需再考察是否达到足以认定合同无效的程度。合同是双方意思表示行为的结合，因此要深入考察当事人订立合同的意思表示行为要素是否违背了公序良俗。实务中对是否违背公序良俗的认定，显得有些混乱。这里以防止公序良俗适用泛化为指导思想，对实务中一些常见的排除权利的约定以及对赌协议进行定性分析。

（1）"不起诉协议"是否违背公序良俗。很多人认为诉讼权利不可放弃或不可以自愿的方式被剥夺。本书认为，涉及诉讼权利的债权合同，当事人通过约定，自愿放弃某种民事诉讼权利的，一般不违背公序良俗，合同可以生效。[1]

---

〔1〕《民事诉讼法》第13条第2款规定："当事人有权在法律规定的范围内处分自己的民事权利和诉讼权利。"另可参考六盘水恒鼎实业有限公司与重庆千牛建设工程有限公司建设工程施工合同纠纷案［（2016）最高法民终415号］。

当事人订立的"不起诉协议",是处分诉讼权利的一种和解协议。不起诉包括不提起民事诉讼和对刑事自诉案件不提起刑事诉讼。

例 3-30:张某被李某打成轻伤,张某扬言不获赔 5 万元就起诉,追究李某的刑事责任。后二人订立协议,约定:李乙给张某 5 万元,张某不提起刑事自诉。有人认为诉讼权利不可放弃,不可以自愿的方式被剥夺,该类合同在民法上可以违背善良风俗为由确认为无效。

——本案当事人订立的协议是不起诉协议,是和解协议(和解合同)的一种。张某对李某的威胁(不给 5 万元就起诉),是目的、手段合法的威胁,因没有漫天要价,在目的上也不违背公序良俗。轻伤案件属于刑事自诉范围,本来就允许成立和解协议,以民事方式解决争议。[1]

(2)约定排除当事人优先权是否违背公序良俗。《民法典》规定的优先权多种多样。权利(私权)可以放弃,当事人事先约定排除法定优先权的,一般不违背公序良俗,是有效的。

1)对不动产和动产份额的优先购买权、[2]房屋承租人的优先购买权、[3]房屋承租人的优先承租权,[4]以及股权优先受让权,当事人可以事先约定放弃。

顺便指出,当事人没有约定放弃房屋优先购买权的,出租人擅自与第三

---

〔1〕《刑事诉讼法》第 210 条规定:"自诉案件包括下列案件:(一)告诉才处理的案件;(二)被害人有证据证明的轻微刑事案件;(三)被害人有证据证明对被告人侵犯自己人身、财产权利的行为应当依法追究刑事责任,而公安机关或者人民检察院不予追究被告人刑事责任的案件。"第 212 条第 1 款第 1 句规定:"人民法院对自诉案件,可以进行调解;自诉人在宣告判决前,可以同被告人自行和解或者撤回自诉。"

〔2〕《民法典》第 306 条规定:"按份共有人转让其享有的共有的不动产或者动产份额的,应当将转让条件及时通知其他共有人。其他共有人应当在合理期限内行使优先购买权。两个以上其他共有人主张行使优先购买权的,协商确定各自的购买比例;协商不成的,按照转让时各自的共有份额比例行使优先购买权。"

〔3〕《民法典》第 726 条规定:"出租人出卖租赁房屋的,应当在出卖之前的合理期限内通知承租人,承租人享有以同等条件优先购买的权利;但是,房屋按份共有人行使优先购买权或者出租人将房屋出卖给近亲属的除外。出租人履行通知义务后,承租人在十五日内未明确表示购买的,视为承租人放弃优先购买权。"

〔4〕《民法典》第 734 条第 2 款规定:"租赁期限届满,房屋承租人享有以同等条件优先承租的权利。"

人订立的房屋买卖合同的效力不受影响，但出租人应承担相应的责任。[1]

2）建设工程价款优先受偿权具有保障建筑工人（主要是农民工）工资的社会保障功能，这种社会保障功能是社会公共利益的一项内容，是公共秩序的体现。[2]发包人与承包人事先约定放弃或者限制建设工程价款优先受偿权，原则上也是允许的。如果约定放弃或者限制建筑工程价款优先受偿权并未损害建筑工人利益（比如按承包人的实力，不会影响支付建筑工人的工资），则该约定不违背公序良俗，可以发生效力，否则就应当认定该项约定无效。[3]放弃或限制的约定是否发生效力，是价值判断问题。

3）排除法定优先权的约定与排除法定随时解除权的约定，效果不同。例如，《民法典》第787条规定："定作人在承揽人完成工作前可以随时解除合同，造成承揽人损失的，应当赔偿损失。"定作人与承揽人事先排除随时解除权的约定违背公序良俗，应为无效。

顺便指出，行使随时解除权是以损害赔偿为代价的，当事人可针对行使随时解除权约定违约金（违约金具有预定赔偿金的性质），对滥用随时解除权提出预警。

（3）失权条款是否违背公序良俗。失权条款，是指当事人在合同中约定，一方不履行约定的义务或未按约定的时间、程序主张权利即丧失某种权利的条款。失权条款是当事人自愿处分自己权利且以实施了消极行为为前提，一般不违背公序良俗。不过，失权条款要注意防止显失公平。

例3-31：甲、乙、丙、丁在设立公司的出资协议中约定："到期不交付出资的，丧失股东资格"。《最高人民法院关于适用〈中华人民共和国公司法〉若干问题的规定（三）》第17条第1款规定："有限责任公司的股东未

---

〔1〕《民法典》第728条规定："出租人未通知承租人或者有其他妨害承租人行使优先购买权情形的，承租人可以请求出租人承担赔偿责任。但是，出租人与第三人订立的房屋买卖合同的效力不受影响。"

〔2〕《民法典》第807条规定："发包人未按照约定支付价款的，承包人可以催告发包人在合理期限内支付价款。发包人逾期不支付的，除根据建设工程的性质不宜折价、拍卖外，承包人可以与发包人协议将该工程折价，也可以请求人民法院将该工程依法拍卖。建设工程的价款就该工程折价或者拍卖的价款优先受偿。"

〔3〕《施工合同解释（一）》第42条规定："发包人与承包人约定放弃或者限制建设工程价款优先受偿权，损害建筑工人利益，发包人根据该约定主张承包人不享有建设工程价款优先受偿权的，人民法院不予支持。"

履行出资义务或者抽逃全部出资，经公司催告缴纳或者返还，其在合理期间内仍未缴纳或者返还出资，公司以股东会决议解除该股东的股东资格，该股东请求确认该解除行为无效的，人民法院不予支持。"既然可以因股东会决议解除某股东资格，当然也可以事先在出资协议中加以约定。

在当事人签订的施工合同中，常见"逾期索赔失权"条款。当事人通常约定：承包人认为有权得到追加付款或延长工期（顺延工期）的，应按约定程序和时间向发包人提出索赔（追加）或延长工期，否则就丧失要求追加付款或延长工期的权利。

《施工合同解释（一）》第10条规定："当事人约定顺延工期应当经发包人或者监理人签证等方式确认，承包人虽未取得工期顺延的确认，但能够证明在合同约定的期限内向发包人或者监理人申请过工期顺延且顺延事由符合合同约定，承包人以此为由主张工期顺延的，人民法院应予支持。当事人约定承包人未在约定期限内提出工期顺延申请视为工期不顺延的，按照约定处理，但发包人在约定期限后同意工期顺延或者承包人提出合理抗辩的除外。"本条对当事人"工期顺延失权"之约定的效力予以肯定，但对"请求金钱赔偿（追加付款）失权"约定的效力未予以明确。本书认为，对赔偿（追加付款）的约定原则上是有效的，实务中若有严重损害建筑工人利益等情形，则应当注意以公序良俗衡量约定的效力。

施工合同当事人追加付款或延长工期（顺延工期）的失权期间，当事人通常按《建设工程施工合同（示范文本）》定为28天。有观点认为该28天在性质上是诉讼时效，因缩短了法定诉讼时效期间而无效。本书认为，该期间并不是对诉讼时效的约定，它是一种意定的不变期间，不能以违反对诉讼时效的强制性规定为由确认为无效。

（4）对赌协议是否违背公序良俗。实务中有以违背公序良俗为由确认对赌协议无效的情况。何谓对赌协议，《全国法院民商事审判工作会议纪要》（2019年）的界定可供参考："实践中俗称的'对赌协议'，又称估值调整协议，是指投资方与融资方在达成股权性融资协议时，为解决交易双方对目标公司未来发展的不确定性、信息不对称以及代理成本而设计的包含了股权回购、金钱补偿等对未来目标公司的估值进行调整的协议。从订立'对赌协议'的主体来看，有投资方与目标公司的股东或者实际控制人'对赌'、投资方与目标公司'对赌'、投资方与目标公司的股东、目标公司'对赌'等形式。"

对赌协议本身不是无效事由。[1]对赌协议是外来词，在我国民事法律中的位置如何呢？具体而言，对赌协议是特殊的附条件的民事法律行为。比如，甲公司与乙公司签订了增资协议，约定"乙公司在 2022 年 8 月 18 日前上市（IPO）"，并以此为基础约定了甲的增资和股权回购等权利义务。当事人约定的这个对赌事项（IPO）实际是合同的给付附条件。所谓"特殊的附条件"，是指它是公司融资（如该例乙公司融资）的一种途径，针对估值调整等采用了股权回购、金钱补偿等方法。这种条件带有一定的射幸性，一般不是合同本身附条件，而是合同内容或合同条款附条件，实质是给付附条件。

合同或给付附条件的行为并没有违法性，因而对赌协议本身不能是无效事由，它的订立和履行也就不能定性为违背公序良俗。如果认定对赌协议无效，则须另有违法行为。

2. 对违背公序良俗的定量分析。此所谓"定量"，是指违背公序良俗的行为应当达到相应的程度，才能认定合同无效。违背公序良俗但程度不严重，不应认为达到确认合同无效的标准，否则合同无效的范围就会特别大，即以违背公序良俗为由认定合同无效时，受损的公共利益应具有重大性。[2]

从实务上看，适用公序良俗程度上的"泛化"主要是适用良俗程度上的"泛化"。善良风俗是道德观念引导下的行为模式，在认定合同效力时，司法人员为取得社会的认同，往往不自觉地提高了道德标准，亦即提高了良俗的标准。

---

〔1〕《全国法院民商事审判工作会议纪要》（2019 年）指出："对于投资方与目标公司的股东或者实际控制人订立的'对赌协议'，如无其他无效事由，认定有效并支持实际履行，实践中并无争议。"

〔2〕有学者指出："违背公序良俗直接导致合同无效，其不关注合同的性质，也不关注是否有避法行为，其重点只在于受损公共利益的重大性。我国证券、金融监管领域有大量行政规章、规范性文件，有些甚至是由行业自治机构加以规范，各种具体规范法律性质不同、层级不一，即使在直接违反的情况下，是否适用公序良俗条款在理论上也存在争议，难以一概而论。新近研究指出，借由公序良俗这一兜底通道，近年来金融司法呈现'附合'监管的趋势，行政规章成为左右合同效力判断的'影子标准'，不仅侵扰私法自治的根基、影响裁判的稳定性，也一定程度上抑制了金融市场的创新。法院在适用公序良俗条款时有必要在裁判论证中对受损害的公共秩序、利益及其严重后果予以阐明，不能陷入'规章—金融安全—公共利益'的循环论证，而应包含不特定主体利益、市场交易秩序、金融安全与社会稳定等实质要素的分析与说理，将是否产生系统性金融风险作为适用公序良俗条款的核心标准。"见付荣："'名实不符'合同的规范解构与裁判回应"，载《清华法学》2023 年第 5 期。

例3-32：赠与人张甲与受赠人李乙订立了一份赠与合同，约定：如果李乙在一年内离婚，张甲就送给李乙一辆宝马汽车。李乙在一年内离婚，请求张甲交付汽车。张甲以行使《民法典》第658条规定的赠与合同的任意撤销权为由，拒绝交付汽车。一种观点认为，身份行为按照其性质不得附条件，当事人的合同因违反《民法典》第158条而无效。还一种观点认为，当事人的合同因违背公序良俗而无效。

—— （1）赠与合同是给付财产的合同，不是身份合同。身份合同不得附条件，赠与合同作为财产给付合同、债权合同可以附条件。本案不是身份行为附条件，而是以身份行为作为条件，故不能适用《民法典》第158条而确认合同无效。

（2）本案合同不违背公共秩序，根据已知条件，也不能认为当事人的合同违背善良风俗。民间有"宁拆一座庙，不拆一桩婚"的说法，这种说法不宜上升为统一适用的善良风俗，因为每一个人的婚姻状态都不一样。即便认定有违善良风俗，在个案中发生的此类事实也未构成对善良风俗的重大伤害，从"定量"的角度看，不宜以此为由认定合同无效，否则就犯了扩大化的错误。

（3）顺便指出，本案是道德义务的赠与，张甲没有《民法典》第658条的任意撤销权，其应当交付汽车。

如前所述，法律是最低限度的道德，当法律行为违反了最低限度的道德标准时，才能否定其效力。道德与法律有交叉，但不能混为一谈。高尚道德，是法律指引、引导的方向，但其本身不具有法律的效力。一般性地违背道德或者情节轻微的，不宜以违背善良风俗为由认定合同无效，否则会造成不适当提高道德强制力的后果。

三、对违背公序（公共秩序）的分析

（一）实施犯罪行为成立的合同，严重侵害公共秩序，应确认为无效

1. 公共秩序也是刑法保护的客体，实施犯罪行为成立的合同严重侵害公共秩序。按民事程序审理的合同纠纷案件，法官不能认定当事人构成犯罪，可以通过"移送"采用"先刑后民"的程序处理。对当事人行为已经通过法定程序认定为犯罪的，在民事审判中认定侵害公共秩序则没有障碍。有犯罪

的重大嫌疑但未经刑事审判，在《民法典》等民事法律的强制性规定中又不能"对号入座"的，则可以以当事人行为严重侵害公共秩序为由认定合同无效。

2. 同一违法行为，在同时侵害刑法保护的客体与民法保护的客体时，只是在危害性及责任性质、救济程序上有所差别，比如刑事欺诈与民事欺诈，敲诈勒索与民事胁迫。刑法与民法在统一的法律体系中是协调并存的，只是它们的任务不同。刑法与民法对行为的评价，具有价值的一致性、道德取向的一致性。犯罪行为与成立民事合同不是同一行为的或者民事合同不是犯罪行为之一部时，民事合同并不当然无效，这需要具体问题具体分析。民事合同涉嫌犯罪的（尚未被刑事判决所确定），人民法院可以违背公序良俗为由认定合同无效，一味等刑事判决的做法是不可取的。

3. 《民法典》有违背公序良俗导致法律行为无效的规定，这样就不能把违反刑法（属公法）的行为排除在违背公序良俗之外，否则在法律体系内部就出现了不统一的矛盾。

4. 实务中，当事人一方签订合同的行为已经构成犯罪，民事审判却认定合同有效，这就撕裂了法律追求的价值。有些民事法律行为违法已经达到需要刑事评价的程度，并不能豁免民事违法的后果。实施民事法律行为构成犯罪，民事法律行为本身的违法性并不消失。

5. 如果当事人成立合同的行为构成犯罪，合同按有效对待并没有实益。主张有实益的观点，主要是认为，合同有效，则担保有效，这样借贷合同中出借人（往往是受害人）的利益可以得到保护。本书认为，采用这种路径保护，违反了法律的基本价值判断。

6. 我们所说的导致合同无效的犯罪行为，可以是双方当事人的行为（比如恶意串通），也可以是一方当事人的行为（比如欺诈）。民事合同，可以因为其中一方的行为而无效；一方构成犯罪的，同样导致民事合同无效。

7. 实施犯罪行为成立的合同中，有两类行为比较典型，一类是胁迫，一类是欺诈，构成胁迫犯罪、欺诈犯罪的，民事胁迫、民事欺诈不被吸收，民事后果依然存在。

（二）一般意义上的胁迫和导致合同不成立及无效的胁迫

1. 一般意义上的胁迫。胁迫，是指一方或第三人采用违法手段，威胁对方，使对方因恐惧而订立合同的行为。以给自然人及其亲友的生命健康、荣誉、名誉、财产等造成损害或者以给法人的荣誉、名誉、财产等造成损害为要挟，迫使对方作出违背真意的意思表示的，可以认定为胁迫行为。胁迫状态可以在一定的"时间段"（期间）持续。

一般意义上的胁迫是我们通常所说的民事胁迫，它也是危害公共秩序的，但其尚未严重到导致合同无效的程度。"一方或者第三人以胁迫手段，使对方在违背真实意思的情况下实施的民事法律行为，受胁迫方有权请求人民法院或者仲裁机构予以撤销"（第150条）。也就是说，一般意义上的胁迫是撤销事由。胁迫具有强制性，因而胁迫人可以是相对人，也可以是第三人。第三人的胁迫，被胁迫人的相对人不知情（不知道或者不应当知道），不影响被胁迫人享有撤销权，这与第三人欺诈不同。[1]民法上构成撤销事由的胁迫，表意人（被胁迫人）是有意思表示的，只是心理上处于被强制状态。

胁迫须为不法。不法包括三种：其一，目的违法，手段也违法。例如，以揭露隐私等进行要挟，订立不法合同，这种情形通常为无效事由与撤销事由（胁迫）竞合，应按无效处理。其二，目的合法但手段违法。例如，甲对不还款的乙说，如果不签订还款协议，就等着今天晚上你家里失火吧。其三，目的违法但手段合法。例如，甲对乙说，如不给我10万元，我就告发你的某个违法行为。

合法的威胁不构成胁迫，须目的合法、手段合法。例如，对违约人以起诉相要挟，要求订立和解协议，就不构成胁迫。

例3-33：张甲吃了乙公司销售的香肠，发现里面有两根长长的猪毛，就对乙公司说："赔我1万元，不赔我就向新闻界披露。"张甲对乙公司是否构成民法上的胁迫？是否构成犯罪？

——不构成胁迫。向新闻界披露，手段不违法。要求赔偿1万元，属于要价（要约），虽然较高，但尚不构成目的违法，就像起诉请求巨额赔偿一样，一般不应认定为目的违法。民法上不构成胁迫，自也不能构成与之相关的犯罪。

2. "物理强制"之下"订立"的合同不成立。合同是双方当事人的合意，一方没有意思表示，合同不能成立。被胁迫一方是在心理上受到压力的

---

〔1〕《民法典》第149条规定："第三人实施欺诈行为，使一方在违背真实意思的情况下实施的民事法律行为，对方知道或者应当知道该欺诈行为的，受欺诈方有权请求人民法院或者仲裁机构予以撤销。"

情况下为意思表示的，即其是有意思表示的，且内心效果意思与表示效果意思一致，只是形成内心效果意思的动机是规避胁迫所指向的危害。

采用暴力手段，拿着别人的手指在合同书上按手印、盖章，是"物理强制"、一种高烈度的人身强制，称为绝对强制，受害人根本没有意思表示，双方没有合意，不能按合同可撤销或无效处理，应当认为合同不成立。[1]

3. 构成犯罪的胁迫，严重侵害社会公共秩序，合同无效。可撤销合同是有效但可撤销的合同。构成犯罪的胁迫，是对社会公共秩序的严重侵害，合同不能按可撤销处理，应认定为无效。

以杀人、放火等危害胁迫订立合同的行为，不仅使相对人陷入恐惧，也严重危害公共秩序（其中有些构成犯罪），所订立的合同无效，撤销事由与无效事由竞合时，按合同无效处理。比如，张甲威胁李乙，如三日内不订立合同，将放火烧了李乙的祖屋。李乙考虑张甲真有可能做出此事，就与其订立了合同。张甲危害公共秩序，涉嫌犯罪，该合同应认定为无效，而不应认定为可撤销。

在现场使用凶器威胁，或采用非法拘禁的方法迫使对方订立合同，对方是有意思表示的，形式上符合合同成立的要件。上述胁迫的方法虽然不是物理强制，但仍然属于绝对强制（没有选择的余地），应以违背公共秩序为由确认合同无效，而不应当认定为可撤销。

（三）构成犯罪的合同欺诈，严重侵害社会公共秩序，合同无效

采用欺诈手段签订的合同，在《民法典》上是可撤销的合同，是有效合同，受害人享有撤销权，其可以行使撤销权（形成诉权），也可以不行使而维持合同的效力。欺诈人构成合同诈骗罪时，[2]不仅侵害了合同相对人的利益，也侵害了社会公共秩序（属于扰乱市场秩序罪），合同的效力就不能由受害人

---

[1] 实务中，合同未成立与无效的区分不是很明确，两者的民事后果相同，按无效处理也是可以的，因为合同未成立与无效都不发生意定法律关系。

[2]《刑法》第224条就合同诈骗罪规定："有下列情形之一，以非法占有为目的，在签订、履行合同过程中，骗取对方当事人财物，数额较大的，处三年以下有期徒刑或者拘役，并处或者单处罚金；数额巨大或者有其他严重情节的，处三年以上十年以下有期徒刑，并处罚金；数额特别巨大或者有其他特别严重情节的，处十年以上有期徒刑或者无期徒刑，并处罚金或者没收财产：（一）以虚构的单位或者冒用他人名义签订合同的；（二）以伪造、变造、作废的票据或者其他虚假的产权证明作担保的；（三）没有实际履行能力，以先履行小额合同或者部分履行合同的方法，诱骗对方当事人继续签订和履行合同的；（四）收受对方当事人给付的货物、货款、预付款或者担保财产后逃匿的；（五）以其他方法骗取对方当事人财物的。"

选择，而应认定为无效。[1]

例如，甲虚构工程并使用假印章与李乙签订"工程联营施工协议"，诈骗李乙工程保证金 50 万元，该协议只能认定为无效，不可能是因欺诈而成立的可撤销的合同（有效合同）。需注意的是，合同诈骗罪中的诈骗行为，可以发生在合同的缔结阶段，也可以发生在履行阶段：发生在缔结阶段的，应认定合同自始无效；如果在订立合同时没有诈骗的故意，在履行阶段起意并实施欺诈，则合同并非民法上的无效合同，不妨碍受害人追究欺诈人违约的民事责任。

例 3-34： 刘某将 3 只打造精巧的镀金手镯冒充成纯金手镯进行典当，所骗钱款用于赌博。次年典当到期后，刘某却没来赎回手镯，典当行发现诈欺后，到公安机关报案。检察院提起公诉，法院以诈骗罪判决被告人刘某承担刑事责任。[2]

——法院以诈骗罪而非合同诈骗罪定罪，但本案存在《民法典》意义上的书面合同，当事人对典当是有合意的。该典当合同因危害公共利益，在民法上是无效的。

例 3-35： 张某从朋友李某处借现金 20 万元，当场掏出签字笔给李某写了借条。一个月后，李某发现借条是一张白纸，字迹已经褪去。李某催要借款，张某否认借款。后来认定的事实是张某为诈取李某一笔钱，事先准备了能自行褪去字迹的签字笔。

——张某的行为已经构成犯罪。从民法的角度看，张某的内心并无借款的真实意思，但从表示主义出发，仍应认定借款合同（民事合同）成立。张某诈取李某钱财的事实，既是构成犯罪的刑事法律事实，也是导致合同无效的民事法律事实（侵害公共秩序）。认定合同无效与追究刑事责任并不发生冲突，认为构成犯罪但借款合同有效的观点是不正确的。

---

〔1〕 一种观点认为，在合同一方主体构成金融诈骗犯罪的情况下，受欺诈一方不行使撤销权的，如无其他法定合同无效情形，人民法院应依法认定该合同有效。参见刘贵祥："关于金融民商事审判工作中的理念、机制和法律适用问题"，载《法律适用》2023 年第 1 期。

〔2〕《刑法》第 266 条就诈骗罪规定："诈骗公私财物，数额较大的，处三年以下有期徒刑、拘役或者管制，并处或者单处罚金；数额巨大或者有其他严重情节的，处三年以上十年以下有期徒刑，并处罚金；数额特别巨大或者有其他特别严重情节的，处十年以上有期徒刑或者无期徒刑，并处罚金或者没收财产。本法另有规定的，依照规定。"

（四）民间借贷行为构成犯罪，民间借贷合同是否当然无效

《民间借贷规定》（2020年第二次修正）第12条第1款规定："借款人或者出借人的借贷行为涉嫌犯罪，或者已经生效的裁判认定构成犯罪，当事人提起民事诉讼的，民间借贷合同并不当然无效。人民法院应当依据民法典第一百四十四条、第一百四十六条、第一百五十三条、第一百五十四条以及本规定第十三条之规定，认定民间借贷合同的效力。"本条源自《民间借贷规定》修正前的第13条，当时对13条的解说指出："犯罪行为与民事合同的牵连、交叉与叠加，必然产生一个很现实的问题，即如何评价民事合同的效力？这是刑民交叉中最为重要的法律问题。""本条规定将涉嫌犯罪与民事合同的效力交织规定，这在我国还是第一次以司法解释的形式对民刑交叉时民事合同效力如何认定作出的尝试性规定，因而具有划时代的意义。""在民间借贷中，行为人的行为涉嫌犯罪，主要集中在诈骗类犯罪、违反市场准入类犯罪以及以合法形式掩盖非法目的的其他犯罪。"[1]

本书认为，《民间借贷规定》（2020年第二次修正）第12条第1款的规定在逻辑上很难成立。其第13条指出："具有下列情形之一的，人民法院应当认定民间借贷合同无效：……（五）违反法律、行政法规强制性规定的；（六）违背公序良俗的。"成立合同的行为，既然构成了犯罪，该行为就必然同时严重违反民法中的强制性规定或公序良俗，也就必然无效。

（五）放弃追究公诉案件刑事责任的和解协议无效

和解协议是债权合同，自应适用《民法典》的规定。实务中，有的当事人签订和解协议，放弃追究一方的刑事责任，如果是公诉案件，则此和解协议因侵害公共秩序而无效，当事人应当按原法律关系解决争议。

例3-36：张甲将李乙打成重伤，二人约定：李乙不举报、不追究张甲的刑事责任、民事责任，张甲给付李乙10万元赔偿费。达成和解协议后，张甲将10万元交付给李乙。

——重伤案件不是自诉案件，而是公诉案件，二人之间的和解协议无效，李乙除可举报外，还可追究张甲的民事侵权责任。李乙收到的10万元，因和

---

[1] 杜万华主编，最高人民法院民事审判第一庭编著：《最高人民法院民间借贷司法解释理解与适用》，人民法院出版社2015年版，第239页。

解协议无效，没有法律根据，应按不当得利返还，但其可通知张甲抵销自己的医疗等费用。

四、对违背良俗（善良风俗）的分析

（一）对善良风俗的理解

"良俗"，即善良风俗。《德国民法典》第 138 条第 1 款规定："违反善良风俗之法律行为，无效。"台湾大学法律学院、台大法学基金会编译的《德国民法典》对本条的注释谈到，善良风俗，指所有公平及正当思考者之礼仪感受。惟此定义仍未臻明确。因此于个案判断上，应考虑下列情事：①因善良风俗所生之行为要求；②法律规范内在之法律伦理价值及原则；③宪法体现之价值体系对于私法之影响；④如有法律外之道德观与法律之价值观相冲突，仅须后者符合宪法精神，即优先于法律外之道德观。[1]

违背善良风俗的合同，如不判决或确认无效，将会误导或者影响一般人的道德观念。包养合同、包夜合同、代孕合同等，都可以以违背善良风俗的理由确认为无效。

例 3-37：（1）张男与李女约定，由张男包养李女 3 年，到期张男送李女房屋一套。协议效力如何？

（2）王男（已婚）为解除与第三人赵女长期的不正当的性关系，签订了和解协议，答应给付李女金钱，是否违背善良风俗？

—— （1）张男与李女的包养协议违背善良风俗，无效。

（2）通过给付金钱的手段建立婚外性关系，是违背善良风俗的；通过给付金钱的手段解除这种不正当的性关系，不违背善良风俗。这类和解协议，可以成为有效合同。

家庭伦理是善良风俗的重要内容。违背善良风俗的合同，往往与家庭、婚姻有关。

例 3-38：一个家庭的三子女签订书面赡养合同，约定由老大（提供财

---

〔1〕 参见台湾大学法律学院、台大法学基金会编译：《德国民法典》，北京大学出版社 2017 年版，第 120、121 页。

产）赡养老人，将来老人的全部遗产由老大继承，老二、老三不继承。

——三个子女的赡养合同并不改变身份关系，不是身份合同，而是约定财产关系的债权合同。按照三人的约定，老二、老三自动放弃将来的继承权，他们的放弃是以不履行财产赡养义务作为对价的，是有效的。①三人的约定并不违背善良风俗，"民间"对这样的约定一般是能够接受的，甚至认为是合理的，法律不应当干涉这类协议。②如果按法定继承，老大可以多分，甚至也有可能得到全部遗产。三人的约定，实际也是法律的选项之一。[1]③需要强调的是，三个子女的约定并不能剥夺老人对老二、老三的赡养请求权。老人即使在赡养协议上签了字，也不能认为其放弃了被赡养的权利，这种权利是生存权的体现，不能放弃、剥夺。

例3-39：张某的妻子是植物人，从农村请了女看护李某。李某伺候植物人多年，成了张某的情人，但李某表示要看护植物人终生。张某向李某借记卡上转款多次，数额较大，远远超过看护费。有人认为，张某对李某的赠与因违背善良风俗而无效。

——张某对李某的赠与，具有道德义务赠与的性质（李某伺候植物人多年，表示要看护植物人终生）。虽然二人有婚外情人关系，但在定性上不能认为赠与合同是违背善良风俗的，不能以此为由确认赠与合同无效。

（二）违背善良风俗的特殊形态：自始显失公平的合同

并非所有违背善良风俗的合同都无效。自始显失公平的合同，是违背善良风俗的特殊形态。所谓特殊形态，是指法律将其专门规定并确定其特殊的效力（有效但可撤销）。《民法典》第151条规定："一方利用对方处于危困状态、缺乏判断能力等情形，致使民事法律行为成立时显失公平的，受损害方有权请求人民法院或者仲裁机构予以撤销。"自始显失公平，是一方当事人严重违反公平交易原则，利用对方的不利处境，致使当事人之间的权利义务从一开始就明显不对等（对价不充分）的情形。

这种严重违反公平交易原则，导致自始显失公平的行为，传统民法称之

---

[1]《民法典》第1130条第3款规定："对被继承人尽了主要扶养义务或者与被继承人共同生活的继承人，分配遗产时，可以多分。"第4款规定："有扶养能力和有扶养条件的继承人，不尽扶养义务的，分配遗产时，应当不分或者少分。"

为暴利行为。《德国民法典》第 138 条第 1 款规定："违反善良风俗之法律行为，无效。"第 2 款就暴利行为规定："法律行为系利用他人急迫情形、无经验、欠缺判断能力，或明显意志薄弱，使其对自己或第三人为财产利益给付之承诺或其给付显失公平者，该法律行为无效。"我国台湾地区"民法"第 74 条就暴利行为之效力规定："法律行为，系乘他人之急迫、轻率或无经验，使其为财产上之给付或为给付之约定，依当时情形显失公平者，法院得因利害关系人之声请，撤销其法律行为或减轻其给付。前项声请，应于法律行为后一年内为之。"上述立法例，一规定为无效，一规定为可撤销、可减轻给付。我国原《合同法》的规定是可变更、可撤销，并规定变更具有优先的效力。[1]《民法典》第 151 条去除了变更，救济方式只有撤销一种。这在立法上是很遗憾的事情，因为显失公平是双务合同对待给付明显有落差，优先考虑变更（减轻给付）才更合理，甚至可能是双方都愿意接受的结果。

这里想重点说明的是，违背善良风俗的合同并非都无效，存在有效但可撤销的特别规定。这种特别规定更尊重受害一方的意愿。

第八节　案例分析

◎ 案例分析一：恶意串通订立的合同无效

最高人民法院指导案例 33 号：瑞士嘉吉国际公司诉福建金石制油有限公司等确认合同无效纠纷案

（最高人民法院审判委员会讨论通过，2014 年 12 月 18 日发布）

关键词　民事　确认合同无效　恶意串通　财产返还

裁判要点

1. 债务人将主要财产以明显不合理低价转让给其关联公司，关联公司在

---

〔1〕 原《合同法》第 54 条规定："下列合同，当事人一方有权请求人民法院或者仲裁机构变更或者撤销：（一）因重大误解订立的；（二）在订立合同时显失公平的。一方以欺诈、胁迫的手段或者乘人之危，使对方在违背真实意思的情况下订立的合同，受损害方有权请求人民法院或者仲裁机构变更或者撤销。当事人请求变更的，人民法院或者仲裁机构不得撤销。"

明知债务人欠债的情况下，未实际支付对价的，可以认定债务人与其关联公司恶意串通、损害债权人利益，与此相关的财产转让合同应当认定为无效。

2. 《合同法》第 59 条适用于第三人为财产所有权人的情形，在债权人对债务人享有普通债权的情况下，应当根据《合同法》第 58 条的规定，判令将因无效合同取得的财产返还给原财产所有权人，而不能根据第 59 条的规定直接判令债务人的关联公司将因"恶意串通，损害第三人利益"的合同而取得的债务人的财产返还给债权人。

相关法条

1. 《合同法》第 52 条第 2 项（注：对应《民法典》第 154 条、第 164 条第 2 款）

2. 《合同法》第 58 条、第 59 条（注：第 58 条对应《民法典》第 157 条）

基本案情

瑞士嘉吉国际公司（Cargill International SA，以下简称"嘉吉公司"）与福建金石制油有限公司（以下简称"福建金石公司"）以及大连金石制油有限公司、沈阳金石豆业有限公司、四川金石油粕有限公司、北京珂玛美嘉粮油有限公司、宜丰香港有限公司（该六公司以下统称"金石集团"）存在商业合作关系。嘉吉公司因与金石集团买卖大豆发生争议，双方在国际油类、种子和脂类联合会仲裁过程中于 2005 年 6 月 26 日达成和解协议，约定金石集团将在 5 年内分期偿还债务，并将金石集团旗下福建金石公司的全部资产，包括土地使用权、建筑物和固着物、所有的设备及其他财产，抵押给嘉吉公司，作为偿还债务的担保。2005 年 10 月 10 日，国际油类、种子和脂类联合会根据该和解协议作出第 3929 号仲裁裁决，确认金石集团应向嘉吉公司支付 1337 万美元。2006 年 5 月，因金石集团未履行该仲裁裁决，福建金石公司也未配合进行资产抵押，嘉吉公司向福建省厦门市中级人民法院申请承认和执行第 3929 号仲裁裁决。2007 年 6 月 26 日，厦门市中级人民法院经审查后裁定对该仲裁裁决的法律效力予以承认和执行。该裁定生效后，嘉吉公司申请强制执行。

2006 年 5 月 8 日，福建金石公司与福建田源生物蛋白科技有限公司（以下简称"田源公司"）签订一份国有土地使用权及资产买卖合同，约定福建金石公司将其国有土地使用权、厂房、办公楼和油脂生产设备等全部固定资产以人民币 2569 万元（以下未特别注明的均为人民币）的价格转让给田源公司，其中国有土地使用权作价 464 万元、房屋及设备作价 2105 万元，应在合同生效后 30 日内支付全部价款。王晓琪和柳锋分别作为福建金石公司与田源公司的法定代表人在合同上签名。福建金石公司曾于 2001 年 12 月 31 日以 482.1 万元取得本案所涉 32 138 平方米国有土地使用权。2006 年 5 月 10 日，福建金石公司与田源公司对买卖合同项下的标的物进行了交接。同年 6 月 15 日，田源公司通过在中国农业银行漳州支行的账户向福建金石公司在同一银行的账户转入 2500 万元。福建金石公司当日从该账户汇出 1300 万元、1200 万元两笔款项至金石集团旗下大连金石制油有限公司账户，用途为往来款。同年 6 月 19 日，田源公司取得上述国有土地使用权证。

2008 年 2 月 21 日，田源公司与漳州开发区汇丰源贸易有限公司（以下简称"汇丰源公司"）签订买卖合同，约定汇丰源公司购买上述土地使用权及地上建筑物、设备等，总价款为 2669 万元，其中土地价款 603 万元、房屋价款 334 万元、设备价款 1732 万元。汇丰源公司于 2008 年 3 月取得上述国有土地使用权证。汇丰源公司仅于 2008 年 4 月 7 日向田源公司付款 569 万元，此后未付其余价款。

田源公司、福建金石公司、大连金石制油有限公司及金石集团旗下其他公司的直接或间接控制人均为王政良、王晓莉、王晓琪、柳锋。王政良与王晓琪、王晓莉是父女关系，柳锋与王晓琪是夫妻关系。2009 年 10 月 15 日，中纺粮油进出口有限责任公司（以下简称"中纺粮油公司"）取得田源公司 80% 的股权。2010 年 1 月 15 日，田源公司更名为中纺粮油（福建）有限公司（以下简称"中纺福建公司"）。

汇丰源公司成立于 2008 年 2 月 19 日，原股东为宋明权、杨淑莉。2009 年 9 月 16 日，中纺粮油公司和宋明权、杨淑莉签订股权转让协议，约定中纺粮油公司购买汇丰源公司 80% 的股权。同日，中纺粮油公司（甲方）、汇丰源公司（乙方）、宋明权和杨淑莉（丙方）及沈阳金豆食品有限公司（丁方）签订股权质押协议，约定：丙方将所拥有汇丰源公司 20% 的股权质押给甲方，作为乙方、丙方、丁方履行"合同义务"之担保；"合同义务"系指乙方、丙方在股权转让协议及股权质押协议项下因"红豆事件"而产生的所有责任和义务；"红豆事件"是指嘉吉公司与金石集团就进口大豆中掺杂红豆原因而引发的金石集团涉及的一系列诉讼及仲裁纠纷，以及与此有关的涉及汇丰源公司的一系列诉讼及仲裁纠纷。还约定，下述情形同时出现之日，视为乙方和丙方的"合同义务"已完全履行：①因"红豆事件"而引发的任何诉讼、仲裁案件的全部审理及执行程序均已终结，且乙方未遭受财产损失；②嘉吉公司针对乙方所涉合同可能存在的撤销权因超过法律规定的最长期间（5年）而消灭。2009年11月18日，中纺粮油公司取得汇丰源公司80%的股权。汇丰源公司成立后并未进行实际经营。

由于福建金石公司已无可供执行的财产，导致无法执行，嘉吉公司遂向福建省高级人民法院提起诉讼，请求：一是确认福建金石公司与中纺福建公司（即田源公司）签订的国有土地使用权及资产买卖合同无效；二是确认中纺福建公司与汇丰源公司签订的国有土地使用权及资产买卖合同无效；三是判令汇丰源公司、中纺福建公司将其取得的合同项下财产返还给财产所有人。

裁判结果

福建省高级人民法院于2011年10月23日作出（2007）闽民初字第37号民事判决，确认福建金石公司与田源公司（后更名为中纺福建公司）之间的国有土地使用权及资产买卖合同、田源公司与汇丰源公司之间的买卖合同无效；判令汇丰源公司于判决生效之日起30日内向福建金石公司返还因上述合同而取得的国有土地使用权，中纺福建公司于判决生效之日起30日内向福建金石公司返还因上述合同而取得的房屋、设备。宣判后，福建金石公司、中纺福建公司、汇丰源公司提出上诉。最高人民法院于2012年8月22日作出（2012）民四终字第1号民事判决，驳回上诉，维持原判。

裁判理由

最高人民法院认为：因嘉吉公司注册登记地在瑞士，本案系涉外案件，各方当事人对适用中华人民共和国法律审理本案没有异议。本案源于债权人嘉吉公司认为，债务人福建金石公司与关联企业田源公司、田源公司与汇丰源公司之间关于土地使用权以及地上建筑物、设备等资产的买卖合同，因属于《合同法》第52条第2项"恶意串通，损害国家、集体或者第三人利益"的情形而应当被认定无效，并要求返还原物。本案争议的焦点问题是：福建金石公司、田源公司、汇丰源公司相互之间订立的合同是否构成恶意串通，损害嘉吉公司利益的合同？本案所涉合同被认定无效的法律后果如何？

一、关于福建金石公司、田源公司、汇丰源公司相互之间订立的合同是否构成"恶意串通，损害第三人利益"的合同

第一，福建金石公司、田源公司在签订和履行国有土地使用权及资产买卖合同的过程中，其实际控制人之间系亲属关系，且柳锋、王晓琪夫妇分别作为两公司的法定代表人在合同上签字。因此，可以认定在签署以及履行转让福建金石公司国有土地使用权、房屋、设备的合同过程中，田源公司对福建金石公司的状况是非常清楚的，对包括福建金石公司在内的金石集团因"红豆事件"被仲裁裁决确认对嘉吉公司形成1337万美元债务的事实是清楚的。

第二，福建金石公司与田源公司的国有土地使用权及资产买卖合同订立于2006年5月8日，其中约定田源公司购买福建金石公司资产的价款为2569万元，国有土地使用权作价464万元、房屋及设备作价2105万元，并未根据相关会计师事务所的评估报告作价。一审法院根据福建金石公司2006年5月31日资产负债表，以其中载明固定资产原价44 042 705.75元、扣除折旧后固定资产净值为32 354 833.70元，而国有土地使用权及资产买卖合同中对房屋及设备作价仅2105万元，认定国有土地使用权及资产买卖合同中约定的购买福建金石公司资产价格为不合理低价是正确的。在明知债务人福建金石公司欠债权人嘉吉公司巨额债务的情况下，田源公司以明显不合理低价购买福建金石公司的主要资产，足以证明其与福建金石公司在签订国有土地使用权及资产买卖合同时具有主观恶意，属恶意串通，且该合同的履行足以损害债权人嘉吉公司的利益。

第三，国有土地使用权及资产买卖合同签订后，田源公司虽然向福建金石公司的账户转账2500万元，但该转账并未注明款项用途，且福建金石公司于当日将2500万元分两笔汇入其关联企业大连金石制油有限公司账户；福建金石公司和田源公司当年的财务报表并未体现该笔2500万元的入账或支出，而是体现出田源公司尚欠福建金石公司"其他应付款"121 224 155.87元。一审法院据此认定田源公司并未根据国有土地使用权及资产买卖合同向福建金石公司实际支付价款是合理的。

第四，从公司注册登记资料看，汇丰源公司成立时股东构成似与福建金石公司无关，但从汇丰源公司股权变化过程可以看出，汇丰源公司在与田源

公司签订买卖合同时对转让的资产来源以及福建金石公司对嘉吉公司的债务是明知的。汇丰源公司与田源公司的买卖合同约定的价款为 2669 万元，与田源公司从福建金石公司购入该资产的约定价格相差不大。汇丰源公司除已向田源公司支付 569 万元外，其余款项未付。一审法院据此认定汇丰源公司与田源公司签订买卖合同时恶意串通并足以损害债权人嘉吉公司的利益，并无不当。

综上，福建金石公司与田源公司签订的国有土地使用权及资产买卖合同、田源公司与汇丰源公司签订的买卖合同，属于恶意串通、损害嘉吉公司利益的合同，根据《合同法》第 52 条第 2 项的规定，均应当认定为无效。

二、关于本案所涉合同被认定无效后的法律后果

对于无效合同的处理，人民法院一般应当根据《合同法》第 58 条"合同无效或者被撤销后，因该合同取得的财产，应当予以返还；不能返还或者没有必要返还的，应当折价补偿。有过错的一方应当赔偿对方因此所受到的损失，双方都有过错的，应当各自承担相应的责任"的规定，判令取得财产的一方返还财产。本案涉及的两份合同均被认定无效，两份合同涉及的财产相同，其中国有土地使用权已经从福建金石公司经田源公司变更至汇丰源公司名下，在没有证据证明本案所涉房屋已经由田源公司过户至汇丰源公司名下、所涉设备已经由田源公司交付汇丰源公司的情况下，一审法院直接判令取得国有土地使用权的汇丰源公司、取得房屋和设备的田源公司分别将各自取得的财产返还给福建金石公司并无不妥。

《合同法》第 59 条规定："当事人恶意串通，损害国家、集体或者第三人利益的，因此取得的财产收归国家所有或者返还集体、第三人。"该条规定应当适用于能够确定第三人为财产所有权人的情况。本案中，嘉吉公司对福建金石公司享有普通债权，本案所涉财产系福建金石公司的财产，并非嘉吉公司的财产，因此只能判令将系争财产返还给福建金石公司，而不能直接判令返还给嘉吉公司。

【本书的分析】

该指导案例涉及两个问题，第一是恶意串通的认定，第二是因无效合同取得的财产之返还。这里只分析第一个问题。

该指导案例最重要的意义，是提供了认定恶意串通的可供参照的标准。

据此标准，可以将恶意串通与债权人享有撤销权情形债务人的相对人"知道或者应当知道"相区分。

《民法典》第539条规定："债务人以明显不合理的低价转让财产、以明显不合理的高价受让他人财产或者为他人的债务提供担保，影响债权人的债权实现，债务人的相对人知道或者应当知道该情形的，债权人可以请求人民法院撤销债务人的行为。"本条中的"知道或者应当知道"，在实务中经常被误作恶意串通的一种表现。孤立的"知道或者应当知道"并不能构成恶意串通，因为恶意串通的当事人有共同的故意、共同的追求，有协调一致的共同行为。进一步说，恶意串通之"恶意"是动机之恶意。比如甲为了逃避执行而与乙串通，假意将甲的房产抵押给乙，双方订立了抵押合同。甲、乙故意的内容一致，或者说，恶意的内容一致、目标一致（目标是动机），就共同的目标，双方有意思联络。债权人享有撤销权情形，债务人的相对人"知道或者应当知道"债务人不合理行为，虽然主观上也是故意，但在故意的内容上与债务人并不一致，债务人是为了诈害债权，其相对人是图便宜或者是为了取得担保，没有一致的目标，即没有共同的故意。[1]

该指导案例所提供的认定恶意串通的参照标准是："债务人将主要财产以明显不合理低价转让给其关联公司，关联公司在明知债务人欠债的情况下，未实际支付对价的，可以认定债务人与其关联公司恶意串通、损害债权人利益，与此相关的财产转让合同应当认定为无效。"要点是：①低价转让，即转让人的行为外部有明显的不合理性。②受让人是转让人的关联公司，即受让人与转让人有某种特殊的关系。实务中，不合理低价转让发生在父子之间、兄弟姐妹之间、情人之间、家族公司的股东之间等，都可以认定有特殊关系，这种关系不一定是经济关系。③关联公司明知债务人欠债。这里的关键词是"明知"，不包括"应当知道"。这里的"明知"与"故意"也有所不同。这里的"明知"，是明知一个具体事实，而"故意"是整个行为的主观状态。④未实际支付对价的，比如未付款，或者付款以后又原路退回或通过"磨账"等方式退回。付款以后未退回但有证据证明须退回的，应认定为没有对价，

---

[1]　同理，在委托代理中，被代理人（委托人）"知道或者应当知道"代理人（受托人）的代理行为违法未作反对表示的，不能就此认定被代理人和代理人是恶意串通。《民法典》第167条规定："代理人知道或者应当知道代理事项违法仍然实施代理行为，或者被代理人知道或者应当知道代理人的代理行为违法未作反对表示的，被代理人和代理人应当承担连带责任。"

可以作为认定恶意串通的一个要素。

恶意藏之于心，串通是秘密行为。指导案例提出的参照标准，是在综合事实的基础上，推断行为人有协调一致的共同行为以及共同的恶意（追求一致的目标），该参照标准对指导实务具有重要的意义。显然，这个参照标准认定的恶意串通与债权人享有撤销权情形债务人之相对人"知道或者应当知道"有明显区别，两者应当严格区分，不可混为一谈。

顺便指出，实务中有人认为：对债权人而言，《民法典》规定的合同无效制度与债权人撤销制度，所涉两种保护债权实现的方式，各有利弊。根据《民事诉讼法》规定的权利处分原则，债权人可以在权衡利弊后做出选择。——本书认为，两种制度价值判断不同、立法目的不同、保护的利益不同，以致对受害人救济的方式不同。合同无效制度侧重保护国家和社会利益，债权人撤销制度侧重保护的是债权人债权的实现。债权人撤销的是债务人与其相对人（第三人）的有效合同，否则无从撤销。

◎ 案例分析二：违反行政规章造成违背公序良俗的，应认定合同无效

指导案例 170 号：饶国礼诉某物资供应站等房屋租赁合同纠纷案

（最高人民法院审判委员会讨论通过，2021 年 11 月 9 日发布）

关键词 民事 房屋租赁合同 合同效力 行政规章 公序良俗 危房

裁判要点

违反行政规章一般不影响合同效力，但违反行政规章签订租赁合同，约定将经鉴定机构鉴定存在严重结构隐患，或将造成重大安全事故的应当尽快拆除的危房出租用于经营酒店，危及不特定公众人身及财产安全，属于损害社会公共利益、违背公序良俗的行为，应当依法认定租赁合同无效，按照合同双方的过错大小确定各自应当承担的法律责任。

相关法条

《民法总则》第 153 条、《合同法》第 52 条、第 58 条（注：对应《民法典》第 153 条、第 157 条）

基本案情

南昌市青山湖区晶品假日酒店（以下简称"晶品酒店"）组织形式为个人经营，经营者系饶国礼，经营范围及方式为宾馆服务。2011 年 7 月 27 日，晶品酒店通过公开招投标的方式中标获得租赁某物资供应站所有的南昌市青山南路 1 号办公大楼的权利，并向某物资供应站出具承诺书，承诺中标以后严格按照加固设计单位和江西省建设工程安全质量监督管理局等权威部门出具的加固改造方案，对青山南路 1 号办公大楼进行科学、安全的加固，并在取得具有法律效力的书面文件后，再使用该大楼。同年 8 月 29 日，晶品酒店与某物资供应站签订租赁合同，约定：某物资供应站将南昌市青山南路 1 号（包含房产证记载的南昌市东湖区青山南路 1 号和东湖区青山南路 3 号）办公大楼 4120 平方米建筑出租给晶品酒店，用于经营商务宾馆。租赁期限为 15 年，自 2011 年 9 月 1 日起至 2026 年 8 月 31 日止。除约定租金和其他费用标准、支付方式、违约赔偿责任外，还在第五条特别约定：①租赁物经有关部门鉴定为危楼，需加固后方能使用。晶品酒店对租赁物的前述问题及瑕疵已充分了解。晶品酒店承诺对租赁物进行加固，确保租赁物达到商业房产使用标准，晶品酒店承担全部费用。②加固工程方案的报批、建设、验收（验收部门为江西省建设工程安全质量监督管理局或同等资质的部门）均由晶品酒店负责，某物资供应站根据需要提供协助。③晶品酒店如未经加固合格即擅自使用租赁物，应承担全部责任。合同签订后，某物资供应站依照约定交付了租赁房屋。晶品酒店向某物资供应站给付 20 万元履约保证金、1000 万元投标保证金。晶品酒店中标后，某物资供应站退还了 800 万元投标保证金。

2011 年 10 月 26 日，晶品酒店与上海永祥加固技术工程有限公司签订加固改造工程协议书，晶品酒店将租赁的房屋以包工包料一次包干（图纸内的全部土建部分）的方式发包给上海永祥加固技术工程有限公司加固改造，改造范围为主要承重柱、墙、梁板结构加固、新增墙体全部内粉刷，图纸内的全部内容，图纸、电梯、热泵。开工时间为 2011 年 10 月 26 日，竣工时间为 2012 年 1 月 26 日。2012 年 1 月 3 日，在加固施工过程中，案涉建筑物大部分垮塌。

江西省建设业安全生产监督管理站于 2007 年 6 月 18 日出具房屋安全鉴定意见，鉴定结果和建议是：①该大楼主要结构受力构件设计与施工均不能满足现行国家设计和施工规范的要求，其强度不能满足上部结构承载力的要求，存在较严重的结构隐患。②该大楼未进行抗震设计，没有抗震构造措施，不符合《建筑抗震设计规范》（GB 50011-2001）的要求，遇有地震或其他意外情况发生，将造成重大安全事故。③根据《危险房屋鉴定标准》（GB 50292-1999），该大楼按房屋危险性等级划分，属 D 级危房，应予以拆除。④建议：应立即对大楼进行减载，减少结构上的荷载；对有问题的结构构件进行加固处理；目前，应对大楼加强观察，并应采取措施，确保大楼安全过渡至拆除，如发现有异常现象，应立即撤出大楼的全部人员，并向有关部门报告；建议尽快拆除全部结构。

饶国礼向一审法院提出诉讼请求：①解除其与某物资供应站于 2011 年 8 月 29 日签订的租赁合同；②某物资供应站返还其保证金 220 万元；③某物资供应站赔偿其各项经济损失共计 281 万元；④本案诉讼费用由某物资供应站承担。

某物资供应站向一审法院提出反诉诉讼请求：①判令饶国礼承担侵权责任，赔偿某物资供应站 2463.5 万元；②判令饶国礼承担全部诉讼费用。

再审中，饶国礼将其上述第一项诉讼请求变更为：确认案涉租赁合同无效。某物资供应站亦将其诉讼请求变更为：饶国礼赔偿某物资供应站损失 418.7 万元。

裁判结果

江西省南昌市中级人民法院于 2017 年 9 月 1 日作出（2013）洪民一初字第 2 号民事判决：①解除饶国礼经营的晶品酒店与某物资供应站 2011 年 8 月 29 日签订的租赁合同；②某物资供应站应返还饶国礼投标保证金 200 万元；③饶国礼赔偿某物资供应站 804.3 万元，抵扣本判决第二项某物资供应站返还饶国礼的 200 万元投标保证金后，饶国礼还应于本判决生效后 15 日内给付某物资供应站 604.3 万元；④驳回饶国礼其他诉讼请求；⑤驳回某物资供应站其他诉讼请求。

一审判决后，饶国礼提出上诉。江西省高级人民法院于 2018 年 4 月 24 日作出（2018）赣民终 173 号民事判决：①维持江西省南昌市中级人民法院（2013）洪民一初字第 2 号民事判决第一项、第二项；②撤销江西省南昌市中级人民法院（2013）洪民一初字第 2 号民事判决第三项、第四项、第五项；③某物资供应站返还饶国礼履约保证金 20 万元；④饶国礼赔偿某物资供应站经济损失 182.4 万元；⑤本判决第一项、第三项、第四项确定的金额相互抵扣后，某物资供应站应返还饶国礼37.6万元，该款项限物资供应站于本判决生效后10日内支付；⑥驳回饶国礼的其他诉讼请求；⑦驳回某物资供应站的其他诉讼请求。

饶国礼、某物资供应站均不服二审判决，向最高人民法院申请再审。最高人民法院于2018年9月27日作出（2018）最高法民申4268号民事裁定，裁定提审本案。2019年12月19日，最高人民法院作出（2019）最高法民再97号民事判决：①撤销江西省高级人民法院（2018）赣民终173号民事判决、江西省南昌市中级人民法院（2013）洪民一初字第2号民事判决；②确认饶国礼经营的晶品酒店与某物资供应站签订的租赁合同无效；③某物资供应站自本判决发生法律效力之日起10日内向饶国礼返还保证金220万元；④驳回饶国礼的其他诉讼请求；⑤驳回某物资供应站的诉讼请求。

裁判理由

最高人民法院认为：根据江西省建设业安全生产监督管理站于2007年6月18日出具的房屋安全鉴定意见，案涉租赁合同签订前，该合同项下的房屋存在以下安全隐患：一是主要结构受力构件设计与施工均不能满足现行国家设计和施工规范的要求，其强度不能满足上部结构承载力的要求，存在较严重的结构隐患；二是该房屋未进行抗震设计，没有抗震构造措施，不符合《建筑抗震设计规范》国家标准，遇有地震或其他意外情况发生，将造成重大安全事故。房屋安全鉴定意见同时就此前当地发生的地震对案涉房屋的结构造成了一定破坏、应引起业主及其上级部门足够重视等提出了警示。在上述认定基础上，江西省建设业安全生产监督管理站对案涉房屋的鉴定结果和建议是，案涉租赁房屋属于应尽快拆除全部结构的D级危房。据此，经有权鉴定机构鉴定，案涉房屋已被确定属于存在严重结构隐患或将造成重大安全事故的应当尽快拆除的D级危房。根据中华人民共和国住房和城乡建设部《危险房屋鉴定标准》（2016年12月1日实施）第6.1条，房屋危险性鉴定属D级危房的，系指承重结构已不能满足安全使用要求，房屋整体处于危险状态，构成整幢危房。尽管《危险房屋鉴定标准》第7.0.5条规定，对评定为局部危房或整幢危房的房屋可按下列方式进行处理，即观察使用、处理使用、停止使用、整体拆除、按相关规定处理，但本案中，有权鉴定机构已经明确案涉房屋应予拆除，并建议尽快拆除该危房的全部结构。因此，案涉危房并不具有可在加固后继续使用的情形。《商品房屋租赁管理办法》第 6 条规定，不符合安全、防灾等工程建设强制性标准的房屋不得出租。《商品房屋租赁管理办法》虽在效力等级上属部门规章，但是其第 6 条规定体现的是对社会公共安全的保护以及对公序良俗的维护。结合本案事实，在案涉房屋已被确定属于存在严重结构隐患或将造成重大安全事故，应当尽快拆除的 D 级危房的情形下，双方当事人仍签订租赁合同，约定将该房屋出租用于经营可能危及不特定公众人身及财产安全的商务酒店，明显损害了社会公共利益，违背了公序良俗。从维护公共安全及确立正确的社会价值导向的角度出发，对本案情形下合同效力的认定应从严把握，司法不应支持、鼓励这种为追求经济利益而忽视公共安全的有违社会公共利益和公序良俗的行为。故依照《民法总则》第 153 条第 2 款关于违背公序良俗的民事法律行为无效的规定，以及《合同法》第 52 条第 4 项关于损害社会公共利益的合同无效的规定，确认租赁合同无效。关于案涉房屋倒塌后某物资供应站支付给他人的补偿费用问题，因某物资供应站应对租赁合同的无效承担主要责任，根据《合同法》第 58 条"合同无效后，双方都有过错的，应当各自承担相应的责任"的规定，上述费用应由某物资供应站自行承担。因饶国礼对于租赁合同无效亦有过错，故依照《合同法》第 58 条的规定，饶国礼的损失亦应由其自行承担。饶国礼向某物资供应站支付 220 万元保证金，因租赁合同系无效合同，某物资供应站基于该合同取得的该款项依法应当退还给饶国礼。

【本书的分析】

一、行政规章与公序良俗的关系

认定合同无效的依据，是法律、行政法规的强制性规定和公序良俗。司法解释具有法律的效力，其中的强制性规定也是认定合同无效的依据。违背公序良俗的法律行为无效，是兜底性规定。当事人订立的合同，没有直接违反法律、行政法规和司法解释的强制性规定，[1]但违反了行政规章的规定，

---

〔1〕《城镇房屋租赁合同解释》第 3 条对租赁物不适格的规定是："出租人就未经批准或者未按照批准内容建设的临时建筑，与承租人订立的租赁合同无效。但在一审法庭辩论终结前经主管部门批准建设的，人民法院应当认定有效。租赁期限超过临时建筑的使用期限，超过部分无效。但在一审法庭辩论终结前经主管部门批准延长使用期限的，人民法院应当认定延长使用期限内的租赁期间有效。"

从而违背了行政规章直接保护的公序良俗时，可以违背公序良俗为由认定合同无效。再审判决指出《商品房屋租赁管理办法》第 6 条规定体现的是对社会公共安全的保护以及对公序良俗的维护。公序是公共秩序，对社会公共安全、社会公共利益的保护属于公序的范畴。

相关行政规章只是公序良俗的体现，或者说违反某项行政规章是违背公序良俗的标志，但不能直接以违反行政规章为由认定合同无效。该指导案例最重要的意义，是指出了行政规章与公序良俗适用上的关系。裁判要点指出："违反行政规章一般不影响合同效力，但违反行政规章签订租赁合同，约定将经鉴定机构鉴定存在严重结构隐患，或将造成重大安全事故的应当尽快拆除的危房出租用于经营酒店，危及不特定公众人身及财产安全，属于损害社会公共利益、违背公序良俗的行为，应当依法认定租赁合同无效，按照合同双方的过错大小确定各自应当承担的法律责任。"脱离具体案件，上述裁判要点的观点无疑是正确的，对实务具有重要的指导价值。

二、本案租赁合同是自始给付法律不能的无效合同，还是预先约定免除质量瑕疵担保义务的有效合同

第一，再审认定合同无效的立论基础，实际上是认定给付（履行）自始法律不能。

给付自始法律不能，也称为履行自始法律不能，是指自合同成立时起，法律上就不允许标的财产流通（转移所有权或转移使用权）。再审判决指出：在案涉房屋已被确定属于存在严重结构隐患或将造成重大安全事故，应当尽快拆除的 D 级危房的情形下，双方当事人仍签订租赁合同，约定将该房屋出租用于经营可能危及不特定公众人身及财产安全的商务酒店。以上表述的内涵，就是给付自始法律不能。不能的原因是，如若履行，将危害公序良俗。

第二，能否以双方当事人免除质量瑕疵担保义务的约定，认定本案租赁合同有效？

从判决书可知：2011 年 7 月 27 日，晶品酒店（承租人）中标时向某物资供应站（出租人）出具承诺书，承诺中标以后严格按照加固设计单位和江西省建设工程安全质量监督管理局等权威部门出具的加固改造方案，对青山南路 1 号办公大楼进行科学、安全的加固，并在取得具有法律效力的书面文件后，再使用该大楼。同年 8 月 29 日，晶品酒店与某物资供应站签订租赁合

同，在第五条特别约定："①租赁物经有关部门鉴定为危楼，需加固后方能使用。晶品酒店对租赁物的前述问题及瑕疵已充分了解。晶品酒店承诺对租赁物进行加固，确保租赁物达到商业房产使用标准，晶品酒店承担全部费用。②加固工程方案的报批、建设、验收（验收部门为江西省建设工程安全质量监督管理局或同等资质的部门）均由晶品酒店负责，某物资供应站根据需要提供协助。③晶品酒店如未经加固合格即擅自使用租赁物，应承担全部责任。"

以上约定（承诺书的内容已经进入合同，也为约定），是关于免除某物资供应站（出租人）对租赁物的质量瑕疵担保责任的约定。我们对此作一点讨论。

其一，一般而言，租赁合同可以参照适用《民法典》对买卖合同质量瑕疵担保的规定。[1]《民法典》第 615 条规定："出卖人应当按照约定的质量要求交付标的物。出卖人提供有关标的物质量说明的，交付的标的物应当符合该说明的质量要求。"第 708 条实际也包含出租人的质量瑕疵担保义务："出租人应当按照约定将租赁物交付承租人，并在租赁期限内保持租赁物符合约定的用途。"[2]违反物的质量瑕疵担保义务的责任，是违约责任，有效合同才能产生违约责任。

其二，《民法典》第 618 条规定："当事人约定减轻或者免除出卖人对标的物瑕疵承担的责任，因出卖人故意或者重大过失不告知买受人标的物瑕疵的，出卖人无权主张减轻或者免除责任。"本案租赁合同对某物资供应站（出租人）物的质量瑕疵担保责任予以免除的特约，能否参照上述规定发生免责效力？——答案是不能。在中标时，某物资供应站（出租人）与晶品酒店（承租人）就成立了租赁合同。而在中标前（2007 年 6 月 18 日），江西省建设业安全生产监督管理站在其出具的房屋安全鉴定意见中对案涉房屋的鉴定结果和建议是，"案涉租赁房屋属于应尽快拆除全部结构的 D 级危房"。这是认定租赁合同给付自始法律不能的基本事实。仔细看某物资供应站（出租人）与晶品酒店（承租人）约定的免责内容，是对须"加固"的瑕疵免责，不是针对须拆除的瑕疵免责。"案涉危房并不具有可在加固后继续使用的情形"，

---

〔1〕《民法典》第 646 条规定："法律对其他有偿合同有规定的，依照其规定；没有规定的，参照适用买卖合同的有关规定。"对应原《合同法》第 174 条。

〔2〕 本条对应原《合同法》第 216 条。

因而，免责的约定不能发生效力，不足以推翻合同无效的认定。

其三，该指导案例也对实务中设计物的瑕疵免责条款有警示作用。本案出租人和承租人的免责约定，建立在租赁物可以使用（使用权），可以流通的基础之上，而再审法院强调了应拆除的大楼出租违背了公序良俗（自始给付法律不能）。本书认为，如果当事人就危房出租，言明拆除重建后方可使用，合同是可以生效的，因为这种合同并不违背公序良俗，承租人不重建就使用才违背公序良俗。

◎ 案例分析三：个人以单位名义对外签订合同及骗取资金的行为因构成犯罪被追究刑事责任，合同是否有效

【案例】中华人民共和国最高人民法院（2016）最高法民申 1017 号民事裁定书[1]

再审申请人（一审被告、二审上诉人）：兴隆县天宝矿业有限公司。

被申请人（一审原告、二审被上诉人）：广州启润实业有限公司。

一审被告：兴隆县志海矿业有限公司。

法定代表人：梁川，职务不详。

再审申请人兴隆县天宝矿业有限公司（以下简称"天宝公司"）因与被申请人广州启润实业有限公司（以下简称"启润公司"）及一审被告兴隆县志海矿业有限公司保证合同纠纷一案，不服福建省高级人民法院（2015）闽民终字第 668 号民事判决，向本院申请再审。本院依法组成合议庭对本案进行了审查，现已审查终结。

天宝公司申请再审称，启润公司与广州铉澈贸易有限公司（以下简称"铉澈公司"）于 2012 年 10 月 18 日签订的代理采购协议及梁川以天宝公司名义于 2012 年 9 月 25 日签署的担保书无效。2014 年 12 月 4 日，福建省厦门市中级人民法院（2014）厦刑初字第 99 号刑事判决认定梁川犯合同诈骗罪，该判决认定的犯罪事实可以证明，梁川于 2012 年 3 月之后签订的合同都是基于诈骗目的，是其实施诈骗行为的一部分，因而是无效合同。梁川以深圳普和实业有限公司（以下简称"普和公司"）、天宝公司名义签订的代理采购协议和担保书侵害了启润公司、天宝公司及天宝公司全体股东的利益。二审

---

[1]　为节约篇幅，略去了当事人地址及代理人、审判员姓名等。

判决适用《最高人民法院关于在审理经济纠纷案件中涉及经济犯罪嫌疑若干问题的规定》第 3 条规定，属于适用法律错误。按照《担保法》及其司法解释的规定，合同无效时应当按照各方当事人的过错确定责任的承担，天宝公司没有任何过错，不应承担民事责任，启润公司具有重大过错，应当承担相应民事责任。启润公司根据上述刑事判决已经得到退赔，不能再从本案中获得双倍清偿。天宝公司系根据《民事诉讼法》第 200 条第 2 项、第 6 项之规定申请再审。

启润公司提交书面意见称，代理采购协议和担保书均为有效合同。梁川以普和公司、天宝公司名义与启润公司签订合同虽是欺诈行为，但并未损害国家利益，根据《合同法》第 54 条的规定，启润公司作为受欺诈一方未请求撤销或变更合同的情况下，该合同依然有效。二审判决认定代理采购协议项下普和公司尚有 25 769 847.6 元未还货款正确。天宝公司作为保证人，应为普和公司对启润公司的债务承担连带保证责任。天宝公司申请再审，要求按照过错承担民事责任，没有事实和法律依据。普和公司在梁川构成刑事犯罪的情况下，仍应就其对外签订的合同承担相应民事责任，二审判决适用法律正确。天宝公司股权变更不影响公司的意思表示。启润公司在刑事案件中的退赔已经结束，不存在双重受偿的问题。启润公司请求驳回天宝公司的再审申请。

本院认为，关于代理采购协议和担保书的效力问题。天宝公司申请再审认为上述合同无效的理由主要有两点：一是，该合同系梁川基于诈骗目的签订；二是，该合同侵害了启润公司、天宝公司及天宝公司全体股东的利益。就其所持第一点理由，本院认为，根据《合同法》第 54 条第 2 款之规定，一方以欺诈、胁迫的手段或者乘人之危，使对方在违背真实意思的情况下订立的合同，受损害方有权请求人民法院或者仲裁机构变更或者撤销。天宝公司所持上述合同系基于诈骗目的签订的事由，属于法律规定的合同撤销权行使范畴，天宝公司据此主张合同无效，缺乏相应法律依据。在普和公司、天宝公司与启润公司分别签订上述代理采购协议，天宝公司向启润公司出具担保书后，启润公司作为受欺诈一方，未行使撤销权的情况下，二审判决认定上述代理采购协议和担保书具有法律效力，并无不当。就其所持第二点理由，本院认为，《合同法》第 52 条第 2 项规定的合同无效情形，系合同当事人恶意串通，损害国家、集体或者第三人利益。案涉代理采购协议为启润公司分别与铉潋公司、普和公司签订，担保书为天宝公司向启润公司出具，天宝公司未提供证据证明上述合同签订过程中，启润公司与铉潋公司、普和公司、天宝公司存在恶意串通的事实，亦未举证证明启润公司与梁川存在恶意串通以损害天宝公司其他股东权益的事实。天宝公司依据《合同法》第52条第2项规定，以代理采购协议和担保书侵害了启润公司、天宝公司及天宝公司全体股东利益为由主张合同无效，缺乏法律依据，其以合同无效为由要求按照《担保法》及其司法解释中关于合同无效时民事责任承担的相关规定，确定本案当事人民事责任的主张，亦缺乏事实和法律依据，均不能成立。

关于二审判决适用《最高人民法院关于在审理经济纠纷案件中涉及经济犯罪嫌疑若干问题的规定》第3条规定，是否属于适用法律错误的问题。该条司法解释规定："单位直接负责的主管人员和其他直接责任人员，以该单位的名义对外签订经济合同，将取得的财物部分或全部占为己有构成犯罪的，除依法追究行为人的刑事责任外，该单位对行为人因签订、履行该经济合同造成的后果，依法应当承担民事责任。"根据天宝公司申请再审时向本院提交的福建省厦门市中级人民法院（2014）厦刑初字第99号刑事判决载明的事实和法院认定情况，梁川利用其实际控制的普和公司、铉潋公司与启润公司签订代理采购协议，骗取启润公司资金用于偿还其个人债务并构成犯罪。根据上述司法解释的规定，对梁川追究刑事责任后，其以单位名义对其他民事主体签订、履行合同的行为所产生的民事责任，该单位仍应依法承担。天宝公司为上述代理采购协议项下普和公司对启润公司所欠款项出具担保书的法律效力及天宝公司民事责任，应当按照《合同法》等相关民事法律规定确定。二审判决适用上述司法解释规定，对天宝公司在本案中应承担的民事责任作出认定，适用法律并无不当。

关于启润公司是否存在根据上述刑事判决和本案二审判决得到双倍清偿的问题。本院认为，二审判决在确定天宝公司应当承担保证责任的范围时，已经考虑了启润公司根据上述刑事判决获得退赔的事实，天宝公司申请再审称启润公司获得双重清偿的事实，没有相应证据证明。

综上，天宝公司的再审申请不符合《民事诉讼法》第200条第2项、第6项规定的情形。本院依照《民事诉讼法》第204条第1款的规定，裁定如下：

驳回天宝公司的再审申请。

【本书的分析】

第一，普和公司、铉澈公司是该代理协议的一方，而梁川是这两个公司实际控制人（职务不详），就签订这份合同的身份而言，梁川要么是这两个公司的法定代表人，要么是代理人，无论哪一种身份，都要肯定梁川实施职务行为的性质，后果须两个公司承受，即合同撤销或无效的后果都是由两个公司承受。从过错的角度看，这两个公司并不是无辜的，都是有过错的。如果梁川是法定代表人，则其过错就是被代表人的过错；如果是代理人，则被代理人的过错以代理人决之。对无效而言，对被撤销而言（假定被撤销），这两个公司作为合同主体要承担缔约过错的民事责任。

第二，天宝公司（诈骗人梁川控制的公司）主张代理采购协议和担保书无效。本书认为，代理采购协议和担保书基于诈骗目的签订，两份合同是梁川诈骗的工具，在民法上是已成立的合同，而且是承载诈骗目的的合同，不仅侵害了相对人启润公司的利益，更侵害了刑法保护的客体（社会关系），应以侵害公序良俗为由认定为无效。合同违反强制性规定的，应确认其无效；没有违反具体规定而侵害公序良俗程度较深的，可按违背公序良俗确认合同无效。公序良俗对合同效力的调整，是兜底性质的。

梁川是合同订立主体，普和公司、铉澈公司是合同主体，法律不仅要追究梁川合同诈骗罪的刑事责任，还要否定他订立合同行为的效力（即认定合同无效）。

第三，合同无效与可撤销不能竞合，因为这两种制度的价值不同，不能由当事人在撤销合同与主张合同无效之间进行选择。而且，确认合同无效不受撤销权行使之除斥期间的限制。另外，确认合同无效并非不能保护受害人的利益，普和公司、铉澈公司作为订立合同的过错一方，应当承担缔约责任。缔约责任是赔偿责任，适用完全赔偿的规则（填补规则），法律对受害人的救济是很全面的。

第四章｜合同的部分无效

第一节　合同的部分无效概述

一、部分无效的意义

（一）部分无效是给付的一部无效或多个给付中某给付的无效

1. 合同的部分无效也称为一部无效，从法律原因事实来看，是双方法律行为的部分内容无效；从法律结果事实来看，是合同给付的一部无效或多个给付中某给付的无效。合同因主体不适格而无效的，整个合同无效，不存在部分无效的问题。

2. 学者指出："一部无效（teilweisw Nichtigkeit），以一个法律行为为前提，故表面虽似一个法律行为，其实为数个行为结合者，其一行为之无效，不得称为一部分之无效。例如以 5 元购买某书上下卷，则为一个法律行为，故上卷自始给付不能，则为一部无效。反之以 7 元购甲书，以 5 元购乙书，虽同时订立契约，然为二个法律行为，故甲书之给付不能，不发生一部无效之问题，惟其中某法律行为之无效，对于其他法律行为之影响如何，可准用关于一部无效之规定而已。"[1]本书主张，部分无效，具体到合同，以一个合同（一个合意）为前提。并非一个给付一个合同，多个给付可由一个合意（一个合同）确定，这样其中一个给付无效则可以构成合同的部分无效。上述引文中的"上下卷"，虽是两本书，交付时为两个交付，但由于它们的关联性，很容易看出属于同一合同的内容，可发生部分无效的情形。引文中的"甲书"和"乙书"关联性不明显，但约定在一个合同中，为一个合意的内

---

〔1〕 史尚宽：《民法总论》，中国政法大学出版社 2000 年版，第 576、577 页。

容，就表现出它的关联性，也就可以构成一个合同的部分无效。

3. 给付是一般实质约束力的表现，因此给付的部分无效，直接表现为一般实质约束力约定的部分无效。部分无效也关乎形式约束力，例如当事人约定对方不享有法定随时解除权，该约定表面加强了形式约束力，但实际上排除了法律对当事人的特殊救济措施，因而是无效的。

4. 民事法律行为是按照行为人的意愿（意思表示）形成（发生、变更、消灭）法律关系的法律事实。法律行为无效，行为人形成法律关系的意愿全部不能实现；法律行为部分无效，当事人之间成立法律关系，但部分内容被剔除出去。

5. 认可法律行为可以部分无效，把违法的效果除去，保留合法的效果，体现了法律的务实和灵活性，兼顾了民事交易的安全、效率，从整体上看，也是对国家、社会整体利益的保护。

例 4-1： 张甲从李乙处借了 10 万元，将自己的一枚纪念邮票质押给李乙，双方在质押合同中约定，到期张甲不还钱，邮票自动归李乙所有。

——到期不清偿债务，质物归质权人所有的约定，称为流质，也称为流押，"流"是流失的意思。存在流质条款是质押合同部分无效的情形，该条款无效，不影响质押合同其他条款的效力。流质条款无效，李乙对邮票的变价款仍然享有优先受偿权。[1]

（二）部分无效包括扩张和非扩张两种情形

部分无效的扩张，是指合同部分无效导致全部无效。这是部分无效的一般规则，而部分无效，其他部分可以有效是例外规则。[2]"民事法律行为部分无效，不影响其他部分效力的，其他部分仍然有效"（第 156 条）。对本条的反对解释是，部分无效影响其他部分效力的，其他部分亦无效，这就是部分

〔1〕 原《物权法》第 211 条规定："质权人在债务履行期届满前，不得与出质人约定债务人不履行到期债务时质押财产归债权人所有。"《民法典》第 428 条规定："质权人在债务履行期限届满前，与出质人约定债务人不履行到期债务时质押财产归债权人所有的，只能依法就质押财产优先受偿。"《民法典》没有采用原《物权法》的表述方式，但都表明流质条款是无效的。《民法典》明晰了一点：流质条款无效，不影响质权人的优先受偿权，即流质条款无效只是质押合同的部分无效。

〔2〕 可供参考的是我国台湾地区"民法"第 111 条的规定："法律行为之一部分无效者，全部皆为无效。但除去该部分亦可成立者，则其他部分，仍为有效。"

无效的扩张。扩张，或导致整个给付无效，或导致数个给付无效，或导致对待给付无效；有的是导致整个合同无效，有的仅是扩大了部分无效的范围。

合同部分无效的非扩张，是指以一个给付可以分割或多个给付中某给付与其他给付没有效力上的牵连关系，则合同部分无效不影响其他部分的效力。非扩张的部分无效，才是真的合同的部分无效。

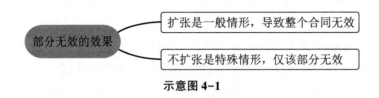

示意图 4-1

（三）部分无效，可以产生缔约责任，不能产生违约责任

部分无效产生的民事责任不是违约责任，而是缔约责任。缔约责任是过错责任，承担责任的形式是损害赔偿。部分无效的后果，也可以表现为返还财产和折价补偿。

违约责任是不履行或者瑕疵履行产生的责任，是二次给付。显然，无效的部分并不发生给付的效力，也就不能产生二次给付（违约责任）。

部分无效，说明还有部分有效。有效部分自可发生违约责任（赔偿责任、定金责任、强制实际履行等）及合同变更、解除、撤销等情形。

例 4-2：甲、乙约定买卖 10 万元的货物，买受人甲按约定给了出卖人乙 2 万元定金，该 10 万元的货物有 2 万元无效，8 万元的部分是有效的。定金合同效力如何？

——定金合同作为从合同，2 万元中也有 20% 无效，即有效定金是 1.6 万元，对应 8 万元的货物。如果甲不履行合同（8 万元），则无权请求返还 1.6 万元定金；如果乙不履行合同（8 万元），则应当双倍返还 3.2 万元（实际支出 1.6 万元）。

二、部分无效的扩张

前已述及，部分无效的扩张是指合同部分无效导致全部无效。部分无效之扩张，具体有下列 6 种表现。

（一）双务合同的对待给付，其中一个给付无效的，整个合同无效

双务合同的两个对待给付（双方的义务）具有效力上的牵连性。牵连性指，一方的给付无效（就整个合同而言是一部无效），必然扩张至另一方的给付，即整个合同都无效。比如，甲与乙签订融资租赁合同，出租人甲没有相应的资质，其给付无效，承租人乙给付租金的约定不能独存，也必然无效。

（二）主给付义务无效的，从给付义务、附随义务亦无效

主给付义务或作为双务合同的对价，或作为单务合同一方的主给付义务，如果无效，从给付义务无所依存，丧失了存在的意义，则主、从给付义务都无效。附随义务是附随于给付义务的义务，一般而言是法定义务，但当事人也可以约定附随义务。给付义务无效时，约定的附随义务没有存在的价值，随同无效。

需要说明的是，从合同（担保合同）的给付义务不是从给付义务。主合同与从合同是两个合同，主合同无效，从合同也无效（担保合同无效），是两个合同的无效，不是同一个合同中主给付无效致使从给付无效的情形。

（三）数个给付均须履行或一部不能履行影响当事人重大利益的，一部无效导致整个合同无效

1. 数个给付均须履行，是指仅其中一项履行不能实现合同目的。例如，房屋的买卖，出卖人给买受人办理所有权转移登记是主给付义务，交付房屋的占有也是主给付义务，如果无效，只能都无效，不可能仅其中一项主给付义务无效。

2. 数个给付一部不能履行影响当事人重大利益的，导致整个给付无效。例如，仪器的数物买卖，一物一个给付，若一个仪器的给付无效，其他仪器的使用价值大受影响，则应认定整个合同的给付无效。[1]

数个给付的一部不能履行不影响当事人重大利益的，不可认定数个给付全部无效。例如，仅从物给付无效的，可以不影响主物给付的效力。《民法典》第320条规定："主物转让的，从物随主物转让，但是当事人另有约定的除外。"交付主物的，应当交付从物，但交付从物不是从给付，交付主物与交付从物都属于主给付。比如，一个买卖合同中，出卖人须交付一个主物、三

---

〔1〕《民法典》第632条可供参考："标的物为数物，其中一物不符合约定的，买受人可以就该物解除。但是，该物与他物分离使标的物的价值显受损害的，买受人可以就数物解除合同。"

个从物，这四个给付都是主给付义务，它们在效力上有牵连性，主物给付无效的，从物给付（不是从给付）无效（合同整体无效），从物给付无效如果不影响合同目的实现，不影响主物给付的效力。[1]

（四）虚假合同中给付部分无效的，整个合同无效

虚假合同即双方虚假通谋行为，是为了掩盖隐藏行为，故而没有效果意思，给付部分无效的，整个合同无效。

例4-3：甲与乙在2月1日签订合同书，将甲坐落在市中心的房屋卖给乙，约定价款1000万元。3月1日乙付给甲2000万元并办理了房屋所有权转移登记。原来，他们商量好房价是2000万元，但未据此签订书面合同。为了避税，书面合同写成1000万元。有人认为2月1日的合同价款部分无效，应当认定合同的价款是2000万元。

—— (1) 甲、乙在2月1日签订书面房屋买卖合同的行为，是双方虚假行为，也是恶意串通行为，虚假就表现在价款上。该表面合同没有效果意思，因而价款约定的无效导致整个合同无效。

(2) 甲、乙的隐藏行为是价款为2000万元的房屋买卖合同，该合同是要式合同，应当采用书面形式，[2]未采用书面形式的，合同未成立。但甲、乙3月1日实际履行了合同，方式上的瑕疵消灭，合同有效。

（五）以不法条件、不能条件作为合同生效条件的，整个合同无效

合同附条件，是合同的附款（附加条款）。附款是合同之一部，是合同的一项内容。如果以不法条件、不能条件作为合同生效条件，则整个合同无效。

1. 以不法条件作为合同生效条件的，整个合同无效。合同、合同给付等行为所附条件，须属于不违法的事实。不法条件是把违法的事实设定为条件。法律禁止附条件而当事人附加条件，也是不法条件。[3]不法条件是一种伪装

---

〔1〕《民法典》第631条规定："因标的物的主物不符合约定而解除合同的，解除合同的效力及于从物。因标的物的从物不符合约定被解除的，解除的效力不及于主物。"虽然本条规定的是解除，但也反映了主物给付与从物给付之间的效力关系。

〔2〕《城市房地产管理法》第41条规定："房地产转让，应当签订书面转让合同，合同中应当载明土地使用权取得的方式。"

〔3〕例如，《民法典》第568条第2款规定："当事人主张抵销的，应当通知对方。通知自到达对方时生效。抵销不得附条件或者附期限。"

条件，为自始法律不能。比如，当事人不能约定以"自杀""杀人"为合同生效条件。

以不法条件作为合同生效条件的，整个合同无效。如果合同中有数个给付，其中一个给付以不法条件为生效条件，则该给付无效；接着要考察无效给付与其他给付的关系（部分无效是否扩张），以确定它们的效力。

例4-4：张甲的一套房屋被法院查封，法院在该套房屋上张贴了封条，也通知登记机关办理了登记手续。在查封后的第3天，张甲与李乙就这套房屋签订了买卖合同。李乙在签订合同时了解房屋被查封的情况。双方约定："待能办理过户登记手续时，给李乙办理过户登记手续。"该买卖合同效力如何？

——本案买卖合同本身没有无效事由，也没有附条件，是有效合同。该买卖合同是给付（所有权移转）附生效条件的合同。房屋有解封的可能，所附条件不属于法律不能，不是不法条件，买受人享有期待利益。如果签订买卖合同之后，房屋被法院拍卖，则由于嗣后履行不能而导致合同终止。

2. 以不能条件作为合同生效条件的，整个合同无效。这里所说的"不能"，是事实不能，与前述法律不能（不法条件）相对应。合同、合同给付等行为所附条件，须属于发生与否不能确定的事实，不可设定"不能条件"。不能条件是把根本不能发生的事实设定为条件。不能条件是一种伪装条件，为自始事实不能。

合同附不能条件，则整个合同无效。司法解释指出，附不能条件的，法律行为（而非仅条件本身）"不发生效力"。[1] 该法律行为自始确定地不发生效力，是无效的，不但没有实质约束力，也没有形式约束力。例如，甲、乙约定，甲一年内炼出长生不老丹，就将技术转让给乙，显然条件不能导致合同无效，并非仅条件（附款）无效。

如果不是合同附不能条件，而是有数个给付，其中一个给付以不能条件为生效条件，则该给付无效；还要进一步考察该无效给付与其他给付的关系

---

[1]《总则编解释》第24条规定："民事法律行为所附条件不可能发生，当事人约定为生效条件的，人民法院应当认定民事法律行为不发生效力；当事人约定为解除条件的，应当认定未附条件，民事法律行为是否失效，依照民法典和相关法律、行政法规的规定认定。"

（部分无效是否扩张），以确定它们的效力。

（六）当事人特约部分无效，其余部分亦无效的，从其约定

合同是意思自治的产物，当事人特别约定合同部分无效，其余部分随之无效的，自应遵循当事人的意思。

例4-5： 甲、乙对买卖合同中的免责条款的效力拿不准，就约定若免责条款无效，则整个买卖合同无效，后来发现，按照《民法典》，该免责条款是无效的。

——该免责条款是基于法定事由而无效，合同其余部分是基于约定而扩张为无效，即整个合同无效。本案的免责条款类似于整个合同的生效条件，生效条件为法律不能，亦使其他条款自始确定不能生效。自始确定不能生效，是无效合同的基本特征。

三、合同给付的部分无效（非扩张的情形）

合同约定的给付，有可能部分无效，不发生扩张。

（一）可分割的给付，可以发生部分无效的情形

1. 可分割给付的含义。可分割的给付，是指对同一个给付分割后，不影响给付的性质和分割之后有关部分的独立价值，比如种类之债是可分割的给付。同一个给付具有可分割性时，可发生部分无效的情形，比如金钱之债是种类之债、可分割之给付，但借款利息超过法定标准时，超过部分无效，[1]将超过的部分分割去除后，其余利息性质不变且有独立存在价值，应照常履行。

给付不具有可分割性的，该给付不存在部分无效的可能，比如，出卖人负有交付特定物的义务（特定之债），其给付不可分割，要么给付有效，要么给付无效，不能区分出一部分来认定其效力。

可分割之给付，以给付数量上的分割和给付时间上的分割最为典型。

---

〔1〕《民间借贷规定》（2020年第二次修正）第25条规定："出借人请求借款人按照合同约定利率支付利息的，人民法院应予支持，但是双方约定的利率超过合同成立时一年期贷款市场报价利率四倍的除外。前款所称'一年期贷款市场报价利率'，是指中国人民银行授权全国银行间同业拆借中心自2019年8月20日起每月发布的一年期贷款市场报价利率。"

2. 给付在数量上可以分割时，超量的部分可发生无效的情形。

（1）例如，定金合同是货币之债，定金超标部分无效。《民法典》第586条第2款第1句规定："定金的数额由当事人约定；但是，不得超过主合同标的额的百分之二十，超过部分不产生定金的效力。"超过部分不产生定金效力，是自始确定地不发生效力，此属于定金合同的部分无效，而不是其担保的主合同的部分无效。

（2）对可分割的给付，以增减给付为目的恶意串通的，增加部分为无效，减少部分可按损害赔偿处理（详见第三章第六节之二"恶意串通的构成要件"）。

（3）有些给付在数量上虽然具有可分割性，但在违法性质上不因分割而有所变化，整个行为无效。例如，甲作坊将用工业原料做的有毒粉条卖给食品超市，由于给付违法（自始法律不能），合同无效，不存在部分无效的可能。

3. 给付在时间上可以分割时，超期之时间段可发生无效的情形。持续性给付（也称为继续性给付）在时间上是可以分割的，超期之时间段可以无效，该无效为给付的部分无效，未超期部分仍有存在价值。

比如，一份租赁合同除租期超长（超过20年）外，其他内容合法，则租期超过20年的部分无效。再如，地役权合同（债权合同）约定的地役权期限超过法定标准的，超过的部分无效。[1]

（二）标的由数个给付组成时，可以发生部分无效的情形

合同的标的是给付，但不一定是一个给付；可以是一个给付，也可以由若干给付组成。合同有数个给付的，效力上有三种表现。

1. 并列的数个给付，其中有的给付可以独自无效。合同可以约定并列的数个给付。比如，甲、乙买卖一张桌子，合同的给付是一个；甲、乙买卖一张桌子和一把椅子，合同的一个标的包含两个给付。出卖人甲第一天交付桌子，第二天交付椅子，两个给付分别完成；如果同时交付，也是两个给付、两个所有权的转移。再如，遗赠扶养协议（债权合同）中被扶养人给付的财产有多项，还可能包括无形财产，这是明显的多个给付。合同有两个以上给付的，就有可能发生部分无效的情形。

---

[1]《民法典》第377条规定："地役权期限由当事人约定；但是，不得超过土地承包经营权、建设用地使用权等用益物权的剩余期限。"

例如，张甲与李乙签订了一份遗赠扶养协议，约定李乙承担对张甲的扶养义务，张甲死后，财产归李乙所有，[1]张甲自己的一所房屋和一个禁止流通物写入遗赠扶养协议。不能认为该遗赠扶养协议全部无效，而是仅给付禁止流通物的部分无效。

2. 合同的标的可以由主给付和从给付组成，从给付可以独自无效。从给付义务，是辅助主给付义务的义务，没有独立存在的可能，也没有独立存在的意义。当主给付无效时，从给付也必然无效，但从给付有独立的无效原因时，从给付无效，在不影响合同目的实现时，这仅是合同的部分无效。例如，买卖合同当事人约定买受人给出卖人开一张假发票（交付发票是从给付义务），则该约定无效，并不影响买卖合同主给付的效力。再如，合同当事人以逃税为目的约定"甲方不要求乙方开具发票"，则该约定无效，但不影响主给付的效力。

3. 针对标的（第一给付）的违约责任（第二给付）约定可以独自无效。违约责任是违反合同给付义务应当承担的后果，它不是合同的标的（第一给付），是第二给付（二次给付、次给付）。对违约责任的约定无效，可以构成合同部分无效。

另外，有些担保合同针对担保责任约定专门的违约责任，违反了担保的从属性，应认定该违约责任条款无效（见本书第五章第一节）。如果担保合同有效，则其中的违约责任条款无效为担保合同的部分无效；如果担保合同无效（主合同无效导致担保合同无效或者担保合同自身存在无效原因），其违约责任条款就不存在"部分无效"的问题了。

（三）连带给付（连带责任、连带债务）可以发生部分无效

连带责任或连带债务是连带给付，一般认为连带给付是两个以上债务人对同一给付承担连带责任。本书认为，虽然连带给付中债权人只能受领一个"全部给付"，但各债务人均负担全部给付之义务，因此有几个债务人就有几个给付，各给付都有实质约束力。各债务人的连带债务，与不可分债务不同。如果连带给付基于同一合同而成立，债务人中有一人的给付存在无效、被撤销、未成立事由的，其他债务人给付的效力不受影响。

---

[1] 《民法典》第1158条规定："自然人可以与继承人以外的组织或者个人签订遗赠扶养协议。按照协议，该组织或者个人承担该自然人生养死葬的义务，享有受遗赠的权利。"遗赠扶养协议是债权合同、双务有偿合同。

例4-6：（1）债权人甲方与保证人乙方（包括 A 和 B 二人）签订了一份保证合同，担保主债务人丙方债务的履行，乙方没有与甲方约定保证份额。到期丙方没有履行债务，甲方要求 A 和 B 承担连带责任，此时发现 B 没有充当保证人的资质。

（2）张甲向李乙借款 60 万元（非用于夫妻共同生活，也非用于共同生产经营），在借款合同的借款人一栏，不但签了自己的名字，还签了妻子王丙的名字，盖了私刻的王丙的名章。后查明二人财产是各自所有，王丙对此一无所知，其拒绝承担还款的连带责任。

—— （1）共同保证人在保证合同中没有与债权人约定保证份额的，为连带保证。[1]但 B 没有担保资质，其不承担保证责任。此为保证合同的部分无效，不影响 A 承担保证责任。

（2）该 100 万元，非用于夫妻共同生活，非用于共同生产经营，王丙一无所知，也不是夫妻双方的共同意思表示，因而不构成夫妻连带债务。[2]不是借款合同对王丙无效，即不是借款合同部分无效，而是王丙的债务未成立，即应由张甲对借款 100 万元单独承担责任。

（四）约定的给付方式为观念交付时，可发生合同的部分无效

约定的给付方式、时间、地点称为给付（履行）的"三要素"，但它们不是给付本身。对时间、地点的约定如果有误，一般采用意思表示解释的方法救济，以使给付（履行）能顺利进行。给付方式一般也不会发生无效的情形，但在物的给付中，有一种给付方式是观念交付，观念交付是双方法律行为，可能发生无效的情形。观念交付作为给付方式无效，可构成合同的部分无效。

无效是指法律行为的无效，观念交付是移转、设立动产本权的双方法律

---

〔1〕《民法典》第 699 条规定："同一债务有两个以上保证人的，保证人应当按照保证合同约定的保证份额，承担保证责任；没有约定保证份额的，债权人可以请求任何一个保证人在其保证范围内承担保证责任。"

〔2〕夫妻连带债务是夫妻共同债务的一种。《民法典》第 1064 条规定："夫妻双方共同签名或者夫妻一方事后追认等共同意思表示所负的债务，以及夫妻一方在婚姻关系存续期间以个人名义为家庭日常生活需要所负的债务，属于夫妻共同债务。夫妻一方在婚姻关系存续期间以个人名义超出家庭日常生活需要所负的债务，不属于夫妻共同债务；但是，债权人能够证明该债务用于夫妻共同生活、共同生产经营或者基于夫妻双方共同意思表示的除外。"

行为，不是事实行为，因而也存在效力评价的问题，违反强制性规定的可以认定无效。观念交付包括简易交付、占有改定和指示交付，与现实交付相对应。现实交付的特点是"标的物过手"，即标的物（有体物）从甲占有转归乙占有，由甲管控变为乙管控。观念交付，又称为象征交付、拟制交付，是指在标的物不能实际转移占有或者不需要实际转移占有的情况下，一方将占有标的物的权利（本权）移转给另一方或者给另一方设立本权以代替实物的交付。观念交付的特点是"标的物不实际过手""占有不动本权动"。

观念交付是对动产的观念交付，不能适用于不动产。当事人约定不动产观念交付的，因违反物权法定原则（强制性规定）而无效。

例4-7： 甲把一所房屋出租给乙，在租赁期间，甲、乙又签订买卖合同，在合同中约定："自本买卖合同生效时起，房屋所有权转归乙。"当事人双方实际约定的是不动产的简易交付。

——简易交付不能适用于不动产，[1]甲、乙的合同可以生效，但该给付方式无效，即该买卖合同约定的转移所有权的方式（给付方式）无效，在买卖合同生效时，房屋所有权不能发生转移。这属于合同的部分无效，买受人有权请求出卖人履行办理转移登记（过户登记）的义务。

（五）以不法条件、不能条件作为合同条款的生效条件，可以发生合同的部分无效

前已述及，不但合同可以附条件，合同中的条款也可以附条件。合同条款所附条件若是不法条件或不能条件，可以扩张使整个合同无效，也可以不扩张而仅使该条款无效，即也可以发生合同部分无效的情形。[2]是否扩张，

---

〔1〕《民法典》第226条就简易交付规定："动产物权设立和转让前，权利人已经占有该动产的，物权自民事法律行为生效时发生效力。"简易交付是动产"简易程序"的交付，是指在合同订立前受让人已实际占有（现实占有）标的物时，自合同生效之日起发生如同现实交付的法律后果。这种法律后果，是移转或设立本权。条文中的"设立"，是指质权的设立。质权也是一种本权。

〔2〕《意大利民法典》第1354条第1款就不法条件规定："附有与强制性规范、公共秩序或善良风俗相抵触的停止条件的契约是无效的。"第2款就不能条件规定："所附条件不能，将使附停止条件的契约无效；将使附解除条件的契约如同未附条件。"第3款就条款附条件的效力规定："如果契约中的一个条款被附有不法或者不能条件，有关该条款的效力要遵守前述各款的规定，但是第1419条规定的内容不在此限。"（第1419条是关于部分无效的规定。）见费安玲、丁玫译：《意大利民法典》，中国政法大学出版社1997年版，第364页。

须视该条款在合同中所处的地位而定。例如，对合同的从义务约定附不法条件或不能条件，一般仅该条款无效，不影响整个合同的效力。

四、检验期、质保期的无效

《民法典》第 622 条第 2 款规定，买卖合同"约定的检验期限或者质量保证期短于法律、行政法规规定期限的，应当以法律、行政法规规定的期限为准"。检验期限是买受人（从受领给付的角度，其是债权人）检验标的物的期限；质量保证期是出卖人（从负担给付的角度，其是债务人）担保给付物质量的期限。法律、行政法规对两种期限有规定而当事人的约定期限短于规定期限的，以规定为准。当事人改变法定期限的约定（条款），自始确定地不发生效力，即合同部分无效。

五、免责条款的无效

（一）一般规定

免责条款，是当事人在合同中确定的排除或者限制未来责任的条款。这里所说的免责条款包括一般免责条款和格式免责条款。

免责条款无效是合同部分无效的一种情况。并非免责条款（包括格式免责条款）都无效，违反强制性规定的免责条款才可确认为无效。《民法典》第 506 条规定："合同中的下列免责条款无效：（一）造成对方人身损害的；（二）因故意或者重大过失造成对方财产损失的。"人身安全权是不可转让、不可放弃的权利，也是法律重点保护的权利，因此不能允许当事人以免责条款事先约定免除这种侵权责任。对于财产权，不允许当事人预先约定免除一方故意或因重大过失而给对方造成的损失，否则会给当事人提供滥用权利的机会，也会使一方当事人对他方的财产采取漠不关心的态度。

例 4-8：甲年少时学过武术，为求生计，到乙马戏团应聘，甲声称可以胸口压 300 斤巨石，并受铁锤撞击。乙马戏团经过测试，认为甲所称不虚，遂签订试用合同，合同特别约定：因进行胸口压石表演出现的危险由甲自负，乙一概不负责。某日表演中，甲突然口吐鲜血，医治无效死亡，经鉴定系因胸部组织承受过大压力所致。甲妻要求乙马戏团赔偿，乙马戏团主张甲之工作本身就具有高度危险，甲是自己甘冒风险来应聘该工作，并且双方事先已有免责约定。

——合同约定的"因进行胸口压石表演出现的危险由甲自负，乙一概不负责"，系典型的人身伤害免责条款。该条款无论是否出于签约人自愿，均绝对无效。因此，马戏团仍应负赔偿责任。甲亦不属于自甘风险。[1]

（二）特别规定

对买卖合同，当事人可能对瑕疵担保责任减免有特约。《民法典》第618条规定："当事人约定减轻或者免除出卖人对标的物瑕疵承担的责任，因出卖人故意或者重大过失不告知买受人标的物瑕疵的，出卖人无权主张减轻或者免除责任。"这与第506条第2项规定的精神是一致的。"出卖人无权主张减轻或者免除责任"，即免责条款自始确定地不发生效力，属于合同部分无效的情形。例如，甲卖给乙一条藏犬，约定乙养殖期间若该藏犬死亡，甲不承担责任。交付后不久，该藏犬死亡，经解剖，发现甲为使藏犬面相好（为卖高价），在藏犬脸部植入大量硅胶，这是导致藏犬死亡的原因。乙尽管与甲有免责的约定，仍可追究甲的责任，因为免责的约定无效。

六、当事人排除法定随时解除权、法定随时变更权的约定无效

前述给付的部分无效及免责条款的无效，是直接排除实质约束力之约定的无效；而当事人排除法定随时解除权的约定无效，属于直接排除形式约束力之约定的无效。

《民法典》对部分典型合同规定了单方随时解除权、单方随时变更权。这些是考虑到典型合同的特殊性质，为维护人的自由和特定需要而作出的规定。当事人排除法定单方随时解除权或法定单方随时变更权的约定应无效，对整个合同而言属于部分无效。例如，装修公司（承揽人）与装修户（定作人）约定装修户不得随意变更合同，则该约定无效，装修户不受此约定约束。

七、无害条款不属于合同的部分无效

所谓"无害条款"是合同中没有实际用处，但也没有害处的条款，"说了

---

[1] 《民法典》第1176条规定："自愿参加具有一定风险的文体活动，因其他参加者的行为受到损害的，受害人不得请求其他参加者承担侵权责任；但是，其他参加者对损害的发生有故意或者重大过失的除外。活动组织者的责任适用本法第一千一百九十八条至第一千二百零一条的规定。"

也白说", 而非无效。这里以"既成条件"作为合同的生效条件为例予以说明。

合同或合同给付等行为所附条件, 须属于将来发生的事实, 不能是既成条件。既成条件是把既成事实 (已经发生的事实) 设定为条件。既成条件是一种伪装条件, 作为合同生效条件时, 整个合同不因附既成条件而影响其效力, 只是等于没有附条件。[1] 附既成条件的条款属于对事实的认定错误, 不属于违反法律、行政法规的强制性规定, 不属于合同的部分无效, 而是一种无害条款, 对其效果的认定, 属于意思表示解释的任务。

例4-9: 甲、乙、丙三兄弟一起从外地回乡看望病中的母亲, 在火车上, 三人根据医生的介绍估计母亲的生命还能延续三四个月, 约定母亲百年之后, 留下的财产全部归丙所有, 甲、乙分文不拿。到了家乡的医院, 三人被告知母亲已经去世, 死亡的具体时间是在三人于火车上达成协议之前。

——(1) 本案合同并不改变当事人的身份关系, 而只是对财产关系的约定, 甲、乙是给付人, 丙是受领人, 三人之间的合同不是身份合同, 而是债权合同, 三人的身份关系是债权合同的基础法律关系。

(2) 一般认为, 自然人之死亡只能作为合同所附期限, 不能作为合同所附条件, 因为期限必然届至, 而人是必然死亡的, 即人死亡对合同来说是一种期限。上述观点是牵强的。期限, 在法律上是时间的单纯流逝, 就本案来说, 母亲先死还是孩子先死在生活中并不能确定, 在法律上也不能认定母亲必须先死。也就是说, 母亲的死亡并不是单纯的时间流逝, 谁先死只是一种可能性, 因而本案三人的合同只能是附条件的。

(3) 本案合同所附条件是生效条件, 但达成协议时, 母亲已经死亡, 因而所附条件又是既成条件, 实际效果等同于没有附条件, 不影响三人协议的效力。附既成条件的条款 (附款) 不违反强制性规定, 并非合同的部分无效, 只是通过意思表示解释, 确定该附款不发生法律意义。

---

[1]《日本民法典》第 131 条 (既成条件) 第 1 款规定:"条件于法律行为当时已成就时, 如系停止条件, 法律行为为无条件; 如系解除条件, 法律行为为无效。"条文中的"停止条件", 在我国《民法典》中称为生效条件。

第二节　格式条款的无效

一、格式条款的意义

"格式条款是当事人为了重复使用而预先拟定，并在订立合同时未与对方协商的条款"（第 496 条第 1 款）。格式条款被学者称为"锅炉钢板条款"，相对人的合同自由受到了限制，因此，法律对相对人设定了特殊的救济措施，以追求实质上的公平。格式条款针对不特定的多数人反复使用，这样可以提高交易效率、降低交易成本。这也说明格式条款的应用涉及社会公共利益，因而法律对格式条款有着更严格的要求。

可能合同中的全部权利义务条款都是格式条款，也可能合同中的部分权利义务条款是格式条款。它们都可以称为格式条款合同。格式条款合同中经常有一些空白条款由当事人填写，保险合同就是如此。由当事人填写的条款不是格式条款，也就是说，格式条款合同中也可以有非格式条款。

格式条款是占优势地位的一方当事人事先拟定的，一般都经过反复研究推敲，充分考虑了己方的利益，相对人不能更改，不能取消，"要么接受，要么走开"。比如你通过手机开通一项服务，商家推出了格式条款合同，你不认可，就无法进行下一步。

格式条款的一个重要特征是"未与对方协商"。协商应是"实质上的协商"，相对人有讨价还价的余地。如果订立合同时对某些条款仅有形式上的协商（包括合同文本上注明进行了协商），不能否定对其格式条款的定性。还有些针对消费者的电子合同，要求消费者在某些条款下就"知晓、同意"按确认键，这不会影响对经营者使用格式条款的认定。

格式条款可以适用于经营者与消费者之间，也可适用于经营者相互之间。经营者之间也有强者与弱者的区分，比如，垄断经营者相对于一般经营者，属于强势一方。

反复使用是格式条款的一个重要特征。《合同编通则解释》第 9 条第 2 款规定："从事经营活动的当事人一方仅以未实际重复使用为由主张其预先拟定且未与对方协商的合同条款不是格式条款的，人民法院不予支持。但是。有证据证明该条款不是为了重复使用而预先拟定的除外。"经营者能够证明合同条款没有重复使用，是一对一协商确定的，自不应认定为格式条款。

当事人可以参照各类合同示范文本（比如市场监督管理部门制订的合同示范文本）订立合同。合同示范文本与格式条款合同有本质区别。合同示范文本是由无利害关系的第三方拟定的，注意平衡各方利益，不追求任何一方的特定利益，不是格式条款合同；格式条款合同是由一方当事人事先拟定的，体现了拟定人自己的特定利益。《合同编通则解释》第9条第1款规定："合同条款符合民法典第四百九十六条第一款规定的情形，当事人仅以合同系依据合同示范文本制作或者双方已经明确约定合同条款不属于格式条款为由主张该条款不是格式条款的，人民法院不予支持。"合同示范文本虽然本身不是格式条款合同，但若占优势的一方当事人在空白行中加了不可更改的条款，就可以构成格式条款。

非格式条款合同是当事人自由协商一致（一般是一对一协商）而订立的合同，未采用一方当事人事先拟定的不可更改的固定条款。一方拿出准备好的合同文本，双方协商修改，这样的合同不是格式条款合同。

二、格式条款内容的设定、提示与"未进入"规则

格式条款的订立规则，可以分解为两项，第一项是内容的设定与提示规则，第二项是"未进入"规则。

（一）格式条款内容的设定、提示规则

《民法典》第496条第2款第1句就格式条款内容的设定与提示规定："采用格式条款订立合同的，提供格式条款的一方应当遵循公平原则确定当事人之间的权利和义务，并采取合理的方式提示对方注意免除或者减轻其责任等与对方有重大利害关系的条款，按照对方的要求，对该条款予以说明。"该款第2句是对"未进入"规则的规定："提供格式条款的一方未履行提示或者说明义务，致使对方没有注意或者理解与其有重大利害关系的条款的，对方可以主张该条款不成为合同的内容。"[1]

1. 提供格式条款的一方应该按照公平原则来确定当事人的权利义务，在

---

[1] 与第496条第2款第2句相关的规定如《最高人民法院关于审理银行卡民事纠纷案件若干问题的规定》第2条第1款："发卡行在与持卡人订立银行卡合同时，对收取利息、复利、费用、违约金等格式条款未履行提示或者说明义务，致使持卡人没有注意或者理解该条款，持卡人主张该条款不成为合同的内容、对其不具有约束力的，人民法院应予支持。"

考虑自己利益的同时，也要考虑交易对象的利益，不能只顾一己之私，更不能设计合同陷阱。

2. 提供格式条款的一方对免责条款等重大利害关系条款负担提示、说明义务，要使对方注意到免责条款等重大利害关系条款的存在，能够理解其内容。免责条款是免除或者限制自己责任的条款。

提示的合理方式，应区分一般提示义务和特殊提示义务而确定。所谓一般提示义务就是以社会一般人的认识水平为判断标准。比如，免责条款用黑体字、大号字、斜体字，或者在免责条款下面用横线标注等。免责条款必须"引人注目"或"显而易见"。所谓特殊提示义务是指对因老、弱、病、残而认知事物受到影响的人士要做特殊提示。特殊提示义务要求格式条款提供人明确向对方指出免责条款的存在并说明免责条款的含义。

3. 发生争议时，由提供格式条款的一方对已尽合理提示及说明义务承担举证责任。

（二）格式条款的"未进入"规则

提供格式条款的一方未履行提示或者说明义务，致使对方没有注意到重大利害关系条款的存在，或者没有理解重大利害关系条款的意义的，对方可以主张该条款未进入合同或者未订入合同，即是说，就该条款未达成合意，该条款未成为双方合同法律关系的内容。未进入合同，就失去了发生效力的前提。

有时格式条款提供人将打印好的合同书交给对方签字，没有作提示，只是要对方自己看，对方出于对提供人的信任，没有阅读或者没有仔细阅读合同书就签了字，没有发现合同书中对自己有重大不利的条款，尽管在合同书上签了字，仍可认定该条款未进入合同。

虽然提示了重大利害关系条款，但没有按对方的要求作出必要的说明，对方没有理解该条款意义的，也可认为该条款未进入合同。

主张"未进入合同"是"对方（相对人）"的权利，提供格式条款的一方没有此项权利。

主张"未进入合同"是一项独立的权利，与合同无效有所不同。无效条款是合意的内容，已经进入合同，不管当事人是否主张，均无效。

例4-10：甲公司与李乙签订了商品房预售合同，约定将某小区某栋楼的一套房屋出卖给李乙。合同文本是甲公司提供的格式条款合同,该合同中的一个条款规定,出卖人对标的房屋外墙面有无偿使用权。李乙取得所有权后,双方就此条款发生争议。甲公司未能提供证据表明其已尽合理提示及说明义务。

——李乙取得房屋所有权(建筑物区分所有权),其外墙面属于业主共有,[1]而外墙面使用权是所有权的权能,利用格式条款规定"出卖人对标的房屋外墙面有无偿使用权",排除了业主的主要权利,本应无效,但甲公司未尽合理提示及说明义务,该条款未进入合同。未进入合同就没有生效的前提,即本案应按"未进入"处理。

例4-11:最高人民法院2022年3月15日发布的消费者权益保护典型案例之六。[2]邬某通过A公司运营的旅游应用预订境外客房,支付方式为"到店支付",下单后即被从银行卡中扣除房款,后邬某未入住。邬某认为应当到店后付款,A公司先行违约,要求取消订单。A公司认为其已经在服务条款中就"到店支付"补充说明"部分酒店住宿可能会对您的银行卡预先收取全额预订费用",己方不构成违约,拒绝退款。邬某将A公司起诉至法院,请求判令A公司退还预扣的房款。

——(1)裁判结果。法院经审理认为,对"到店支付"的通常理解应为用户到酒店办理住宿时才会支付款项,入住之前不需要支付。虽然该条款后补充说明部分酒店会"预先收取全额预订费用",但对这种例外情形应当进行特别提示和说明,只在内容复杂繁多的条款中规定,不足以起到提示的作用,A公司作为预订服务的提供者应当承担责任。最终,法院支持邬某退还房款的诉讼请求。

(2)典型意义。在数字经济、互联网产业飞速发展的大背景下,线上交易中企业基本都采用格式条款与消费者建立契约关系。但是,格式条款在发挥其便捷、高效、积极作用的同时,因其本身具有的单方提供、内容固定的特质而产生的问题和风险也不容忽视。法律明确规定了格式条款提供者进行提示说明的义务,按《民法典》第496条的规定,提供格式条款的企业应当

---

[1] 《民法典》第271条规定:"业主对建筑物内的住宅、经营性用房等专有部分享有所有权,对专有部分以外的共有部分享有共有和共同管理的权利。"

[2] 案例及分析来源:最高人民法院官网。本书引用时略作文字变动。

基于公平、诚信原则，依法、合理确定格式条款的内容，并对履行方式等与消费者有重大利害关系的条款，向消费者进行特别提醒和说明，从而维护交易秩序，平衡双方利益，促进行业发展。本案的裁判进一步厘清了网络服务提供者作为提供格式条款一方的责任，引导互联网交易模式更加符合契约自由和契约正义的精神。

（3）以上引文说明：法院实际适用了格式条款的"未进入"规则。

三、无效格式条款

（一）格式条款无效的规定

"有下列情形之一的，该格式条款无效：（一）具有本法第一编第六章第三节和本法第五百零六条规定的无效情形；（二）提供格式条款一方不合理地免除或者减轻其责任、加重对方责任、限制对方主要权利；（三）提供格式条款一方排除对方主要权利"（第497条）。司法解释也作了相关规定。[1]

1. 格式条款具有《民法典》第一编（总则编）第六章第三节规定的无效情形。该节规定的是"民事法律行为的效力"，本书此处主要是指格式条款具备第153条的情形。该条规定："违反法律、行政法规的强制性规定的民事法律行为无效。但是，该强制性规定不导致该民事法律行为无效的除外。违背公序良俗的民事法律行为无效。"

2. 不合理地免除或者减轻自己的责任、加重对方责任、限制对方主要权利的格式条款无效。利用格式免责条款"不合理地"免除或者减轻自己责任

---

[1] 如《最高人民法院关于审理使用人脸识别技术处理个人信息相关民事案件适用法律若干问题的规定》第11条规定："信息处理者采用格式条款与自然人订立合同，要求自然人授予其无期限限制、不可撤销、可任意转授权等处理人脸信息的权利，该自然人依据民法典第四百九十七条请求确认格式条款无效的，人民法院依法予以支持。"《最高人民法院关于审理网络消费纠纷案件适用法律若干问题的规定（一）》第1条规定："电子商务经营者提供的格式条款有以下内容的，人民法院应当依法认定无效：（一）收货人签收商品即视为认可商品质量符合约定；（二）电子商务平台经营者依法应承担的责任一概由平台内经营者承担；（三）电子商务经营者享有单方解释权或者最终解释权；（四）排除或者限制消费者依法投诉、举报、请求调解、申请仲裁、提起诉讼的权利；（五）其他排除或者限制消费者权利、减轻或者免除电子商务经营者责任、加重消费者责任等对消费者不公平、不合理的内容。"《最高人民法院关于审理旅游纠纷案件适用法律若干问题的规定》第6条规定："旅游经营者以格式条款、通知、声明、店堂告示等方式作出排除或者限制旅游者权利、减轻或者免除旅游经营者责任、加重旅游者责任等对旅游者不公平、不合理的规定，旅游者依据消费者权益保护法第二十六条的规定请求认定该内容无效的，人民法院应予以支持。"

的格式条款无效，"不合理"地加重对方责任的格式条款无效，"不合理"地限制对方主要权利的格式条款无效。"不合理"，是对上述三类行为的定性。

"不合理"，要根据民法原则结合个案进行综合判断。

例4-12：商店门口的屏幕上滚动的标语是："本店商品售出后概不负责，不退不换。"这种表示是否有效？

——这种标语实际是格式免责条款，该条款无效，因为商店利用格式条款"不合理"地免除了自己的瑕疵担保责任。如果是药品，非质量问题可以不退、不换。

3. 提供格式条款一方排除对方主要权利。主要权利包括：对对待给付的请求权、索赔权、针对重大违约的解除权、提起诉讼的权利等。主要权利不容剥夺。

例4-13：甲方事先打印好的格式条款合同规定，如果甲方违约，乙方只能协商解决，不能起诉。尽管乙方在合同上签字盖章，该"不能起诉"的规定仍然无效。

"排除对方主要权利"不同于"限制对方主要权利"。"排除"，一概无效；"限制"，不合理的才无效。

（二）格式条款违背关于免责条款的一般规定

"合同中的下列免责条款无效：（一）造成对方人身损害的；（二）因故意或者重大过失造成对方财产损失的"（第506条）。该规定既适用于以格式条款形式出现的免责条款，也适用于以非格式条款出现的免责条款。

第三节　解决争议方法条款的效力与合同的效力相左，不属于合同的部分无效

一、解决争议方法条款的性质

实质约束力是给付或期待给付的效力，对给付的约定以及辅助给付的约定，是合同的实体内容，或称为合同的实体条款。我们一般所说的有效及无

效、部分无效，一般是指实体内容的效力。

与实体条款（实体合同）对应的是程序条款（程序合同）。解决争议的"方法"，不是给付的方法，更不是给付之一部，[1]是解决争议的程序上的合意，达成的是具有独立性的程序合同，因而在效力上有独立性。实体合同与程序合同由于性质不同，影响效力的原因不同，故在效力上没有因果关系。比如实体部分违法，不等于程序部分违法，反之亦然。

约定的解决争议方法条款包括：法院管辖条款、[2]仲裁条款、[3]由第三人调解的条款、选择鉴定机构的条款、涉外合同的法律适用条款、艰难条款、[4]其他解决争议方法条款。

结算和清理条款是善后条款，具有效力上的相对独立性，很像解决争议方法条款，但它不是。"合同的权利义务关系终止，不影响合同中结算和清理条款的效力"（第567条）。结算和清理条款，是指当事人在合同中约定以给付为核心的财务往来的结算和清理，是"按实"结算和清理的，故是附属于实体给付的，是实体条款，不是解决争议方法条款、程序条款。结算和清理条款在合同终止后仍有效，以便当事人处理善后事宜，但合同无效的，这种条款也随之无效。[5]

当事人对继续履行、违约金、修理、重作、更换等违约责任的约定，是

---

〔1〕　比如，当事人对因违约发生诉讼产生的律师代理费由败诉一方承担的约定，是关于辅助给付的约定，不属于解决争议方法条款。

〔2〕　《民事诉讼法》第35条规定："合同或者其他财产权益纠纷的当事人可以书面协议选择被告住所地、合同履行地、合同签订地、原告住所地、标的物所在地等与争议有实际联系的地点的人民法院管辖，但不得违反本法对级别管辖和专属管辖的规定。"《民事诉讼法解释》（2022年修正）第29条规定："民事诉讼法第三十五条规定的书面协议，包括书面合同中的协议管辖条款或者诉讼前以书面形式达成的选择管辖的协议。"

〔3〕　《最高人民法院关于适用〈中华人民共和国仲裁法〉若干问题的解释》第10条规定："合同成立后未生效或者被撤销的，仲裁协议效力的认定适用仲裁法第十九条第一款的规定。当事人在订立合同时就争议达成仲裁协议的，合同未成立不影响仲裁协议的效力。"《仲裁法》第19条第1款规定："仲裁协议独立存在，合同的变更、解除、终止或者无效，不影响仲裁协议的效力。"

〔4〕　艰难条款是一种协商程序条款，这种条款约定了履行中发生艰难情事如何协商、协调的程序，一般适用于长期合同。

〔5〕　最高人民法院（2020）最高法民申331号民事裁定书裁判要旨指出：《合同法》第98条关于"合同的权利义务终止，不影响合同中结算和清理条款的效力"的规定，并不涵盖合同无效情形。所以，当事人一方关于双方签订的合同虽无效但其中清算条款有效的主张，没有法律依据。基于此，双方合同中关于迟延付款需要承担违约金责任的约定，也因该合同无效而无约束力。原《合同法》第98条对应《民法典》第567条。

对二次给付的约定。二次给付是实体给付，不是解决争议的"方法"条款，不是程序合同。合同不生效、无效、被撤销，合同约定的实体权利义务不发生效力，关于继续履行、违约金等违约责任的约定就不会发生效力。

二、合同有效而解决争议方法条款无效的，不属于合同的部分无效

实体合同有效，解决争议方法条款作为程序合同，作为有独立性的协议，其无效或者部分无效，在严格意义上不属于合同的部分无效，因为严格意义上的合同是实体合同。例如，一份合同因违背善良风俗而无效，而合同中的仲裁条款只是解决争议的一种途径，不能说这个条款违背善良风俗。这个仲裁条款"出淤泥而不染"，独自生效。再如，限制民事行为能力人与他人订立的与其行为能力相适应的合同包含仲裁条款，则该仲裁条款由于一方欠缺相应的行为能力而无效。法律要求订立仲裁协议者有更高的行为能力[1]。

例 4-14：外商 A 公司（外国法人）与中国的 B 公司（中国法人）签订了中外合资经营企业合同，决定在深圳设立一家中外合资经营企业（中国法人）。双方在合同中约定，如果发生争议，任何一方有权到设在外国的某仲裁机构申请仲裁，适用该国的法律。

——《民法典》第 467 条第 2 款规定："在中华人民共和国境内履行的中外合资经营企业合同、中外合作经营企业合同、中外合作勘探开发自然资源合同，适用中华人民共和国法律。"上述三种合同的法律适用，当事人没有选择的余地，选择适用他国法律也是无效的。选择解决争议的法律与选择仲裁是两个不同的问题。如当事人各方同意，也可以在被诉一方所在国或第三国的仲裁机构仲裁，按该机构的仲裁程序规则进行，但必须适用中国法律。本案当事人解决争议的条款部分无效，此部分无效不属于（实体）合同的部分无效。

例 4-15：甲、乙签订的技术合同中有一解决争议的条款："发生争议，任何一方可向有管辖权的仲裁机关提起仲裁，或者向有管辖权的法院提起诉

---

[1]《仲裁法》第 17 条规定："有下列情形之一的，仲裁协议无效：（一）约定的仲裁事项超出法律规定的仲裁范围的；（二）无民事行为能力人或者限制民事行为能力人订立的仲裁协议；（三）一方采取胁迫手段，迫使对方订立仲裁协议的。"

讼。"后来，双方就履行发生了争议，甲方向仲裁机关提起了仲裁，乙方则提出仲裁机关无权审理。请问：可仲可诉的约定是否有效？

——《最高人民法院关于适用〈中华人民共和国仲裁法〉若干问题的解释》第7条规定："当事人约定争议可以向仲裁机构申请仲裁也可以向人民法院起诉的，仲裁协议无效。但一方向仲裁机构申请仲裁，另一方未在仲裁法第二十条第二款规定期间内提出异议的除外。"《仲裁法》第20条第2款规定："当事人对仲裁协议的效力有异议，应当在仲裁庭首次开庭前提出。"

乙方提出仲裁机关无权审理，等于提出了异议。因此，甲、乙双方可仲可诉的约定无效。此约定无效不属于（实体）合同的部分无效。

三、合同无效而解决争议方法条款有效的，不属于合同的部分无效

"合同不生效、无效、被撤销或者终止的，不影响合同中有关解决争议方法的条款的效力"（第507条）。合同不生效是尚未发生给付效力；合同无效，自始确定地不发生给付效力；合同被撤销，视为自始不发生给付效力；合同终止，是给付效力消灭。给付是实体合同的标的。应注意的是，本条不包括效力待定。另外，解决争议方法条款存在于已经成立的合同之中，不存在于未成立的合同之中。[1]

本条说明，解决争议方法条款作为程序条款，具有独立性，不受合同无效等效力形态的影响，对无效合同产生的争议，自可按约定的方法解决。

例 4-16： 甲、乙的融资租赁合同中有仲裁条款，甲提起仲裁，请求乙支付违约金。仲裁过程中发现甲、乙订立的合同因甲（出租人）不具有融资租赁的资质而无效。违约金条款、仲裁条款还有效吗？

——（1）违约金条款是实体条款，合同无效，该条款无效。

（2）仲裁条款是解决争议的程序条款，不受融资租赁合同无效的影响。对融资租赁的资质要求，与仲裁无关。

---

〔1〕　合同未成立是指当事人未达成合意。如果合同未成立，就其中解决争议方法条款也未达成合意（程序合同也未成立），则实体合同与程序合同均因未成立而不能生效。如果单独就解决争议方法条款达成了合意（独立成立程序合同），则其自可单独生效。

第四节　案例分析

◎ 案例分析一：排除从给付义务的条款无效

【案例】 最高人民法院（2013）民二终字第 54 号民事判决书节选

四川省高级人民法院一审查明：2009 年 7 月 22 日，三岔湖公司、刘某某与京龙公司签订《天骋公司、星展公司、锦荣公司、锦云公司、思珩公司之股权转让协议》（以下简称《股权转让协议》），该协议约定：刘某某将其持有的天骋公司、星展公司、锦荣公司、锦云公司和思珩公司各90%的股权转让给京龙公司，三岔湖公司将其持有的天骋公司、星展公司、锦荣公司、锦云公司和思珩公司各10%的股权转让给京龙公司。

四川省高级人民法院经审理认为：案涉《股权转让协议》及其《补充协议》是各方当事人的真实意思表示。《股权转让协议》中关于"不论在任何情况下，三岔湖公司、刘某某不须、亦不应就或为本协议项下的任何股权转让价款等向京龙公司提供任何形式的发票，但需出具三岔湖公司、刘某某自行签发的收据或收条"的约定，属《合同法》第 52 条第 2 项规定的恶意串通，损害国家、集体或者第三人利益的情形，应为无效条款，但该条款无效不影响案涉合同其他条款的效力。《股权转让协议》的其他条款及《补充协议》不违反法律、行政法规的强制性规定，合法有效。本案争议焦点包括两个，一是案涉合同是否已经解除和是否应继续履行，二是京龙公司是否应承担违约责任。

最高人民法院（二审）认为：

三岔湖公司、刘某某及京龙公司于 2009 年 7 月 22 日签订的《股权转让协议》中关于"不论在任何情况下，三岔湖公司、刘某某不须、亦不应就或为本协议项下的任何股权转让价款等向京龙公司提供任何形式的发票，但需出具三岔湖公司、刘某某自行签发的收据或收条"的约定及同年 10 月 22 日签订的《补充协议》第 8 条关于"京龙公司同意并保证，在办理过户手续时，只向相关审批机构提供《股权转让协议》的附件二所列的股权转让协议而非《股权转让协议》或《补充协议》，否则，应视为京龙公司单方违约，京龙公司应向三岔湖公司、刘某某支付定额违约金2000万元”的约定，均以损害国家税收利益为目的，根据《合同法》第52条第2项关于"恶意串通，损害国家、集体或者第三人利益"的合同无效的规定，应为无效条款。《股权转让协议》及其《补充协议》中的其余内容系各方当事人的真实意思表示，根据《合同法》第56条关于"合同部分无效，不影响其他部分效力的，其他部分仍然有效"的规定，《股权转让协议》及其《补充协议》的其他条款不违反法律、行政法规的强制性规定，合法有效，对当事人具有法律约束力。

【本书的分析】

1. 合同的义务并不单一，合同义务群包括主给付义务、从给付义务和附随义务。主给付义务决定合同的性质。从给付义务是独立的义务，但它从属于主给付义务，配合主给付。附随义务则是安全保障义务、通知义务。不少人认为出具发票是附随义务，这是不正确的。附随义务不是给付，不需要"受领"，而给付的完成需有"给"和"受领"的双方行为，出具发票就是这样的双方行为。显然，出具发票不是附随义务。

从给付义务可以由当事人约定，未约定时，依法律、法规的规定或习惯的从给付义务可以自动进入合同，成为合同的法定默示条款。

出具发票是从给付义务，排除从给付义务的条款可以独自无效，而不影响主给付的效力。从给付义务条款的无效，可以构成合同的部分无效。本案判决认定合同部分无效是正确的。

2. 本案判决认定恶意串通，规避出具发票义务以逃避税收的约定无效。这给我们一个重要的提示：恶意串通并不一定导致整个合同无效，也可能导致合同部分无效。即是说，恶意串通这个无效原因，也适用部分无效的规则（部分无效扩张的，整个合同无效；不扩张的，仅该部分无效）。例如，当事人恶意串通提高某种交易的价款，但交易本身并不违法，价款提高部分则为恶意串通的结果，因价款为可分割的给付，除去提高的部分（提高的部分无效）即可。

◎ 案例分析二：仲裁条款无效的认定及与合同部分无效的关系

【案例】某经营者被北京市某区市场监督管理局警告并罚款3000元，详情为：消费者购买商品时需与当事人签订某某某购买协议（格式条款合同），其中规定，"因本协议引起的以及与本协议有关的一切争议，双方应通过友好协商解决。如果双方未协商一致解决该等争议，则任何一方均有权将争议提交至广州仲裁委员会进行仲裁"。[1]该"约定"被认为增加了消费者的维权成本。

【本书的分析】

1. 我国对民事争议采取或裁或审制，当事人可以通过约定仲裁排除法院的管辖。因而，约定排除法院管辖并不是合同无效事由。本案的问题是，经营者通过格式条款"约定"，消费者在北京购买其商品，如有争议，要到千里之外的广州去仲裁，不合理地增加了消费者维权成本，明显是不公平的。消费者对格式条款欠缺或没有自由协商的余地，合同自由受到了限制。因此，对格式条款争议的解决，要注意保护作为弱者一方的消费者。

对本案格式条款争议的解决，应注意以下两点：第一，依据《民法典》第496条第2款考察争议的格式条款是否进入了合同。[2]"主张该条款不成为合同的内容"就是主张该条款未进入合同。仲裁条款排除了法院对案件的管辖，是与消费者有重大利害关系的条款，如果经营者未尽提示和说明义务，消费者可以主张该条款未进入合同，从不受其约束，可以径向法院提起诉讼。第二，如果格式条款进入了合同，可按照《消费者权益保护法》第26条"加重消费者责任等对消费者不公平、不合理"的规定无效之规定，确认为无效。[3]消费者在北京交易，须跑到千里之外的广州去维权，属于"加重消费者责任"以外的（属于"等"中事项）"不公平、不合理"的规定。《消费者权益保

---

[1] 参见新京报贝壳财经讯（记者白昊天），2022年4月12日。

[2] 《民法典》第496条第2款规定："采用格式条款订立合同的，提供格式条款的一方应当遵循公平原则确定当事人之间的权利和义务，并采取合理的方式提示对方注意免除或者减轻其责任等与对方有重大利害关系的条款，按照对方的要求，对该条款予以说明。提供格式条款的一方未履行提示或者说明义务，致使对方没有注意或者理解与其有重大利害关系的条款的，对方可以主张该条款不成为合同的内容。"

[3] 《消费者权益保护法》第26条第1款规定："经营者在经营活动中使用格式条款的，应当以显著方式提请消费者注意商品或者服务的数量和质量、价款或者费用、履行期限和方式、安全注意事项和风险警示、售后服务、民事责任等与消费者有重大利害关系的内容，并按照消费者的要求予以说明。"第2款规定："经营者不得以格式条款、通知、声明、店堂告示等方式，作出排除或者限制消费者权利、减轻或者免除经营者责任、加重消费者责任等对消费者不公平、不合理的规定，不得利用格式条款并借助技术手段强制交易。"第3款规定："格式条款、通知、声明、店堂告示等含有前款所列内容的，其内容无效。"

护法》属社会法的范畴，社会法采"倾斜原则"，即须向弱者倾斜，注重对弱者的保护。

　　以上是关于法院和仲裁机关管辖的格式条款的无效。法院之间的管辖，当事人也可以约定。[1]《民事诉讼法解释》（2022 年修正）第 31 条规定："经营者使用格式条款与消费者订立管辖协议，未采取合理方式提请消费者注意，消费者主张管辖协议无效的，人民法院应予支持。"

　　2. 我们所说的合同，通常是指实体给付的合同，可以简称为实体合同。合同的无效在严格意义上是实体合同的无效。对仲裁的约定，可以表现为合同中的仲裁条款，也可以是一份单独的书面合同。对仲裁的合意，没有给付，只有解决争议的管辖机关，当合同中的仲裁条款无效时，并不是严格意义上的合同的部分无效。仲裁条款的无效，也不适用《民法典》第 156 条关于部分无效的扩张和不扩张的规则。仲裁条款作为程序条款没有给付，故而无效也不发生返还财产、折价补偿等后果。

---

　　[1]《民事诉讼法》第 35 条规定："合同或者其他财产权益纠纷的当事人可以书面协议选择被告住所地、合同履行地、合同签订地、原告住所地、标的物所在地等与争议有实际联系的地点的人民法院管辖，但不得违反本法对级别管辖和专属管辖的规定。"

第五章 | 无效担保合同

第一节 担保合同与主合同的效力关系

一、主、从合同的含义和类型

（一）主、从合同的含义

根据从属关系可以将两个以上的合同分为主合同和从合同（担保合同）。确立、反映当事人之间给付目的的合同为主合同。以主合同的存在为前提，不能独立存在的合同是从合同。"主从"是相联系、相对应的概念，没有主，也就无所谓从，反之亦然。

1. 从合同是为了担保主合同债权人的债权实现而订立的合同，其独立存在没有意义，也根本不能独立存在。从合同一般是担保双务合同中先履行一方的债权，保障其对待给付能够实现。比如，出卖人先发货，则需要担保出卖人实现货款债权；如果买受人先付款，则需要担保买受人收取货物债权的实现。实务中，对金钱债务的担保较为常见。

2. 相对于主合同，从合同的义务人可以是第三人，如保证人、物上保证人（第三人作为抵押人、质押人）。定金合同是主合同的一方作为从合同（定金合同）的担保人。

3. 有人把从给付义务简称为从义务，这容易使其与从合同的义务相混淆。应注意的是，不能把从给付义务等同于从合同的义务。主给付义务、从给付义务是基于同一合同发生的，比如甲卖给乙一批货物，甲的主给付义务是交付约定的货物，而甲给乙开发票则是从给付义务。从合同义务是从合同的义务，是主合同以外的另一合同的义务，比如，甲、乙签订了买卖合同，第三人丙与出卖人甲签订了保证合同，担保买受人乙支付货款的债务，买卖合同是主合同，乙的主给付义务是给付货款，丙在从合同（保证合同）中的给付义务是承担保证责任，丙的义务并非从给付义务。

（二）从合同的类型

从合同包括定金合同、保证合同、抵押合同、质押合同、让与担保合同。上述合同都是担保合同，也统统是以给付为标的的债权合同。

1. 定金合同通常表现为主合同中的定金条款，但它不是主合同给付之一部，而是独立的给付，是相对独立的从合同，是对主合同的金钱担保，也是双方担保。[1]

定金有20%的限制，是不充分担保，定金不足以弥补损失的，还可以请求支付赔偿金。[2]

支付定金的一方是主合同的一方，一般是主合同的在后履行义务人对在先履行义务人提供担保。例如，买卖合同的甲方先发货，乙方后付款，甲方可以要求乙方先支付定金。

2. "保证合同是为保障债权的实现，保证人和债权人约定，当债务人不履行到期债务或者发生当事人约定的情形时，保证人履行债务或者承担责任的合同"（第681条）。保证合同也简称为保证。保证人是以自己的一般财产（责任财产）作为主合同债务人履行债务的担保，因而承担的是无限责任。保证，学理上称为人的担保。[3]

3. 抵押合同、质押合同、让与担保合同。

（1）抵押合同、质押合同是担保合同、从合同，[4]担保人是物上保证人

----

[1]《民法典》第586条规定："当事人可以约定一方向对方给付定金作为债权的担保。定金合同自实际交付定金时成立。定金的数额由当事人约定；但是，不得超过主合同标的额的百分之二十，超过部分不产生定金的效力。实际交付的定金数额多于或者少于约定数额的，视为变更约定的定金数额。"第587条规定："债务人履行债务的，定金应当抵作价款或者收回。给付定金的一方不履行债务或者履行债务不符合约定，致使不能实现合同目的的，无权请求返还定金；收受定金的一方不履行债务或者履行债务不符合约定，致使不能实现合同目的的，应当双倍返还定金。"

[2]《民法典》第588条第2款规定："定金不足以弥补一方违约造成的损失的，对方可以请求赔偿超过定金数额的损失。"定金与赔偿金合并适用的规则是：先计算（适用）定金，不足部分再适用赔偿金。这样就避免了定金和损失赔偿的总额高于因违约造成的损失。

[3] 人的担保，是无限责任，此点与物的担保不同。物的担保，是以特定物作为履行债务的担保。抵押、质押等是物的担保，担保人仅以担保物作为责任财产，承担的是物上有限责任。

[4]《民法典》第388条第1款规定："设立担保物权，应当依照本法和其他法律的规定订立担保合同。担保合同包括抵押合同、质押合同和其他具有担保功能的合同。担保合同是主债权债务合同的从合同。主债权债务合同无效的，担保合同无效，但是法律另有规定的除外。"

（抵押人、质押人），与保证人一样，有给付义务，[1]是从合同的债务人。

抵押包括不动产抵押和动产抵押，质押包括动产质押和权利质押。抵押权、质权是物权，是绝对权、对世权，但抵押合同、质押合同是债权合同，[2]抵押权人对抵押人的权利、质权人对出质人的权利是债权，是对人权、相对权。保证合同的保证人是以自己的全部财产作为责任财产的，承担的是无限责任，而抵押人、出质人是以特定的物或特定的权利作为责任财产的，承担的是物和权利上的有限责任。

债权和物权交叉是常见现象，比如买卖房屋，买卖合同是债权合同，房屋所有权却是物权，这一点不影响我们对买卖合同是债权合同的认识。抵押合同、质押合同类似，抵押权人、质权人请求抵押人、出质人（相对人）为给付，行使的当然是债权请求权，他们之间当然是相对法律关系。

（2）让与担保合同也是担保合同、从合同、债权合同，是非典型担保（详见本章第三节）。

4. 违约金不是从合同。违约金也有担保作用，故而也有人把违约金称为从合同。本书认为，违约金是预定（预先约定）的赔偿金，是二次给付，是合同给付的"变形"，不像定金合同那样独立存在，因而违约金不是从合同，不是独立的担保合同。定金的一般性质是违约定金，为防止重复给付，被违约人须在定金和违约金之间进行选择。[3]

5. 预约不是本约的从合同。预约合同也称为预约，是指当事人约定于将来某一时间订立某一合同的合同。预约是以订立另一合同（本合同）为内容的。本约合同又称为本约，是依照预约订立的合同。[4]或者说，对预约的履行，就是订立本约。预约合同与本约合同是对应的概念，但不是主从关系。

---

〔1〕 也有学者认为物上保证人有责任无义务，本书不采这种观点。

〔2〕《民法典》第215条规定："当事人之间订立有关设立、变更、转让和消灭不动产物权的合同，除法律另有规定或者当事人另有约定外，自合同成立时生效；未办理物权登记的，不影响合同效力。"理论称本条为效力分离原则，即合同的债权效力与物权效力相分离，这有助于我们理解设定物权的合同（包括设定担保物权的合同）是债权合同。

〔3〕《民法典》第588条第1款规定："当事人既约定违约金，又约定定金的，一方违约时，对方可以选择适用违约金或者定金条款。"

〔4〕《民法典》第495条规定："当事人约定在将来一定期限内订立合同的认购书、订购书、预订书等，构成预约合同。当事人一方不履行预约合同约定的订立合同义务的，对方可以请求其承担预约合同的违约责任。"

不能把本约称为主合同，把预约称为从合同，二者不存在主合同无效，从合同也无效的关系。预约与本约的效力，应分别考察。也可能预约有效而本约无效。

（三）一种特殊的从合同：反担保合同

1. 本担保与反担保。依据担保的债权不同，担保分为本担保和反担保。本担保，是担保债权人债权的实现；反担保，是第二个担保人担保第一个担保人（本担保人）对债务人追偿权的实现。追偿权当然也是债权。反担保合同与本担保合同一样，都是从合同。说反担保合同是特殊的从合同，一是因为它担保的债权是追偿权，二是因为它的主合同是委托担保合同。

本担保合同和反担保合同都是要式合同，委托担保合同是不要式合同。

《民法典》第387条第2款规定："第三人为债务人向债权人提供担保的，可以要求债务人提供反担保。反担保适用本法和其他法律的规定。"[1]第三人为保证人、抵押人、出质人时，可要求债务人提供反担保。换言之，反担保是债务人对为自己向债权人提供担保的保证人和物上保证人（抵押人、质押人）提供的担保。

反担保人提供反担保，可以自身作为抵押人或者出质人，也可以作为委托人，委托第三人作为保证人、抵押人或者出质人。反担保合同包括反保证合同、反抵押合同和反质押合同。

2. 反担保合同的主合同是债务人与本担保人之间的委托担保合同。有人认为，反担保合同不是从合同，这种观点的依据是反担保合同所担保的追偿权是法定债权，[2]不是合同设定的意定债权。这种观点是不正确的。须强调的是，反担保合同也是担保合同，只要是担保合同，就一定从属于主合同，受主合同效力的制约。

反担保合同担保的主债务在哪个合同里，哪个合同就是反担保合同的主合同。

其一，本担保合同不是反担保合同的主合同，因为本担保合同中没有反担保合同要担保的债务，从主体来看，也没有追偿权的相对人（债务人）。这里，要区别反担保合同与再担保合同：本担保合同是担保债务人的给付，再担

---

〔1〕《民法典》第689条规定："保证人可以要求债务人提供反担保。"

〔2〕《民法典》第392条第2句规定："提供担保的第三人承担担保责任后，有权向债务人追偿。"第700条规定："保证人承担保证责任后，除当事人另有约定外，有权在其承担保证责任的范围内向债务人追偿，享有债权人对债务人的权利，但是不得损害债权人的利益。"

保合同是担保本担保人的给付，是连环担保，本担保合同是再担保合同的主合同，而反担保合同担保的是本担保人对债务人的追偿权，担保的"方向"不同。

主合同无效，从合同随之无效。《担保制度解释》第19条第2款第2句规定："当事人仅以担保合同无效为由主张反担保合同无效的，人民法院不予支持。"这也说明本担保合同与反担保合同不是主从关系。

其二，主债务人委托第三人担保，[1]双方成立的合同是"委托担保合同"（委托合同的一种），是反担保合同的主合同。①反担保合同担保的是基于委托担保合同产生的追偿债务之履行，或者说是担保追偿权的实现。追偿权来源于本担保人对主债务的代为履行，担保债务（担保责任）是意定之债，以此为基础产生的追偿权也是意定之债，性质不会发生转变。②委托担保合同从文义来看，是委托第三人提供担保，但在内容上除了有赠与的意思，必然包括第三人履行担保债务后向主债务人的追偿权。在债务人与本担保人的委托担保合同中，当事人对追偿权有明文约定的，自无问题。对追偿权没有明文约定，除了以赠与的意思将追偿权排除以外，应认定追偿权是委托担保合同的法定默示条款，即是说，法律对追偿权的规定自动进入委托合同之中。③债务人与反担保人的合同也是委托担保合同，是债务人委托反担保人提供反担保，这个合同不是反担保合同的主合同。

例5-1：甲欲向乙借款500万元，委托张丙充当保证人。张丙说："我替你承担保证责任后向你追偿，你没有钱怎么办？你要给我找个保证人，否则我不干。"于是甲又委托李丁作为张丙的保证人。甲与乙签订了借款合同，张丙与乙签订了连带责任保证合同，李丁又与张丙签订了连带责任保证合同。

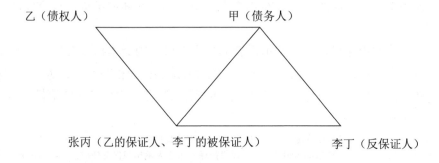

乙（债权人）　　　　　　　　　　甲（债务人）

张丙（乙的保证人、李丁的被保证人）　　　　李丁（反保证人）

---

[1] 存在委托第三人担保时，就排除了无因管理人提供担保的可能。

（1）乙（债权人）和甲（债务人）的借款合同是主合同。

（2）乙和张丙（保证人）的合同是保证合同（借款合同的从合同）。

（3）张丙和李丁的合同是反保证合同。张丙是李丁的被保证人、债权人。李丁担保的是张丙向甲的追偿权。甲与张丙之间的委托担保合同是反保证合同的主合同，也就说，乙与张丙的保证合同不是反保证合同的主合同。

（4）甲与反保证人李丁的合同也是委托保证合同。

（5）设甲到期无力还钱，由张丙代替其向乙清偿。之后张丙向甲追偿，甲无力清偿，则反保证人李丁与甲对张丙承担连带责任。

二、基于从属性，主合同无效的，从合同也无效，法律另有规定的除外

担保人担保主合同的给付，主合同无效而债务人的给付在法律上不得履行的，担保人的给付就失去了基础，当然也不得履行，不过会有例外。《民法典》第388条第1款第3、4句规定："担保合同是主债权债务合同的从合同。主债权债务合同无效的，担保合同无效，但是法律另有规定的除外。"[1]

（一）在从属性上，独立保函除外

上述所谓"另有规定"，是指独立保函。由银行或非银行金融机构开立的独立保函不具有效力上的从属性，主合同无效不影响独立保函的效力。独立保函纠纷案件依据《最高人民法院关于审理独立保函纠纷案件若干问题的规定》处理。[2]

（二）基于从属性，有关担保独立性的约定无效

《担保制度解释》第2条第1款规定："当事人在担保合同中约定担保合

---

[1] 另外，《民法典》第682条第1款规定："保证合同是主债权债务合同的从合同。主债权债务合同无效的，保证合同无效，但是法律另有规定的除外。"顺便指出，主合同被撤销的，与无效合同一样，自始无效，担保合同作为从合同随之自始无效。

[2] 《最高人民法院关于审理独立保函纠纷案件若干问题的规定》第1条规定："本规定所称的独立保函，是指银行或非银行金融机构作为开立人，以书面形式向受益人出具的，同意在受益人请求付款并提交符合保函要求的单据时，向其支付特定款项或在保函最高金额内付款的承诺。前款所称的单据，是指独立保函载明的受益人应提交的付款请求书、违约声明、第三方签发的文件、法院判决、仲裁裁决、汇票、发票等表明发生付款到期事件的书面文件。独立保函可以依保函申请人的申请而开立，也可以依另一金融机构的指示而开立。开立人依指示开立独立保函的，可以要求指示人向其开立用以保障追偿权的独立保函。"

同的效力独立于主合同，或者约定担保人对主合同无效的法律后果承担担保责任，该有关担保独立性的约定无效。主合同有效的，有关担保独立性的约定无效不影响担保合同的效力；主合同无效的，人民法院应当认定担保合同无效，但是法律另有规定的除外。"

基于从合同的从属性，当事人不能约定"主合同无效的，从合同效力不受影响"，即不能约定"主合同无效，担保合同依然有效"。这种约定使主、从合同的给付发生了矛盾：主合同债务人不能按无效的约定给付，从合同却是按主合同约定的给付而给付，即担保人履行无效主合同约定的债务。这种扭曲的现象，对"一般的主从关系"是不允许存在的。

例5-2：甲卖给乙一批禁止流通货物，甲先交货，乙后给钱，丙为乙付款提供担保。甲和丙之间的合同为从合同。甲和丙约定：主合同无效，从合同继续有效。后丙拒绝承担担保责任，主张从合同无效。甲则主张："主合同无效，从合同也无效，但当事人另有约定的除外。我们双方另有约定，因此从合同有效。"

——（1）基于担保合同的从属性，当事人不得作"主合同无效，从合同继续有效"的约定。这个关于从合同有效的约定本身是无效的，因为买卖禁止流通货物的主合同之给付是违法的，主合同因自始法律不能而无效。丙担保的虽然是给付货款，不是给付禁止流通物，但其担保的是对价的实现，是违法交易，不可能有效。

（2）实务中，有的当事人约定担保人对主合同无效的法律后果承担担保责任。比如，有的当事人约定："主合同无效，债务人承担责任的，担保人对该债务人的责任承担担保履行的责任。"还有当事人具体约定为："主合同被确认为无效、部分无效或被撤销，则担保人对于债务人因返还财产或赔偿损失而形成的债务也承担连带责任。"上述约定违背了担保的从属性质，是无效的。

主合同无效，从合同亦无效，形成的是法定之债，从合同担保人的责任应是法定过错责任。在主合同无效，担保人无过错的情况下，即便存在担保人承担责任的约定，其仍不承担责任。

三、基于从属性，担保超过主合同债务人责任范围的部分无效

《民法典》第 389 条规定："担保物权的担保范围包括主债权及其利息、违约金、损害赔偿金、保管担保财产和实现担保物权的费用。当事人另有约定的，按照其约定。"[1]

当事人（主债权人与担保人）的"另有约定"，不得违反担保合同的从属性。《担保制度解释》第 3 条规定："当事人对担保责任的承担约定专门的违约责任，或者约定的担保责任范围超出债务人应当承担的责任范围，担保人主张仅在债务人应当承担的责任范围内承担责任的，人民法院应予支持。担保人承担的责任超出债务人应当承担的责任范围，担保人向债务人追偿，债务人主张仅在其应当承担的责任范围内承担责任的，人民法院应予支持；担保人请求债权人返还超出部分的，人民法院依法予以支持。"

当事人约定的担保责任范围超过主债务的部分，违反了担保合同的从属性质，超过部分无效，即构成担保合同的部分无效。

担保合同中除担保责任外，专门约定了担保人对主债权人的违约责任的，违约责任并不是基于主债务，而是单独的一笔债务，也是违反担保合同从属性的，故而无效。

例 5-3： 出卖人甲向买受人乙提供 100 万元的货物，甲与担保人丙在保证合同中约定，乙到期未付款，由丙在 7 日内代付货款及货款迟延的利息，若到期丙未支付，丙除应支付乙负担的货款及实际迟延的利息（按乙实际迟延的天数计算的利息）外，还要单独计算丙自己的迟延利息（以货款+乙迟延的天数的利息为基数计算）。

——丙单独计算的迟延利息，本质是迟延履行的违约金。该违约金独立于主债务，不具有从属性，因而无效。如果丙向甲交付了该违约金，则无权向乙追偿。

担保人承担的责任超出债务人应当承担的责任范围的，担保人向债务人

---

[1]《民法典》第 691 条规定："保证的范围包括主债权及其利息、违约金、损害赔偿金和实现债权的费用。当事人另有约定的，按照其约定。"

追偿没有法律依据，也没有合同依据。[1]担保人向债务人行使追偿权的，债务人可提出权利不成立的抗辩。[2]担保人对债权人的清偿，超出债务人应当承担的责任范围的那一部分，担保人有权按不当得利请求返还。

第二节　担保合同自身事由导致的无效

担保合同是双方法律行为，认定其无效，适用《民法典》对法律行为无效的一般规定及对担保法律行为无效的特别规定。

除主合同无效导致担保合同（从合同）无效以外，担保合同也有自身的无效事由。

一、担保人主体不适格

没有担保资格而提供担保属于主体不适格（不合格）。为保护国家利益、社会公共利益以及为使第三人利益免受不测之损害，《民法典》对担保人的资格作了限制。

（一）机关法人提供担保的，担保合同无效，但有例外

国家机关包括行政机关、立法机关、审判机关等。机关法人提供担保与其职能不符。"机关法人不得为保证人，但是经国务院批准为使用外国政府或者国际经济组织贷款进行转贷的除外"（第683条第1款）。本条是对保证人的规定。《担保制度解释》第5条第1款作了补充："机关法人提供担保的，人民法院应当认定担保合同无效，但是经国务院批准为使用外国政府或者国际经济组织贷款进行转贷的除外。"本条的"担保"，包括保证，也包括物的担保。

国家机关提供担保的，担保合同无效，但是有例外。比如，将某国际经济组织提供的"造林固沙"贷款转贷给某地的造林固沙专业机构，地方政府

---

〔1〕　担保人与主债务人在委托担保合同中不可能约定：担保人承担的责任可以或者应当超出债务人的责任范围。

〔2〕　"担保责任本质上系担保人替债务人承担责任。担保人承担担保责任后可以向债务人追偿。如果担保人承担的责任范围大于债务人所应承担责任的范围，或者对担保责任约定专门的违约责任，那么担保人承担责任后，超出部分将无法向债务人追偿，从而违反了担保的从属性。"见最高人民法院民事审判第二庭：《最高人民法院民法典担保制度司法解释理解与适用》，人民法院出版社2021年版，第44页。

可以为该专业机构的还款提供担保。

（二）"两委会"提供担保的，担保合同无效，但有例外

"两委会"（居民委员会、村民委员会）是特别法人，[1]是基层群众性自治组织。"两委会"提供担保，与其职能不符，且其没有适当的责任财产。《担保制度解释》第 5 条第 2 款规定："居民委员会、村民委员会提供担保的，人民法院应当认定担保合同无效，但是依法代行村集体经济组织职能的村民委员会，依照村民委员会组织法规定的讨论决定程序对外提供担保的除外。""居民委员会、村民委员会具有基层群众性自治组织法人资格，可以从事为履行职能所需要的民事活动。未设立村集体经济组织的，村民委员会可以依法代行村集体经济组织的职能"（第 101 条）。居民委员会不得提供担保。村民委员会可以依法代行村集体经济组织的职能的，以该村集体经济组织的责任财产作为对外经济活动的责任财产，也可以作为担保的责任财产，经过法定决定程序后，村民委员会可以作为担保人。

（三）非营利法人、非营利的非法人组织提供担保的，区分公益、互益及担保的性质，分别确认其效力

1. 一般规定及公益、互益的区分。"以公益为目的的非营利法人、非法人组织不得为保证人"（第 683 条第 2 款）。[2]不仅不得为保证人，也不得为其他担保人。本款中的"以公益为目的"不仅修饰非营利法人，也修饰非法人组织，[3]即以公益为目的的非法人组织也不得为担保人，不能得出"非法人组织不得为担保人"的结论。

（1）非营利法人包括公益法人和互益法人。公益法人是以公益事业（谋取公共利益、公众利益）为目的而设立的法人，如基金会法人。互益法人是以社员（会员）互益、互助为目的而设立的法人，如行业协会。为公益目的的非营利法人不得为担保人，否则担保合同无效，以互益为目的的非营利法

---

〔1〕《民法典》第 96 条规定："本节规定的机关法人、农村集体经济组织法人、城镇农村的合作经济组织法人、基层群众性自治组织法人，为特别法人。"

〔2〕《民法典》第 87 条规定："为公益目的或者其他非营利目的成立，不向出资人、设立人或者会员分配所取得利润的法人，为非营利法人。非营利法人包括事业单位、社会团体、基金会、社会服务机构等。"

〔3〕《民法典》第 102 条规定："非法人组织是不具有法人资格，但是能够依法以自己的名义从事民事活动的组织。非法人组织包括个人独资企业、合伙企业、不具有法人资格的专业服务机构等。"

人可以为担保人。

（2）非法人组织也分为公益和私益（营利）两类，个人独资企业、合伙企业是私益非法人组织，可以为担保人。社会救助、环境保护等公益非法人组织不得为担保人，否则担保合同无效。

（3）应注意的是，实务中，有些学校、幼儿园、医疗机构、养老机构等在市场监督管理机关登记为公司（营利法人）。这类营利法人尽管也具有公益性，但不是公益法人，其已经具备了担保资格，可以为他人提供担保，签订担保合同。[1]

2. 担保合同无效的除外情形。《担保制度解释》第6条第1款规定："以公益为目的的非营利性学校、幼儿园、医疗机构、养老机构等提供担保的，人民法院应当认定担保合同无效，但是有下列情形之一的除外：（一）在购入或者以融资租赁方式承租教育设施、医疗卫生设施、养老服务设施和其他公益设施时，出卖人、出租人为担保价款或者租金实现而在该公益设施上保留所有权；（二）以教育设施、医疗卫生设施、养老服务设施和其他公益设施以外的不动产、动产或者财产权利设立担保物权。"

（1）动产买卖合同的出卖人保留所有权。所有权保留买卖，是指当事人约定，买卖的动产在交付给买受人后所有权不发生移转，仍归出卖人，买受人履行了支付价款或者约定的其他义务后，所有权转归买受人。[2]在买受人不履行义务的情况下，出卖人有取回标的物的权利。[3]所有权保留买卖是赊销的形式，出卖人保留所有权的目的，是担保其赊销货款债权的实现，因此出卖人保留的所有权被认为是一种非典型担保物权，所有权保留买卖合同是具有担保功能的合同。以公益为目的的非营利性学校、幼儿园、医疗机构、养老机构等在买受动产公益设施（如体育器材）时，与出卖人约定所有权保留，

---

[1]《担保制度解释》第6条第2款规定："登记为营利法人的学校、幼儿园、医疗机构、养老机构等提供担保，当事人以其不具有担保资格为由主张担保合同无效的，人民法院不予支持。"

[2]《民法典》第641条第1款规定："当事人可以在买卖合同中约定买受人未履行支付价款或者其他义务的，标的物的所有权属于出卖人。"

[3]《民法典》第642条第1款规定："当事人约定出卖人保留合同标的物的所有权，在标的物所有权转移前，买受人有下列情形之一，造成出卖人损害的，除当事人另有约定外，出卖人有权取回标的物：（一）未按照约定支付价款，经催告后在合理期限内仍未支付；（二）未按照约定完成特定条件；（三）将标的物出卖、出质或者作出其他不当处分。"第2款规定："出卖人可以与买受人协商取回标的物；协商不成的，可以参照适用担保物权的实现程序。"

等于公益机构为自己提供担保，自己是担保义务人，这应当是允许的，因为买入、取得公益设施本来是有对价的，不支付对价或不能支付对价，出卖人取回标的物，公益机构并没有额外的损失。

（2）融资租赁合同的出租人保留所有权。融资租赁合同是通过"融物"而"融资"的合同，所以，它可称为金融合同。[1]承租人是"缺钱"的一方、需要融资的一方。融资租赁的出租人将资金转化为自己享有所有权的物提供给承租人使用，该租赁物对出租人的资金安全有担保作用。融资租赁保留所有权是一种非典型担保。融资租赁物可以是动产，也可以是不动产。

传统租赁，合同履行完毕后租赁物仍归出租人，融资租赁则可以约定租赁物的归属。[2]公益机构以融资租赁方式承租公益设施时，约定出租人保留租赁物的所有权，自然有效，不能以标的物是公益设施为由确认该约定无效。此种约定，并不伤害公共利益。

（3）以公益设施以外的财产设立担保物权。公益机构的财产并非都是公益设施，还有非公益设施的不动产、动产和无形财产权利。以公益设施以外的财产设立担保物权，应认为不伤害公共利益。此处的设立担保物权，包括为自己的债务设立担保物权和为他人的债务设立担保物权。例如，某"民办学校"（公益机构）将以投资、增值为目的购买的非教学用房为他人的债务设立抵押权是允许的。

（四）关于内部机构、分支机构签订的担保合同的效力

1. 单位（公司、机关等）内部机构不能独立对外为意思表示，其作为担保人订立的担保合同无效。内部机构获得授权签订担保合同或签订担保合同构成表见代理的，应认定该单位为担保人。

2. 分支机构不是非法人组织，不是独立的民事主体。分支机构对外提供担保，也须获得授权，否则担保合同无效。

公司的分公司是公司的分支机构，其对外提供担保的，适用《公司法》

---

〔1〕《民法典》第735条规定："融资租赁合同是出租人根据承租人对出卖人、租赁物的选择，向出卖人购买租赁物，提供给承租人使用，承租人支付租金的合同。"

〔2〕《民法典》第757条规定："出租人和承租人可以约定租赁期限届满租赁物的归属；对租赁物的归属没有约定或者约定不明确，依据本法第五百一十条的规定仍不能确定的，租赁物的所有权归出租人。"

和《担保制度解释》的有关规定。[1]分公司与本公司（总公司）不能互相提供担保，因为它们不是两个各自独立的主体。

（五）关于公司超越权限对外订立的担保合同的效力

1. 公司超越权限对外订立的担保合同，构成表见代表的可发生效力，否则不发生效力。"对外"订立的担保合同，不是自身担保，而是为他人的债务提供担保，提供担保的公司是保证人或者物上保证人。《担保制度解释》第7条第1款规定："公司的法定代表人违反公司法关于公司对外担保决议程序的规定，超越权限代表公司与相对人订立担保合同，人民法院应当依照民法典第六十一条和第五百零四条等规定处理：（一）相对人善意的，担保合同对公司发生效力；相对人请求公司承担担保责任的，人民法院应予支持。（二）相对人非善意的，担保合同对公司不发生效力；相对人请求公司承担赔偿责任的，参照适用本解释第十七条的有关规定。"[2]条文中的用语是"不发生效力"，而非"无效"。

法定代表人越权签订担保合同，区分表见代表（属于广义的无权代表）和无权代表（狭义的无权代表）而发生不同效果。有观点认为："法定代表人无须另外授权，就可以一般性地代表公司从事民事活动。即便超越权限

---

〔1〕《公司法》（2023年修订）第13条第2款规定："公司可以设立分公司。分公司不具有法人资格，其民事责任由公司承担。"《担保制度解释》第11条规定："公司的分支机构未经公司股东（大）会或者董事会决议以自己的名义对外提供担保，相对人请求公司或者其分支机构承担担保责任的，人民法院不予支持，但是相对人不知道且不应当知道分支机构对外提供担保未经公司决议程序的除外。金融机构的分支机构在其营业执照记载的经营范围内开立保函，或者经有权从事担保业务的上级机构授权开立保函，金融机构或者其分支机构以违反公司法关于公司对外担保决议程序的规定为由主张不承担担保责任的，人民法院不予支持。金融机构的分支机构未经金融机构授权提供保函之外的担保，金融机构或者其分支机构主张不承担担保责任的，人民法院应予支持，但是相对人不知道且不应当知道分支机构对外提供担保未经金融机构授权的除外。担保公司的分支机构未经担保公司授权对外提供担保，担保公司或者其分支机构主张不承担担保责任的，人民法院应予支持，但是相对人不知道且不应当知道分支机构对外提供担保未经担保公司授权的除外。公司的分支机构对外提供担保，相对人非善意，请求公司承担赔偿责任的，参照本解释第十七条的有关规定处理。"

〔2〕《民法典》第61条规定："依照法律或者法人章程的规定，代表法人从事民事活动的负责人，为法人的法定代表人。法定代表人以法人名义从事的民事活动，其法律后果由法人承受。法人章程或者法人权力机构对法定代表人代表权的限制，不得对抗善意相对人。"第504条规定："法人的法定代表人或者非法人组织的负责人超越权限订立的合同，除相对人知道或者应当知道其超越权限外，该代表行为有效，订立的合同对法人或者非法人组织发生效力。"

对外从事行为，也仅是越权代表，并非无权代表。"[1]本书认为，越权代表是超越权限实施代表行为，本质就属无权代表。代表分为有权代表和无权代表，不能分为有权代表、无权代表和越权代表，也不能把越权代表归入有权代表。

（1）表见代表的含义。代表是代表人的行为，视为被代表人的行为。[2]"表见"，有表面看见的意思。表见代表，是指代表人有超越代表权的行为，而其行为足以使善意相对人相信其有代表权，法律因此规定由代表人所在单位负责任。或者说，表见代表是指法人的"法定代表人"或者非法人组织的"代表人"超越权限订立合同，因相对人属善意相对人，无权代表行为的后果由法人或非法人组织承受。

法律设置表见代表制度的意义与设置表见代理制度的意义类似，是为了保护善意相对人的利益，维护对整个交易制度的信赖，保护交易安全，同时也是为了提高交易的效率。

（2）表见代表的法律后果。"法人章程或者法人权力机构对法定代表人代表权的限制，不得对抗善意相对人"（第61条第3款）。"法人的法定代表人或者非法人组织的负责人超越权限订立的合同，除相对人知道或者应当知道其超越权限外，该代表行为有效，订立的合同对法人或者非法人组织发生效力"（第504条）。所谓善意相对人，是不知道或者不应当知道代表人超越权限的相对人。"代表行为有效"，是指被代表人应当对代表行为承担后果，不等于合同有效；如果合同没有其他无效事由，则表见代表订立的合同有效。

例5-4：甲有限责任公司股东会（公司权力机构）授权本公司董事长（法定代表人）签订600万元以下的合同，但董事长代表甲公司与善意的乙公司签订了1000万元的合同。

---

[1]　最高人民法院民事审判第二庭：《最高人民法院民法典担保制度司法解释理解与适用》，人民法院出版社2021年版，第137页。

[2]　可作比较的是代理。代理是代理人的行为，其效果直接归属于被代理人。实施代表行为，代表人与被代表人的人格是混同的；实施代理行为，代理人与被代理人的人格不发生混同。代表人包括法人的法定代表人（一个自然人）和非法人组织的代表人（一个或者数个自然人）。《民法典》第61条第1款规定："依照法律或者法人章程的规定，代表法人从事民事活动的负责人，为法人的法定代表人。"第105条规定："非法人组织可以确定一人或者数人代表该组织从事民事活动。"

——董事长虽然超越代表权，但因构成表见代表，甲、乙两公司之间的合同有效。

（3）关于公司法定代表人越权担保。公司法定代表人越权担保，实务中经常出现，认定公司法定代表人是否构成表见代表，是认定担保合同效力及处理后果的关键。

1）公司对外提供担保，不是法定代表人个人所能单独决定的事项，须依照公司章程的规定，由董事会或者股东会作出决议。[1] 法定代表人未经决议擅自为他人提供担保的，构成越权代表，此时应当考察该越权代表是否构成表见代表。构成表见代表的，如无其他违法事由，担保合同有效。

表见代表制度是对善意相对人的保护。法定代表人越权代表签订担保合同与其他合同，须相对人为善意才能构成表见代表。此处的善意，是指相对人在订立担保合同时不知道且不应当知道法定代表人超越权限。相对人有证据证明已对公司决议进行了合理审查，人民法院应当认定其构成善意，但是公司有证据证明相对人知道或者应当知道决议系伪造、变造的除外（见《担保制度解释》第7条第3款）。

2）法定代表人越权代表签订担保合同，相对人若是非善意的，司法解释认为"担保合同对公司不发生效力"。本书认为，该"担保合同不发生效力"，不是无效合同，而是效力待定合同，公司可追认使之发生效力。

2. 非必须经决议程序签订的担保合同。因特定情形足以引起相对人信赖，为交易便捷，有些担保合同，非必须经过决议程序。《担保制度解释》第8条第1款规定："有下列情形之一，公司以其未依照公司法关于公司对外担保的规定作出决议为由主张不承担担保责任的，人民法院不予支持：（一）金融机构开立保函或者担保公司提供担保；（二）公司为其全资子公司开展经营活动提供担保；（三）担保合同系由单独或者共同持有公司三分之二以上对担保事项有表决权的股东签字同意。"第2款规定："上市公司对外提供担保，不适

---

[1] 《公司法》（2023年修订）第15条规定："公司向其他企业投资或者为他人提供担保，按照公司章程的规定，由董事会或者股东会决议；公司章程对投资或者担保的总额及单项投资或者担保的数额有限额规定的，不得超过规定的限额。公司为公司股东或者实际控制人提供担保的，应当经股东会决议。前款规定的股东或者受前款规定的实际控制人支配的股东，不得参加前款规定事项的表决。该项表决由出席会议的其他股东所持表决权的过半数通过。"

用前款第二项、第三项的规定。"

（1）金融机构和担保公司有开展担保的业务，对外担保是经常性的工作，不必"一事一决"，即不必为每一项担保作出一项决议。

（2）公司与其全资子公司虽然是各自独立的法人，但在经营上有密切关联，因而公司为其全资子公司提供担保足以引起相对人的合理信赖。应注意两个限制词：一个是"全资"，一个是"开展经营活动"。如果不是全资子公司，或不是为开展经营活动，提供担保须经过决议程序。

二、担保物不适格

担保合同约定的担保物，是法律不允许用作担保的物，这种情况称为担保物不适格。担保物不适格的本质是流通的法律不能，它导致担保合同无效。

（一）司法解释对立法"不得抵押"规定的修正

《民法典》第399条规定："下列财产不得抵押：（一）土地所有权；（二）宅基地、自留地、自留山等集体所有土地的使用权，但是法律规定可以抵押的除外；（三）学校、幼儿园、医疗机构等为公益目的成立的非营利法人的教育设施、医疗卫生设施和其他公益设施；（四）所有权、使用权不明或者有争议的财产；（五）依法被查封、扣押、监管的财产；（六）法律、行政法规规定不得抵押的其他财产。"此条从原《物权法》承继而来，其中第4项，财产在签订抵押合同时"所有权、使用权不明或者有争议"，对抵押人而言，可能只是一种债权性的无权处分，或者权利瑕疵有可能嗣后消除。其中第5项，被采取司法措施的财产不得抵押，不符合效率原则和生活实际。第4、5项，将标的财产打入法律不能的"冷宫"也不合理。《担保制度解释》对上述第4、5项的效力进行了修正，在第37条规定："当事人以所有权、使用权不明或者有争议的财产抵押，经审查构成无权处分的，人民法院应当依照民法典第三百一十一条的规定处理。当事人以依法被查封或者扣押的财产抵押，抵押权人请求行使抵押权，经审查查封或者扣押措施已经解除的，人民法院应予支持。抵押人以抵押权设立时财产被查封或者扣押为由主张抵押合同无效的，人民法院不予支持。以依法被监管的财产抵押的，适用前款规定。"

1.当事人以所有权、使用权不明或者有争议的财产抵押，经审查构成无权处分的，按《民法典》第311条善意取得的规则处理。[1]善意取得的结果，是物权发生变动。对无权处分订立的抵押合同（债权合同），是与无权处分订立的买卖合同"一视同仁"的，[2]即无权处分订立的抵押合同如无其他违法事由，是认定为有效合同的。

2. 当事人以依法被查封或者扣押的财产订立抵押合同的，抵押合同作为债权合同并非无效，只是抵押权人请求行使抵押权（物权）时，要看查封或者扣押措施是否已经解除，已经解除的，自可行使抵押权。对于个案，往往需要从债权和物权两个层面分析。[3]

综上，以《民法典》第399条第4、5项规定的财产抵押，不作为无效事由，这是司法解释修正立法的现象，尽管修正很有道理，但在"立法的程序"上不无讨论余地。

（二）推定的"不得"用来担保的物、权利

有时立法对某种法律行为没有明文规定"不得"或者"禁止"，即没有明文使用"不得"的字样，但从相关规定中可以推定"不得"实施的行为。这种推定，是对法律的反对解释。[4]

例如，《民法典》第440条规定："债务人或者第三人有权处分的下列权利可以出质：（一）汇票、本票、支票；（二）债券、存款单；（三）仓单、提单；（四）可以转让的基金份额、股权；（五）可以转让的注册商标专用权、专利权、著作权等知识产权中的财产权；（六）现有的以及将有的应收账款；（七）法律、行政法规规定可以出质的其他财产权利。"按照反对解释，

---

　　〔1〕《民法典》第311条规定："无处分权人将不动产或者动产转让给受让人的，所有权人有权追回；除法律另有规定外，符合下列情形的，受让人取得该不动产或者动产的所有权：（一）受让人受让该不动产或者动产时是善意；（二）以合理的价格转让；（三）转让的不动产或者动产依照法律规定应当登记的已经登记，不需要登记的已经交付给受让人。受让人依据前款规定取得不动产或者动产的所有权的，原所有权人有权向无处分权人请求损害赔偿。当事人善意取得其他物权的，参照适用前两款规定。"

　　〔2〕《民法典》第597条规定："因出卖人未取得处分权致使标的物所有权不能转移的，买受人可以解除合同并请求出卖人承担违约责任。法律、行政法规禁止或者限制转让的标的物，依照其规定。"

　　〔3〕浙江省高级人民法院（2020）浙民终502号的"案例要旨"指出：当事人对被人民法院依法查封的财产进行处分，不能认定其违反了效力性强制性规定。房产存在被查封的障碍，仅为房产不能过户，属于物权变动问题，不影响合同的效力。

　　〔4〕对法律的反对解释，是推定反之之事项，达到反对之效果，即以对立的事项（与法条陈述事项对立的事项）产生对立的效果（与法条陈述事项的效果对立的效果）。

不属于该条所列七种情形的权利，是"不得"或者"禁止"出质的，否则质押合同无效。

三、关于以欺诈、胁迫手段订立的担保合同的效力

原《担保法》第30条就保证规定："有下列情形之一的，保证人不承担民事责任：（一）主合同当事人双方串通，骗取保证人提供保证的；（二）主合同债权人采取欺诈、胁迫等手段，使保证人在违背真实意思的情况下提供保证的。"《民法典》未作相应的直接规定，在原《担保法》已经废止的情况下，应如何认定以欺诈、胁迫手段订立的担保合同的效力呢？

其一，主合同当事人（债权人、债务人）双方串通，骗取保证人提供保证（保证人与债权人订立保证合同），该串通是恶意串通，应"参照适用"《民法典》第154条"行为人与相对人恶意串通，损害他人合法权益的民事法律行为无效"之规定，认定保证合同无效。为什么是"参照适用"，而不是"适用"呢？因为第154条是规定恶意串通人（双方）的法律行为无效，而保证合同的双方并非实施恶意串通行为的双方，保证合同之无效只是主合同当事人恶意串通造成的结果。《民法典》第153条第2款规定："违背公序良俗的民事法律行为无效。"也可以依据该款认定保证合同无效。恶意串通人是共同侵权人，故对保证人的损失承担连带赔偿责任。

有人认为，主合同债权人与主合同债务人双方串通，欺骗保证人，使其与债权人订立保证合同的，该合同可撤销。该观点依据的是《民法典》第149条对第三人欺诈的规定："第三人实施欺诈行为，使一方在违背真实意思的情况下实施的民事法律行为，对方知道或者应当知道该欺诈行为的，受欺诈方有权请求人民法院或者仲裁机构予以撤销。"本书认为，上述观点是不正确的，是对第149条的误读。主合同债权人与主合同债务人双方串通，欺骗保证人，串通的双方有共同的故意，是协调一致的共同欺诈。而对方"知道或者应当知道"该欺诈行为，不构成欺诈的共同故意（故意的内容不一致），不是协调一致的共同欺诈。主合同当事人恶意串通对保证人实施欺诈的，保证合同只能无效。

其二，主合同债权人采取欺诈手段，使保证人在违背真实意思的情况下提供保证，即由于债权人的欺诈，保证人与其成立了保证合同，应认定保证

合同可撤销。[1]

其三，主合同债权人或主合同债务人采取胁迫手段，使保证人在违背真实意思的情况下提供保证（成立了保证合同），应认定保证合同可撤销。[2]主合同债权人的胁迫，是保证合同当事人的胁迫，债务人的胁迫相对于保证合同来说，是第三人的胁迫，它们都导致合同可撤销。

其四，上述保证合同的无效事由、撤销事由，对其他担保合同的效果是一样的。如抵押合同、质押合同等也是债权合同（不是物权合同），自也适用《民法典》的相关规定。

第三节　让与担保的效力

一、让与担保的含义及物权法定原则

（一）让与担保的含义

让与担保是担保人（债务人或者第三人）为担保债务人之债务，将担保标的物或其他财产形式上转移至担保权人（债权人）名下的非典型担保。债务人到期履行了债务，让与担保的财产应回归担保人；债务人不履行到期债务，已经完成财产权利变动公示的，债权人有权对财产折价或者以拍卖、变卖该财产所得价款优先受偿。[3]

实务中适用让与担保的比较常见，但当事人往往不使用"让与担保"这个"词"。例如，甲公司向张乙借款4000万元，双方约定：甲公司将登记在自己名下的"南栋商品房"抵押给张乙，30个工作日内将房屋过户登记（转移登记）在张乙名下，在甲公司偿还本息后，再回归登记（转移登记）在甲公司名下。签订合同后，甲公司与张乙到登记部门，将"南栋商品房"过户

---

〔1〕《民法典》第148条规定："一方以欺诈手段，使对方在违背真实意思的情况下实施的民事法律行为，受欺诈方有权请求人民法院或者仲裁机构予以撤销。"另见第149条。

〔2〕《民法典》第150条规定："一方或者第三人以胁迫手段，使对方在违背真实意思的情况下实施的民事法律行为，受胁迫方有权请求人民法院或者仲裁机构予以撤销。"

〔3〕《担保制度解释》第68条第1款规定："债务人或者第三人与债权人约定将财产形式上转移至债权人名下，债务人不履行到期债务，债权人有权对财产折价或者以拍卖、变卖该财产所得价款偿还债务的，人民法院应当认定该约定有效。当事人已经完成财产权利变动的公示，债务人不履行到期债务，债权人请求参照民法典关于担保物权的有关规定就该财产优先受偿的，人民法院应予支持。"

登记给张乙。本案当事人双方约定的不动产担保，名为抵押，实为让与担保。

让与担保有几个问题需要说明：

1. 用来担保的财产可以是物，也可以是其他财产权利。让与担保物可以是动产，也可以是不动产。实务中，以房屋作为让与担保物的比较常见；其他财产权利，以股权较为常见。以物担保的，可发生担保物权的效力；以其他权利担保的，可发生准物权担保的效力。

2. 担保人可以是债务人自己，也可以是第三人。

3. 担保财产形式上须转移至债权人名下，否则不是让与担保。"形式上"，说明债权人并非所有权人或其他权利的真正权属人。比如，以股权作为让与担保财产的，尽管双方到市场监督管理部门将股权登记在债权人名下，但债权人实质上只是代持人，不是真正的股东。

形式上转移至债权人名下，但标的财产并不分裂为事实上的权利和法律上的权利。比如债务人甲把一套房屋作为让与担保的标的物，转移登记到债权人乙名下，不能认为甲享有事实上的所有权，乙享有法律上的所有权。本书认为，把所有权区分为事实上的所有权和法律上的所有权是错误的，违反了物权法定原则。所有权都是法律上的，都是法律调整的结果。一物一权（一个物一个所有权），不可能一明一暗两个所有权，否则就破坏了财产秩序和交易安全。就房屋让与担保而言，担保人虽然丧失了所有权登记，但仍享有法律上的所有权，仍是自物权人；担保权人虽然取得了所有权登记，但实际只是可以享有担保物权（他物权）的人。所有权与登记是可以分离的，我国并未采取登记绝对主义。

4. 完成财产权利变动公示，债权人才能享有优先受偿权。比如，债权人甲与债务人乙就乙的一所房屋约定让与担保，因故房屋没有登记在甲的名下，则甲对该房屋没有优先受偿权，而只能将其作为乙的一般财产主张权利。

（二）让与担保与物权法定原则

《民法典》第116条设定了物权法定原则："物权的种类和内容，由法律规定。"物权法定原则的设立，是为了限制当事人创设物权种类和物权内容的法律行为，以保护交易安全和社会利益。物权法定原则是强制性规定。

物权法定原则要求：①物权的种类"不得创设"；②物权的内容"不得任意创设"。物权的种类不得创设，即物权的种类是由法律规定的，当事人不得以民事法律行为创设法定种类以外的物权。

依《民法典》的规定，担保物权包括动产抵押权、不动产抵押权、动产质权、权利质权、动产留置权和第807条规定的不动产（工程）优先受偿权。前四种是意定担保，后两种是法定担保。不动产担保，一种是意定担保（不动产抵押权），还有一种是不动产（工程）优先受偿权。当事人在法定类型之外创设的物权无效，但司法解释有法律的效力，既然其对让与担保作了规定，当事人约定的让与担保可以生效。[1]也就是说，加上司法解释规定的让与担保，共有七种法定类型的担保。这七种以外的担保，因违反物权法定原则的"种类法定"而无效。

二、让与担保合同中的流押条款无效及回购条款的处理

流押源自质押合同。到期不清偿债务，质物归质权人所有的约定，称为流押，也称为流质，"流"是流失的意思。存在流押条款是质押合同部分无效的情形，该条款无效，不影响质押合同其他条款的效力。让与担保合同一般都有流押条款，即当事人事先约定：债务人到期不履行债务，抵押物归债权人所有。

（一）让与担保合同中的流押条款无效，债权人仍可享有优先受偿权

1. 让与担保合同中的流押条款之无效，属于非扩张的部分无效，即不导致整个让与担保合同无效。债务人履行债务后，担保义务人（债务人或者第三人）有权请求返还让与担保财产，比如已经登记到债权人名下的第三人房屋，第三人有权请求再登记到自己的名下。

2. 流押条款无效，债务人到期未履行债务的，债权人仍可以请求对财产折价或者以拍卖、变卖所得的价款清偿自己的债务；若已经完成财产权利变动的公示，债权人享有优先受偿权。[2]

---

〔1〕 司法解释是否有权增加新的担保类型，不在本书的研究范围之内。

〔2〕 《担保制度解释》第68条第2款规定："债务人或者第三人与债权人约定将财产形式上转移至债权人名下，债务人不履行到期债务，财产归债权人所有的，人民法院应当认定该约定无效，但是不影响当事人有关提供担保的意思表示的效力。当事人已经完成财产权利变动的公示，债务人不履行到期债务，债权人请求对该财产享有所有权的，人民法院不予支持；债权人请求参照民法典关于担保物权的规定对财产折价或者以拍卖、变卖该财产所得的价款优先受偿的，人民法院应予支持；债务人履行债务后请求返还财产，或者请求对财产折价或者以拍卖、变卖所得的价款清偿债务的，人民法院应予支持。"

（二）对让与担保合同回购条款的处理

1. 让与担保合同有时有回购条款，即约定债务人以回购的方式履行债务。[1]具体约定的内容是：将财产转移至债权人名下，在一定期间后再由债务人或者其指定的第三人以交易本金加上溢价款回购，债务人到期不履行回购义务的，财产归债权人所有。对这样的回购，处理的方式是：第一，债务人到期不履行回购义务，财产归债权人所有的流押条款无效（让与担保合同的部分无效）；第二，标的物即便已经完成财产权利变动的公示，债权人也不能主张所有权，但可主张优先受偿权。

2. 回购对象自始不存在的，构成通谋虚假意思表示，应当依照《民法典》第146条第2款的规定，按照其实际构成的法律关系处理，[2]即通谋虚假行为（虚假合同）的隐藏合同，按其实际性质和具备的有效或无效要件处理。隐藏合同可能是有效的，也可能是无效的。例如，当事人签订虚假商品房买卖合同并约定了回购，掩盖民间高利贷合同，则可对民间高利贷合同（隐藏合同）认定为部分无效（超过法定利息的部分无效）。

第四节　担保合同无效的责任

一、担保合同无效的效果概述

担保合同无效，担保人不承担担保责任，但并不等于不承担担保责任以外的民事责任。担保人有过错的，应当承担与过错相应的民事责任，没有过错不承担责任。担保人的过错责任是法定赔偿责任，这种赔偿责任是无效之债、法定之债。

担保合同无效，债权人对有过错的担保人行使的是损害赔偿请求权。对损害的多少，债权人应当承担举证责任。

就抵押合同、质押合同而言，合同无效，则不能成立抵押权、质权，换

---

[1]《担保制度解释》第68条第3款规定："债务人与债权人约定将财产转移至债权人名下，在一定期间后再由债务人或者其指定的第三人以交易本金加上溢价款回购，债务人到期不履行回购义务，财产归债权人所有的，人民法院应当参照第二款规定处理。回购对象自始不存在的，人民法院应当依照民法典第一百四十六条第二款的规定，按照其实际构成的法律关系处理。"

[2]《民法典》第146条第2款规定："以虚假的意思表示隐藏的民事法律行为的效力，依照有关法律规定处理。"

言之，抵押权人、质权人实际没有抵押权或者质权，对抵押或质押的财产没有优先受偿的权利，而只能对有过错的担保人行使赔偿请求权。有效的抵押、质押，担保人就担保物承担物上有限责任，无效时则不存在物上有限责任。

二、担保合同无效，当事人责任的承担

担保合同（从合同）无效，在法律上应认定其不产生担保的效力，担保人不承担担保责任。但从合同无效，并不一了百了，根据过错（故意或过失），当事人还要承担相应的民事责任。这种民事责任，是担保责任（意定责任）以外的法定民事责任。承担这种民事责任的主体，包括有过错的债务人、担保人、债权人。没有过错的当事人不承担责任。

（一）主合同有效而第三人提供的担保合同无效时赔偿责任的承担

《担保制度解释》第 17 条第 1 款规定："主合同有效而第三人提供的担保合同无效，人民法院应当区分不同情形确定担保人的赔偿责任：（一）债权人与担保人均有过错的，担保人承担的赔偿责任不应超过债务人不能清偿部分的二分之一；（二）担保人有过错而债权人无过错的，担保人对债务人不能清偿的部分承担赔偿责任；（三）债权人有过错而担保人无过错的，担保人不承担赔偿责任。"

第三人提供担保的合同有保证合同、第三人为抵押人的抵押合同和第三人为出质人的质押合同。主合同有效而担保合同无效，过错方是担保合同的一方或者双方。

1. 担保合同的债权人与担保人均有过错的，双方都应承担损失。担保人承担的赔偿责任是补充责任，不应超过债务人不能清偿部分的二分之一，也就是说，担保人的赔偿数额最多可以达到债务人不能清偿部分的二分之一（含二分之一，但不能超过二分之一）。[1]比如主债务人欠款 500 万元，不能清偿部分有 300 万元，作为过错人之一的保证人，在 150 万元（含 150 万元）以下承担赔偿责任，具体数额可由法官根据具体情况确定。

2. 担保合同的担保人有过错而债权人无过错的，担保人承担的是补充责任，对债务人不能清偿的部分承担全部赔偿责任。

3. 担保合同的债权人有过错而担保人无过错的，担保人不承担赔偿责任，

---

[1]《民法典》第 1259 条规定："民法所称的'以上'、'以下'、'以内'、'届满'，包括本数；所称的'不满'、'超过'、'以外'，不包括本数。"

即担保人对担保无效承担的是过错责任，有过错应承担责任，无过错不应承担责任。

（二）主合同无效导致第三人提供的担保合同无效时赔偿责任的承担

主合同无效，从合同随之无效。《担保制度解释》第 17 条第 2 款规定："主合同无效导致第三人提供的担保合同无效，担保人无过错的，不承担赔偿责任；担保人有过错的，其承担的赔偿责任不应超过债务人不能清偿部分的三分之一。"

1. 担保人适用过错责任原则，担保人没有过错的，不承担担保责任，也不承担担保合同无效时的赔偿责任。[1]比如，张甲借款给李乙，王丙作为保证人，后张甲起诉李乙、王丙，请求二人承担连带还款责任。法院在审理过程中发现张甲是从银行套款转借给李乙的，借款合同（主合同）应确认为无效，而王丙对主合同无效并不知情，没有过错，不承担责任。

2. 担保人有过错的，其承担的赔偿责任不应超过债务人不能清偿部分的三分之一（含三分之一，但不能超过三分之一）。这是一种补充责任，具体多少应结合当事人的过错程度而定。

三、担保人承担合同无效责任之后的追偿权等权利

（一）担保人承担合同无效责任之后的追偿权

"保证人承担保证责任后，除当事人另有约定外，有权在其承担保证责任的范围内向债务人追偿，享有债权人对债务人的权利，但是不得损害债权人的利益"（第 700 条）。本条规定的是保证合同有效的情形下，保证人的追偿权。[2]本条一来没有规定保证合同无效时保证人承担赔偿责任后的追偿权，二来是对保证合同的专门规定，自不可能跨界对抵押合同、质押合同担保人的追偿权作出规定。《担保制度解释》第 18 条第 1 款作了补充："承担了担保

---

〔1〕　担保人的无过错是指担保人对主合同无效不知道或者不应当知道，或者未促成主合同的成立。需要注意的是，此时担保人的过错和主合同有效而担保合同无效时担保人的过错存在本质区别，担保人的过错并非对于主合同无效的过错，因为主合同的当事人是债权人和债务人，担保人并非合同的主体。具体而言，担保人明知主合同无效仍为之担保，或者担保人明知主合同无效仍作为中介促成合同的订立等，均属于担保人应当承担民事责任的事由。见最高人民法院民事审判第二庭：《最高人民法院民法典担保制度司法解释理解与适用》，人民法院出版社 2021 年版，第 210 页。

〔2〕　本条实际也规定了保证人的代位权。保证人承担保证责任后，还可享有主债权人对债务人的权利，这种权利称为保证人的代位权，性质为债权的法定移转，即视为主债权人对债务人的权利不消灭而移转给保证人。保证人不但享有债权人的主权利，还享有债权人的从权利。

责任或者赔偿责任的担保人，在其承担责任的范围内向债务人追偿的，人民法院应予支持。"这里补充了两点：一是承担"担保责任"的担保人可以向主债务人追偿，即追偿主体不仅有保证人，也包括抵押人和出质人；二是担保人不但可就承担的担保责任向主债务人追偿，就担保合同无效承担的赔偿责任（过错责任）也可向主债务人追偿。

（二）后顺序担保人承担合同无效责任之后的代位权

《担保制度解释》第 18 条第 2 款规定："同一债权既有债务人自己提供的物的担保，又有第三人提供的担保，承担了担保责任或者赔偿责任的第三人，主张行使债权人对债务人享有的担保物权的，人民法院应予支持。"本来主债务人到期未清偿时要先实现主债务人提供的物保（见第 392 条），但先实现了第三人提供的担保（后顺序）或该第三人因担保合同无效承担赔偿责任的，其可以代位行使主债权人对主债务人享有的担保物权。

（三）无效担保合同的担保人有权请求反担保人承担担保责任或过错赔偿责任

主合同无效，从合同也无效，但担保合同不是反担保合同的主合同，故而，担保合同无效并不导致反担保合同无效，承担担保合同无效责任的担保人，仍可主张在反担保合同中的权利。《担保制度解释》第 19 条第 1 款规定："担保合同无效，承担了赔偿责任的担保人按照反担保合同的约定，在其承担赔偿责任的范围内请求反担保人承担担保责任的，人民法院应予支持。"第 2 款规定："反担保合同无效的，依照本解释第十七条的有关规定处理。当事人仅以担保合同无效为由主张反担保合同无效的，人民法院不予支持。"

四、对保证合同无效，债权人应否受保证期间限制的探讨

保证期间也称为保证责任期间，是债权人对保证人主张其权利的不变期间。在此期间内，债权人若不按规定的方式主张权利，则其权利消灭，即期间届满，保证人依照合同产生的保证责任（给付义务）消灭。[1]

---

〔1〕《民法典》第 692 条第 1 款规定："保证期间是确定保证人承担保证责任的期间，不发生中止、中断和延长。"当事人在预定的期间内不行使权利或不为意思表示，则权利消灭（失权），实体法上的这种期间称为除斥期间（除斥是排除、排斥的意思），保证期间符合除斥期间的特征，是除斥期间的一种。只不过除斥期间一般限制形成权，而保证期间限制债权。本书认为，不宜把保证期间认定为"或有期间"。

（一）《担保制度解释》第 33 条及其理由

保证期间是排除保证责任的期间，保证责任是有效保证合同产生的责任。最高人民法院扩大了保证期间的适用范围，使其适用于保证人的缔约责任。《担保制度解释》第 33 条规定："保证合同无效，债权人未在约定或者法定的保证期间内依法行使权利，保证人主张不承担赔偿责任的，人民法院应予支持。"〔1〕最高人民法院对本条的解说是："债权人通常不会主观上认为保证合同无效或者可被撤销，否则就不会订立保证合同。因此，在债权人不知道保证合同无效或者可撤销时，如果其认为保证人应当承担保证责任，自应在保证期间内向保证人主张保证责任。相应地，债权人未在保证期间内依法向保证人主张保证责任，通常可以解释为债权人不再要求保证人承担保证责任，当然也就无意要求保证人承担赔偿责任。更为重要的是，如果保证合同无效或者被撤销，保证人不能受到保证期间的保护，就可能导致保证人在保证合同无效或者被撤销时的责任较之保证合同有效时更重：保证合同有效时，保证人因未在保证期间内行使权利而无须承担任何责任，但在保证合同无效或者被撤销时，保证人反倒可能承担赔偿责任，这显然不公平。有鉴于此，本条规定保证合同无效或者被撤销时，债权人仍然要在保证期间内主张权利。"〔2〕本书不同意上述观点。

（二）本书观点

1. 保证合同无效时承担赔偿责任的保证人不受保证期间的保护，并非不公平。

（1）上述《担保制度解释》第 33 条只适用于保证人有过错之情形（缔约责任），而不适用于保证人无过错之情形，因为保证合同无效，保证人无过错时根本不承担任何责任。

保证期间是对"无辜"（无过错）保证人的一种立法优惠政策。保证是人的担保，保证人承担的是无限责任，其以自己的全部财产作为责任财产，

---

〔1〕　最高人民法院认为："保证合同被撤销时，应当参照本条的规定处理，即保证合同被撤销，债权人未在约定的或者法定的保证期间内依法行使权利，保证人主张不承担责任的，人民法院应予支持。"见最高人民法院民事审判第二庭：《最高人民法院民法典担保制度司法解释理解与适用》，人民法院出版社 2021 年版，第 324 页。

〔2〕　最高人民法院民事审判第二庭：《最高人民法院民法典担保制度司法解释理解与适用》，人民法院出版社 2021 年版，第 322 页。

往往因履行保证债务而陷入财务危机。债务人与保证人之间的委托保证合同，除从事担保业务的公司作为保证人之外，保证人大都是无偿为债务人提供担保，[1]给予保证人特殊保护有道义的基础。使保证人得到保证期间的保护，就是给他们一次逃生的机会，也有促使债权人及时行使权利之功效，以防止法律关系长期处于不稳定的状态。

对保证合同有过错的保证人，不应享有与无过错保证人同等的法律待遇。因为，保证合同无效，保证人承担的是过错责任，[2]并非"无辜"。"保证人在保证合同无效或者被撤销时的责任较之保证合同有效时更重"，只能是因为其有过错，并非无妄之灾。例如，主债务人与保证人恶意串通，促使主债权人与主债务人订立合同，保证人也与主债权人订立了保证合同，主、从合同被认定无效后，主债权人要求保证人承担赔偿却受保证期间限制，不是对保证人不公平，而是对债权人不公平。简而言之，保护过错才是不公平的。

（2）债权人在保证期间内怠于行使主张保证责任的权利而导致这种权利消灭，是合理的。但在保证合同无效的情况下，债权人没有在保证期间内主张权利，最有可能的是依照法律常识判断无效合同之债不能适用保证期间。这样，对无效保证合同强行适用保证期间就非常不合理。

综上，保证合同无效时承担赔偿责任的保证人，作为过错人不受保证期间的保护，并非不公平，反而是合理的。无效保证合同的债权人对有过错的保证人的请求权，只应受诉讼时效的限制。

2. 使对保证合同无效有过错的保证人的赔偿责任受保证期间保护，违法悖理。

（1）保证责任是有质的规定性的民事责任、严格意义上的责任，是违反义务后的给付，实为代为履行的义务。保证责任依据保证合同产生，是意定之债。保证合同无效时，保证人有责任的话，该责任已经不具有担保性，而是违反先合同义务的缔约责任。换言之，无效合同不发生保证责任，不产生意定责任。而对保证合同无效有过错的保证人对主合同债权人的赔偿责任，

---

〔1〕 担保合同都是无偿的，委托担保合同分为有偿和无偿两种。

〔2〕《民法典》第157条规定："民事法律行为无效、被撤销或者确定不发生效力后，……有过错的一方应当赔偿对方由此所受到的损失；各方都有过错的，应当各自承担相应的责任。……"第682条第2款规定："保证合同被确认无效后，债务人、保证人、债权人有过错的，应当根据其过错各自承担相应的民事责任。"

是填补损失的责任，是过错责任，是法定之债。两种责任的请求权基础不同，将意定之债的保证期间适用于法定之债，跨度很大，违反了《民法典》的相关规定，也不符合法学的一般原理，在适用上不能自圆其说。

（2）保证责任是意定之债，与之相应，保证期间是意定期间。就民法总体而言，除斥期间不一定是法定的，也可以出自当事人的约定。保证期间依法产生于保证合同当事人的约定，当事人没有约定的，法定保证期间自动进入合同之中，成为合同的默示条款，在解释上应认为当事人接受了法定保证期间的规定，适用法定保证期间未脱离意思自治的范畴。[1]以上叙述是想说明，当保证合同无效时，保证期间没有存在的基础：首先，约定的保证期间无效；其次，不能认为法定保证期间是当事人的默示意思表示。

（3）保证期间的起算时间为主债务履行期限届满之日。[2]①当主、从合同均无效时，主债务（意定之债）无效，所谓"保证期间"无从起算，即没有作为起算点的期日。再者，保证责任是从债务，是以主债务到期不履行（消极法律事实）作为生效条件的，主债务无效，则从债务不能有效，无法受保证期间保护，更谈不上保证期间的起算。亦即，当主、从合同均无效时，没有作为保证期间起算点的法律事实。②当主合同有效，保证合同（从合同）无效时，若保证人有过错，应当对债权人予以赔偿，则保证期间自主债务履行期限届满之日起计算在法理上也是不通的，因为所谓"主债务"不得履行。保证人赔偿责任与主债务是没有主从关系的，也不是以主债务到期不履行为生效条件的。

（4）保证方式有一般保证和连带责任保证两种。保证方式不同，债权人为维持对保证人的权利，在保证期限内做出的"规定动作"和针对的对象就有所不同。"一般保证的债权人未在保证期间对债务人提起诉讼或者申请仲裁的，保证人不再承担保证责任。连带责任保证的债权人未在保证期间请求保证人承担保证责任的，保证人不再承担保证责任"（第693条）。对一般保证

---

　　[1]　《民法典》第692条第1款规定："保证期间是确定保证人承担保证责任的期间，不发生中止、中断和延长。"第2款规定："债权人与保证人可以约定保证期间，但是约定的保证期间早于主债务履行期限或者与主债务履行期限同时届满的，视为没有约定；没有约定或者约定不明确的，保证期间为主债务履行期限届满之日起六个月。"第3款规定："债权人与债务人对主债务履行期限没有约定或者约定不明确的，保证期间自债权人请求债务人履行债务的宽限期届满之日起计算。"

　　[2]　见《民法典》第692条第2款。

或连带责任保证方式的约定或确定，在有效保证合同中才可能存在，[1]两种方式才能区分，才有分别采用不同行为方式适用保证期间的意义。如果保证合同无效，就失去了区分保证人承担一般保证责任还是连带保证责任的前提和依据，债权人也就无法做出主张权利的"规定动作"，也就无法判断债权人的请求权是否"消灭"。无效保证合同适用保证期间，这个疙瘩是解不开的。

（5）综上，将有效保证合同的保证期间移花接木到无效保证合同，在逻辑上有解不开的疙瘩，造成了法理上的混乱。

例5-6：出卖人甲与买受人乙签订了买卖合同，约定甲先发货，乙后付款。甲与保证人丙签订了保证合同，约定丙担保乙货款债务的履行，保证方式为一般保证，保证期间为3个月。买卖合同没有仲裁条款。设本案主、从合同均无效，甲、乙、丙均有过错，丙对甲的损失应承担三分之一的赔偿责任，但甲未在约定的3个月保证期间内起诉，请求乙履行债务。

——若按照《担保制度解释》第33条，保证人丙受保证期间的保护，保证期间届满，甲对丙丧失请求权。但这违反法理。第一，合同无效，保证责任当然无效，而保证期间是主张保证责任的期间。第二，主合同无效，货款债务当然无效，约定货款履行期限的效力不能单独保留，即不能自货款债务履行期限届满之日起计算3个月的保证期间。第三，保证合同无效，而当事人约定的3个月保证期间独自生效，没有法理基础，改用6个月的法定保证期间也没有根据。第四，保证合同无效，约定的保证方式也无效，以甲未按约定的一般保证方式的要求起诉主债务人来认定保证期间届满，明显不当。如果按连带责任保证处理（在保证期间未请求保证人承担保证责任），亦无根据。第五，无效保证合同的保证人承担的三分之一的赔偿责任是过错责任，而保证人的保证责任是不以过错为前提的义务。在严格意义上，一为责任，适用过错责任原则；一为义务，不适用赔偿的过错责任原则。前者不应受保证期间保护，后者受保证期间保护。

---

[1]《民法典》第686条规定："保证的方式包括一般保证和连带责任保证。当事人在保证合同中对保证方式没有约定或者约定不明确的，按照一般保证承担保证责任。"《担保制度解释》第25条规定："当事人在保证合同中约定了保证人在债务人不能履行债务或者无力偿还债务时才承担保证责任等类似内容，具有债务人应当先承担责任的意思表示的，人民法院应当将其认定为一般保证。当事人在保证合同中约定了保证人在债务人不履行债务或者未偿还债务时即承担保证责任、无条件承担保证责任等类似内容，不具有债务人应当先承担责任的意思表示的，人民法院应当将其认定为连带责任保证。"

第五节　案例分析

◎ 案例分析一：抵押合同中流押条款无效，能否导致主从合同均无效[1]

一、案情：

谭某某与熊某某原系夫妻关系，二人于 2016 年 3 月 23 日协议离婚。二人婚姻关系存续期间，谭某某向陈某某借款 40 万元并出具借条。2017 年 3 月 28 日，以谭某某、熊某某为甲方，陈某某为乙方，双方签订抵押协议，该协议载明："甲方在近年的社会活动中因急需资金，曾几次向朋友陈某某借款共计肆拾万元，时下无力偿还，经甲乙双方商议，甲方愿意将平湖西路 262 号门市（登记所有权人系谭某某）抵押给乙方，其协议细则如下：一、双方议定上述门市贰拾万元整，由甲方抵给乙方。二、乙方承诺上述借款从抵押协议签字之日起，一概不计利息，只计本金肆拾万元整。三、甲方需在五年内还款贰拾万元整，如甲方未履行或未完全履行还款义务，上述门市归乙方所有，如甲方按时还款贰拾万元，上述门市归甲方所有。四、抵押期间上述门市的出租费由甲方收取……甲方谭某某　熊某某　乙方陈某某 2017 年 3 月 28"。该协议签订后，陈某某要求熊某某、谭某某办理抵押登记手续无果。现陈某某起诉要求熊某某、谭某某偿还借款本息。

二、观点类型

本案中，熊某某、谭某某与陈某某签订的抵押协议第三条为流押条款，因违反法律强制性规定，应属无效。但对该条款无效后合同整体效力如何，存有不同观点。

第一种意见认为，依照《合同法》第 56 条的规定，合同部分条款无效不影响其余部分效力的，其余部分仍然有效。本案中，虽然抵押协议中的流押条款无效，但该条款的无效并不影响协议其余条款的效力，故其余部分仍然

---

[1]　原文为何贤龙："合同部分条款无效影响合同基础应认定合同整体无效"，载重庆市高级人民法院网，本书引用时略有修改。

继续有效。陈某某在抵押协议中自愿作出免息以及借款展期的承诺，故其要求清偿全部借款本息的诉讼请求因部分借款履行期限尚未届满而应予以驳回。

第二种意见认为，《合同法》第56条规定，合同部分条款无效不影响其余部分效力的，其余部分仍然有效。反之，无效条款足以影响其余部分效力的，应认定合同整体无效。案涉抵押协议中虽然并存设定抵押权、流押、免息及借款展期等诸多约定，但纵观该抵押协议的整体内容，均是围绕设定流押条款展开，故应认定抵押协议整体无效，陈某某的诉讼请求应予支持。

三、原作者意见

本案中，原告陈某某的诉讼请求应否予以支持的问题主要在于案涉抵押协议中流押条款无效以后能否认定抵押协议整体无效，也即合同部分条款无效与合同整体效力的关系。笔者同意第二种意见，也即无效条款系合同基础或主要目的，应认定合同整体无效。

（一）合同部分无效的立法规定

关于合同部分无效在《民法通则》中即有规定，该法第60条规定，"民事行为部分无效，不影响其他部分的效力的，其他部分仍然有效"。此后的《合同法》第56条也规定，"无效的合同或者被撤销的合同自始没有法律约束力。合同部分无效，不影响其他部分效力的，其他部分仍然有效"。《民法总则》第156条亦再次规定"民事法律行为部分无效，不影响其他部分效力的，其他部分仍然有效"。由此可见，我国立法将合同部分无效对整个合同的影响分为两种情况：无效部分除去后将影响其他部分效力的，合同应全部归于无效；无效部分去除后不影响其他部分效力的，则其他部分仍然有效。可见，法律行为部分无效时，原则上应全部归于无效，只有在部分无效不影响其他部分效力这一例外情形才部分有效。然而合同部分无效在何种情形会导致整个合同无效，又在何种情形不影响合同其他部分效力，是审判实践中面临的实际问题。

（二）合同部分无效与整体效力关系的判定原则

依照前述法律规定分析，合同无效部分去除以后不影响其余部分效力的，则其余部分有效，反之则整体无效。也即合同部分无效与整体效力的关系主要取决于无效部分在整个合同中的作用，如果无效部分是当事人的行为基础或主要目的，没有这一部分，当事人就不会缔结合同，则部分无效将导致整个合同无效，反之则不会导致合同整体无效，而是不影响其余部分的效力。

（三）合同部分无效与整体效力关系的判定规则

1. 合同的一体性。《民法通则》《合同法》《民法总则》中关于合同部分无效的规定均预设了一个法律行为整体的存在。现实生活中，当事人往往作出多项约定，其中包含多个不同类型的法律行为，这些行为能否构成一个法律行为整体并被置于前述规定的框架下评判，关键在于当事人是否有整体性的行为意愿，同时也要参考交易习惯和各方的利益状况。如果当事人的多项约定是在同一缔约过程中达成的或者被载入同一份合同，那么通常可以认定当事人对其有一种整体性意愿。即使当事人之间的约定是在不同时段作出的或者被载入了不同的合同，只要按照当事人的意愿或者交易习惯，这些约定应当"同生共死"，或者说组成了一个"交易包"，就应当认定它们构成了一个法律行为整体。相反，如果当事人之间的约定不能被视为一个法律行为整体的组成部分，那么其中一部分约定的无效自然不可能影响其余部分的效力。

结合本案分析，同一份抵押协议中包含免息、借款展期、设定抵押权、以物抵债等多种法律行为，可以认为这些行为是一体性行为，可能会发生因以物抵债条款无效而导致免息、展期约定无效的情形，也可能存在以物抵债条款无效而其余部分仍然有效的情形。若本案各方当事人就免息、借款展期、设定抵押权、以物抵债等分别签订不同的合同，且相互之间又不存在必然联系，则以物抵债协议的效力与其余协议效力之间即不存在直接关联性。

2. 行为的可分性。合同部分无效的相关法律规定均预设了法律行为内部的可分性。据此，合同部分无效以后才可能使得其余部分作为一个独立实体继续有效。当然法律行为内部是否具有可分性应当取决于当事人本人明示或者可推知的意思。部分案件中，虽然从客观上分析，法律行为的各个部分是可以分离的，但依据当事人的意思是不可分的，就应认定合同整体无效。故法律行为是否具有可分性应是一个主观判断问题，而非客观问题。

本案中，虽然熊某某极力主张债权人陈某某就借款作出了免息、展期的承诺，而这些承诺从客观上分析也与该抵押协议第三条所约定的流押条款具有可分性，但依据该抵押协议约定的具体内容，债权人同意借款展期以及免息的基础在于其对流押条款的高度期待，也即前述行为是建立在流押条款合法有效的基础之上的。故抵押协议中所涉的借款展期、免息、流押条款，依照当事人明示的意思表示不具有可分性。据此，因案涉抵押协议的多个法律行为不具有可分性，本案也不存在探讨流押条款无效以后其余条款是否继续有效的基础。

3. 相互的影响性。在合同部分无效与整体效力关系的具体判定上，若一个合同内部具有可分性，则需要重点审查的是，按照当事人的意思，无效部分是否可以影响其他部分的效力。当然，当事人的意思既包含事实意思，也包含依照解释确认的推定意思。换言之，无效部分若系合同的决定性因素，则去掉无效部分以后会使得合同成立的基础动摇，应认定整体无效；只有无效部分系合同的非决定性因素，才能使得部分条款无效而其余部分有效。

本案中，虽然案涉抵押协议首部包含了设定抵押权的意思表示，但协议的所有内容均未具体涉及抵押权设定的具体约定，反而是围绕流押条款的设定约定了议价条款、免息条款以及借款展期条款。也即，依照当事人的行为意愿可以确认流押条款的无效是足以影响整个协议效力的，否则将对债权人不公平，也会使得债权人利益受到较大的损失。故，流押条款的无效是足以导致案涉抵押协议整体无效的。

【本书的分析】

1. 案例作者（何贤龙）的意见是很有道理的，突破了一般见解，以联系的观点、全面的观点分析案情，得出流押条款的无效足以导致案涉抵押协议整体无效的结论。

2. 谭某某、熊某某作为甲方与债权人陈某某作为乙方的抵押协议，实际包含主从两个合同，即当事人之间并非只有抵押合同法律关系，还有主合同法律关系，并非只有抵押合同这一个双方法律行为，还有主合同这个双方法律行为。抵押协议载明主债权的数额、还款期限以及利息的免除，这活脱脱是主合同的内容，不是从合同（抵押合同）的特有内容，当然从合同可以重复表述主合同的内容。主、从合同是对应的，没有主合同就没有从合同，也不可能有脱离主合同而独立存在的从合同。本案的主合同是和解协议，是在原债权债务（到期的 40 万元欠款）基础上创设的新的法律关系。和解协议有双重法律关系，一层是基础法律关系，一层是由双方互相让步形成的新的法律关系。为了担保和解协议债权人陈某某债权的实现，当事人合意设定了抵押。该抵押协议中又包含流押条款。谭某某和熊某某与债权人陈某某的抵押协议，不是独立的以物抵债行为，因为当事人在主合同中约定 5 年内还款 20

万元。

3. 本案的抵押对主债权的实现有明显的担保作用。法律明确规定流押条款无效，因而不必考查债权人陈某某是否利用了债务人的困境等，可以直接认定该条款无效。

4. 合同的部分无效，分为扩张和不扩张两种情况：扩张的，导致整个合同无效，即部分条款无效导致所有条款无效；不扩张的，仅该部分无效，其余部分继续有效，两部分可以切割。一般而言，抵押合同的流押条款无效不发生扩张，仅为抵押合同的部分无效。但本案比较特殊。本案抵押担保的是和解协议债权人陈某某的主合同债权，和解协议是债务人无力偿还，双方协商互相让步的结果，陈某某的让步是自签订合同之日起不计息，且给了债务人谭某某、熊某某 5 年的期限利益，谭某某、熊某某的让步是到期（5 年内）若不能偿还，门市归陈某某所有。谭某某、熊某某的给付，一是履行主合同债务，二是以流押的方式提供抵押，而流押是债权人陈某某让步的条件，这个条件属于法律上的履行不能。故而，流押条款无效，不但导致整个抵押合同无效，也导致整个和解协议无效。

5. 综上，本案的一纸抵押协议，实为主、从两个合同，均应确认为无效。

◎ 案例分析二：女儿偷父亲房产证骗取银行贷款，法院认定冒名签署的抵押合同无效[1]

【案情回放】

2004 年 3 月，黄老伯的女儿伙同他人冒充黄老伯与一家银行签订个人贷款合同，贷款 20 万元，期限 10 年。同时，为顺利获得这笔贷款，黄老伯的女儿还盗取了黄老伯的身份证及房产证，并将黄老伯的房屋抵押给银行。2008 年 3 月，黄老伯的女儿因贷款诈骗罪等被判有期徒刑。法院在判决中认定，银行发放的 20 万元贷款被黄老伯的女儿取得，用于赌球和偿还债务。

女儿入狱，黄老伯自然十分心痛，但还让人心烦的是，自己的房子也被牵扯进去。黄老伯曾向银行提出撤销房子抵押的要求，但未获同意。为此，

---

[1] 原文为汤峥鸣："偷父亲房产证骗取银行贷款　法院：冒名签署的抵押担保合同无效"，载上海市高级人民法院网，本书引用时略有修改。

黄老伯向法院提起诉讼。

黄老伯认为，依据法院的判决足以认定涉案的个人贷款合同无效，因此相应的从合同即抵押合同自然也无效。银行辩称，在办理贷款手续时已尽到审查义务，银行是善意取得房屋抵押权，由于目前贷款还没有全部收回，如果撤销抵押，会对银行造成经济损失，故不同意撤销抵押权。

法院审理后认为，黄老伯的诉请于法无悖，应予支持，银行的损失应当向犯罪分子即黄老伯的女儿主张。

【以案说法】

问：黄老伯与银行间的合同是否有效？

答：生效的刑事判决已确认系争房屋的贷款合同、抵押合同为黄老伯的女儿伙同他人冒充黄老伯所签，目的是骗得银行贷款。黄老伯的女儿已因这一诈骗行为受到刑事处罚，因此签订合同系犯罪分子的犯罪行为，相关合同应属无效。

问：黄老伯所有的房屋上设立的抵押是否成立？

答：银行在系争房屋上的抵押权系因无效的抵押合同而产生，故这一抵押同样不能成立，应予撤销。银行虽称已尽到审查义务，却未提供证据予以证明，而且银行在签订合同时如果真正尽到了谨慎的审查义务，犯罪分子的骗贷行为就无法实现。

【本书的分析】

本案提出了两个有趣的问题：第一，黄老伯的女儿伙同他人冒充黄老伯所签贷款合同与抵押合同是否成立？第二，犯罪行为是否必然导致民事合同无效？

1. 冒充（冒名、假冒）他人名义签订的合同与代理签订的合同不同。冒充人以被冒充人的名义为意思表示，但由冒充人自己享有合同权利、承担合同义务，因而冒充不构成代理；因相对人是善意的，也不构成表见代理。实务中，有的公司安排假员工去他人办公楼里做假接待、假签约、假公章、假合同，这种假冒状态下签订的合同，被骗人即便是善意的，也不能以构成表见代理为由令被冒充人承担合同义务。

本书认为，考察合同是否成立不仅仅是事实判断，除了考察形式要件，还要混入价值判断。在形式上达成了合意不能认定被冒充人与相对人之间的合同成立，因为冒充人是将自己"代入合同"的，认定合同成立对被冒充人极其不公平、不合理，且会危害代理制度。代理人是以被代理人的名义为意思表示，由被代理人承担合同效果。在表见代理的情况下，合同成立自无疑问；在狭义无权代理的情况下，被代理人与相对人在形式上达成合意，就足以认定他们之间的合同成立。当事人有意思表示或者被代理为意思表示，合同才可成立。具体到本案，黄老伯的女儿伙同他人冒充黄老伯与银行所签贷款合同和抵押合同都是不成立的。在不成立的情况下，无须考察相对人是否为善意，即无须考察是否具备表见代理的要件。

无效合同是已经成立的合同，未成立自然谈不上有效。合同如果成立，可能有效，也可能无效。合同未成立及无效都不可能形成合同法律关系，换言之，有效合同才能成立合同法律关系。黄老伯虽然被冒充与银行"签订"了贷款合同和抵押合同，但两个合同未成立，黄老伯并没有与银行形成贷款合同法律关系和抵押合同法律关系。由于抵押合同未成立，银行不能善意取得房屋抵押权。

2. 一种观点认为，当事人的行为构成犯罪，所签订的民事合同并不必然无效。这种观点是出于"好心"，是为了避免主合同无效导致从合同（担保合同）无效时损害债权人（被担保人）的利益。本书认为，当签订民事合同是实施犯罪行为的一部分时（比如利用合同作为诈骗的工具），该民事合同必然无效。本案黄老伯的女儿伙同他人冒充黄老伯与银行签订贷款合同和抵押合同就是犯罪行为的核心一环，是整个犯罪行为的一部分，因而必然是无效的。因抵押合同也是犯罪行为的一部分，故而没有必要从主、从关系的角度认定其无效，即不必主张主合同无效的，从合同也无效。

已被生效判决认定的犯罪行为，侵害了刑法所保护的社会关系，在民法上就可以以违背公序良俗为由确认合同无效。涉嫌犯罪的合同，当事人的行为尚未被法院刑事判决所认定的，民事案件审理过程中根据事实可以认定当事人的行为严重违背公序良俗，从而认定合同无效。刑事案件与民事案件是可以分案审理的。

第六章 | 缔约责任及无效合同之债

第一节　缔约责任

一、缔约责任概述

（一）缔约责任的含义和性质

1. 缔约责任的含义。缔约责任是指当事人因过错违反或不履行先合同义务致使合同不成立或成立但确定不能生效的赔偿责任。

（1）缔约，是指缔约行为（订立合同的行为）。责任是违反义务的后果，缔约责任是缔约行为违反先合同义务的后果。承担缔约责任的形式是赔偿责任，先合同义务是法定义务，故该赔偿责任是法定责任。

（2）学者们习惯将缔约责任称为缔约过失责任。"缔约过失"是翻译过来的术语，最早是针对过失过错而言，目前缔约过失实际上讲的是缔约过错，也就是说，缔约责任作为一种过错责任，既包括过失，也包括故意，如采用欺诈、恶意磋商、胁迫等手段订立合同，就是故意缔约过错。

（3）缔约责任是由于缔约行为而在当事人之间发生的责任，当事人的缔约行为导致的对未参与缔约的第三人的责任，不是缔约责任。例如，甲、乙恶意串通订立合同侵害第三人丙的利益，因丙与甲、乙没有订立合同的意思表示，甲、乙对丙的责任不是缔约责任，而是一般的共同侵权责任。

2. 缔约责任的性质。一种观点认为，缔约责任是侵权责任与违约责任以外的独立的第三种民事责任，即三种责任是并列的。本书认为，缔约责任是一种特殊的侵权责任，不是侵权责任以外的独立责任的民事责任，否则就割裂了侵权责任体系。

（1）《民法典》第176条规定："民事主体依照法律规定或者按照当事人

约定，履行民事义务，承担民事责任。"按须履行的民事义务的性质，本条区分了侵权责任和违约责任两大民事责任，但不能据此认为民事责任仅包括这两种责任。也就是说，在这两种责任之外，还有其他民事责任。

按照违反或不履行的民事义务的性质（意定义务或法定义务），民事责任分为意定责任和法定责任。[1]侵权责任是法定责任的一种，而意定责任包括违反双方法律行为（合同）的责任（违约责任）、违反单方允诺（属单方法律行为）的责任和违反共同法律行为（决议）的责任。[2]

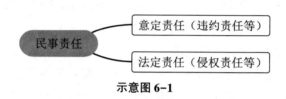

示意图 6-1

（2）缔约责任为合同法律规范所调整，在严格意义上不是合同责任，但可以与违约责任一起，称为合同法上的责任。

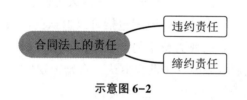

示意图 6-2

（3）责任是违反义务的后果，缔约责任是当事人在缔约阶段违反法定义务而产生的责任。该法定义务是先合同义务，不是合同意定义务。缔约的法定义务，有的出自法律的具体规定，也有诚信等民法原则产生的义务，也包括保护相对人的注意义务。

（4）侵权责任是法定责任，责任的构成要件、承担责任的方式都是法定的，缔约责任亦是如此。只是，缔约责任作为侵权责任，产生于特定的行为，这个行为就是缔约行为，也就是说，缔约责任产生于缔约阶段。

---

〔1〕　产生意定义务的法律事实（法律行为）是意定法律事实，违反意定义务产生的责任是意定责任，称为意定法律责任。产生法定义务的法律事实（事实行为、事件）是法定法律事实，违反法定义务产生的责任是法定责任，称为法定法律责任。

〔2〕　多方法律行为有的归入双方法律行为，有的归入共同法律行为（决议），见第一章第一节。

（5）本书认为缔约责任就是缔约阶段的侵权责任，同一责任不发生竞合的可能，即不存在缔约责任与侵权责任的竞合以及择一主张的问题。实务中，缔约责任更多的是理论表述，主张侵权责任则更容易直观地"寻找"请求权基础。除《民法典》第500条外，并没有对缔约责任的单独规定或专门规定。

那么，违约责任与侵权责任的竞合又如何解释呢？缔约责任只是侵权责任的一种，违约责任只能与履行阶段的侵权责任发生竞合。[1]

3. 缔约责任与违约责任的区别。

（1）发生的阶段不同。缔约过错是于合同缔结阶段（订立阶段）发生的。缔约阶段是指要约邀请、要约、承诺的阶段。

需要特别说明的是，《民法典》将要约作为"意思表示"予以规定，将要约邀请作为"表示"予以规定。[2]意思表示有效果意思，表示没有效果意思。缔约责任本应是意思表示的责任，但要约邀请作为表示，是为了唤起要约，而且要约邀请的内容也会被要约承继，故要约邀请的"表示"也可发生缔约责任，例如，违法广告（要约邀请）可以构成缔约责任。再如，以不正当竞争为目的恶意磋商，合同不会成立，恶意人可构成缔约责任。

对效力待定的合同，缔约阶段还包括可以追认的阶段。比如，甲与限制民事行为能力人乙订立的效力待定的合同，甲明知乙无相应行为能力仍接受其履行，合同因嗣后的原因（未获得追认）自始未发生效力的，对乙的损失，甲应承担的是缔约责任，不可能是违约责任。

合同有效成立后，不发生缔约责任，只可能发生违约责任，即只发生履行上的责任。例如，一物双卖，在两个合同都有效的情况下，出卖人向其中一个买受人转移了标的物的所有权，对另一个买受人不能交付，产生的是履行上的责任，即违约责任，而不是缔约责任。

（2）行为人违反的义务不同。缔约责任是违反先合同义务的后果。先合同义务是法定义务、注意义务。所谓注意义务，是进入协商阶段后，应当合

---

〔1〕《民法典》第186条规定："因当事人一方的违约行为，损害对方人身权益、财产权益的，受损害方有权选择请求其承担违约责任或者侵权责任。"

〔2〕《民法典》第472条规定："要约是希望与他人订立合同的意思表示，该意思表示应当符合下列条件：（一）内容具体确定；（二）表明经受要约人承诺，要约人即受该意思表示约束。"第473条第1款规定："要约邀请是希望他人向自己发出要约的表示。拍卖公告、招标公告、招股说明书、债券募集办法、基金招募说明书、商业广告和宣传、寄送的价目表等为要约邀请。"

理地注意对方利益的义务，该义务产生的根源，是法律规定的诚信原则。违约责任是违反合同义务的后果，合同义务是约定义务、履行给付的义务。

顺便再次指出，违反预约，是违反合同义务，而不是违反法定义务，故构成的责任是违约责任，而不是缔约责任。

（3）适用的归责原则不同。缔约责任的归责原则只能是过错责任原则，没有过错不能构成缔约责任。违约责任归责的原则多元化，一般归责原则是严格责任原则，特殊归责原则是过错责任原则。[1]

（4）责任形式不同。缔约责任是赔偿责任，主要采取金钱赔偿的方式，实物赔偿等很少见。违约责任的形式多种多样，包括支付赔偿金、支付违约金、强制实际履行、适用定金罚则等。赔偿只是违约责任的一种形式，违约责任还有维系合同履行效力的功能，比如强制实际履行、更换等。

（5）救济的利益不同。一般认为，缔约责任主要救济的是信赖利益。通说认为，缔约责任不保护履行利益。违约责任救济的主要是履行利益，履行利益包括可得利益。违约责任是违约后的二次给付，缔约责任不是二次给付。

（二）瑕疵担保责任与违约责任、缔约责任的关系

1. 瑕疵担保义务与瑕疵担保责任不同。

（1）在订立合同时当事人担保自己的给付没有瑕疵，实务上甚至理论上多称为瑕疵担保责任，这是有问题的。基于责任是违反义务后果的逻辑，应称为瑕疵担保义务，违反了该项义务才称为瑕疵担保责任。当事人对瑕疵担保义务没有约定排除的，给付一方都有瑕疵担保义务，但不一定有瑕疵担保责任。合同成立与履行一般有时间差，这就决定了先有瑕疵担保义务，之后才可能产生瑕疵担保责任。在合同成立时标的财产有瑕疵，转让人可能在给付时除去瑕疵；标的财产在合同成立时没有瑕疵，在给付时有瑕疵的，产生瑕疵担保责任。

（2）瑕疵担保义务是合同义务，可以是当事人的约定，如果是法律的规定，它可以自动进入合同之中。

---

〔1〕《民法典》在违约责任这一章（"合同编"第8章）第一条（第577条）规定："当事人一方不履行合同义务或者履行合同义务不符合约定的，应当承担继续履行、采取补救措施或者赔偿损失等违约责任。"据此，承担违约责任，不以违约人有过错为必要，亦即违约责任不以违约人有过错（故意、过失）为要件。依据上述规定，违约责任的一般归责原则不是过错责任原则，而是严格责任原则。过错责任原则是一个特殊归责原则，适用该原则的违反合同的行为，须法律对过错要件加以规定。

（3）因违反的是合同义务，瑕疵担保责任在性质上是违约责任。如果给付的标的财产有权利瑕疵或品质瑕疵导致自始给付不能（履行不能），则合同无效，发生的责任不称为瑕疵担保责任，而直接称为缔约责任。

（4）瑕疵担保义务，本身不是给付义务，而是给付义务的附从义务，或者说是给付义务的内容，是给付义务的内在要求。责任都是独立的给付义务，瑕疵担保责任当然也是独立的给付义务。比如，出卖人给买受人所发货物有严重质量瑕疵，应当重新发货或者赔偿损失，则出卖人违反瑕疵担保义务，不是违反独立的给付义务，而是违反自己在买卖合同中的给付义务。

（5）瑕疵担保义务区分为权利瑕疵担保义务和品质瑕疵担保义务。品质瑕疵担保义务又包括质量瑕疵担保义务和适用性瑕疵担保义务。给付的财产虽然本身没有质量问题，但受让人达不到适用目的的，则可产生违反适用性瑕疵担保义务的责任。

2. 权利瑕疵担保与违约责任、缔约责任。

（1）当事人订立合同，必须对作为合同标的的财产（有形财产、无形财产）享有足以使财产正常流通的相应的权利（所有权、处分权等），或者标的财产上没有相对人所不知的权利负担。[1]欠缺相应的权利或者有相对人所不知的权利负担，则可称合同有权利瑕疵。[2]

担保没有权利瑕疵是转让财产的一方当事人订立合同所负担的一项义务，其内容是就给付的标的财产担保第三人不向受让人追夺或主张其他权利。[3]

（2）如果权利瑕疵是导致合同无效、被撤销的原因，则发生的责任不称为权利瑕疵担保责任。该责任是缔约责任，性质上是侵权责任。例如，转让他人知识产权导致转让合同无效，转让人对善意的相对人造成 10 万元的损害，应当予以赔偿，这种赔偿责任是缔约责任、侵权责任。

（3）如果权利瑕疵未导致合同无效或被撤销，但相对人的履行利益受到损害，则瑕疵担保责任是违约责任。相对人可以针对权利瑕疵行使履行

---

〔1〕 权利负担，包括第三人在标的财产上的担保物权、用益物权、用益债权（如承租权）、知识产权等。

〔2〕 权利瑕疵，最早是针对买卖合同而言的，在现代法律上，权利瑕疵理论和规则可适用于其他有偿合同。

〔3〕 例如，《民法典》第 612 条规定："出卖人就交付的标的物，负有保证第三人对该标的物不享有任何权利的义务，但是法律另有规定的除外。"

抗辩权。[1]在传统理论中，针对权利瑕疵的抗辩权，是一种履行抗辩权。

3. 品质瑕疵担保与违约责任、缔约责任。

（1）对标的财产的品质瑕疵担保义务，是转让财产的一方当事人担保其给付的财产具有合同约定或者法律规定的品质的义务。

人们常说的"物的瑕疵担保"一般是针对买卖合同而言的。[2]本书所说的品质瑕疵担保，包括买卖合同等有形财产转让合同，也包括无形财产转让合同和提供劳务的合同，既包括物等没有质量瑕疵的担保，也包括适用性担保。适用性担保是指担保标的财产符合相对人正常使用的要求。没有质量问题，但不符合相对人对使用的正常要求或不能实现合同目的的，则仍为有品质上的瑕疵。比如，甲卖给乙一栋别墅，别墅本身没有问题，但别墅周围欠缺道路等配套措施，导致乙不能正常使用别墅，则甲违反了品质瑕疵担保义务，产生瑕疵担保责任。提供劳务的合同，提供一方对提供的劳务也有品质瑕疵担保义务。例如，提供技术服务的一方（受托人）要委派合适的技术人员，以保证工作质量。[3]

（2）违反品质瑕疵担保义务的，品质瑕疵不导致合同自始履行事实不能，即不因自始事实不能导致合同无效。换一个角度说，违反品质瑕疵担保义务不构成缔约责任。

当事人在订立合同时负担品质瑕疵担保"义务"，至履行时未能消除品质瑕疵（给付有品质瑕疵）的，"义务"转化成"责任"。此瑕疵担保责任，是一种违约责任。例如，出卖人交付的标的物不符合质量要求的，买受人根据标的的性质以及损失的大小，可以合理选择请求对方承担修理、重作、更换、退货、减少价款或者报酬等违约责任。[4]

---

〔1〕　如《民法典》第 614 条针对买卖合同规定："买受人有确切证据证明第三人对标的物享有权利的，可以中止支付相应的价款，但是出卖人提供适当担保的除外。"其他有偿合同可以参照适用。

〔2〕　《民法典》第 615 条规定："出卖人应当按照约定的质量要求交付标的物。出卖人提供有关标的物质量说明的，交付的标的物应当符合该说明的质量要求。"

〔3〕　《民法典》第 883 条规定："技术服务合同的受托人应当按照约定完成服务项目，解决技术问题，保证工作质量，并传授解决技术问题的知识。"

〔4〕　《民法典》第 615 条规定了买卖合同的瑕疵担保义务，第 617 条规定违反瑕疵担保义务的构成违约。第 615 条规定的实际不是"责任"，而是"义务"，第 617 条规定的才是瑕疵担保"责任"，也是违约责任。第 615 条："出卖人应当按照约定的质量要求交付标的物。出卖人提供有关标的物质量说明的，交付的标的物应当符合该说明的质量要求。"第 617 条："出卖人交付的标的物不符合质量要求的，买受人可以依据本法第五百八十二条至第五百八十四条的规定请求承担违约责任。"

违反品质瑕疵担保义务导致对方合同目的不能实现的，对方自可援引重大违约的规定，解除合同并要求赔偿全部损失。

（三）承担缔约责任的主体

承担缔约责任的主体，包括合同主体与合同订立主体。合同主体就是合同当事人，是合同权利义务的承担者。达成合意，合同成立，合意是合同当事人的合意。有时合同主体与合同签订主体是同一人，此时缔约责任的承担主体一般不会有争议。在有代理人的场合及在租借他人资质或冒用他人名义、挂靠的场合，合同主体与合同签订主体是分离的，缔约责任落实到谁的头上，应当依据过错责任原则，具体问题具体分析。

1. 代理人的缔约责任。意定代理人和法定代理人都是常见的合同签订主体，比如甲代理乙与丙签订合同，甲是合同签订主体，不是合同权利义务的承担者，乙与丙是合同主体，是合同权利义务的承担者。甲代理乙为意思表示，尽管甲是合同签订人，但达成合意的是乙与丙，即合同在乙与丙之间成立。

（1）代理人代理签订合同，后果由被代理人承担。有权代理签订的合同不一定都有效。单位内部人员的职务代理，若发生缔约责任，是由被代理人（单位）承担的。例如，业务员张甲代理乙公司与丙公司签订买卖合同时对丙公司实施了欺诈，丙公司因为被欺诈而签订了合同。该合同后被法院判决撤销，乙公司对欺诈不知情，但应当承担缔约责任。平等主体之间的代理，对合同相对人可发生连带缔约责任。例如，《民法典》第167条规定："代理人知道或者应当知道代理事项违法仍然实施代理行为，或者被代理人知道或者应当知道代理人的代理行为违法未作反对表示的，被代理人和代理人应当承担连带责任。"

（2）表见代理成立，产生与有权代理相同的后果，但也可能发生合同无效、被撤销、未成立的后果。例如，有过错的表见代理人代签的合同无效，造成合同相对人的损失，被代理人仍然要承担授权人之责任，即要承担无效合同的责任，比如要承担赔偿损失等责任。这里的赔偿损失就是缔约责任。被代理人承担表见代理行为所产生的债务或责任后，可以向无权代理人追偿因代理行为而遭受的损失。

2. 租借他人资质、冒用他人名义及挂靠的缔约责任。租借他人资质、冒用他人名义、挂靠，都是使用他人名义签订合同，而自己实质承担权利义务，

"他人"表面上是合同主体。租借人、冒用人、挂靠人是签订人，实际是为自己的利益签订合同，是自己履行和接受履行，这是与代理人的不同之处。

租借他人资质、冒用他人名义、挂靠他人与相对人签订合同，如果合同无效且该他人与行为人都有过错的话，可对相对人构成连带赔偿责任，这种责任性质上是缔约责任。

二、构成缔约责任的要件

（一）当事人违反先合同义务

当事人违反先合同义务，是缔约行为违反先合同义务。先合同义务是基于诚信原则、合法原则产生的法定义务。有具体规定的，缔结合同时应遵循这些规定确定的义务，没有具体规定的，应遵循诚信原则派生的义务。具体而言，订立合同时要不欺、不诈，不违反法律的强制性规定，不侵犯对方的合法权益，对相对人的利益尽合理注意义务等。

例6-1：某银行下设一个证券公司（子公司），按照中央的精神，银行要和证券公司脱钩。该银行找到广东的A公司，转让证券公司的股权，A公司就组织了30多家公司来共同受让股权，经过半年的磋商和可行性研究，合同文本起草完毕准备签字的时候，银行突然说不转让了，因为银行的领导说要转让给B公司。A公司损失50万元可行性调查费等缔约费用。A公司可以起诉银行，要求赔偿，但不能要求银行强制履行，把对证券公司的股权转让给它，因为没有签字，合同没有成立，A公司与银行尚未建立起交易关系。

——随着谈判的深入，双方产生了一种信用关系，一方当事人基于这种信用关系有了一定的付出，如果由于对方对信用的违反而使付出的一方受到了损失，这个损失应该由违反信用的一方来承担，这种信用、信任就是合同法给缔约当事人附加的先合同义务。银行违反了先合同义务，先合同义务随着缔约双方的接触而产生并且逐渐发展。违反合同义务产生的是违约责任，违反先合同义务产生的是缔约责任。

（二）当事人有缔约过错行为

当事人有缔约过错行为，即当事人于缔结合同之际有故意或者过失。缔约责任是过错责任，该过错导致合同不成立、无效或者被撤销。例如，甲方隐瞒自己无必须的资质的事实与乙方签订合同，欺诈是合同撤销事由，无必须的资质是合同无效事由，甲、乙之间的合同是无效合同，甲是故意过错。再如，甲方误以为自己有必须的资质而与乙方签订合同，因欠缺必须的资质，合同无效，甲是过失过错。

（三）当事人有损失

承担缔约责任的方式是赔偿，因此受害一方有损失才能请求赔偿。"无损害则无责任"。例如，甲、乙违反行政法规签订了一份无效合同，双方都没有损失，可令当事人承担行政责任，而不发生赔偿的民事责任。

损失一般是指物质损失。请求赔偿的一方，对损害的存在、范围及损害与相对人缔约过错行为的因果关系，承担证明责任。

三、缔约责任的适用

（一）缔约责任适用的合同状态

缔约责任适用于四种情形：第一，合同无效；第二，合同被撤销；第三，效力待定的合同最终确定地不能生效；第四，合同不成立。

1. 适用于无效合同。当事人的过错行为致使合同无效的，当事人应当承担缔约责任。

合同部分无效，有过错的当事人对此承担的是缔约责任，不是违约责任。对有效部分违约的，当事人应当承担违约责任。部分有效、部分无效的合同可以分别发生不同性质的责任，但这并非竞合。

2. 适用于被撤销的合同。可撤销的合同是有效合同，尽管缔约时一方有过错（欺诈、胁迫、不当陈述、过失性误述等），但不产生缔约责任。可撤销合同撤销后，合同自始无效，当事人的缔约过错行为才产生缔约责任。也就是说，有缔约过错行为不一定发生缔约责任，因为这种缔约过错行为没有导致合同无效或未成立，缔约过错行为对相对人产生的不利后果已经成为有效合同中的瑕疵，但未构成独立的损失。故而，受害一方不能既保持合同的效力，又追究相对人的缔约责任。

比如，缔约过错行为对相对人的履行利益产生伤害或影响，则缔约过错被违约过错所吸收或转化为违约过错，成为对方主张抗辩权或追究违约责任的事实依据。例如，出卖人甲以欺诈手段隐瞒标的物的权利瑕疵，合同成立后，买受人乙的履行利益受到伤害，因此其可以针对权利瑕疵行使履行抗辩权，[1]也可以追究甲的违约责任，而不宜追究缔约责任。

缔约过错行为虽然没有合同上的（财产上的）危害后果，但有人身等其他方面的后果（比如因胁迫造成惊吓）引发侵权责任的，被侵权人不请求撤销合同仍可以追究加害人的侵权责任。

3. 适用于效力待定的合同中嗣后确定地不能生效的情形。无效合同自始确定地不生效，效力待定的合同成立后不生效，尚须新的法律事实决定合同的效力。有两种可能：第一种，由于追认等原因（合同成立以外的法律事实、积极法律事实），合同自始生效（自成立时起生效）。第二种，经过一定期间没有被追认等事实（合同成立以外的法律事实、消极法律事实），合同确定地自始不生效。第二种是嗣后确定地不能生效，是最终不能生效，当事人可以构成缔约责任。例如，张某明知李某是限制民事行为能力人且对合同的性质和后果没有相应的认识，仍与李某签订合同，李某的监护人拒绝追认，张某对李某的损失承担缔约责任。张某如果是善意的，在监护人拒绝后则不能构成缔约责任。

4. 适用于合同不成立（未成立）。当事人协商订立合同，本来就可能发生成立和不成立两种后果。合同未成立，但没有因过错造成对方的损失，就不会发生缔约责任，反之就会发生。例如，张某假冒甲公司的名义与乙公司磋商，协商一致后，双方在合同书上签字、盖章，张某使用的是真名字、假冒公章，结果不是合同无效，而是合同未成立，因为甲公司与乙公司之间并无合意。张某承担缔约责任。有人认为这种责任是侵权责任而不是缔约责任，本书的观点是，缔约责任是一种特殊的侵权责任。

5. 缔约责任不适用于通常所说的"成立但尚未生效"的状态。效力待定的合同是"成立但尚未生效"的合同，此处尚未"生效"，是指尚未产生形式约束力和实质约束力，即两种约束力都没有产生。我们通常所说的"成立但尚未生效"的合同，其尚未"生效"是指尚未发生一般实质约束力（见第一章第二节之二）。比如，附生效条件的合同、须经批准的合同，就是通常所说的"成立但尚未生效"的合同。

---

[1]《民法典》第 614 条规定："买受人有确切证据证明第三人对标的物享有权利的，可以中止支付相应的价款，但是出卖人提供适当担保的除外。"第 618 条规定："当事人约定减轻或者免除出卖人对标的物瑕疵承担的责任，因出卖人故意或者重大过失不告知买受人标的物瑕疵的，出卖人无权主张减轻或者免除责任。"

合同成立后因当事人的过错不能"生效",特指不能发生一般实质约束力,当事人应承担的是违约责任,不是缔约责任。

(二)《民法典》对缔约责任适用的一项规定

《民法典》第500条规定:"当事人在订立合同过程中有下列情形之一,造成对方损失的,应当承担赔偿责任:(一)假借订立合同,恶意进行磋商;(二)故意隐瞒与订立合同有关的重要事实或者提供虚假情况;(三)有其他违背诚信原则的行为。"本书认为,本条是关于缔约责任适用的一项规定,不能包括所有缔约责任。

1. 假借订立合同,恶意进行磋商。所谓假借订立合同也是一种故意。比如,张某找李某订立合同,并没有成立合同的真实意思,只不过是为了不正当竞争或者其他违法目的。这就产生了缔约责任。

2. 故意隐瞒与订立合同有关的重要事实或者提供虚假情况。与订立合同有关的事实,分为重要事实和一般事实(次要事实)。重要事实是足以影响决策的事实。故意隐瞒与订立合同有关的重要事实或者提供虚假情况是欺诈行为,它的结果有合同成立和未成立两种情况:①订立合同时的欺诈导致合同被撤销或者导致合同无效的,产生缔约责任。②有时一方实施欺诈,相对人在合同成立前有所察觉,遂拒绝订立合同,但也造成了一定损失(如缔约费用的损失、准备工作的费用损失等),这种合同未成立的情况,欺诈人也产生缔约责任。

3. 有其他违背诚信原则的行为。

(1)违反强制性规定以及胁迫、乘人之危、恶意串通、重大误解等都可以产生缔约责任。

(2)当事人在缔结合同过程当中有可能接触到对方的商业秘密,如经营信息和技术信息,对此承担保密义务,否则可能产生缔约责任,也可能产生违约责任。"当事人在订立合同过程中知悉的商业秘密或者其他应当保密的信息,无论合同是否成立,不得泄露或者不正当地使用;泄露、不正当地使用该商业秘密或者信息,造成对方损失的,应当承担赔偿责任"(第501条)。违反保密义务的责任,也是一种侵权责任。

第二节　无效合同之债

一、无效合同之债的意义及诉讼时效的起算

(一) 无效合同之债的意义

无效合同不能发生当事人追求的效果，不产生意定之债。但无效合同的订立、履行行为可以产生法定财产法律关系，这种财产法律关系就是法定之债。

法定之债的发生直接依据法律针对相关事实的规定，是法律调整生活事实的结果。如侵权、无因管理、不当得利、缔约过错行为等产生的债为法定之债。经常有学者说，法定之债是法律直接规定的债权债务关系，其实，如果没有相应的生活事实，冰冷的法律条文本身是不能产生债权债务关系的。

法定之债与意定之债的主要区别是：法定之债是法律根据特定生活事实的发生直接规定的债权债务关系，而且法定之债的内容也由法律直接规定。意定之债是由当事人的法律行为（即按当事人的意思表示）产生的债权债务关系，且债的内容也由当事人（意思表示）决定。可以说，意定之债是法律透过意思表示行为产生的债。意定之债受人的主观意图所左右，法定之债与人的意图没有直接关系。

无效合同之债作为法定之债，包括返还财产之债、折价补偿之债、损害赔偿之债。《民法典》第157条规定："民事法律行为无效、被撤销或者确定不发生效力后，行为人因该行为取得的财产，应当予以返还；不能返还或者没有必要返还的，应当折价补偿。有过错的一方应当赔偿对方由此所受到的损失；各方都有过错的，应当各自承担相应的责任。法律另有规定的，依照其规定。"《合同编通则解释》第24条第1款规定："合同不成立、无效、被撤销或者确定不发生效力，当事人请求返还财产，经审查财产能够返还的，人民法院应当根据案件具体情况，单独或者合并适用返还占有的标的物、更正登记簿册记载等方式；经审查财产不能返还或者没有必要返还的，人民法院应当以认定合同不成立、无效、被撤销或者确定不发生效力之日该财产的市场价值或者以其他合理方式计算的价值为基准判决折价补偿。"第2款规定："除前款规定的情形外，当事人还请求赔偿损失的，人民法院应当结合财

产返还或者折价补偿的情况，综合考虑财产增值收益和贬值损失、交易成本的支出等事实，按照双方当事人的过错程度及原因力大小，根据诚信原则和公平原则，合理确定损失赔偿额。"

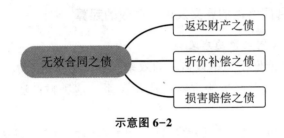

示意图6-2

无效合同的返还财产之债与损害赔偿之债可以同时存在，债权人可以同时主张请求权，这不是竞合，而是聚合。折价补偿的前提是"不能返还或者没有必要返还"，故对同一财产，折价补偿之债与返还财产之债不能聚合。同理，折价补偿之债与损害赔偿之债可以聚合。

（二）无效合同之债诉讼时效的起算

关于无效合同之债诉讼时效起算点的确定，第一种观点认为，因合同无效请求返还不当得利与追究缔约责任的诉讼时效从合同被确认无效后起算；第二种观点认为，一般而言，无效合同之债的诉讼时效应当自合同约定的履行期限届满之次日起算，而不应从合同被确认无效之日起算；第三种观点认为，应从订立无效合同之日起算诉讼时效。还有其他不同的观点，但上述三种观点比较典型。

本书不同意上述三种观点。无效合同之债应适用《民法典》第188条第2款第1句的规定："诉讼时效期间自权利人知道或者应当知道权利受到损害以及义务人之日起计算。"这是诉讼时效起算的一般规定，诉讼时效的起算标准是主观标准。

1. 无效合同之债的诉讼时效不能从合同被确认无效后起算，因为它违反了《民法典》确立的起算标准（主观标准）。"合同被确认无效"是客观事件。有一些当事人在法院判决合同无效之日起才知道或者应当知道自己的权利受到侵害，但这并不改变诉讼时效的起算标准，即适用的仍然是主观标准。例如，《诉讼时效规定》（2020年修正）第6条规定："返还不当得利请求权的诉讼时效期间，从当事人一方知道或者应当知道不当得利事实及对方当事人之日起计算。"本条也适用于合同被判决无效，请求返还不当得利的情形。

2. 合同约定的履行期限，是意定之债的履行期限，如果合同无效，对履行期限的约定也无效，"履行期限届满"不能作为诉讼时效起算的法律事实。"履行期限届满"，不能推定履行人知道或者应当知道自己的权利受到侵害。履行人可能在履行期限届满前履行，也可能在履行期限届满后履行，他可能不知道合同无效，不知道履行侵害了自己的利益。

3. 当事人往往因相信自己签订的合同有效或者相信他人签订的合同有效，而不知自己的权利受到侵害，此种情况不能从订立无效合同之日起算诉讼时效。从订立无效合同之日起算诉讼时效实际上是客观标准，与法律规定不符。

二、返还财产

合同无效，权利人请求返还财产的依据，包括所有权返还请求权和不当得利返还请求权。具体是哪一种性质的请求权，应视个案的情况而定。

（一）无效合同之所有权返还请求权

1. 所有权返还请求权的性质。所有权返还请求权是所有权人依据自己的所有权请求返还。无效合同之所有权返还请求权，是所有权人对依据无效合同取得标的物占有的一方请求返还占有的请求权，即所有权返还请求权对应无权占有。[1] 所有权是本权，是请求权的权源。

所有权是自物权，是物权的核心。所有权返还请求权是物权请求权的一种，也是物权请求权的典型。物权请求权（含所有权返还请求权）不是物权，[2] 物权是支配权。

2. 合同无效，所有权人请求返还财产，是返还所有，还是返还占有？当事人通过对方履行无效合同取得财产的，因没有法律根据，不能取得财产所有权，也不能以善意取得的方式取得所有权。[3] 合同无效，当事人没有丧失

---

〔1〕《民法典》第 235 条规定："无权占有不动产或者动产的，权利人可以请求返还原物。"

〔2〕 一般的观点将物权请求权与债权请求权并列。本书认为，物权请求权（含所有权返还请求权）是一种特殊的债权，它符合债权的特征，是相对权、对人权、请求权。债的标的是给付，权利人与返还义务人的法律关系的标的也是给付。与一般的债权请求权不同，物权请求权是有物权作为权源的，当物权人脱离占有时，其物权是脱离占有的本权。

〔3〕《最高人民法院关于适用〈中华人民共和国民法典〉物权编的解释（一）》第 20 条规定："具有下列情形之一，受让人主张依据民法典第三百一十一条规定取得所有权的，不予支持：（一）转让合同被认定无效；（二）转让合同被撤销。"

所有权的，以所有权为根据请求返还标的物的，不是请求返还所有，而是请求返还占有。

不过，无权占有也是一种法益，也可以构成不当得利，即是说，对同一物，请求返还所有权和请求返还不当得利可以竞合，这是两种请求权的竞合，权利人可以选择行使。

3. 合同无效，所有权人请求返还财产是否受诉讼时效限制？所有权是物权的核心，转让所有权的合同无效，则买受人没有取得所有权，所有权人有权请求返还。所有权人没有丧失物权，其丧失的只是占有。这里的问题是，所有权返还请求权作为物权请求权是否受诉讼时效限制？《民法典》第196条第2项规定，"不动产物权和登记的动产物权的权利人请求返还财产"，不适用诉讼时效。[1]不适用诉讼时效，即不受诉讼时效限制。

（1）不动产所有权（物权）的请求返还不受诉讼时效限制。例如，监护人张甲以法定代理人的身份将被监护人乙的房屋（登记在乙的名下）卖给了丙。张甲是为自己的利益处分被监护人的财产，后来监护人变更为丁，丁代理乙请求返还原物，不受诉讼时效限制。

（2）登记的动产所有权（物权）的请求返还不受诉讼时效限制。动产分为一般动产和特殊动产。特殊动产是机动交通运输工具（船舶、航空器和机动车等），又称为登记动产。已经登记的动产所有权的请求返还不受诉讼时效的限制，此举是为了维护市场对动产登记的消极信赖。[2]即是说，一般动产物权请求权受诉讼时效限制，登记动产物权请求权不受诉讼时效限制。《民法典》的这种规定是否合理，不无商榷的余地。比如，一般动产所有权人丧失了占有，对占有人请求返还的物权请求权超过了诉讼时效，而因没有时效取得制度，占有人并未取得所有权，法律的调整出现了真空状态。

（二）无效合同之不当得利返还请求权

无效合同之不当得利返还，并非独立于《民法典》的不当得利制度。因

---

[1] 《民法典》第196条的全文是："下列请求权不适用诉讼时效的规定：（一）请求停止侵害、排除妨碍、消除危险；（二）不动产物权和登记的动产物权的权利人请求返还财产；（三）请求支付抚养费、赡养费或者扶养费；（四）依法不适用诉讼时效的其他请求权。"

[2] 《民法典》第224条规定："动产物权的设立和转让，自交付时发生效力，但是法律另有规定的除外。"第225条规定："船舶、航空器和机动车等的物权的设立、变更、转让和消灭，未经登记，不得对抗善意第三人。"

无效合同发生的不当得利，只是不当得利的一种，应当适用《民法典》对不当得利的规定。

不当得利之债是法定之债，不当得利返还请求权是债权请求权。若当事人依据合同取得财产，合同就是取得财产的法律根据，自不存在返还问题。若合同无效，取得财产因无法律根据而构成不当得利，应当予以返还。[1]不当得利返还请求权之内容，从得利人的角度观之，是返还义务。返还财产的义务，不以得利人有过错为要件。

是依不当得利（债权请求权）请求返还，还是依所有权请求返还，应当具体分析。例如，甲与乙签订了货物买卖合同，买受人甲依合同交付给出卖人乙 50 万元货款，后双方因履行发生争议，诉至法院，合同被判决无效。乙获得的货款自始没有法律依据，因货币（现金）交付后所有权转移给乙，或者采用转账等方式支付货款，对银行的债权转移给乙，则甲请求乙返还货款是依不当得利请求返还，而不能依物权请求权返还。再如，甲出卖给乙一所房屋，交付使用（交付占有）后发现买卖合同无效，则甲仍对该房屋享有所有权，其返还请求权是物权请求权。

不当得利包括给付型不当得利和非给付型不当得利。一方向相对人交付财产或者提供劳务，是给付行为。显然，当事人履行无效合同，另一方取得的利益一般是给付型不当得利。非给付型不当得利，是因给付以外的原因所产生的不当得利，包括因侵权产生的不当得利和因事件产生的不当得利。

（三）返还财产分为单方返还和双方返还

1. 单方返还。

（1）若只有一方因无效合同取得了不当利益，则该方应当返还，这是单方返还，是"一个"返还之债。例如，买受人依据无效买卖合同向买受人支付了货款，而出卖人未交货，也没有其他给付行为，则出卖人单方构成不当得利。

（2）双务合同可以发生双方返还义务，也可以发生单方返还义务。单务合同一般发生单方返还义务。比如，无效买卖合同可能发生单方返还义务，也可能发生双方返还义务，视当事人的履行情况而定。再如，无效赠与合同

---

[1]《民法典》第 985 条规定："得利人没有法律根据取得不当利益的，受损失的人可以请求得利人返还取得的利益，但是有下列情形之一的除外：（一）为履行道德义务进行的给付；（二）债务到期之前的清偿；（三）明知无给付义务而进行的债务清偿。"

一般是受赠与人单方负担返还义务，如果是附义务的赠与，也可能发生双方返还义务。

2. 双方返还。

（1）无效合同如果是双务合同，双方都受领了对方给付的财产，则双方都应返还。[1]这是"两个"返还之债。

（2）双方同时返还，是对法定之债的同时履行。一般认为，双方同时履行意味着双方都有同时履行抗辩权。[2]本书认为，同时履行只是在说明双方都没有期限利益，要求双方在同一时间点履行并非要求双方瞬间同时履行，也不是要求双方必须在同一天、同一周、同一月履行。双方都履行可以有时间差，法院在判决时，可以在诚信原则指导下，根据具体情况具体确定双方各自返还的时间。

要求双方"同时"返还，在实务中造成了很大困扰，若双方都行使履行抗辩权，就会使返还的债务履行无期限地拖下去。有的当事人故意不返还，另一方要求返还往往往感到难以确定返还的时间点。这里要强调一下：一般一方提出履行，对方就丧失了同时履行抗辩权。提出履行是做好了履行的准备，只要对方受领给付即可完成。例如，因无效合同取得货物的买受人甲应当向出卖人乙返还货物，其将货物托运到乙所在地车站，运输合同的收货人是乙，即便乙拒绝到车站取货，其仍丧失返还财产的同时履行抗辩权。

（3）返还义务人在对方拒不受领财产时可以提存（到公证处办理提存公证），[3]以消灭对方的履行抗辩权，促使对方及时返还。提存后对方不返还的，提存机关有权拒绝其领取提存物。[4]

---

[1]《全国法院民商事审判工作会议纪要》（2019年）第34条第1句指出："双务合同不成立、无效或者被撤销时，标的物返还与价款返还互为对待给付，双方应当同时返还。"

[2]《民法典》第525条规定："当事人互负债务，没有先后履行顺序的，应当同时履行。一方在对方履行之前有权拒绝其履行请求。一方在对方履行债务不符合约定时，有权拒绝其相应的履行请求。"

[3]《民法典》第570条规定："有下列情形之一，难以履行债务的，债务人可以将标的物提存：（一）债权人无正当理由拒绝受领；（二）债权人下落不明；（三）债权人死亡未确定继承人、遗产管理人，或者丧失民事行为能力未确定监护人；（四）法律规定的其他情形。标的物不适于提存或者提存费用过高的，债务人依法可以拍卖或者变卖标的物，提存所得的价款。"

[4]《民法典》第574条第1款规定："债权人可以随时领取提存物。但是，债权人对债务人负有到期债务的，在债权人未履行债务或者提供担保之前，提存部门根据债务人的要求应当拒绝其领取提存物。"

（4）双方返还的标的物都是货币的，可以抵销（折抵）。抵销是以自己的债权冲抵自己的债务，双方互相返还是两个方向相反的单一法律关系，是可以抵销的。《合同编通则解释》第25条第2款规定："双方互负返还义务，当事人主张同时履行的，人民法院应予支持；占有标的物的一方对标的物存在使用或者依法可以使用的情形，对方请求将其应支付的资金占用费与应收取的标的物使用费相互抵销的，人民法院应予支持，但是法律另有规定的除外。"例如，租赁合同的出租方因合同无效而无权收取租金，但可请求支付使用费8000元（性质上为不当得利），无过错的承租方已经预交租金10万元，但不发生租金的效力，有权请求返还10万元本金和1万元资金占用费，则可抵销8000元，承租方只要求返还10.2万元。

（四）依法终局取得财产权的，不发生该财产的返还问题

1. 善意取得财产的一方不发生返还该财产的义务。善意取得，该取得有法律上的原因，是终局取得，不产生按不当得利返还的义务。善意取得包括动产的善意取得和不动产的善意取得。

善意取得对应无权处分。善意取得，债权性无权处分行为须有效，即买卖合同须有效。债权性无权处分合同有效，不否认善意取得是原始取得的性质。善意取得依法取得，不是按所有权人的意思传来取得。

《最高人民法院关于适用〈中华人民共和国民法典〉物权编的解释（一）》第20条规定："具有下列情形之一，受让人主张依据民法典第三百一十一条规定取得所有权的，不予支持：（一）转让合同被认定无效；（二）转让合同被撤销。"[1]即是说，合同被认定无效或者被撤销的，受让人不能善意取得对标的物的所有权。例如，甲与乙签订买卖合同，出卖人甲将与第三人丙共有的标的物（动产）出卖并交付给买受人乙（无权处分），后甲起诉乙，受诉法院发现该合同有其他违法事由，判决合同无效。由于没有合法的原因，乙不能善意取得对标的物的所有权，甲得以所有权人的"身份"请求返还

---

〔1〕《民法典》第311条规定："无处分权人将不动产或者动产转让给受让人的，所有权人有权追回；除法律另有规定外，符合下列情形的，受让人取得该不动产或者动产的所有权：（一）受让人受让该不动产或者动产时是善意；（二）以合理的价格转让；（三）转让的不动产或者动产依照法律规定应当登记的已经登记，不需要登记的已经交付给受让人。受让人依据前款规定取得不动产或者动产的所有权的，原所有权人有权向无处分权人请求损害赔偿。当事人善意取得其他物权的，参照适用前两款规定。"

原物。

善意取得的一方欠付货款的，该货款是应当支付的对价，性质上不是不当得利。

合同有效才能善意取得，但技术秘密的善意取得例外。[1]因为对技术秘密没有有体物那样的独占性，对技术秘密的善意取得，是在对技术秘密准占用的范围内使用、收益权的善意取得。

2. 基于无效技术合同完成的技术成果，完成方不发生返还的义务。技术成果实行谁完成谁享有的原则，这个原则也适用于无效和被撤销的合同。"技术合同无效或者被撤销后，因履行合同所完成新的技术成果或者在他人技术成果基础上完成后续改进技术成果的权利归属和利益分享，当事人不能重新协议确定的，人民法院可以判决由完成技术成果的一方享有"［《技术合同解释》（2020 年修正）第 11 条第 2 款］。亦即，基于无效技术合同完成的技术成果归完成方，完成方对自己的财产自不能向对方返还，即使使用了对方的资金，也只可能发生返还资金的义务，而不能发生返还技术成果的问题。

3. 融资租赁合同无效情形下对租赁物归属的特殊规定。"融资租赁合同无效，当事人就该情形下租赁物的归属有约定的，按照其约定；没有约定或者约定不明确的，租赁物应当返还出租人。但是，因承租人原因致使合同无效，出租人不请求返还或者返还后会显著降低租赁物效用的，租赁物的所有权归承租人，由承租人给予出租人合理补偿"（第 760 条）。租赁物的所有权归承租人的，自不发生返还义务。

（1）融资租赁合同无效，当事人就该情形下（无效的情形下）租赁物的

---

［1］《技术合同解释》（2020 年修正）第 12 条规定："根据民法典第八百五十条的规定，侵害他人技术秘密的技术合同被确认无效后，除法律、行政法规另有规定的以外，善意取得该技术秘密的一方当事人可以在其取得时的范围内继续使用该技术秘密，但应当向权利人支付合理的使用费并承担保密义务。当事人双方恶意串通或者一方知道或者应当知道另一方侵权仍与其订立或者履行合同的，属于共同侵权，人民法院应当判令侵权人承担连带赔偿责任和保密义务，因此取得技术秘密的当事人不得继续使用该技术秘密。"技术秘密可以善意取得，但共同侵权人不能善意取得。例如：甲公司侵入乙公司的电子系统，窃取了乙公司一项技术秘密，冒充为自己的技术秘密有偿转让给丙公司。该技术转让合同无效，丙公司可以善意取得该项技术秘密，此时等于丙公司与乙公司都掌握该项技术秘密。其一，丙公司在其"取得时"的范围内继续使用该技术秘密；其二，丙公司应当向乙公司支付合理的使用费，如果丙公司已经按无效技术转让合同向甲公司支付了转让费，其仍应向乙公司支付使用费，丙公司可以不当得利为由请求甲公司返还转让费；其三，丙承担保密义务，不能向第三人泄露，也不能让该技术秘密成为公知公用的技术。

归属有特别约定的，按照其约定。这与一般合同的无效不同，充分考虑了融资合同的"融资"性质。

（2）当事人就该情形下（无效的情形下）租赁物的归属，没有约定或者约定不明确的，租赁物仍可归承租人，此或是因为出租人不请求返还，或是为了物尽其用。前提是：因承租人原因致使合同无效。租赁物的所有权归承租人的，自应由承租人给予出租人合理补偿。

4. 基于无效合同形成的添附物是否发生返还的问题。一方当事人依照无效合同占有对方之物，这就可能产生添附物的归属问题，即产生添附物是否应当返还的问题。[1] 添附是指一物与他物相结合或因加工成为新物。添附有附合、混合和（对他人物）加工三种情形。具体地说，附合解决新物或合成物的归属，混合解决混合物的归属，加工解决加工物的归属。

（1）加工。作为添附的加工，是指就他人之物，加以制作、改造或者改善，使其成为新物而发生所有权变动的法律事实。基于无效合同占有他人之动产并进行加工的，加工物应认定归动产所有人，但因加工所增加的物的价值，显然超过材料价值的，应认定加工物的所有权归属于加工人；加工人为恶意的，不得取得加工物的所有权。例如，出卖人交付给买受人一批材料，善意的买受人将材料投入生产，加工成新的物，后发现买卖合同无效，则新物属于买受人，出卖人无权请求返还。

（2）附合。附合是两个或者两个以上人的物结合在一起而产生新物，可以是动产和不动产的附合，也可以是动产和动产的附合。动产与不动产的附合，是指动产因附合而成为他人不动产的重要成分，而且不能分离或者分离不符合经济合理性原则。发生动产与不动产附合的情形，由不动产所有人取得新物的所有权。动产与他人动产附合的标志，是非经毁损不能分离或者分离不符合经济合理性原则。一般由作为基础的物的所有人取得附合物的所有权。

在房屋租赁合同的履行过程中，由于承租人装修，会发生动产与不动产（出租房屋）的附合，不管租赁合同是否有效，附合物（新物，即新装修的房

---

[1] 《民法典》第 322 条就添附规定："因加工、附合、混合而产生的物的归属，有约定的，按照约定；没有约定或者约定不明确的，依照法律规定；法律没有规定的，按照充分发挥物的效用以及保护无过错当事人的原则确定。因一方当事人的过错或者确定物的归属造成另一方当事人损害的，应当给予赔偿或者补偿。"

屋）自然归出租人，不存在附合物的返还问题。

（3）混合。混合是指不同所有人的动产相融合。混合包括固体与固体的混合、液体与液体的混合以及气体与气体的混合。对混合物，如果不能识别，或者识别不符合经济合理性原则的，属于拥有价值量较高的一方或者共有。例如，定作人将一批材料交付给承揽人，承揽人将其与自己价值更高的材料一同保管，不慎导致混合，后发现承揽合同无效，则混合物应认定属于承揽人，出卖人无权请求返还混合物，但因承揽人增加财产无法律依据，出卖人得以不当得利为由请求返还相应的金额。

三、折价补偿

（一）折价补偿的性质应为折价返还不当利益

1. 折价补偿的性质是返还不当利益，本质应是折价返还。折价返还，是无效民事法律行为后果处理的一种貌似"独立"的方法。所谓折价返还，是指当事人依据无效民事法律行为取得的财产不能返还或者没有必要返还的，予以折价补偿。

传统民法没有折价补偿制度。原三大合同法——《经济合同法》《涉外经济合同法》《技术合同法》——没有规定折价补偿。《合同法》第58条增加了折价补偿。"本条是在《经济合同法》第16条第1款的基础上增加了'不能返还或者没有必要返还的，应当折价补偿'的内容，修改的目的只是使原来的法律条文更加完善，因为在有些情况下财产是无法返还或者没有必要返还的。"[1]其实，折价返还并没有什么过硬的立法理由。

《民法典》第122条规定："因他人没有法律根据，取得不当利益，受损失的人有权请求其返还不当利益。"本条不但是第29章不当得利（第985条至第988条）的一般条款，也是第157条因无效法律行为返还财产的一般条款。第122条和第29章是返还不当"利益"，第157条是返还"财产"，即返还原形态的财产，返还财产是返还不当利益的一种情况，即返还不当利益包括返还财产和其他不当利益。返还财产是非金钱之债，返还其他不当利益只能用金钱计算，也只能折成金钱返还，因而只能是金钱之债。

"不能返还或者没有必要返还"原形态的财产，是折价补偿的前提条件。

---

〔1〕 江平主编：《中华人民共和国合同法精解》，中国政法大学出版社1999年版，第48页。

不能返还，包括返还的事实不能和返还的法律不能，前者如购买的物已经消费，后者如购买的物被第三人合法取得。没有必要返还，主要是指在经济上没有必要，比如，无效合同的标的物正在被买受人使用，返还以后不能使出卖人增加利益，反而无谓地增加了买受人的损失。

折价补偿是解决不当得利不返还原形态财产问题的一种独立的救济措施，但它性质上属于返还不当利益。[1]所谓折价补偿，其本质是将原形态的财产转化的财产利益折成金钱予以返还。所谓"补偿"并不准确，应为折价返还。折价返还则应适用《民法典》对不当得利的规定，不应再创新规则。

2. 不当得利人取得的财产利益，哪些应折价返还？不当得利人取得财产利益，可以是财产范围的扩大（积极的增加），也可以是应减少而未减少（消极的增加）。不当得利之利（财产利益）的表现，包括以下常见情况：

（1）取得财产权，如取得所有权、无形财产权、股权、债权等。比如，为履行无效合同向对方交付货币（动产），则对方可以取得货币所有权。[2]交付的一方请求返还显然不是依据所有权请求返还，而是依据不当得利请求返还。

（2）取得占有。占有也可以是不当得利的客体，因为占有也被认为是一种财产上的利益，是一种法益。无权占有（无本权占有）与有权占有（有本权占有）一样，是一种法益，故无权占有也可以构成不当得利。须注意的是，依不当得利请求返还占有与依所有权请求返还占有可以发生竞合。比如，出租人向承租人交付租赁物（动产）后，租赁合同被人民法院以判决形式确认

---

〔1〕 "折价补偿作为《民法典》第157条明确的一项法律后果，性质上属于不当得利返还。"见最高人民法院民事审判第二庭、研究室编著：《最高人民法院民法典合同编通则司法解释理解与适用》，人民法院出版社2023版，第281页。《全国法院民商事审判工作会议纪要》（2019年）第33条就财产返还与折价补偿规定："合同不成立、无效或者被撤销后，在确定财产返还时，要充分考虑财产增值或者贬值的因素。双务合同不成立、无效或者被撤销后，双方因该合同取得财产的，应当相互返还。应予返还的股权、房屋等财产相对于合同约定价款出现增值或者贬值的，人民法院要综合考虑市场因素、受让人的经营或者添附等行为与财产增值或者贬值之间的关联性，在当事人之间合理分配或者分担，避免一方因合同不成立、无效或者被撤销而获益。在标的物已经灭失、转售他人或者其他无法返还的情况下，当事人主张返还原物的，人民法院不予支持，但其主张折价补偿的，人民法院依法予以支持。折价时，应当以当事人交易时约定的价款为基础，同时考虑当事人在标的物灭失或者转售时的获益情况综合确定补偿标准。标的物灭失时当事人获得的保险金或者其他赔偿金，转售时取得的对价，均属于当事人因标的物而获得的利益。对获益高于或者低于价款的部分，也应当在当事人之间合理分配或者分担。"

〔2〕 本书认为，这种取得是动产的善意取得。此是另一专题。

为无效的，该合同自始无效，承租人自取得占有之时即为无权占有。出租人请求返还占有，可以选择以所有权为依据，也可以以不当得利为由。

（3）取得准占有。占有的客体是物，准占有的客体是物以外的无形财产（如知识产权中的财产权），即对无形财产的占有是准占有。依无效合同占有他人无形财产的，可构成不当利益。

（4）取得物的使用利益。例如，房屋租赁合同无效，但承租人已经在房屋中居住了一段时间，承租人的使用利益就是不当得利之"利"。

（5）取得资金（金钱）的使用利益。请求返还金钱（价款、报酬）的同时，可以请求支付资金占用费。请求支付资金占用费，性质上是请求返还使用资金的不当利益。[1]

（6）取得劳务利益。如依无效雇佣合同接受他人的劳务，可构成不当利益。

——上述第（1）（2）种情形，受损害人是请求返还"财产"（原形态财产），第（3）（4）（5）（6）种情形，受损害人是请求返还利益，返还利益当然应折成金钱返还（折价返还），实际上也就是所谓的"折价补偿"。

（二）关于参照无效合同有关条款的折价补偿

可以参照无效合同中的有关条款折价补偿。例如，《民法典》第793条第1款规定："建设工程施工合同无效，但是建设工程经验收合格的，可以参照合同关于工程价款的约定折价补偿承包人。"此时约定的工程价款是折价补偿的参照基准。此折价补偿是法定之债，是《民法典》第157条"折价补偿"的一种具体表现。

这种规定是为了避免举证的麻烦，利于迅速解决纠纷，或者是为了加强对特定弱势群体的保护。这种参照，并非无效合同的有关条款有效或赋予其效力。合同产生的是意定之债，无效合同产生的是法定之债；参照适用无效合同有关条款确定的债，是法定之债。

---

[1]《合同编通则解释》第25条第1款规定："合同不成立、无效、被撤销或者确定不发生效力，有权请求返还价款或者报酬的当事人一方请求对方支付资金占用费的，人民法院应当在当事人请求的范围内按照中国人民银行授权全国银行间同业拆借中心公布的一年期贷款市场报价利率（LPR）计算。但是，占用资金的当事人对于合同不成立、无效、被撤销或者确定不发生效力没有过错的，应当以中国人民银行公布的同期同类存款基准利率计算。"有无过错与计算利率挂钩。

（三）折价补偿的基准时点和标准

以认定合同无效之日的市场价值或者其他合理方式计算折价补偿的数额。《合同编通则解释》第 24 条第 1 款后半句规定："经审查财产不能返还或者没有必要返还的，人民法院应当以认定合同不成立、无效、被撤销或者确定不发生效力之日该财产的市场价值或者以其他合理方式计算的价值为基准判决折价补偿。"[1]

司法解释制定的参与者指出："本司法解释以合同效力的裁判时点作为换算基准时点，主要考虑合同标的财产从交付给受领人起到判决认定为不当得利应当返还给付人时止，可能耗时日久，期间经济状况、物价水平等因素变化可能会导致合同标的财产增大或者减少，在当事人不主动及时履行折价补偿义务的情况下，以判决确定时点作为衡量合同标的财产价值金钱核算的基准时点可以有效避免上述价值变动对当事人利益影响的不利程度。关于应补偿财产的折价标准，本司法解释采取由裁判机关根据应返还财产的客观实际，选择适用市场价值折价标准和其他合理方式折价标准的方式。一般而言，应当返还的合同标的财产折价补偿，如果该标的财产在公开市场上可以找到替代物，原则上以该替代物的市场价格折算金钱补偿。其他合理方式主要是针对合同标的财产无法在公开市场上找到替代物，无法通过市场机制确定该财产的公允价值，在这种情况下，可以当事人之间合同约定的转让款作为折价补偿的基础，同时考虑当事人在标的物灭失或者转售时的获益情况综合确定补偿标准。"[2]上述计算时点和标准，提供了一种简便的处理方式，但与不当得利的法理与规定似不合，因为折价补偿属于返还不当得利的范畴，应当从得利时开始计算得利的数额。

四、赔偿损失

（一）无效合同赔偿损失的性质

对无效合同之成立、履行和受领履行造成的损失，有过错的一方应当予以赔偿。损害赔偿之债是法定之债。

此处所言损害赔偿，不是违约造成的损害赔偿，那么是不是侵权损害赔

---

〔1〕　另见《全国法院民商事审判工作会议纪要》（2019 年）第 33 条。

〔2〕　最高人民法院民事审判第二庭、研究室编著：《最高人民法院民法典合同编通则司法解释理解与适用》，人民法院出版社 2023 版，第 281 页。

偿之外的第三种损害赔偿呢？本书认为，无效合同产生的损害赔偿责任不是独立于侵权责任的一种责任，而是一种特殊的侵权责任。侵权责任，第一是侵害相对人财产利益、人身利益的责任，第二是法定责任，第三不是违反有效合同的第二次给付（不是违约责任）。无效合同产生的损害赔偿责任符合以上第一、第二点的侵权责任基本性质，也不是第三点的合同之债，明确其侵权责任的性质，对确定请求权基础非常重要。

无效合同的过错方侵害对方人格权造成精神损害的，受害人有权请求赔偿，[1]违约造成精神损害可赔偿，缔约责任作为侵权责任，无不可赔偿之理。[2]

（二）无效合同损害赔偿的范围

1. 无效合同的损害赔偿适用全部赔偿规则。作为处理无效合同财产后果的一种方式，赔偿损失仍然适用全部赔偿规则（或曰填补规则），即有多少损失就赔偿多少损失。

一种观点认为，无效合同没有履行效力，因此不能赔偿履行利益。履行利益通常称为可得利益，比如因合同履行而获得的利润就是一种可得利益，被违约人可以请求违约人赔偿。[3]无效合同受损害方不得以履行利益作为请求权基础，但其损失与对方的过错行为有法律上的因果关系的，自可请求赔偿，不能以履行利益的数额、数量来"封顶"，原来的履行利益可作为期待利益请求赔偿。质言之，无效合同的损害赔偿，在量上可以小于、等于可得利益，也可以大于可得利益，只是请求权基础不同而已。在这个问题的理解上，不可过于僵化。

2. 无效合同的无过错方未尽减损义务的，就扩大的损失不得请求赔偿。无效合同的无过错方，因无效合同不能实现自己的目的而"替代安排"的，对由此产生的损失可以要求过错方赔偿。替代安排是减损措施，是受害方的不真正义务。例如，因出卖人的过错致买卖合同无效，买受人不能得到货物，

---

〔1〕《民法典》第995条第1句规定："人格权受到侵害的，受害人有权依照本法和其他法律的规定请求行为人承担民事责任。"

〔2〕《民法典》第996条规定："因当事人一方的违约行为，损害对方人格权并造成严重精神损害，受损害方选择请求其承担违约责任的，不影响受损害方请求精神损害赔偿。"

〔3〕《民法典》第584条规定："当事人一方不履行合同义务或者履行合同义务不符合约定，造成对方损失的，损失赔偿额应当相当于因违约所造成的损失，包括合同履行后可以获得的利益；但是，不得超过违约一方订立合同时预见到或者应当预见到的因违约可能造成的损失。"

生产经营将遭受很大损失，买受人为保证生产经营，与另一出卖人签订了买卖合同，对高出的价款损失、增加的费用损失等可以请求过错方赔偿。因防止损失扩大而支出的合理费用，由过错方负担。无过错方未尽减损义务的，对扩大的损失不得要求赔偿。

3. 无效合同赔偿的具体损失。

（1）缔约费用的损失，包括可行性调查费用、差旅费、通信费等。

（2）为准备履行合同产生的费用损失。当事人有理由信赖合同能够有效成立，为履行合同作出了必要准备的，对由此发生的费用有权请求赔偿，例如，为备货而租赁仓库等产生的费用。

（3）履行合同而发生的损失。当事人签订了合同，有理由信赖合同有效，从而履行了合同，但合同被确认无效的，由此发生的财产损失，过错方应当赔偿。

（4）丧失合同机会产生的损失。合同无效，也可能使无过错方丧失合同机会，从而丧失合同带来的履行利益。丧失合同机会带来的损失一般不予赔偿，一是因为当事人可以通过另行寻找交易伙伴而重新创造机会；二是因为丧失合同机会从而丧失合同带来的履行利益，一般与过错方的缔约行为没有法律上的因果关系（实务上常说的直接因果关系）。如果机会是唯一的，或者是难以替代的，过错方缔约行为与相对人丧失合同机会产生的损失有法律上的因果关系，则应当予以赔偿。这时，赔偿的数额实际可以与违约责任的数额相等，加上增加的费用，也可能大于违约责任的数额。

4. 确定损害赔偿的范围应当协调与折价补偿、返还财产的关系。无效合同的财产后果，包括折价补偿、返还财产，确定损害赔偿的范围，应当协调好三者的关系，[1]防止人为地制造不当得利。例如，返还占用利息，就不能再赔偿利息损失，否则就构成重复承担责任。

5. 在司法解释有规定时，损失数额的认定可比照无效合同的约定。对特殊的合同，司法解释规定，损失数额的认定可比照无效合同的约定。例如，《技术合同解释》（2020 年修正）第 11 条第 1 款规定："技术合同无效或者被

---

〔1〕《全国法院民商事审判工作会议纪要》（2019 年）第 35 条指出："合同不成立、无效或者被撤销时，仅返还财产或者折价补偿不足以弥补损失，一方还可以向有过错的另一方请求损害赔偿。在确定损害赔偿范围时，既要根据当事人的过错程度合理确定责任，又要考虑在确定财产返还范围时已经考虑过的财产增值或者贬值因素，避免双重获利或者双重受损的现象发生。"

撤销后，技术开发合同研究开发人、技术转让合同让与人、技术许可合同许可人、技术咨询合同和技术服务合同的受托人已经履行或者部分履行了约定的义务，并且造成合同无效或者被撤销的过错在对方的，对其已履行部分应当收取的研究开发经费、技术使用费、提供咨询服务的报酬，人民法院可以认定为因对方原因导致合同无效或者被撤销给其造成的损失。"有些费用或报酬在性质上可以认定为开发人、让与人、许可人、受托人因对方过错遭受的损失，已经收取的不必返还，未收取可以请求支付。

（三）无效合同的损害赔偿适用过错相抵规则和各自就过错分别承担责任的规则

《民法典》第157条第2句就"无效"、"被撤销"或者"确定不发生效力"的损失赔偿[1]作出了规定："有过错的一方应当赔偿对方由此所受到的损失；各方都有过错的，应当各自承担相应的责任。法律另有规定的，依照其规定。"

1. 该规定未涉及双方各自就过错分别承担责任的规则。无效合同当事人各方都有过错，都造成对方损失（两个损失）的，就各自的过错程度承担相应的责任。[2]此与过错相抵不同，过错相抵是针对同一损失。

2. 该规定未涉及过错相抵规则。"有过错的一方应当赔偿对方由此所受到的损失"，但有时双方对同一损失都有过错，比如甲、乙对订立无效合同及由此产生的甲的损失都有过错，此时就应适用过错相抵规则，双方按过错程度分担，而不应由乙一方承担。无效合同的损害赔偿之债是缔约责任之债，是侵权之债（见本章第一节之一），应适用《民法典》第1173条对侵权责任的规定："被侵权人对同一损害的发生或者扩大有过错的，可以减轻侵权人的责任。"本条是对过错相抵规则的两个规定之一。[3]

（四）无效合同损害赔偿的举证责任

请求赔偿损失的一方应当承担相应的证明责任。证明的内容，一是对方

---

〔1〕 第157条将"无效"与"确定不发生效力"并列，说明此处的"确定不发生效力"并非无效。一个效力待定的合同最终确定不发生效力，可适用该条规定。

〔2〕 可作比较研究的是《民法典》第592条第1款对双方违约的规定："当事人都违反合同的，应当各自承担相应的责任。"

〔3〕 对违约的过错相抵规则，《民法典》第592条第2款规定："当事人一方违约造成对方损失，对方对损失的发生有过错的，可以减少相应的损失赔偿额。"

有过错（故意或者过失），二是损失的范围（大小），三是过错与损失的因果关系。有些类型的合同无效产生的损失很难确定，司法解释规定了一些变通办法。[1]

第三节　案例分析

◎ 案例分析一：买底楼送"花园"，合同部分无效，返还部分购房款的性质[2]

【案情回放】

2016年，王女士与某房地产开发公司签订《上海市商品房预售合同》，约定王女士购买某小区102室房屋，在购房合同中约定：如所购房屋属于底层，则买受方享有与之对应的底楼地面花园使用权，但无所有权，此花园采用"绿化或结合其他方式"进行分隔，并以实际交付现状为准；买受方必须遵守小区管理规定，不得阻止物业管理企业因小区的公共事务进入花园，不得改造花园内的公共设施，不得因花园的使用权向出售方主张补偿，不得对其他买受方的花园使用权持有异议且因此而解除购房合同或主张购房合同无效。

王女士付清房款后，房地产开发公司交付了房屋。交付时房屋外围由房地产开发公司做了封闭式的实心墙拦隔并加装门禁设施，墙内即为补充条款约定的花园区域。

2018年间，政府各部门以"私搭违建""占用公用部位"为由，强制拆除花园墙体及门禁。事后，房地产开发公司将实心墙改为"绿篱"，但政府相关部门又发出了执法通知书，要求将"绿篱"拆除整改。

为此，王女士诉至法院。王女士认为，房地产开发公司为了达到高价出

---

〔1〕　例如，《施工合同解释（一）》第6条规定："建设工程施工合同无效，一方当事人请求对方赔偿损失的，应当就对方过错、损失大小、过错与损失之间的因果关系承担举证责任。损失大小无法确定，一方当事人请求参照合同约定的质量标准、建设工期、工程价款支付时间等内容确定损失大小的，人民法院可以结合双方过错程度、过错与损失之间的因果关系等因素作出裁判。"

〔2〕　原文为王伟、张文如、翟珺："买底楼送的'花园'系'私搭违建'　法院：对小区公共领域使用权约定应为无效"，载上海市高级人民法院网，本书引用时略有修改。

售房屋的目的，故意隐瞒花园是公共绿地的事实，欺骗购房者，故要求房地产开发公司退还购房款的10%，支付购房款利息，赔偿王女士6个月的租金损失和物业费损失。

房地产开发公司却认为，强制拆除花园墙体是政府的行政行为，与房地产开发公司无关；房屋的总价是按照建筑面积计算的，与花园区域的面积无关；根据合同的补充条款，王女士拥有对花园区域的正常使用权，而非专属使用权或所有权，该条款并不违反法律规定。所以，房地产开发公司拒绝返还购房款和赔偿损失。

【以案说法】

一审法院认为，房地产开发公司与王女士对小区公共领域使用权进行约定，应为无效。合同无效的法律后果应当由双方共同承担。拆违完成后的房屋在功用方面将低于王女士购房时的预期，因无法对拆违后的房屋价值贬损程度以量化的标准进行评估，所以一审法院酌情判令房地产开发公司返还王女士部分购房款。但基于王女士自身的过错，对其余包括利息、租金、物业管理费等经济赔偿方面的诉请均不予支持。

一审法院判决后，房地产开发公司提起上诉，认为合同中关于底楼地面花园的相关约定并未违反法律和法规的强制性规定，上述条款应属有效。

上海市第二中级人民法院经审理后认为，房地产开发公司应当知道小区业主不得私自占用小区公共绿地，但其仍将房屋前的公共绿地做封闭式改造，并将改造好且附有门禁系统的封闭式围墙内的公共绿地随房屋一并交付给王女士，还在合同中和业主约定一楼业主对封闭后的绿地享有专属使用权。房地产开发公司在公共绿地搭建封闭式围墙的行为是违法的，其与业主的合同中关于一楼业主对封闭式围墙内的公共绿地享有专属使用权的约定也应当是无效的。

房地产开发公司将搭建封闭式围墙作为系争房屋的一个卖点向王女士推销系争房屋的行为，客观上构成王女士购买系争房屋的诱因之一。现房屋前的封闭式围墙被职能部门拆除，一审法院本着公平原则，兼顾双方当事人的过错程度等因素，酌情判令房地产开发公司返还王女士部分购房款符合法律规定。

上海市第二中级人民法院二审判决驳回上诉，维持原判。

我国原《物权法》规定，建筑区划内的绿地，属于业主共有。本案中房地产开发公司将小区公共绿地作为"卖点"，在合同中和业主约定一楼业主对封闭后的绿地享有专属使用权，该约定侵占了小区公共绿地，所以是无效的。因无法评估"花园"的具体价值，所以法院根据当事人的过错程度，并依据公平合理的原则酌情确定了房地产开发公司应当返还的购房款金额。

【本书的分析】

1. 判决购房合同中相关条款无效的依据。本案的一个问题是，能否找到对应的强制性规定作为依据，确认双方购房合同中相关条款无效？

（1）原《物权法》第 73 条（《民法典》第 274 条）规定：建筑区划内的道路，属于业主共有，但属于城镇公共道路的除外。建筑区划内的绿地，属于业主共有，但属于城镇公共绿地或者明示属于个人的除外。建筑区划内的其他公共场所、公用设施和物业服务用房，属于业主共有。本案房地产开发公司处分小区公共领域使用权违反了上述规定，其无权处分不存在被追认的可能。因自始法律不能，合同相关条款只能无效。强制性规定是直接针对法律行为的规定，而原《物权法》第 73 条是公共领域使用权归属的规定，从物权法定的角度看，该规定具有强制性，对民事法律行为也有规范作用，故本案在审理时，可以以违反该规定为由确认双方购房合同中相关条款无效，即确认合同部分无效。

（2）《民法典》第 597 条第 1 款规定："因出卖人未取得处分权致使标的物所有权不能转移的，买受人可以解除合同并请求出卖人承担违约责任。"第 2 款规定："法律、行政法规禁止或者限制转让的标的物，依照其规定。"本案转让的是使用权，不是所有权，但仍是在买卖合同中设定的转让行为，仍可适用上述第 2 款，该款是"指引型"的强制性规定，即其自己并没有规定禁止转让、限制转让的具体内容，还需要寻找相应规定进行组合适用。结合本案，指引的条文是《民法典》第 274 条。组合起来适用，应认定处分小区公共领域使用权的行为无效。

2. 酌情判令房地产开发公司返还王女士部分购房款的性质。对无效合同（包括部分无效）财产后果的处理，包括返还财产、折价补偿和赔偿损失。《民法典》第 157 条规定："民事法律行为无效、被撤销或者确定不发生效力后，行为人因该行为取得的财产，应当予以返还；不能返还或者没有必要返还的，应当折价补偿。有过错的一方应当赔偿对方由此所受到的损失；各方都有过错的，应当各自承担相应的责任。法律另有规定的，依照其规定。"本案合同部分无效，"法院根据当事人的过错程度，并依据公平合理的原则酌情确定了房地产开发公司应当返还的购房款金额"，该返还属于上述三种处理方式中的哪一种呢？

（1）返还部分购房款不是折价补偿，因为不能返还或者没有必要返还是折价补偿的前提。房地产开发公司对于收到的购房款，不存在不能返还或者没有必要返还的情形。

（2）不属于返还财产。返还财产分为按所有权请求返还和按不当得利请求返还，本案显然不是按所有权请求返还；案件没有介绍因占用小区公共绿地而多收了购房款，故难谓按不当得利返还。再者，法官是按过错判决返还部分购房款的，而返还不当得利不以当事人有过错为要件，没有过错也要返还。

（3）本案法院根据当事人的过错程度，酌情判令房地产开发公司返还王女士部分购房款。返还的这部分购房款是按过错确定的，因而在性质上应是赔偿金。赔偿损失，一般须受损害人举证证明损害具体有多少，实事求是地说，本案受损害人王女士很难举证。购房合同相关约定侵占了小区公共绿地，该约定是无效的，但无法评估也不能评估"花园"的具体价值，而且该"花园"未必约定为合同对价的一部分。"房地产开发公司将搭建封闭式围墙作为系争房屋的一个卖点向王女士推销系争房屋的行为，客观上构成王女士购买系争房屋的诱因之一。"本书认为，房地产开发公司在订立合同的时候，侵犯了王女士选择交易对象、交易标的的订约机会，而机会丧失的损害是很难精确认定具体数额的。《民法典》第500条规定："当事人在订立合同过程中有下列情形之一，造成对方损失的，应当承担赔偿责任：（一）假借订立合同，恶意进行磋商；（二）故意隐瞒与订立合同有关的重要事实或者提供虚假情况；（三）有其他违背诚信原则的行为。"本案适用该条第3项确定损害数额，应当给予法官一定的自由裁量权。法院的判决结果是正确的，只是返还部分购房款的性质值得讨论。

3. 本案是否存在返还占有的问题？"花园"占用的小区土地，应属于全体业主共同占有，从一开始，王女士就是无权占有，也是一种不当得利，应向全体业主返还占有。"现房屋前的封闭式围墙被职能部门拆除"，即王女士已经失去占有，民法上的返还占有问题已经不复存在，法院对此不予处理是正确的。

◎ 案例分析二：合同确认无效后返还财产时间的合理确定[1]

【基本案情】

2009 年 2 月 15 日，贵州省清镇市人民政府颁发林权证，确定清镇市流长苗族乡（简称"流长乡"）对冒井村木叶高坡 115.4 亩防护林林地、森林或林木享有所有权和使用权。2013 年 12 月 6 日，流长乡政府与黄启发签订《贵州省清镇市流长苗族乡木叶高坡林场经营权转包合同》，约定："流长乡政府将前述林地、林木发包给黄启发从事农业项目（特色经果林）种植生产经营，转包经营权期限为 65 年，转包价格 20 万元。"黄启发与王洁合伙共同经营，将转包林地中约 14 亩用于栽种折耳根，其余大部分用于栽种天麻。2016 年 2 月 5 日，王洁将部分林木卖与周兵，周兵砍伐林木 78 株，被林业部门处以罚款并被责令补种林木。2017 年 1 月 9 日，流长乡政府向法院提起诉讼，请求确认其与黄启发签订的林场经营权转包合同无效，黄启发、王洁返还林场。黄启发、王洁提起反诉，请求判令流长乡政府返还转包费 20 万元及资金占用损失 138 493.13 元，补偿损失 753 644 元。

【裁判结果】

贵州省清镇市人民法院一审认为，流长乡政府与黄启发签订合同，约定将作为防护林的木叶高坡林场转包与黄启发从事农业项目种植生产经营，将防护林的用途更改为商品林，违反了《森林法》[2]第 15 条第 3 款的强制性规定，依法应认定合同无效。流长乡政府主张该合同无效的诉讼请求依法应予支持。流长乡政府与黄启发签订合同后，从黄启发处取得的转包款扣除已经履行的部分后应当返还。黄启发因该合同取得案涉林地使用权，应当将林地返还流长乡政府。鉴于黄启发、王洁在该地上栽种的经济作物尚未收获，综

---

〔1〕　原标题为："贵州省清镇市流长苗族乡人民政府诉黄启发等确认合同无效纠纷案"，载中国法院网，本书引用时略有改动。

〔2〕　本案适用的是 2009 年修正后的《森林法》。2019 年修订后，本案所适用《森林法》相关条文或删除，或有部分修改。

合考虑生态保护与当事人损失之间的关系，以及黄启发、王洁栽种的经济作物收获问题，酌定返还期限为 2017 年 12 月 31 日前。黄启发、王洁在返还之前应当对林地内的植被妥善保护，在收获天麻和折耳根作物时应当采取最有利于生态保护的收获方法，流长乡政府应当对此进行监督。流长乡政府与黄启发所签合同无效，流长乡政府作为国家机关，对相关法律规定的掌握程度明显高于黄启发，确定流长乡政府对合同无效承担 70% 的过错责任，黄启发承担 30% 的过错责任。一审法院判决：确认案涉转包合同无效，黄启发、王洁返还防护林，流长乡政府返还转包款并赔偿 70% 资金占用损失和经济损失。一审判决已发生法律效力。

【典型意义】

本案系林地转包合同纠纷。依据《森林法》第 15 条的规定，除该条第 1 款规定的可以依法转让或者作价入股的森林、林木、林地使用权外，其他森林、林木和林地使用权不得转让。本案中，合同当事人约定转包防护林林木、林地，将防护林地用于从事农业项目种植生产经营，更改了防护林的性质。本案判决认定转包合同违反法律的强制性规定，既符合《森林法》"发挥森林蓄水保土、调节气候、改善环境和提供林产品的作用"的立法目的，亦符合《森林法》关于防护林为"以防护为主要目的的森林、林木和灌木丛"的分类界定，对于同类案件认定林木、林地发包、承包、转包等合同的法律效力具有参考意义。本案判决在认定合同无效的同时，考虑到案涉林地已栽种经济作物的实际情况，判令承包人收获后返还，在返还林地前对林地内的植被妥善保护，在收获时应当采取最有利于生态保护的收获方法，兼顾保护当事人利益与保护生态环境，对处理类似案件具有较好的借鉴意义。

【本书的分析】

1. 本案最大的亮点或者说最有意义的地方，是法院在判决合同无效的同时，酌定了黄启发、王洁返还林地（实际上是返还占有）的合理时间点，判决承包人收获后返还，综合考虑、兼顾了生态保护与当事人利益。这种处理方法具有借鉴价值。

2. 无效合同赔偿损失的责任是过错责任。本案的第二个亮点，是对同一合同无效造成的损失，适用了过错相抵规则，且区分了双方的过错程度：流长乡政府与黄启发所签合同无效，流长乡政府作为国家机关，对相关法律规定的掌握程度明显高于黄启发，确定流长乡政府对合同无效承担 70% 的过错责任，黄启发承担 30% 的过错责任。需要强调的是，过错相抵是对同一损害的过错相抵。一审判决流长乡政府"赔偿 70% 资金占用损失和经济损失"，是对承包人一方损害适用过错相抵规则后的赔偿。

尾 篇 | 本书观点综述

本书所说合同是民法中的债权合同，无效合同是无效债权合同。无效合同争议具有特殊性和复杂性，在实务上需要有解决问题的明确思路，在理论上也有探讨的必要。

（一）

合同是双方法律行为，有对立统一的双方。合伙合同也存在对立统一的意思表示，也是《民法典》上的合同，本书称其为"特殊双方法律行为"，其特殊性在于不仅有共同的目标、一致性的追求，更存在一个以上（含一个）对立统一的双方意思表示，以对立的双方意思表示的结合为法律行为成立的要件，这就与决议（也是多方法律行为）的成立（一致决、绝对多数决、简单多数决）有明显的区别。

（二）

实务和理论都忽视的一对范畴是原因和结果。合同作为原因法律事实（作为双方法律行为），可发生在三个环节：第一，创立一个合同法律关系；第二，变更一个既有的合同法律关系或者其他法律关系；第三，终止一个既有的合同法律关系或者其他法律关系。

对于无效合同来说，不能发生上述意定结果。无效合同虽然也存在于上述三个环节，但最常见的在第一个环节（发生环节）。因而学者经常说，"无效合同不发生意定法律关系"。比如，甲、乙订立的买卖合同无效，则不能创立意定法律关系。合同无效，合同法律关系不成立（不存在）。

有无效合同，没有无效法律关系。法律关系都是有效的，因为法律关系是结果法律事实，是法律调整的结果，不能说法律的调整是错误的，这样等于说法律是错误的。

（三）

《民法典》区分合同成立和合同生效。合同生效，是指已经成立的合同生效，所以合同成立是合同生效的前提。认定合同是否生效，是在认定合同成立的基础上，考察合同是否具备生效（有效）要件。

要式合同的"要式"是作为要件的方式，法定的书面合同，书面形式是特殊成立要件。

（四）

合同的效力一般是指对当事人的约束力（拘束力）。合同的约束力包括形式约束力和实质约束力。形式约束力是法锁的效力。实质约束力分为一般实质约束力和特殊实质约束力，前者是给付效力，后者是期待给付效力。

合同的生效一般是同时产生形式约束力和一般实质约束力的。特殊情况下，合同的生效产生形式约束力和特殊实质约束力。形式约束力不能独存，它必须有保护对象。须办理报批手续的合同、债权性无权处分合同、附生效条件的合同等有特殊实质约束力，债权人有期待权。附生效期限（始期）的合同则具有一般实质约束力，债权人有既得权。违反特殊实质约束力产生的责任是违约责任，不是缔约责任。

设定自然之债的合同，自始确定不发生实质约束力和形式约束力，不是严格意义上的合同。对这类合同不能用有效、无效进行评价。有任意撤销权的赠与合同，部分赌博合同，设定的是自然之债。

（五）

无效合同的本质是无效合意。无效合同是成立但无效的合同。

无效合同自始没有形式约束力和实质约束力。

无效合同是自始确定地不发生效力的合同。这句话包含无效合同的三个界定：其一，无效合同是"不发生效力"的合同；其二，无效合同是"自始"不发生效力的合同；其三，无效合同是自始"确定"地不发生效力的合同。

应注意"无效"与"不发生效力"的关系。无效合同是不发生效力的合同，但"不发生效力"不能概括无效合同的所有特征，不等同于无效。效力待定的合同也是自始不发生效力的合同，但具有不确定性。

（六）

意思表示解释规则也适用于无效合同。

合同效力状态的解释，原则上采表示主义的解释方法，但有时须探究当事人的内心真实意思。

对于合同存在有效与无效等两种以上解释时，应按有效解释，但无偿合同例外。无效法律行为的转换是意思表示解释规则，是按有效解释的规则。

合同名称与合同内容不一致的，应按内容进行解释、认定效力。合同名称与合同内容不一致的，不能采用无效法律行为转换的解释方法处理。

（七）

对无效合同的处理或救济，主要是通过司法程序，也可以通过行政程序。所谓司法程序，主要是民事程序。直接利害关系人可以提起确认之诉，请求确认合同无效（消极确认之诉），或者请求确认合同有效（积极确认之诉）。还可以同时提起确认之诉和给付之诉。请求确认合同无效的诉讼，不是形成之诉。

请求确认合同无效或有效的确认之诉，不受诉讼时效和除斥期间的限制，但民事诉讼请求权并非永久受保护。经过漫长的时间，当事人可能已经就合同丧失了利害关系，从而丧失了起诉的必要条件。

（八）

合同的无效事由，即导致合同无效的原因，发生于合同订立时，合同成立后发生的影响合同效力的事实，可导致合同终止、产生合同的违约责任，但不能反溯导致合同无效。

合同的无效事由在学理上有不同的分类，其中，自始法律不能与间接违法是实务中忽视的无效事由类型。

主体不适格主要包括当事人不具有行为能力和当事人不具有相应的必须资质（不具有相应的必须资质的，不得借名，不得代持，不得冒用）。

给付的财产禁止流通的，因合同内容违法而致合同无效。限制流通的财产可以在特定的主体之间流通（比如麻醉药品），因限制流通的财产导致合同无效的，原因在主体不适格。

（九）

法定的无效事由是指《民法典》直接规定的法律行为无效事由。

第一大类是违反法律、行政法规强制性规定的合同无效，但有除外规定。强制性规定的认定和适用，有必要采法律的文义解释、整体解释等。

有一些具体问题需要注意：①无民事行为能力人的日常行为的效力应当予以认可。②以通谋虚假意思表示订立的合同并非以合法形式掩盖非法目的。③恶意串通，应注意双方的意思联络、双方的共同故意，仅仅"知道或者应当知道"，不能认定为恶意串通。恶意串通也可以导致合同部分无效。

第二大类是违背公序良俗的合同无效，这是兜底性规定。违背公序良俗，即违背公共秩序和善良风俗。以违背公序良俗为由认定合同无效，要定性定量，防止适用上的泛化。应正确处理善良风俗与法律的关系，顾及法律追求的道德的最低限度。违反了最低限度的道德，情节一定是严重的。

签订民事合同的行为与犯罪行为是同一行为或者是犯罪行为之一部时，该民事合同必是无效合同。刑法与民法对行为的评价具有价值的一致性、道德取向的一致性。民事合同涉嫌犯罪的（尚未被刑事判决确定），人民法院可以违背公序良俗为由认定合同无效。

（十）

合同部分内容无效可以扩张，使整个合同无效。主体不适格、标的财产禁止流通等，因不具有可分性，只能产生整个合同无效的后果，不可能发生部分无效的情况。

给付有数个，其中有的给付无效不影响其他给付效力的（不扩张），合同可以仅部分无效；给付内容不适格，如期限超长、数量超标等，期限、数量是可分割的，因此可以不扩张，合同可以仅部分无效。

解决争议的约定，如果是纯程序性约定，则该约定实际是独立的程序合同，它的无效，不属于实体合同的无效。解决争议的约定在形式上表现为合同的条款，其无效不属于合同的部分无效。

有些表面是解决争议的约定，实际排除了当事人的实体权利，这种约定如无效，则并非程序合同的无效，如排除法律对诉讼时效、除斥期间（请求保护的期间与请求履行的期间、行使权利的期间）规定的约定，就属于合同的部分无效。

（十一）

订立无效合同，会产生相应的民事法律责任。从实务来看，产生无效之债的法律事实通常是：订立无效合同+其他行为（主要是履行行为）。也就是说，形成无效合同之债的法律事实，通常是复杂法律事实，而不是简单法律事实。

订立无效合同的责任，是过错缔约责任，理论上多称为过失缔约责任，实际上，缔约过错包括故意和过失。

习惯上，义务与责任经常混用，实际上二者是有区别的。比如，无效合同无过错一方取得财产构成不当得利，其返还"责任"实际是义务，并不是违反先合同义务的后果。

无效合同之债，是法定法律关系，是法定之债，包括赔偿损失、返还不当得利等。法律规定的折价补偿，也是法定之债，实质应是不当利益的折价返还，目的是解决不当利益的存留问题。

法律（《民法典》除外）、行政法规涉及
合同无效的常用规定

1. 中华人民共和国招标投标法

第五十三条 投标人相互串通投标或者与招标人串通投标的，投标人以向招标人或者评标委员会成员行贿的手段谋取中标的，中标无效，处中标项目金额千分之五以上千分之十以下的罚款，对单位直接负责的主管人员和其他直接责任人员处单位罚款数额百分之五以上百分之十以下的罚款；有违法所得的，并处没收违法所得；情节严重的，取消其一年至二年内参加依法必须进行招标的项目的投标资格并予以公告，直至由工商行政管理机关吊销营业执照；构成犯罪的，依法追究刑事责任。给他人造成损失的，依法承担赔偿责任。

2. 中华人民共和国建筑法

第二十六条 承包建筑工程的单位应当持有依法取得的资质证书，并在其资质等级许可的业务范围内承揽工程。

禁止建筑施工企业超越本企业资质等级许可的业务范围或者以任何形式用其他建筑施工企业的名义承揽工程。禁止建筑施工企业以任何形式允许其他单位或者个人使用本企业的资质证书、营业执照，以本企业的名义承揽工程。

3. 中华人民共和国城乡规划法

第三十九条 规划条件未纳入国有土地使用权出让合同的，该国有土地使用权出让合同无效；对未取得建设用地规划许可证的建设单位批准用地的，由县级以上人民政府撤销有关批准文件；占用土地的，应当及时退回；给当事人造成损失的，应当依法给予赔偿。

4. 中华人民共和国保险法

第十七条　订立保险合同，采用保险人提供的格式条款的，保险人向投保人提供的投保单应当附格式条款，保险人应当向投保人说明合同的内容。

对保险合同中免除保险人责任的条款，保险人在订立合同时应当在投保单、保险单或者其他保险凭证上作出足以引起投保人注意的提示，并对该条款的内容以书面或者口头形式向投保人作出明确说明；未作提示或者明确说明的，该条款不产生效力。

第十九条　采用保险人提供的格式条款订立的保险合同中的下列条款无效：

（一）免除保险人依法应承担的义务或者加重投保人、被保险人责任的；

（二）排除投保人、被保险人或者受益人依法享有的权利的。

第三十一条　投保人对下列人员具有保险利益：

（一）本人；

（二）配偶、子女、父母；

（三）前项以外与投保人有抚养、赡养或者扶养关系的家庭其他成员、近亲属；

（四）与投保人有劳动关系的劳动者。

除前款规定外，被保险人同意投保人为其订立合同的，视为投保人对被保险人具有保险利益。

订立合同时，投保人对被保险人不具有保险利益的，合同无效。

第三十四条　以死亡为给付保险金条件的合同，未经被保险人同意并认可保险金额的，合同无效。

按照以死亡为给付保险金条件的合同所签发的保险单，未经被保险人书面同意，不得转让或者质押。

父母为其未成年子女投保的人身保险，不受本条第一款规定限制。

第五十五条　投保人和保险人约定保险标的的保险价值并在合同中载明的，保险标的发生损失时，以约定的保险价值为赔偿计算标准。

投保人和保险人未约定保险标的的保险价值的，保险标的发生损失时，以保险事故发生时保险标的的实际价值为赔偿计算标准。

保险金额不得超过保险价值。超过保险价值的，超过部分无效，保险人应当退还相应的保险费。

保险金额低于保险价值的，除合同另有约定外，保险人按照保险金额与保险价值的比例承担赔偿保险金的责任。

第一百一十三条 保险公司及其分支机构应当依法使用经营保险业务许可证，不得转让、出租、出借经营保险业务许可证。

5. 中华人民共和国个人信息保护法

第十条 任何组织、个人不得非法收集、使用、加工、传输他人个人信息，不得非法买卖、提供或者公开他人个人信息；不得从事危害国家安全、公共利益的个人信息处理活动。

第二十一条 个人信息处理者委托处理个人信息的，应当与受托人约定委托处理的目的、期限、处理方式、个人信息的种类、保护措施以及双方的权利和义务等，并对受托人的个人信息处理活动进行监督。

受托人应当按照约定处理个人信息，不得超出约定的处理目的、处理方式等处理个人信息；委托合同不生效、无效、被撤销或者终止的，受托人应当将个人信息返还个人信息处理者或者予以删除，不得保留。

未经个人信息处理者同意，受托人不得转委托他人处理个人信息。

6. 中华人民共和国海商法

第一百二十六条 海上旅客运输合同中含有下列内容之一的条款无效：
（一）免除承运人对旅客应当承担的法定责任；
（二）降低本章规定的承运人责任限额；
（三）对本章规定的举证责任作出相反的约定；
（四）限制旅客提出赔偿请求的权利。前款规定的合同条款的无效，不影响合同其他条款的效力。

7. 中华人民共和国公司法

第十五条 公司向其他企业投资或者为他人提供担保，按照公司章程的规定，由董事会或者股东会决议；公司章程对投资或者担保的总额及单项投资或者担保的数额有限额规定的，不得超过规定的限额。

公司为公司股东或者实际控制人提供担保的，应当经股东会决议。

前款规定的股东或者受前款规定的实际控制人支配的股东，不得参加前款规定事项的表决。该项表决由出席会议的其他股东所持表决权的过半数通过。

第二十二条 公司的控股股东、实际控制人、董事、监事、高级管理人员不得利用关联关系损害公司利益。

违反前款规定，给公司造成损失的，应当承担赔偿责任。

第一百四十条第二款 禁止违反法律、行政法规的规定代持上市公司股票。

第一百六十条 公司公开发行股份前已发行的股份，自公司股票在证券交易所上市交易之日起一年内不得转让。法律、行政法规或者国务院证券监督管理机构对上市公司的股东、实际控制人转让其所持有的本公司股份另有规定的，从其规定。

公司董事、监事、高级管理人员应当向公司申报所持有的本公司的股份及其变动情况，在就任时确定的任职期间每年转让的股份不得超过其所持有本公司股份总数的百分之二十五；所持本公司股份自公司股票上市交易之日起一年内不得转让。上述人员离职后半年内，不得转让其所持有的本公司股份。公司章程可以对公司董事、监事、高级管理人员转让其所持有的本公司股份作出其他限制性规定。

股份在法律、行政法规规定的限制转让期限内出质的，质权人不得在限制转让期限内行使质权。

第一百六十二条第五款 公司不得接受本公司的股份作为质权的标的。

第一百六十三条 公司不得为他人取得本公司或者其母公司的股份提供赠与、借款、担保以及其他财务资助，公司实施员工持股计划的除外。

为公司利益，经股东会决议，或者董事会按照公司章程或者股东会的授权作出决议，公司可以为他人取得本公司或者其母公司的股份提供财务资助，但财务资助的累计总额不得超过已发行股本总额的百分之十。董事会作出决议应当经全体董事的三分之二以上通过。

违反前两款规定，给公司造成损失的，负有责任的董事、监事、高级管理人员应当承担赔偿责任。

第一百八十三条 董事、监事、高级管理人员，不得利用职务便利为自己或者他人谋取属于公司的商业机会。但是，有下列情形之一的除外：

（一）向董事会或者股东会报告，并按照公司章程的规定经董事会或者股东会决议通过；

（二）根据法律、行政法规或者公司章程的规定，公司不能利用该商业机会。

8. 中华人民共和国土地管理法实施条例

第四十一条 土地所有权人应当依据集体经营性建设用地出让、出租等方案，以招标、拍卖、挂牌或者协议等方式确定土地使用者，双方应当签订书面合同，载明土地界址、面积、用途、规划条件、使用期限、交易价款支付、交地时间和开工竣工期限、产业准入和生态环境保护要求，约定提前收回的条件、补偿方式、土地使用权届满续期和地上建筑物、构筑物等附着物处理方式，以及违约责任和解决争议的方法等，并报市、县人民政府自然资源主管部门备案。未依法将规划条件、产业准入和生态环境保护要求纳入合同的，合同无效；造成损失的，依法承担民事责任。合同示范文本由国务院自然资源主管部门制定。

附录二 最高人民法院司法解释涉及合同无效的常用规定

1. 最高人民法院关于适用《中华人民共和国民法典》合同编通则若干问题的解释

法释〔2023〕13 号

第十三条 合同存在无效或者可撤销的情形，当事人以该合同已在有关行政管理部门办理备案、已经批准机关批准或者已依据该合同办理财产权利的变更登记、移转登记等为由主张合同有效的，人民法院不予支持。

第十四条 当事人之间就同一交易订立多份合同，人民法院应当认定其中以虚假意思表示订立的合同无效。当事人为规避法律、行政法规的强制性规定，以虚假意思表示隐藏真实意思表示的，人民法院应当依据民法典第一百五十三条第一款的规定认定被隐藏合同的效力；当事人为规避法律、行政法规关于合同应当办理批准等手续的规定，以虚假意思表示隐藏真实意思表示的，人民法院应当依据民法典第五百零二条第二款的规定认定被隐藏合同的效力。

依据前款规定认定被隐藏合同无效或者确定不发生效力的，人民法院应当以被隐藏合同为事实基础，依据民法典第一百五十七条的规定确定当事人的民事责任。但是，法律另有规定的除外。

当事人就同一交易订立的多份合同均系真实意思表示，且不存在其他影响合同效力情形的，人民法院应当在查明各合同成立先后顺序和实际履行情况的基础上，认定合同内容是否发生变更。法律、行政法规禁止变更合同内容的，人民法院应当认定合同的相应变更无效。

第十六条 合同违反法律、行政法规的强制性规定，有下列情形之一，由行为人承担行政责任或者刑事责任能够实现强制性规定的立法目的的，人民法院可以依据民法典第一百五十三条第一款关于"该强制性规定不导致该民事法律行为无效的除外"的规定认定该合同不因违反强制性规定无效：

（一）强制性规定虽然旨在维护社会公共秩序，但是合同的实际履行对社会公共秩序造成的影响显著轻微，认定合同无效将导致案件处理结果有失公平公正；

（二）强制性规定旨在维护政府的税收、土地出让金等国家利益或者其他民事主体的合法利益而非合同当事人的民事权益，认定合同有效不会影响该规范目的的实现；

（三）强制性规定旨在要求当事人一方加强风险控制、内部管理等，对方无能力或者无义务审查合同是否违反强制性规定，认定合同无效将使其承担不利后果；

（四）当事人一方虽然在订立合同时违反强制性规定，但是在合同订立后其已经具备补正违反强制性规定的条件却违背诚信原则不予补正；

（五）法律、司法解释规定的其他情形。

法律、行政法规的强制性规定旨在规制合同订立后的履行行为，当事人以合同违反强制性规定为由请求认定合同无效的，人民法院不予支持。但是，合同履行必然导致违反强制性规定或者法律、司法解释另有规定的除外。

依据前两款认定合同有效，但是当事人的违法行为未经处理的，人民法院应当向有关行政管理部门提出司法建议。当事人的行为涉嫌犯罪的，应当将案件线索移送刑事侦查机关；属于刑事自诉案件的，应当告知当事人可以向有管辖权的人民法院另行提起诉讼。

第十七条　合同虽然不违反法律、行政法规的强制性规定，但是有下列情形之一，人民法院应当依据民法典第一百五十三条第二款的规定认定合同无效：

（一）合同影响政治安全、经济安全、军事安全等国家安全的；

（二）合同影响社会稳定、公平竞争秩序或者损害社会公共利益等违背社会公共秩序的；

（三）合同背离社会公德、家庭伦理或者有损人格尊严等违背善良风俗的。

人民法院在认定合同是否违背公序良俗时，应当以社会主义核心价值观为导向，综合考虑当事人的主观动机和交易目的、政府部门的监管强度、一定期限内当事人从事类似交易的频次、行为的社会后果等因素，并在裁判文书中充分说理。当事人确因生活需要进行交易，未给社会公共秩序造成重大影响，且不影响国家安全，也不违背善良风俗的，人民法院不应当认定合同无效。

第十八条 法律、行政法规的规定虽然有"应当""必须"或者"不得"等表述，但是该规定旨在限制或者赋予民事权利，行为人违反该规定将构成无权处分、无权代理、越权代表等，或者导致合同相对人、第三人因此获得撤销权、解除权等民事权利的，人民法院应当依据法律、行政法规规定的关于违反该规定的民事法律后果认定合同效力。

第十九条 以转让或者设定财产权利为目的订立的合同，当事人或者真正权利人仅以让与人在订立合同时对标的物没有所有权或者处分权为由主张合同无效的，人民法院不予支持；因未取得真正权利人事后同意或者让与人事后未取得处分权导致合同不能履行，受让人主张解除合同并请求让与人承担违反合同的赔偿责任的，人民法院依法予以支持。

前款规定的合同被认定有效，且让与人已经将财产交付或者移转登记至受让人，真正权利人请求认定财产权利未发生变动或者请求返还财产的，人民法院应予支持。但是，受让人依据民法典第三百一十一条等规定善意取得财产权利的除外。

第二十三条 法定代表人、负责人或者代理人与相对人恶意串通，以法人、非法人组织的名义订立合同，损害法人、非法人组织的合法权益，法人、非法人组织主张不承担民事责任的，人民法院应予支持。法人、非法人组织请求法定代表人、负责人或者代理人与相对人对因此受到的损失承担连带赔偿责任的，人民法院应予支持。

根据法人、非法人组织的举证，综合考虑当事人之间的交易习惯、合同在订立时是否显失公平、相关人员是否获取了不正当利益、合同的履行情况等因素，人民法院能够认定法定代表人、负责人或者代理人与相对人存在恶意串通的高度可能性的，可以要求前述人员就合同订立、履行的过程等相关事实作出陈述或者提供相应的证据。其无正当理由拒绝作出陈述，或者所作陈述不具合理性又不能提供相应证据的，人民法院可以认定恶意串通的事实成立。

第二十四条 合同不成立、无效、被撤销或者确定不发生效力，当事人请求返还财产，经审查财产能够返还的，人民法院应当根据案件具体情况，单独或者合并适用返还占有的标的物、更正登记簿册记载等方式；经审查财产不能返还或者没有必要返还的，人民法院应当以认定合同不成立、无效、被撤销或者确定不发生效力之日该财产的市场价值或者以其他合理方式计算的价值为基准判决折价补偿。

除前款规定的情形外，当事人还请求赔偿损失的，人民法院应当结合财产返还或者折价补偿的情况，综合考虑财产增值收益和贬值损失、交易成本的支出等事实，按照双方当事人的过错程度及原因力大小，根据诚信原则和公平原则，合理确定损失赔偿额。

合同不成立、无效、被撤销或者确定不发生效力，当事人的行为涉嫌违法且未经处理，可能导致一方或者双方通过违法行为获得不当利益的，人民法院应当向有关行政管理部门提出司法建议。当事人的行为涉嫌犯罪的，应当将案件线索移送刑事侦查机关；属于刑事自诉案件的，应当告知当事人可以向有管辖权的人民法院另行提起诉讼。

第二十五条　合同不成立、无效、被撤销或者确定不发生效力，有权请求返还价款或者报酬的当事人一方请求对方支付资金占用费的，人民法院应当在当事人请求的范围内按照中国人民银行授权全国银行间同业拆借中心公布的一年期贷款市场报价利率（LPR）计算。但是，占用资金的当事人对于合同不成立、无效、被撤销或者确定不发生效力没有过错的，应当以中国人民银行公布的同期同类存款基准利率计算。

双方互负返还义务，当事人主张同时履行的，人民法院应予支持；占有标的物的一方对标的物存在使用或者依法可以使用的情形，对方请求将其应支付的资金占用费与应收取的标的物使用费相互抵销的，人民法院应予支持，但是法律另有规定的除外。

第二十八条　债务人或者第三人与债权人在债务履行期限届满前达成以物抵债协议的，人民法院应当在审理债权债务关系的基础上认定该协议的效力。

当事人约定债务人到期没有清偿债务，债权人可以对抵债财产拍卖、变卖、折价以实现债权的，人民法院应当认定该约定有效。当事人约定债务人到期没有清偿债务，抵债财产归债权人所有的，人民法院应当认定该约定无效，但是不影响其他部分的效力；债权人请求对抵债财产拍卖、变卖、折价以实现债权的，人民法院应予支持。

当事人订立前款规定的以物抵债协议后，债务人或者第三人未将财产权利转移至债权人名下，债权人主张优先受偿的，人民法院不予支持；债务人或者第三人已将财产权利转移至债权人名下的，依据《最高人民法院关于适用〈中华人民共和国民法典〉有关担保制度的解释》第六十八条的规定处理。

第六十四条第三款 当事人仅以合同约定不得对违约金进行调整为由主张不予调整违约金的，人民法院不予支持。

2. 最高人民法院关于适用《中华人民共和国民法典》 时间效力的若干规定
法释〔2020〕15 号

第八条 民法典施行前成立的合同，适用当时的法律、司法解释的规定合同无效而适用民法典的规定合同有效的，适用民法典的相关规定。

3. 最高人民法院关于适用《中华人民共和国民法典》 总则编若干问题的解释
法释〔2022〕6 号

第三条 对于民法典第一百三十二条所称的滥用民事权利，人民法院可以根据权利行使的对象、目的、时间、方式、造成当事人之间利益失衡的程度等因素作出认定。

行为人以损害国家利益、社会公共利益、他人合法权益为主要目的行使民事权利的，人民法院应当认定构成滥用民事权利。

构成滥用民事权利的，人民法院应当认定该滥用行为不发生相应的法律效力。滥用民事权利造成损害的，依照民法典第七编等有关规定处理。

第二十四条 民事法律行为所附条件不可能发生，当事人约定为生效条件的，人民法院应当认定民事法律行为不发生效力；当事人约定为解除条件的，应当认定未附条件，民事法律行为是否失效，依照民法典和相关法律、行政法规的规定认定。

4. 最高人民法院关于适用《中华人民共和国民法典》有关担保制度的解释

法释〔2020〕28 号

第二条　当事人在担保合同中约定担保合同的效力独立于主合同，或者约定担保人对主合同无效的法律后果承担担保责任，该有关担保独立性的约定无效。主合同有效的，有关担保独立性的约定无效不影响担保合同的效力；主合同无效的，人民法院应当认定担保合同无效，但是法律另有规定的除外。

因金融机构开立的独立保函发生的纠纷，适用《最高人民法院关于审理独立保函纠纷案件若干问题的规定》。

第五条　机关法人提供担保的，人民法院应当认定担保合同无效，但是经国务院批准为使用外国政府或者国际经济组织贷款进行转贷的除外。

居民委员会、村民委员会提供担保的，人民法院应当认定担保合同无效，但是依法代行村集体经济组织职能的村民委员会，依照村民委员会组织法规定的讨论决定程序对外提供担保的除外。

第六条　以公益为目的的非营利性学校、幼儿园、医疗机构、养老机构等提供担保的，人民法院应当认定担保合同无效，但是有下列情形之一的除外：

（一）在购入或者以融资租赁方式承租教育设施、医疗卫生设施、养老服务设施和其他公益设施时，出卖人、出租人为担保价款或者租金实现而在该公益设施上保留所有权；

（二）以教育设施、医疗卫生设施、养老服务设施和其他公益设施以外的不动产、动产或者财产权利设立担保物权。

登记为营利法人的学校、幼儿园、医疗机构、养老机构等提供担保，当事人以其不具有担保资格为由主张担保合同无效的，人民法院不予支持。

第七条　公司的法定代表人违反公司法关于公司对外担保决议程序的规定，超越权限代表公司与相对人订立担保合同，人民法院应当依照民法典第六十一条和第五百零四条等规定处理：

（一）相对人善意的，担保合同对公司发生效力；相对人请求公司承担担保责任的，人民法院应予支持。

（二）相对人非善意的，担保合同对公司不发生效力；相对人请求公司承担赔偿责任的，参照适用本解释第十七条的有关规定。

法定代表人超越权限提供担保造成公司损失，公司请求法定代表人承担赔偿责任的，人民法院应予支持。

第一款所称善意，是指相对人在订立担保合同时不知道且不应当知道法定代表人超越权限。相对人有证据证明已对公司决议进行了合理审查，人民法院应当认定其构成善意，但是公司有证据证明相对人知道或者应当知道决议系伪造、变造的除外。

第十三条 同一债务有两个以上第三人提供担保，担保人之间约定相互追偿及分担份额，承担了担保责任的担保人请求其他担保人按照约定分担份额的，人民法院应予支持；担保人之间约定承担连带共同担保，或者约定相互追偿但是未约定分担份额的，各担保人按照比例分担向债务人不能追偿的部分。

同一债务有两个以上第三人提供担保，担保人之间未对相互追偿作出约定且未约定承担连带共同担保，但是各担保人在同一份合同书上签字、盖章或者按指印，承担了担保责任的担保人请求其他担保人按照比例分担向债务人不能追偿部分的，人民法院应予支持。

除前两款规定的情形外，承担了担保责任的担保人请求其他担保人分担向债务人不能追偿部分的，人民法院不予支持。

第十七条 主合同有效而第三人提供的担保合同无效，人民法院应当区分不同情形确定担保人的赔偿责任：

（一）债权人与担保人均有过错的，担保人承担的赔偿责任不应超过债务人不能清偿部分的二分之一；

（二）担保人有过错而债权人无过错的，担保人对债务人不能清偿的部分承担赔偿责任；

（三）债权人有过错而担保人无过错的，担保人不承担赔偿责任。

主合同无效导致第三人提供的担保合同无效，担保人无过错的，不承担赔偿责任；担保人有过错的，其承担的赔偿责任不应超过债务人不能清偿部分的三分之一。

第十八条 承担了担保责任或者赔偿责任的担保人，在其承担责任的范围内向债务人追偿的，人民法院应予支持。

同一债权既有债务人自己提供的物的担保，又有第三人提供的担保，承担了担保责任或者赔偿责任的第三人，主张行使债权人对债务人享有的担保物权的，人民法院应予支持。

第十九条　担保合同无效，承担了赔偿责任的担保人按照反担保合同的约定，在其承担赔偿责任的范围内请求反担保人承担担保责任的，人民法院应予支持。

反担保合同无效的，依照本解释第十七条的有关规定处理。当事人仅以担保合同无效为由主张反担保合同无效的，人民法院不予支持。

第三十三条　保证合同无效，债权人未在约定或者法定的保证期间内依法行使权利，保证人主张不承担赔偿责任的，人民法院应予支持。

第三十七条　当事人以所有权、使用权不明或者有争议的财产抵押，经审查构成无权处分的，人民法院应当依照民法典第三百一十一条的规定处理。

当事人以依法被查封或者扣押的财产抵押，抵押权人请求行使抵押权，经审查查封或者扣押措施已经解除的，人民法院应予支持。抵押人以抵押权设立时财产被查封或者扣押为由主张抵押合同无效的，人民法院不予支持。

以依法被监管的财产抵押的，适用前款规定。

第四十九条　以违法的建筑物抵押的，抵押合同无效，但是一审法庭辩论终结前已经办理合法手续的除外。抵押合同无效的法律后果，依照本解释第十七条的有关规定处理。

当事人以建设用地使用权依法设立抵押，抵押人以土地上存在违法的建筑物为由主张抵押合同无效的，人民法院不予支持。

第五十条　抵押人以划拨建设用地上的建筑物抵押，当事人以该建设用地使用权不能抵押或者未办理批准手续为由主张抵押合同无效或者不生效的，人民法院不予支持。抵押权依法实现时，拍卖、变卖建筑物所得的价款，应当优先用于补缴建设用地使用权出让金。

当事人以划拨方式取得的建设用地使用权抵押，抵押人以未办理批准手续为由主张抵押合同无效或者不生效的，人民法院不予支持。已经依法办理抵押登记，抵押权人主张行使抵押权的，人民法院应予支持。抵押权依法实现时所得的价款，参照前款有关规定处理。

第六十三条　债权人与担保人订立担保合同，约定以法律、行政法规尚未规定可以担保的财产权利设立担保，当事人主张合同无效的，人民法院不予支持。当事人未在法定的登记机构依法进行登记，主张该担保具有物权效力的，人民法院不予支持。

第六十八条　债务人或者第三人与债权人约定将财产形式上转移至债权

人名下，债务人不履行到期债务，债权人有权对财产折价或者以拍卖、变卖该财产所得价款偿还债务的，人民法院应当认定该约定有效。当事人已经完成财产权利变动的公示，债务人不履行到期债务，债权人请求参照民法典关于担保物权的有关规定就该财产优先受偿的，人民法院应予支持。

债务人或者第三人与债权人约定将财产形式上转移至债权人名下，债务人不履行到期债务，财产归债权人所有的，人民法院应当认定该约定无效，但是不影响当事人有关提供担保的意思表示的效力。当事人已经完成财产权利变动的公示，债务人不履行到期债务，债权人请求对该财产享有所有权的，人民法院不予支持；债权人请求参照民法典关于担保物权的规定对财产折价或者以拍卖、变卖该财产所得的价款优先受偿的，人民法院应予支持；债务人履行债务后请求返还财产，或者请求对财产折价或者以拍卖、变卖所得的价款清偿债务的，人民法院应予支持。

债务人与债权人约定将财产转移至债权人名下，在一定期间后再由债务人或者其指定的第三人以交易本金加上溢价款回购，债务人到期不履行回购义务，财产归债权人所有的，人民法院应当参照第二款规定处理。回购对象自始不存在的，人民法院应当依照民法典第一百四十六条第二款的规定，按照其实际构成的法律关系处理。

5. 最高人民法院关于适用《中华人民共和国民法典》
物权编的解释（一）
法释〔2020〕24 号

第五条 预告登记的买卖不动产物权的协议被认定无效、被撤销，或者预告登记的权利人放弃债权的，应当认定为民法典第二百二十一条第二款所称的"债权消灭"。[1]

第十二条 按份共有人向共有人之外的人转让其份额，其他按份共有人根据法律、司法解释规定，请求按照同等条件优先购买该共有份额的，应予

---

〔1〕《民法典》第 221 条第 1 款规定："当事人签订买卖房屋的协议或者签订其他不动产物权的协议，为保障将来实现物权，按照约定可以向登记机构申请预告登记。预告登记后，未经预告登记的权利人同意，处分该不动产的，不发生物权效力。"第 2 款规定："预告登记后，债权消灭或者自能够进行不动产登记之日起九十日内未申请登记的，预告登记失效。"

支持。其他按份共有人的请求具有下列情形之一的，不予支持：

（一）未在本解释第十一条规定的期间内主张优先购买，或者虽主张优先购买，但提出减少转让价款、增加转让人负担等实质性变更要求；

（二）以其优先购买权受到侵害为由，仅请求撤销共有份额转让合同或者认定该合同无效。

第二十条 具有下列情形之一，受让人主张依据民法典第三百一十一条规定取得所有权的，不予支持：

（一）转让合同被认定无效；

（二）转让合同被撤销。

6. 最高人民法院关于审理网络消费纠纷案件适用法律若干问题的规定（一）

法释〔2022〕8号

第一条 电子商务经营者提供的格式条款有以下内容的，人民法院应当依法认定无效：

（一）收货人签收商品即视为认可商品质量符合约定；

（二）电子商务平台经营者依法应承担的责任一概由平台内经营者承担；

（三）电子商务经营者享有单方解释权或者最终解释权；

（四）排除或者限制消费者依法投诉、举报、请求调解、申请仲裁、提起诉讼的权利；

（五）其他排除或者限制消费者权利、减轻或者免除电子商务经营者责任、加重消费者责任等对消费者不公平、不合理的内容。

7. 最高人民法院关于审理食品药品纠纷案件适用法律若干问题的规定

（2013年12月9日由最高人民法院审判委员会第1599次会议通过，根据2020年12月23日最高人民法院审判委员会第1823次会议通过的《最高人民法院关于修改〈最高人民法院关于在民事审判工作中适用《中华人民共和国工会法》若干问题的解释〉等二十七件民事类司法解释的决定》和2021年11月15日最高人民法院审判委员会第1850次会议通过的《最高人民法院关于修改〈最高人民法院关于审理食品药品纠纷案件适用法律若干问题的规定〉的决定》修正)

第十六条 食品、药品的生产者与销售者以格式合同、通知、声明、告示等方式作出排除或者限制消费者权利，减轻或者免除经营者责任、加重消费者责任等对消费者不公平、不合理的规定，消费者依法请求认定该内容无效的，人民法院应予支持。

8. 最高人民法院关于审理使用人脸识别技术处理个人信息相关民事案件适用法律若干问题的规定

法释〔2021〕15 号

第十一条 信息处理者采用格式条款与自然人订立合同，要求自然人授予其无期限限制、不可撤销、可任意转授权等处理人脸信息的权利，该自然人依据民法典第四百九十七条请求确认格式条款无效的，人民法院依法予以支持。

9. 最高人民法院关于人民法院司法拍卖房产竞买人资格若干问题的规定

法释〔2021〕18 号

第一条 人民法院组织的司法拍卖房产活动，受房产所在地限购政策约束的竞买人申请参与竞拍的，人民法院不予准许。

第四条 买受人虚构购房资格参与司法拍卖房产活动且拍卖成交，当事人、利害关系人以违背公序良俗为由主张该拍卖行为无效的，人民法院应予支持。

依据前款规定，买受人虚构购房资格导致拍卖行为无效的，应当依法承担赔偿责任。

第六条 人民法院组织的司法拍卖房产活动，竞买人虚构购房资格或者当事人之间恶意串通，侵害他人合法权益或者逃避履行法律文书确定的义务的，人民法院应当根据情节轻重予以罚款、拘留；构成犯罪的，依法追究刑事责任。

10. 最高人民法院关于审理买卖合同纠纷案件适用法律问题的解释

（2012 年 3 月 31 日由最高人民法院审判委员会第 1545 次会议通过，根据 2020 年 12 月 23 日最高人民法院审判委员会第 1823 次会议通过的《最高人民法院关于修改〈最高人民法院关于在民事审判工作中适用《中华人民共和国工会法》若干问题的解释〉等二十七件民事类司法解释的决定》修正)

第二十一条 买卖合同当事人一方以对方违约为由主张支付违约金，对方以合同不成立、合同未生效、合同无效或者不构成违约等为由进行免责抗辩而未主张调整过高的违约金的，人民法院应当就法院若不支持免责抗辩，当事人是否需要主张调整违约金进行释明。

一审法院认为免责抗辩成立且未予释明，二审法院认为应当判决支付违约金的，可以直接释明并改判。

11. 最高人民法院关于审理商品房买卖合同纠纷案件适用法律若干问题的解释

（2003 年 3 月 24 日由最高人民法院审判委员会第 1267 次会议通过，根据 2020 年 12 月 23 日最高人民法院审判委员会第 1823 次会议通过的《最高人民法院关于修改〈最高人民法院关于在民事审判工作中适用《中华人民共和国工会法》若干问题的解释〉等二十七件民事类司法解释的决定》修正）

第二条　出卖人未取得商品房预售许可证明，与买受人订立的商品房预售合同，应当认定无效，但是在起诉前取得商品房预售许可证明的，可以认定有效。

第六条　当事人以商品房预售合同未按照法律、行政法规规定办理登记备案手续为由，请求确认合同无效的，不予支持。

当事人约定以办理登记备案手续为商品房预售合同生效条件的，从其约定，但当事人一方已经履行主要义务，对方接受的除外。

第七条　买受人以出卖人与第三人恶意串通，另行订立商品房买卖合同并将房屋交付使用，导致其无法取得房屋为由，请求确认出卖人与第三人订立的商品房买卖合同无效的，应予支持。

第二十条　因商品房买卖合同被确认无效或者被撤销、解除，致使商品房担保贷款合同的目的无法实现，当事人请求解除商品房担保贷款合同的，应予支持。

第二十一条　以担保贷款为付款方式的商品房买卖合同的当事人一方请求确认商品房买卖合同无效或者撤销、解除合同的，如果担保权人作为有独立请求权第三人提出诉讼请求，应当与商品房担保贷款合同纠纷合并审理；未提出诉讼请求的，仅处理商品房买卖合同纠纷。担保权人就商品房担保贷款合同纠纷另行起诉的，可以与商品房买卖合同纠纷合并审理。

商品房买卖合同被确认无效或者被撤销、解除后，商品房担保贷款合同也被解除的，出卖人应当将收受的购房贷款和购房款的本金及利息分别返还担保权人和买受人。

12. 最高人民法院关于审理城镇房屋租赁合同纠纷案件具体应用法律若干问题的解释

（2009 年 6 月 22 日由最高人民法院审判委员会第 1469 次会议通过，根据 2020 年 12 月 23 日最高人民法院审判委员会第 1823 次会议通过的《最高人民法院关于修改〈最高人民法院关于在民事审判工作中适用《中华人民共和国工会法》若干问题的解释〉等二十七件民事类司法解释的决定》修正)

第二条 出租人就未取得建设工程规划许可证或者未按照建设工程规划许可证的规定建设的房屋，与承租人订立的租赁合同无效。但在一审法庭辩论终结前取得建设工程规划许可证或者经主管部门批准建设的，人民法院应当认定有效。

第三条 出租人就未经批准或者未按照批准内容建设的临时建筑，与承租人订立的租赁合同无效。但在一审法庭辩论终结前经主管部门批准建设的，人民法院应当认定有效。

租赁期限超过临时建筑的使用期限，超过部分无效。但在一审法庭辩论终结前经主管部门批准延长使用期限的，人民法院应当认定延长使用期限内的租赁期间有效。

第四条 房屋租赁合同无效，当事人请求参照合同约定的租金标准支付房屋占有使用费的，人民法院一般应予支持。

当事人请求赔偿因合同无效受到的损失，人民法院依照民法典第一百五十七条和本解释第七条、第十一条、第十二条的规定处理。

第七条 承租人经出租人同意装饰装修，租赁合同无效时，未形成附合的装饰装修物，出租人同意利用的，可折价归出租人所有；不同意利用的，可由承租人拆除。因拆除造成房屋毁损的，承租人应当恢复原状。

已形成附合的装饰装修物，出租人同意利用的，可折价归出租人所有；不同意利用的，由双方各自按照导致合同无效的过错分担现值损失。

第十三条 房屋租赁合同无效、履行期限届满或者解除，出租人请求负有腾房义务的次承租人支付逾期腾房占有使用费的，人民法院应予支持。

13. 最高人民法院关于审理民间借贷案件适用法律若干问题的规定

（2015 年 6 月 23 日最高人民法院审判委员会第 1655 次会议通过，根据 2020 年 8 月 18 日最高人民法院审判委员会第 1809 次会议通过的《最高人民法院关于修改〈关于审理民间借贷案件适用法律若干问题的规定〉的决定》第一次修正，根据 2020 年 12 月 23 日最高人民法院审判委员会第 1823 次会议通过的《最高人民法院关于修改〈最高人民法院关于在民事审判工作中适用〈中华人民共和国工会法〉若干问题的解释〉等二十七件民事类司法解释的决定》第二次修正)

第十二条　借款人或者出借人的借贷行为涉嫌犯罪，或者已经生效的裁判认定构成犯罪，当事人提起民事诉讼的，民间借贷合同并不当然无效。人民法院应当依据民法典第一百四十四条、第一百四十六条、第一百五十三条、第一百五十四条以及本规定第十三条之规定，认定民间借贷合同的效力。

担保人以借款人或者出借人的借贷行为涉嫌犯罪或者已经生效的裁判认定构成犯罪为由，主张不承担民事责任的，人民法院应当依据民间借贷合同与担保合同的效力、当事人的过错程度，依法确定担保人的民事责任。

第十三条　具有下列情形之一的，人民法院应当认定民间借贷合同无效：

（一）套取金融机构贷款转贷的；

（二）以向其他营利法人借贷、向本单位职工集资，或者以向公众非法吸收存款等方式取得的资金转贷的；

（三）未依法取得放贷资格的出借人，以营利为目的向社会不特定对象提供借款的；

（四）出借人事先知道或者应当知道借款人借款用于违法犯罪活动仍然提供借款的；

（五）违反法律、行政法规强制性规定的；

（六）违背公序良俗的。

14. 最高人民法院关于审理建设工程施工合同纠纷案件适用法律问题的解释（一）

法释〔2020〕25 号

第一条 建设工程施工合同具有下列情形之一的，应当依据民法典第一百五十三条第一款的规定，认定无效：

（一）承包人未取得建筑业企业资质或者超越资质等级的；

（二）没有资质的实际施工人借用有资质的建筑施工企业名义的；

（三）建设工程必须进行招标而未招标或者中标无效的。

承包人因转包、违法分包建设工程与他人签订的建设工程施工合同，应当依据民法典第一百五十三条第一款及第七百九十一条第二款、第三款的规定，认定无效。

第二条 招标人和中标人另行签订的建设工程施工合同约定的工程范围、建设工期、工程质量、工程价款等实质性内容，与中标合同不一致，一方当事人请求按照中标合同确定权利义务的，人民法院应予支持。

招标人和中标人在中标合同之外就明显高于市场价格购买承建房产、无偿建设住房配套设施、让利、向建设单位捐赠财物等另行签订合同，变相降低工程价款，一方当事人以该合同背离中标合同实质性内容为由请求确认无效的，人民法院应予支持。

第三条 当事人以发包人未取得建设工程规划许可证等规划审批手续为由，请求确认建设工程施工合同无效的，人民法院应予支持，但发包人在起诉前取得建设工程规划许可证等规划审批手续的除外。

发包人能够办理审批手续而未办理，并以未办理审批手续为由请求确认建设工程施工合同无效的，人民法院不予支持。

第四条 承包人超越资质等级许可的业务范围签订建设工程施工合同，在建设工程竣工前取得相应资质等级，当事人请求按照无效合同处理的，人民法院不予支持。

第五条 具有劳务作业法定资质的承包人与总承包人、分包人签订的劳务分包合同，当事人请求确认无效的，人民法院依法不予支持。

第六条 建设工程施工合同无效，一方当事人请求对方赔偿损失的，应当就对方过错、损失大小、过错与损失之间的因果关系承担举证责任。

损失大小无法确定，一方当事人请求参照合同约定的质量标准、建设工期、工程价款支付时间等内容确定损失大小的，人民法院可以结合双方过错程度、过错与损失之间的因果关系等因素作出裁判。

第七条　缺乏资质的单位或者个人借用有资质的建筑施工企业名义签订建设工程施工合同，发包人请求出借方与借用方对建设工程质量不合格等因出借资质造成的损失承担连带赔偿责任的，人民法院应予支持。

第二十四条　当事人就同一建设工程订立的数份建设工程施工合同均无效，但建设工程质量合格，一方当事人请求参照实际履行的合同关于工程价款的约定折价补偿承包人的，人民法院应予支持。

实际履行的合同难以确定，当事人请求参照最后签订的合同关于工程价款的约定折价补偿承包人的，人民法院应予支持。

15. 最高人民法院关于审理技术合同纠纷案件适用法律若干问题的解释

（2004 年 11 月 30 日最高人民法院审判委员会第 1335 次会议通过，根据 2020 年 12 月 23 日最高人民法院审判委员会第 1823 次会议通过的《最高人民法院关于修改〈最高人民法院关于审理侵犯专利权纠纷案件应用法律若干问题的解释（二）〉等十八件知识产权类司法解释的决定》修正）

第八条　生产产品或者提供服务依法须经有关部门审批或者取得行政许可，而未经审批或者许可的，不影响当事人订立的相关技术合同的效力。

当事人对办理前款所称审批或者许可的义务没有约定或者约定不明确的，人民法院应当判令由实施技术的一方负责办理，但法律、行政法规另有规定的除外。

第十条　下列情形，属于民法典第八百五十条所称的"非法垄断技术"：

（一）限制当事人一方在合同标的技术基础上进行新的研究开发或者限制其使用所改进的技术，或者双方交换改进技术的条件不对等，包括要求一方将其自行改进的技术无偿提供给对方、非互惠性转让给对方、无偿独占或者共享该改进技术的知识产权；

（二）限制当事人一方从其他来源获得与技术提供方类似技术或者与其竞争的技术；

（三）阻碍当事人一方根据市场需求，按照合理方式充分实施合同标的技术，包括明显不合理地限制技术接受方实施合同标的的技术生产产品或者提供服务的数量、品种、价格、销售渠道和出口市场；

（四）要求技术接受方接受并非实施技术必不可少的附带条件，包括购买非必需的技术、原材料、产品、设备、服务以及接收非必需的人员等；

（五）不合理地限制技术接受方购买原材料、零部件、产品或者设备等的渠道或者来源；

（六）禁止技术接受方对合同标的技术知识产权的有效性提出异议或者对提出异议附加条件。

第十一条 技术合同无效或者被撤销后，技术开发合同研究开发人、技术转让合同让与人、技术许可合同许可人、技术咨询合同和技术服务合同的受托人已经履行或者部分履行了约定的义务，并且造成合同无效或者被撤销的过错在对方的，对其已履行部分应当收取的研究开发经费、技术使用费、提供咨询服务的报酬，人民法院可以认定为因对方原因导致合同无效或者被撤销给其造成的损失。

技术合同无效或者被撤销后，因履行合同所完成新的技术成果或者在他人技术成果基础上完成后续改进技术成果的权利归属和利益分享，当事人不能重新协议确定的，人民法院可以判决由完成技术成果的一方享有。

第十二条 根据民法典第八百五十条的规定，侵害他人技术秘密的技术合同被确认无效后，除法律、行政法规另有规定的以外，善意取得该技术秘密的一方当事人可以在其取得时的范围内继续使用该技术秘密，但应当向权利人支付合理的使用费并承担保密义务。

当事人双方恶意串通或者一方知道或者应当知道另一方侵权仍与其订立或者履行合同的，属于共同侵权，人民法院应当判令侵权人承担连带赔偿责任和保密义务，因此取得技术秘密的当事人不得继续使用该技术秘密。

第十三条 依照前条第一款规定可以继续使用技术秘密的人与权利人就使用费支付发生纠纷的，当事人任何一方都可以请求人民法院予以处理。继续使用技术秘密但又拒不支付使用费的，人民法院可以根据权利人的请求判令使用人停止使用。

人民法院在确定使用费时，可以根据权利人通常对外许可该技术秘密的使用费或者使用人取得该技术秘密所支付的使用费，并考虑该技术秘密的研究开发成本、成果转化和应用程度以及使用人的使用规模、经济效益等因素合理确定。

不论使用人是否继续使用技术秘密，人民法院均应当判令其向权利人支付已使用期间的使用费。使用人已向无效合同的让与人或者许可人支付的使用费应当由让与人或者许可人负责返还。

第二十条　民法典第八百六十一条所称"当事人均有使用和转让的权利"，包括当事人均有不经对方同意而自己使用或者以普通使用许可的方式许可他人使用技术秘密，并独占由此所获利益的权利。当事人一方将技术秘密成果的转让权让与他人，或者以独占或者排他使用许可的方式许可他人使用技术秘密，未经对方当事人同意或者追认的，应当认定该让与或者许可行为无效。

第四十一条　中介人对造成委托人与第三人之间的技术合同的无效或者被撤销没有过错，并且该技术合同的无效或者被撤销不影响有关中介条款或者技术中介合同继续有效，中介人要求按照约定或者本解释的有关规定给付从事中介活动的费用和报酬的，人民法院应当予以支持。

中介人收取从事中介活动的费用和报酬不应当被视为委托人与第三人之间的技术合同纠纷中一方当事人的损失。

第四十四条　一方当事人以诉讼争议的技术合同侵害他人技术成果为由请求确认合同无效，或者人民法院在审理技术合同纠纷中发现可能存在该无效事由的，人民法院应当依法通知有关利害关系人，其可以作为有独立请求权的第三人参加诉讼或者依法向有管辖权的人民法院另行起诉。

利害关系人在接到通知后 15 日内不提起诉讼的，不影响人民法院对案件的审理。

16. 最高人民法院关于审理矿业权纠纷案件适用法律若干问题的解释

（2017 年 2 月 20 日由最高人民法院审判委员会第 1710 次会议通过，根据 2020 年 12 月 23 日最高人民法院审判委员会第 1823 次会议通过的《最高人民法院关于修改〈最高人民法院关于在民事审判工作中适用《中华人民共和国工会法》若干问题的解释〉等二十七件民事类司法解释的决定》修正）

第五条　未取得矿产资源勘查许可证、采矿许可证，签订合同将矿产资源交由他人勘查开采的，人民法院应依法认定合同无效。

第六条　矿业权转让合同自依法成立之日起具有法律约束力。矿业权转让申请未经自然资源主管部门批准，受让人请求转让人办理矿业权变更登记手续的，人民法院不予支持。

当事人仅以矿业权转让申请未经自然资源主管部门批准为由请求确认转让合同无效的，人民法院不予支持。

第七条 矿业权转让合同依法成立后，在不具有法定无效情形下，受让人请求转让人履行报批义务或者转让人请求受让人履行协助报批义务的，人民法院应予支持，但法律上或者事实上不具备履行条件的除外。

人民法院可以依据案件事实和受让人的请求，判决受让人代为办理报批手续，转让人应当履行协助义务，并承担由此产生的费用。

第八条 矿业权转让合同依法成立后，转让人无正当理由拒不履行报批义务，受让人请求解除合同、返还已付转让款及利息，并由转让人承担违约责任的，人民法院应予支持。

第十二条 当事人请求确认矿业权租赁、承包合同自依法成立之日起生效的，人民法院应予支持。

矿业权租赁、承包合同约定矿业权人仅收取租金、承包费，放弃矿山管理，不履行安全生产、生态环境修复等法定义务，不承担相应法律责任的，人民法院应依法认定合同无效。

第十八条 当事人约定在自然保护区、风景名胜区、重点生态功能区、生态环境敏感区和脆弱区等区域内勘查开采矿产资源，违反法律、行政法规的强制性规定或者损害环境公共利益的，人民法院应依法认定合同无效。

17. 最高人民法院关于审理森林资源民事纠纷案件
适用法律若干问题的解释

（法释〔2022〕16号）

第三条 当事人以未办理批准、登记、备案、审查、审核等手续为由，主张林地承包、林地承包经营权互换或者转让、林地经营权流转、林木流转、森林资源担保等合同无效的，人民法院不予支持。

因前款原因，不能取得相关权利的当事人请求解除合同、由违约方承担违约责任的，人民法院依法予以支持。

第五条 当事人以违反法律规定的民主议定程序为由，主张集体林地承包合同无效的，人民法院应予支持。但下列情形除外：

（一）合同订立时，法律、行政法规没有关于民主议定程序的强制性规定的；

（二）合同订立未经民主议定程序讨论决定，或者民主议定程序存在瑕疵，一审法庭辩论终结前已经依法补正的；

（三）承包方对村民会议或者村民代表会议决议进行了合理审查，不知道且不应当知道决议系伪造、变造，并已经对林地大量投入的。

第九条 本集体经济组织成员以其在同等条件下享有的优先权受到侵害为由，主张家庭承包林地经营权流转合同无效的，人民法院不予支持；其请求赔偿损失的，依法予以支持。

第十一条 林地经营权流转合同约定的流转期限超过承包期的剩余期限，或者林地经营权再流转合同约定的流转期限超过原林地经营权流转合同的剩余期限，林地经营权流转、再流转合同当事人主张超过部分无效的，人民法院不予支持。

第十二条 林地经营权流转合同约定的流转期限超过承包期的剩余期限，发包方主张超过部分的约定对其不具有法律约束力的，人民法院应予支持。但发包方对此知道或者应当知道的除外。

林地经营权再流转合同约定的流转期限超过原林地经营权流转合同的剩余期限，承包方主张超过部分的约定对其不具有法律约束力的，人民法院应予支持。但承包方对此知道或者应当知道的除外。

因前两款原因，致使林地经营权流转合同、再流转合同不能履行，当事人请求解除合同、由违约方承担违约责任的，人民法院依法予以支持。

第十四条 人民法院对于当事人为利用公益林林地资源和森林景观资源开展林下经济、森林旅游、森林康养等经营活动订立的合同，应当综合考虑公益林生态区位保护要求、公益林生态功能及是否经科学论证的合理利用等因素，依法认定合同效力。

当事人仅以涉公益林为由主张经营合同无效的，人民法院不予支持。

18. 最高人民法院关于审理涉及农村土地承包纠纷案件
适用法律问题的解释

(2005 年 3 月 29 日由最高人民法院审判委员会第 1346 次会议通过，根据 2020 年 12 月 23 日最高人民法院审判委员会第 1823 次会议通过的《最高人民法院关于修改〈最高人民法院关于在民事审判工作中适用《中华人民共和国工会法》若干问题的解释〉等二十七件民事类司法解释的决定》修正)

第五条 承包合同中有关收回、调整承包地的约定违反农村土地承包法第二十七条、第二十八条、第三十一条规定的，应当认定该约定无效。

第六条 因发包方违法收回、调整承包地，或者因发包方收回承包方弃耕、撂荒的承包地产生的纠纷，按照下列情形，分别处理：

（一）发包方未将承包地另行发包，承包方请求返还承包地的，应予支持；

（二）发包方已将承包地另行发包给第三人，承包方以发包方和第三人为共同被告，请求确认其所签订的承包合同无效、返还承包地并赔偿损失的，应予支持。但属于承包方弃耕、撂荒情形的，对其赔偿损失的诉讼请求，不予支持。

前款第（二）项所称的第三人，请求受益方补偿其在承包地上的合理投入的，应予支持。

第十三条 承包方未经发包方同意，转让其土地承包经营权的，转让合同无效。但发包方无法定理由不同意或者拖延表态的除外。

第十四条 承包方依法采取出租、入股或者其他方式流转土地经营权，发包方仅以该土地经营权流转合同未报其备案为由，请求确认合同无效的，不予支持。

19. 最高人民法院关于审理涉及国有土地使用权合同纠纷案件
适用法律问题的解释

(2004 年 11 月 23 日由最高人民法院审判委员会第 1334 次会议通过，根据 2020 年 12 月 23 日最高人民法院审判委员会第 1823 次会议通过的《最高人民法院关于修改〈最高人民法院关于在民事审判工作中适用《中华人民共和国工会法》若干问题的解释〉等二十七件民事类司法解释的决定》修正)

第二条 开发区管理委员会作为出让方与受让方订立的土地使用权出让

合同，应当认定无效。

本解释实施前，开发区管理委员会作为出让方与受让方订立的土地使用权出让合同，起诉前经市、县人民政府自然资源主管部门追认的，可以认定合同有效。

第三条　经市、县人民政府批准同意以协议方式出让的土地使用权，土地使用权出让金低于订立合同时当地政府按照国家规定确定的最低价的，应当认定土地使用权出让合同约定的价格条款无效。

当事人请求按照订立合同时的市场评估价格交纳土地使用权出让金的，应予支持；受让方不同意按照市场评估价格补足，请求解除合同的，应予支持。因此造成的损失，由当事人按照过错承担责任。

第八条　土地使用权人作为转让方与受让方订立土地使用权转让合同后，当事人一方以双方之间未办理土地使用权变更登记手续为由，请求确认合同无效的，不予支持。

第十三条　合作开发房地产合同的当事人一方具备房地产开发经营资质的，应当认定合同有效。

当事人双方均不具备房地产开发经营资质的，应当认定合同无效。但起诉前当事人一方已经取得房地产开发经营资质或者已依法合作成立具有房地产开发经营资质的房地产开发企业的，应当认定合同有效。

20. 最高人民法院关于审理旅游纠纷案件适用法律若干问题的规定

(2010 年 9 月 13 日由最高人民法院审判委员会第 1496 次会议通过，根据 2020 年 12 月 23 日最高人民法院审判委员会第 1823 次会议通过的《最高人民法院关于修改〈最高人民法院关于在民事审判工作中适用《中华人民共和国工会法》若干问题的解释〉等二十七件民事类司法解释的决定》修正)

第六条　旅游经营者以格式条款、通知、声明、店堂告示等方式作出排除或者限制旅游者权利、减轻或者免除旅游经营者责任、加重旅游者责任等对旅游者不公平、不合理的规定，旅游者依据消费者权益保护法第二十六条的规定请求认定该内容无效的，人民法院应予支持。

21. 最高人民法院关于审理存单纠纷案件的若干规定

(1997 年 11 月 25 日最高人民法院审判委员会第 946 次会议通过,根据 2020 年 12 月 23 日最高人民法院审判委员会第 1823 次会议通过的《最高人民法院关于修改〈最高人民法院关于破产企业国有划拨土地使用权应否列入破产财产等问题的批复〉等二十九件商事类司法解释的决定》修正)

第八条 对存单质押的认定和处理

存单可以质押。存单持有人以伪造、变造的虚假存单质押的,质押合同无效。接受虚假存单质押的当事人如以该存单质押为由起诉金融机构,要求兑付存款优先受偿的,人民法院应当判决驳回其诉讼请求,并告知其可另案起诉出质人。

存单持有人以金融机构开具的、未有实际存款或与实际存款不符的存单进行质押,以骗取或占用他人财产的,该质押关系无效。接受存单质押的人起诉的,该存单持有人与开具存单的金融机构为共同被告。利用存单骗取或占用他人财产的存单持有人对侵犯他人财产权承担赔偿责任,开具存单的金融机构因其过错致他人财产权受损,对所造成的损失承担连带赔偿责任。接受存单质押的人在审查存单的真实性上有重大过失的,开具存单的金融机构仅对所造成的损失承担补充赔偿责任。明知存单虚假而接受存单质押的,开具存单的金融机构不承担民事赔偿责任。

以金融机构核押的存单出质的,即便存单系伪造、变造、虚开,质押合同均为有效,金融机构应当依法向质权人兑付存单所记载的款项。

22. 最高人民法院关于审理与企业改制相关的民事纠纷案件若干问题的规定

(2002 年 12 月 3 日最高人民法院审判委员会第 1259 次会议通过,根据 2020 年 12 月 23 日最高人民法院审判委员会第 1823 次会议通过的《最高人民法院关于修改〈最高人民法院关于破产企业国有划拨土地使用权应否列入破产财产等问题的批复〉等二十九件商事类司法解释的决定》修正)

第十七条 以协议转让形式出售企业,企业出售合同未经有审批权的地方人民政府或其授权的职能部门审批的,人民法院在审理相关的民事纠纷案件时，应当确认该企业出售合同不生效。

第十八条 企业出售中，当事人双方恶意串通，损害国家利益的，人民法院在审理相关的民事纠纷案件时，应当确认该企业出售行为无效。

第二十三条 企业出售合同被确认无效或者被撤销的，企业售出后买受人经营企业期间发生的经营盈亏，由买受人享有或者承担。

23. 最高人民法院关于审理期货纠纷案件若干问题的规定

(2003 年 5 月 16 日最高人民法院审判委员会第 1270 次会议通过，根据 2020 年 12 月 23 日最高人民法院审判委员会第 1823 次会议通过的《最高人民法院关于修改〈最高人民法院关于破产企业国有划拨土地使用权应否列入破产财产等问题的批复〉等二十九件商事类司法解释的决定》修正)

四、无效合同责任

第十三条 有下列情形之一的，应当认定期货经纪合同无效：

（一）没有从事期货经纪业务的主体资格而从事期货经纪业务的；

（二）不具备从事期货交易主体资格的客户从事期货交易的；

（三）违反法律、行政法规的强制性规定的。

第十四条 因期货经纪合同无效给客户造成经济损失的，应当根据无效行为与损失之间的因果关系确定责任的承担。一方的损失系对方行为所致，应当由对方赔偿损失；双方有过错的，根据过错大小各自承担相应的民事责任。

第十五条 不具有主体资格的经营机构因从事期货经纪业务而导致期货经纪合同无效，该机构按客户的交易指令入市交易的，收取的佣金应当返还给客户，交易结果由客户承担。

该机构未按客户的交易指令入市交易，客户没有过错的，该机构应当返还客户的保证金并赔偿客户的损失。赔偿损失的范围包括交易手续费、税金及利息。

24. 最高人民法院关于审理垄断民事纠纷案件
适用法律若干问题的解释

法释〔2024〕6号

第四十八条　当事人主张被诉垄断行为所涉合同或者经营者团体的章程、决议、决定等因违反反垄断法或者其他法律、行政法规的强制性规定而无效的，人民法院应当依照民法典第一百五十三条的规定审查认定。

被诉垄断行为所涉合同或者经营者团体的章程、决议、决定中的部分条款因违反反垄断法或者其他法律、行政法规的强制性规定而无效，当事人主张与该部分条款具有紧密关联、不具有独立存在意义或者便利被诉垄断行为实施的其他条款一并无效的，人民法院可予支持。

25. 最高人民法院关于适用《中华人民共和国涉外民事关系
法律适用法》若干问题的解释（一）

（2012年12月10日最高人民法院审判委员会第1563次会议通过，根据2020年12月23日最高人民法院审判委员会第1823次会议通过的《最高人民法院关于修改〈最高人民法院关于破产企业国有划拨土地使用权应否列入破产财产等问题的批复〉等二十九件商事类司法解释的决定》修正)

第四条　中华人民共和国法律没有明确规定当事人可以选择涉外民事关系适用的法律，当事人选择适用法律的，人民法院应认定该选择无效。

第五条　一方当事人以双方协议选择的法律与系争的涉外民事关系没有实际联系为由主张选择无效的，人民法院不予支持。

26. 最高人民法院关于审理外商投资企业纠纷案件若干问题的规定（一）

（2010年5月17日最高人民法院审判委员会第1487次会议通过，根据2020年12月23日最高人民法院审判委员会第1823次会议通过的《最高人民法院关于修改〈最高人民法院关于破产企业国有划拨土地使用权应否列入破产财产等问题的批复〉等二十九件商事类司法解释的决定》修正)

第一条　当事人在外商投资企业设立、变更等过程中订立的合同，依法律、行政法规的规定应当经外商投资企业审批机关批准后才生效的，自批准之日起生效；未经批准的，人民法院应当认定该合同未生效。当事人请求确认该合同无效的，人民法院不予支持。

前款所述合同因未经批准而被认定未生效的，不影响合同中当事人履行报批义务条款及因该报批义务而设定的相关条款的效力。

第三条 人民法院在审理案件中，发现经外商投资企业审批机关批准的外商投资企业合同具有法律、行政法规规定的无效情形的，应当认定合同无效；该合同具有法律、行政法规规定的可撤销情形，当事人请求撤销的，人民法院应予支持。

第五条 外商投资企业股权转让合同成立后，转让方和外商投资企业不履行报批义务，经受让方催告后在合理的期限内仍未履行，受让方请求解除合同并由转让方返还其已支付的转让款、赔偿因未履行报批义务而造成的实际损失的，人民法院应予支持。

第六条 外商投资企业股权转让合同成立后，转让方和外商投资企业不履行报批义务，受让方以转让方为被告、以外商投资企业为第三人提起诉讼，请求转让方与外商投资企业在一定期限内共同履行报批义务的，人民法院应予支持。受让方同时请求在转让方和外商投资企业于生效判决确定的期限内不履行报批义务时自行报批的，人民法院应予支持。

转让方和外商投资企业拒不根据人民法院生效判决确定的期限履行报批义务，受让方另行起诉，请求解除合同并赔偿损失的，人民法院应予支持。赔偿损失的范围可以包括股权的差价损失、股权收益及其他合理损失。

第七条 转让方、外商投资企业或者受让方根据本规定第六条第一款的规定就外商投资企业股权转让合同报批，未获外商投资企业审批机关批准，受让方另行起诉，请求转让方返还其已支付的转让款的，人民法院应予支持。受让方请求转让方赔偿因此造成的损失的，人民法院应根据转让方是否存在过错以及过错大小认定其是否承担赔偿责任及具体赔偿数额。

第八条 外商投资企业股权转让合同约定受让方支付转让款后转让方才办理报批手续，受让方未支付股权转让款，经转让方催告后在合理的期限内仍未履行，转让方请求解除合同并赔偿因迟延履行而造成的实际损失的，人民法院应予支持。

第九条 外商投资企业股权转让合同成立后，受让方未支付股权转让款，转让方和外商投资企业亦未履行报批义务，转让方请求受让方支付股权转让款的，人民法院应当中止审理，指令转让方在一定期限内办理报批手续。该股权转让合同获得外商投资企业审批机关批准的，对转让方关于支付转让款的诉讼请求，人民法院应予支持。

第十条 外商投资企业股权转让合同成立后，受让方已实际参与外商投资企业的经营管理并获取收益，但合同未获外商投资企业审批机关批准，转让方请求受让方退出外商投资企业的经营管理并将受让方因实际参与经营管理而获得的收益在扣除相关成本费用后支付给转让方的，人民法院应予支持。

第十二条 外商投资企业一方股东将股权全部或部分转让给股东之外的第三人，其他股东以该股权转让侵害了其优先购买权为由请求撤销股权转让合同的，人民法院应予支持。其他股东在知道或者应当知道股权转让合同签订之日起一年内未主张优先购买权的除外。

前款规定的转让方、受让方以侵害其他股东优先购买权为由请求认定股权转让合同无效的，人民法院不予支持。

第十三条 外商投资企业股东与债权人订立的股权质押合同，除法律、行政法规另有规定或者合同另有约定外，自成立时生效。未办理质权登记的，不影响股权质押合同的效力。

当事人仅以股权质押合同未经外商投资企业审批机关批准为由主张合同无效或未生效的，人民法院不予支持。

股权质押合同依照民法典的相关规定办理了出质登记的，股权质权自登记时设立。

第十五条 合同约定一方实际投资、另一方作为外商投资企业名义股东，不具有法律、行政法规规定的无效情形的，人民法院应认定该合同有效。一方当事人仅以未经外商投资企业审批机关批准为由主张该合同无效或者未生效的，人民法院不予支持。

实际投资者请求外商投资企业名义股东依据双方约定履行相应义务的，人民法院应予支持。

双方未约定利益分配，实际投资者请求外商投资企业名义股东向其交付从外商投资企业获得的收益的，人民法院应予支持。外商投资企业名义股东向实际投资者请求支付必要报酬的，人民法院应酌情予以支持。

第十八条 实际投资者与外商投资企业名义股东之间的合同被认定无效，名义股东持有的股权价值高于实际投资额，实际投资者请求名义股东向其返还投资款并根据其实际投资情况以及名义股东参与外商投资企业经营管理的情况对股权收益在双方之间进行合理分配的，人民法院应予支持。

外商投资企业名义股东明确表示放弃股权或者拒绝继续持有股权的，人民法院可以判令以拍卖、变卖名义股东持有的外商投资企业股权所得向实际投资者返还投资款，其余款项根据实际投资者的实际投资情况、名义股东参与外商投资企业经营管理的情况在双方之间进行合理分配。

第十九条 实际投资者与外商投资企业名义股东之间的合同被认定无效，名义股东持有的股权价值低于实际投资额，实际投资者请求名义股东向其返还现有股权的等值价款的，人民法院应予支持；外商投资企业名义股东明确表示放弃股权或者拒绝继续持有股权的，人民法院可以判令以拍卖、变卖名义股东持有的外商投资企业股权所得向实际投资者返还投资款。

实际投资者请求名义股东赔偿损失的，人民法院应当根据名义股东对合同无效是否存在过错及过错大小认定其是否承担赔偿责任及具体赔偿数额。

第二十条 实际投资者与外商投资企业名义股东之间的合同因恶意串通，损害国家、集体或者第三人利益，被认定无效的，人民法院应当将因此取得的财产收归国家所有或者返还集体、第三人。

27. 最高人民法院关于适用《中华人民共和国外商投资法》若干问题的解释

法释〔2019〕20 号

第二条 对外商投资法第四条所指的外商投资准入负面清单之外的领域形成的投资合同，当事人以合同未经有关行政主管部门批准、登记为由主张合同无效或者未生效的，人民法院不予支持。

前款规定的投资合同签订于外商投资法施行前，但人民法院在外商投资法施行时尚未作出生效裁判的，适用前款规定认定合同的效力。

第三条 外国投资者投资外商投资准入负面清单规定禁止投资的领域，当事人主张投资合同无效的，人民法院应予支持。

第四条 外国投资者投资外商投资准入负面清单规定限制投资的领域，当事人以违反限制性准入特别管理措施为由，主张投资合同无效的，人民法院应予支持。

人民法院作出生效裁判前，当事人采取必要措施满足准入特别管理措施的要求，当事人主张前款规定的投资合同有效的，应予支持。

第五条 在生效裁判作出前，因外商投资准入负面清单调整，外国投资者投资不再属于禁止或者限制投资的领域，当事人主张投资合同有效的，人民法院应予支持。

28. 最高人民法院关于适用《中华人民共和国民法典》继承编的解释（一）

法释〔2020〕23 号

第三条 被继承人生前与他人订有遗赠扶养协议，同时又立有遗嘱的，继承开始后，如果遗赠扶养协议与遗嘱没有抵触，遗产分别按协议和遗嘱处理；如果有抵触，按协议处理，与协议抵触的遗嘱全部或者部分无效。

附录三｜主要参考书目

1. 黄薇主编：《中华人民共和国民法典总则编解读》，中国法制出版社 2020 年版。

2. 黄薇主编：《中华人民共和国民法典合同编解读》（上、下册），中国法制出版社 2020 年版。

3. 最高人民法院民事审判第二庭、研究室编著：《最高人民法院民法典合同编通则司法解释理解与适用》，人民法院出版社 2023 年版。

4. 最高人民法院民事审判第二庭：《最高人民法院民法典担保制度司法解释理解与适用》，人民法院出版社 2021 年版。

5. 杜万华主编，最高人民法院民事审判第一庭编著：《最高人民法院民间借贷司法解释理解与适用》，人民法院出版社 2015 年版。

6. 王利明主编：《中华人民共和国民法总则详解》（下册），中国法制出版社 2017 年版。

7. 张卫平、李浩：《新民事诉讼法原理与适用》，人民法院出版社 2012 年版。

8. 台湾大学法律学院、台大法学基金会编译：《德国民法典》，北京大学出版社 2017 年版。

9. 杨良宜：《合约的解释》，法律出版社 2007 年版。

10. 陈自强：《民法讲义Ⅰ——契约之成立与生效》，法律出版社 2002 年版。

11. 陈自强：《民法讲义Ⅱ——契约之内容与消灭》，法律出版社 2004 年版。

12. 郑玉波：《民法总则》，中国政法大学出版社 2003 年版。

13. 施启扬：《民法总则》（修订第八版），中国法制出版社 2010 年版。

14. 刘得宽：《民法总则》（增订四版），中国政法大学出版社 2006 年版。

15. 刘得宽：《民法诸问题与新展望》，中国政法大学出版社 2002 年版。

16. 王泽鉴：《债法原理Ⅰ：基本理论·债之发生》，中国政法大学出版社 2001 年版。

17. 林诚二：《民法总则》（上、下册），法律出版社 2008 年版。

18. 林诚二：《民法债编总论——体系化解说》，中国人民大学出版社 2003 版。

19. 史尚宽：《民法总论》，中国政法大学出版社 2000 年版。

20. 史尚宽：《债法各论》，中国政法大学出版社 2000 年版。

21. 胡长清：《中国民法总论》，中国政法大学出版社 1997 年版。

22. 黄立：《民法总则》，中国政法大学出版社 2002 年版。

23. 黄立：《民法债编总论》，中国政法大学出版社 2002 年版。

24. 黄立主编：《民法债编各论》（上、下册），中国政法大学出版社 2003 年版。

25. 邱聪智：《新订民法债编通则》（上，新订一版），中国人民大学出版社 2003 年版。

26. 苏永钦：《寻找新民法》，北京大学出版社 2012 年版。

27. 黄茂荣：《法学方法与现代民法》（第五版），法律出版社 2007 年版。

28. 韩忠谟：《法学绪论》，北京大学出版社 2009 年版。

29. 杨桢：《英美契约法论》，北京大学出版社 1997 年版。

30. 武钦殿：《合同效力的研究与确认》，吉林人民出版社 2001 年版。

31. 吕伯涛主编：《适用合同法重大疑难问题研究》，人民法院出版社 2001 年版。

32. 易军、宁红丽：《合同法分则制度研究》，人民法院出版社 2003 年版。

33. 周枏：《罗马法原论》（上、下册），商务印书馆 1994 年版。

34. 陈朝璧：《罗马法原理》，法律出版社 2006 年版。

35. 江平、米健：《罗马法基础》（修订本第三版），中国政法大学出版社 2004 年版。

36. 谢邦宇：《罗马法文稿》，法律出版社 2008 年版。

37. 鄢一美：《俄罗斯当代民法研究》，中国政法大学出版社 2006 年版。

38. 陈卫佐：《德国民法总论》，法律出版社 2007 年版。

39. ［美］A. L. 科宾：《科宾论合同》（上册），王卫国、徐国栋、夏登峻译，中国大百科全书出版社 1997 年版。

40. ［美］A. L. 科宾：《科宾论合同》（下册），王卫国等译，中国大百科全书出版社 1998 年版。

41. ［德］迪特尔·梅迪库斯：《德国债法分论》，杜景林、卢谌译，法律出版社 2007 年版。

42. ［俄］E. A. 苏哈诺夫主编，黄道秀译：《俄罗斯民法》（第 1 册），中国政法大学出版社 2011 年版。